王承略　劉心明　主編

二十五史藝文經籍志考補萃編續刊

第七卷

補梁書藝文志　　李雲光　撰
補陳書藝文志　　李學玲　整理
補魏書藝文志　　楊壽彭　撰　　李學玲　整理
補北齊書藝文志　賴炎元　撰　　李學玲　整理
補周書藝文志　　蒙傳銘　撰　　李學玲　整理
北朝藝文志簡編　王忠林　撰　　李學玲　整理
　　　　　　　　劉琳　撰　　　李學玲　整理

清華大學出版社　北京

圖書在版編目（CIP）數據

二十五史藝文經籍志考補萃編續刊. 第七卷/王承略，劉心明主編. —北京：清華大學出版社，2019

ISBN 978-7-302-53672-7

Ⅰ. ①二…　Ⅱ. ①王…　②劉…　Ⅲ. ①中國歷史－古代史－紀傳體　②《二十五史》－研究　Ⅳ. ①K204.1

中國版本圖書館 CIP 數據核字（2019）第 187310 號

責任編輯：馬慶洲
封面設計：曲曉華
責任校對：王淑雲
責任印製：李紅英

出版發行：清華大學出版社
　　　　　網　　　址：http://www.tup.com.cn, http://www.wqbook.com
　　　　　地　　　址：北京清華大學學研大厦 A 座　　郵　　編：100084
　　　　　社 總 機：010-62770175　　郵　　購：010-62786544
　　　　　投稿與讀者服務：010-62776969，c-service@tup.tsinghua.edu.cn
　　　　　質量反饋：010-62772015，zhiliang@tup.tsinghua.edu.cn
印 裝 者：三河市金元印裝有限公司
經　　銷：全國新華書店
開　　本：148mm×210mm　　**印　張**：16.875　　**字　　數**：376 千字
版　　次：2019 年 9 月第 1 版　　**印　次**：2019 年 9 月第 1 次印刷
定　　價：88.00 元

產品編號：083492-01

《二十五史藝文經籍志考補萃編續刊》編纂委員會

目　録

補梁書藝文志

李雲光　撰　李學玲　整理

底本:《臺灣師範大學國文研究所集刊》創刊號,1957 年 6 月

　　夫典籍者，道術之橐籥；簿錄者，典籍之綱紀。凡有識知，無不寶重焉。夷考歷代正史，於典籍之著錄，或有專載之志，或附紀傳之中。其有專志者，便於徵考；附諸紀傳者，語焉不詳。泊乎清代，補志之事盛起；至於民國，學者亦有踵行。增修前志者有之，新加補作者有之。然而人有代謝，書有災厄，有作而未成，亦有成而不傳者。如《補梁書藝文志》，據范希曾《書目答問補正》，清儒侯君謨、湯誼卿皆有所作，惜未傳世。蒙以梁代藏書之富，爲江左之冠冕，諸帝文采之美，乃儒林之領袖。其時博學碩儒，鴻筆才士，炳耀篇章，充盈朝野。前後共歷四主，享國五十餘年，其間藝文之事，曷可闕而不志。遂不揣固陋，嘗試爲之，爰述茲編之體例於後：

　　（一）取裁以《梁書》《南史》及《隋書·經籍志》爲主，副以舊、新兩《唐書》之志。其人名書名之考訂，則博采陸德明《釋文叙錄》、朱彝尊《經義考》、姚振宗《隋書經籍志考證》、馬國翰《玉函山房輯佚書》及嚴可均《全梁文》等書，並參以己見。

　　（二）著錄梁以前諸代之典籍，一依《隋志》，注明“梁有”者，錄之。並於撰人姓名之上冠以朝代之名，以別於梁人之制作。其朝代一時未能考知者，闕之。與清代及以後各家補志之斷代爲體者不同。蓋以梁人藏有前代之書，尚可藉《隋志》以考定也。

　　（三）部居之分，定爲四部四十類，並以道經、佛經二類厠於部末，與《隋志》同。雖《隋志》分類容有可議之處，而未見之書，不悉内容，未便專輒更定。茲依其成例，取便編次。其與《隋志》略有不同者，爲四十類中不復分類，而將梁人著述部分置於各代之後。

　　（四）所收梁前各代之書，僅於撰人姓名之下引述《隋志》，以爲依據。於梁人著述部分，則加引所見於《梁書》及《南史》之紀傳，其未見者略之。略如徐崇《補南北史藝文志》之例。

（五）後梁爲西魏之附庸，其君臣之傳列於《後周書》内，《梁書》無傳。所著述之書，雖《隋志》著録冠以梁代之名，嚴可均氏録入《全梁文》内。而本《志》以《梁書》爲準，悉不取録。

（六）本《志》之編纂爲課外作業，以時間有限，於梁人之著述當未能搜羅無遺，如續有發現，容後增補，而匡謬補闕亦有望於世之博雅君子。

經部

易類

周易傳六卷

周卜子夏撰。《隋·經籍志》:《周易》二卷,魏文侯師卜子夏傳,殘缺。梁六卷。

周易章句十卷

漢孟喜撰。《隋·經籍志》.《周易》八卷,漢曲臺長孟喜章句,殘缺。梁十卷。

周易注四卷

漢費直撰。《隋·經籍志》注:梁又有漢單父長費直注《周易》四卷,亡。

周易注一卷

後漢馬融撰。《隋·經籍志》注:梁又有漢南郡太守馬融注《周易》一卷,亡。

周易注十卷

後漢宋忠撰,《隋·經籍志》注:梁有漢荆州五業從事宋忠注《周易》十卷,亡。

周易注十卷

三國魏荀煇撰。《隋·經籍志》注:梁有魏散騎常侍荀煇注《周易》十卷,亡。

周易注十卷

三國魏董遇撰。《隋·經籍志》注:梁有魏大司農卿董遇注《周易》十卷,亡。

周易注十卷

晋黃穎撰。《隋·經籍志》：《周易》四卷,晋儒林從事黃穎注。梁有十卷,今殘缺。

周易注十卷

東晋王廙撰。《隋·經籍志》：《周易》三卷,晋驃騎將軍王廙注,殘缺。梁有十卷。

周易注十卷

東晋張璠撰。《隋·經籍志》：《周易》八卷,晋著作郎張璠注,殘缺。梁有十卷。

周易集馬鄭二王解十卷

撰人姓名未詳。《隋·經籍志》注：梁有《集馬鄭二王解》十卷,亡。

周易注九卷

齊費元珪撰。《隋·經籍志》注：梁有齊安參軍費元珪注《周易》九卷,亡。

按《釋文叙録》曰：費元珪注九卷,蜀人,齊安西將軍。《隋志》此條"安"下當敓"西"字,"參軍"與"將軍"所不同,疑《隋志》誤也。

周易注八卷

謝氏撰。《隋·經籍志》注：梁有謝氏注《周易》八卷,亡。

按,謝氏之名及朝代均未詳。

周易注六卷

尹濤撰。《隋·經籍志》注：梁有尹濤注《周易》六卷,亡。

按,尹濤未詳何代人。

周易集注三十卷

撰人姓名未詳。《隋·經籍志》注：梁又有《周易集注》三十卷,亡。

繫辭注二卷

宋卞伯玉撰。《隋·經籍志》注：梁又有宋東陽太守卞伯玉注
《繫辭》二卷，亡。

繫辭注二卷

宋徐爰撰。《隋·經籍志》注：梁有宋太中大夫徐爰注《繫辭》
二卷，亡。

周易無互體論三卷

三國魏鍾會撰。《隋·經籍志》注：梁有《周易無互體論》三
卷，鍾會撰，亡。

擬周易説八卷

東晉范氏撰。《隋·經籍志》注：梁有《擬周易説》八卷，范氏
撰，亡。

按嚴可均《全晉文編》曰：范宣，字宣子，陳留人，徙居豫章。
咸和初，太尉郗鑒引爲主簿，詔徵太學博士員外郎，並不就，
太元中卒。有《擬周易説》八卷。

周易宗塗四卷

東晉干寶撰。《隋·經籍志》注：梁有《周易宗塗》四卷，干寶
撰，亡。

周易問難二卷

王氏撰。《隋·經籍志》注：梁有《周易問難》二卷，王氏
撰，亡。

按，王氏之名及朝代未詳。

周易問答一卷

齊徐伯珍撰。《隋書·經籍志》注：梁有《周易問答》一卷，徐
伯珍撰，亡。

按《南齊書·高逸傳》，徐伯珍字文楚，東陽太末人。究尋經
史，游學者多依之。

周易難王輔嗣義一卷

東晉顧夷等撰。《隋·經籍志》注：梁有《周易難王輔嗣義》一卷，晉揚州刺史顧夷等撰。

周易雜論四十卷

撰人姓名未詳。《隋·經籍志》注：梁有《周易雜論》十四卷，亡。

周易論三十卷

齊周顒撰。《隋·經籍志》：《周易論》十卷，齊中書郎周顒撰。梁有三十卷。

乾坤義一卷

齊李玉元撰。《隋·經籍志》注：梁有齊臨沂令李玉元《乾坤義》一卷，亡。

周易疑通五卷

宋何諲之撰。《隋·經籍志》注：梁有《周易疑通》五卷，宋中散大夫何諲之撰。亡。

周易四德例一卷

齊劉瓛撰。《隋·經籍志》注：梁有《周易四德例》一卷，劉瓛撰。亡。

周易錯八卷

漢京房撰。《隋·經籍志》注：梁有《周易錯》八卷，京房撰。亡。

按《隋·經籍志》子部五行家著録《周易錯卦》七卷，京房撰。蓋即是書。

周易日月變例六卷

三國吳虞翻、陸績撰。《隋·經籍志》注：梁有《周易日月變例》六卷，虞翻、陸績撰。亡。

周易卦象數旨六卷

東晉李顒撰。《隋·經籍志》注：梁有《周易卦象數旨》六卷，東晉樂安亭侯李顒撰。亡。

周易爻一卷

馬楷撰。《隋·經籍志》注：梁有《周易爻》一卷，馬楷撰。亡。

按，馬楷未詳何代人。

國子講易議六卷

撰人姓名未詳。《隋·經籍志》注：梁又有《國子講易議》六卷，亡。

按《隋·經籍志》不著撰人，蓋蒙上文"《周易講疏》十九卷，宋明帝集群臣講"，而云又有此書，似亦宋國學所講者。

易義疏二十卷

宋明帝集群臣講。《隋·經籍志》注：梁又有宋明帝集群臣講《易義疏》二十卷，亡。

按《唐·經籍志》：《宋群臣講易疏》二十卷，張該等注。

周易講疏二十六卷

齊永明國學講。《隋·經籍志》注：梁又有齊永明國學講《周易講疏》二十六卷，亡。

按，齊永明中有張緒爲國子祭酒，長於《周易》。此書之撰著緒必參預其事。

周易義三卷

沈林撰。《隋·經籍志》注：梁又有《周易義》三卷，沈林撰。亡。

按，沈林未詳何代人。

擬周易義疏十三卷

撰人姓名未詳。《隋·經籍志》注：梁又有《擬周易義疏》十三卷。

周易乾坤三象一卷

撰人姓名未詳。《隋·經籍志》注：梁有《乾坤三象》一卷。

周易新圖一卷

撰人姓名未詳。《隋·經籍志》注：梁有《周易新圖》一卷。

周易普玄圖八卷

薛景和撰。《隋·經籍志》注：梁又有《周易普玄圖》八卷，薛景和撰。

按，薛景和未詳何代人。

周易大衍通統一卷

顏氏撰。《隋·經籍志》注：梁又有《周易大衍通統》一卷，顏氏撰。

按，顏氏之名及朝代未詳。

周易講疏

武帝撰。見本紀，《南史》同。《隋·經籍志》：《周易講疏》三十五卷，梁武帝撰。

周易大義二十一卷

武帝撰。見《隋·經籍志》。

六十四卦二繫文言序卦等義

武帝撰。見本紀，《南史》同。《隋·經籍志》未收。

周易繫辭義疏一卷

武帝撰。見《隋·經籍志》。

周易大義疑問二十卷

武帝撰。見《唐·經籍志》及《唐·藝文志》。《隋·經籍志》未收。

周易文句義疏二十卷

武帝撰。見《唐·經籍志》。《唐·藝文志》作梁蕃撰。《隋·經籍志》未收。

周易開題論序十卷

　　武帝撰。見《唐·經籍志》,《唐·藝文志》作梁蕃撰。《隋·
　　經籍志》未收。

周易講疏十卷

　　元帝撰。見本紀,《南史》同。《隋·經籍志》未收。

周易講疏十六卷

　　褚仲都撰。見《隋·經籍志》。

易講疏

　　朱异撰。見本傳,《南史》同。《隋·經籍志》未收。

　　按《梁書·异傳》曰:"所撰《禮》《易講疏》及《儀注》《文集》百
　　餘篇,亂中多亡佚。"

集注周易一百卷

　　朱异撰。《隋·經籍志》注:梁有侍中朱异集注《周易》一百
　　卷,亡。

續朱异集注周易一百卷

　　孔子祛撰。見本傳,《南史》同。《隋·經籍志》未收。

易講疏

　　賀瑒撰。見本傳,《南史》同。《隋·經籍志》未收。

周易義疏十四卷

　　蕭子政撰。見《隋·經籍志》。

周易繫辭義疏三卷

　　蕭子政撰。見《隋·經籍志》。

周易繫辭義疏二卷

　　蕭子政撰。見《隋·經籍志》。

　　按,此書《隋·經籍志》前已著録有三卷本,後復出二卷本者,
　　豈此書行於世者固有繁簡之别,故分别著録之,不嫌重複歟?

周易繫辭注二卷

宋褰撰。見《隋·經籍志》。

周易注十卷

何胤撰。見本傳，《南史》同。《隋·經籍志》同。

易文言注

范述曾撰。見本傳，《南史》同。《隋·經籍志》未收。

周易集解

伏曼容撰。見本傳，《南史》同。《隋·經籍志》注：伏曼容注《周易》八卷，亡。

周易幾義一卷

南平王偉撰。見《隋·經籍志》。

幾神論

南平王偉撰。見本傳，《南史·偉傳》作《幾神論義》。《隋·經籍志》未收。

按《梁書·南平王偉傳》曰："晚年崇信佛理，尤精玄學，著《二旨義》，別爲新通，又製《性情》《幾神》等論其義。"

乾坤義一卷

釋法通等撰。《隋·經籍志》注：梁有梁釋法通等《乾坤義》一卷，亡。

按梁釋慧皎《高僧傳》：釋法通，本姓褚氏，河南翟人，晋安東將軍翻之八世孫也。家世衣冠，禮義相襲。年十二出家後，踐迹京師，止定林上寺，晦迹鍾阜三十餘載。天監十一年九月卒，春秋七十。

右易類六十四部。前代或不詳朝代者。所著而《隋志》注明"梁有"者四十一部，梁人所著者二十三部；《隋志》著録者五十四部，其中尚存者十部，殘缺者五部，已佚者三十九部。未收者十部；梁人所著見於《梁書》者十部，未見者十三部。

尚書類

尚書注十卷

東晉范寧撰。《隋‧經籍志》注：梁有《尚書》十卷，范寧注。亡。

尚書音五卷

漢孔安國、東漢鄭玄、東晉李軌、徐邈撰。《隋‧經籍志》注：梁有《尚書音》五卷，孔安國、鄭玄、李軌、徐邈等撰。

按《釋文敘錄》曰：“爲《尚書音》者四人，孔安國、鄭玄、李軌、徐邈。按，漢人不作音，後人所託。”

尚書義問二卷

東漢鄭玄、三國魏王肅、晉孔晁撰。《隋‧經籍志》注：梁有《尚書義問》三卷，鄭玄、王肅及晉五經博士孔晁撰。亡。

按《經義考》曰：“按《唐志》有《尚書問答》三卷，當即《隋志》之《義問》。孔晁采鄭康成及肅，參以己見者也。”

尚書釋問四卷

三國魏王粲撰。《隋‧經籍志》注：梁有《尚書釋問》四卷，魏侍中王粲撰。亡。

尚書王氏傳問二卷

三國吳范順撰。《隋‧經籍志》注：梁有《尚書王氏傳問》二卷。范順問，吳太尉劉毅答。亡。

尚書義二卷

三國吳劉毅撰。《隋‧經籍志》注：梁有《尚書義》二卷。范順問，吳太尉劉毅答。亡。

按侯康《補後漢志》曰：“《隋志》嘗云吳太尉范順問，劉毅答。《吳志‧孫皓傳》有太尉范慎，又見《孫登傳》注，即其人也。順、慎古通。”

尚書義疏四卷

晋伊説撰。《隋・經籍志》注：梁有《尚書義疏》四卷，晋樂安
王友伊説撰。亡。

按舊、新《唐志》皆有《尚書釋義》四卷，伊説撰。蓋同書而異
名也。

尚書大義

武帝撰。見本紀，《南史》同。《隋・經籍志》：《尚書大義》二
十卷，梁武帝撰。

古文尚書大義二十卷

任孝恭撰。見《唐・經籍志》，《唐・藝文志》作《古文大義》二
十卷。《隋・經籍志》未收。

尚書義二十卷

孔子袪撰。見本傳，《南史》同。《隋・經籍志》未收。

集注尚書三十卷

孔子袪撰。見本傳，《南史》同。《隋・經籍志》未收。

尚書義三卷

巢猗撰。見《隋・經籍志》。

尚書百釋三卷

巢猗撰。見《隋・經籍志》。

尚書義疏十卷

費魁撰。見《隋・經籍志》。

尚書注二十一卷

劉叔嗣撰。《隋・經籍志》注：梁有《尚書》二十一卷，劉叔嗣
注。亡。

尚書亡篇序注一卷

劉叔嗣撰。《隋・經籍志》：《尚書亡篇序》一卷，梁五經博士
劉叔嗣注。

尚書新集序一卷

劉叔嗣撰。《隋·經籍志》注：梁又有《尚書新集序》一卷，亡。

按《隋·經籍志》不著撰人。《經義考》曰："劉氏叔嗣《尚書新集序》《七録》一卷，佚。"

右尚書類十七部。前代所著而《隋志》注明"梁有"者七部，梁人所著者十部；《隋志》著録者十四部，其中尚存者六部，亡佚者八部。未收者三部；梁人所著見於《梁書》者三部，未見者七部。

詩類

韓詩譜二卷

後漢趙曄撰。《隋·經籍志》注：梁有《韓詩譜》二卷，漢有道徵士趙曄撰。亡。

按《經義考》曰："趙氏曄《詩細》，《七録》作《詩譜》，二卷，佚。"

詩神泉一卷

後漢趙曄撰。《隋·經籍志》注：梁有《詩神泉》一卷，漢有道徵士趙曄撰。亡。

按錢氏《隋書考異》曰："《詩神泉》本名《神淵》，見《後漢書·趙長君傳》，唐人避諱改。"

毛詩注十卷

後漢馬融撰。《隋·經籍志》注：梁有《毛詩》十卷，馬融注。亡。

按《釋文叙録》曰："《毛詩》馬融注十卷，無下帙。"餘姚盧文弨《釋文考證》曰："《隋志》云梁有《毛詩》十卷，亡。"蓋馬所注本二十卷，至六朝時殘缺，止存十卷。

毛詩注二十卷

東漢鄭玄、三國魏王肅撰。《隋·經籍志》注：梁有《毛詩》二十卷,鄭玄、王肅合注。亡。

按馬氏《玉函山房輯本》序曰:"《隋志》云:梁有《毛詩》二十卷,
鄭玄、王肅合注。蓋魏晉人取肅《注》次鄭《箋》後,以便觀覽。"

毛詩注二十卷

東晉謝沈撰。《隋·經籍志》注:梁有《毛詩》二十卷,謝沈
注。亡。

毛詩注二十卷

東晉江熙撰。《隋·經籍志》注:梁有《毛詩》二十卷,晉兗州
別駕江熙注。亡。

毛詩音十六卷

東晉徐邈等撰。《隋·經籍志》注:梁有《毛詩音》十六卷,徐
邈等撰。亡。

按《釋文叙錄》曰:"爲詩音者九人,鄭玄、徐邈、蔡氏、孔氏、阮
侃、王肅、江惇、干寶、李軌。"又曰:"俗聞又有徐爰《詩音》。"

毛詩音二卷

東晉徐邈撰。《隋·經籍志》注:梁有《毛詩音》二卷,徐邈
撰。亡。

毛詩音隱一卷

于氏撰。《隋·經籍志》注:梁有《毛詩音隱》一卷,于氏撰。亡。
按,于氏之名及朝代未詳。《釋文叙錄》載爲詩音者九人中有
干寶,此殆干氏之誤。

毛詩雜議難十卷

東漢賈逵撰。《隋·經籍志》注:梁有《毛詩雜議難》十卷,賈
侍中賈逵撰。亡。

毛詩問難二卷

三國魏王肅撰。《隋·經籍志》注:梁有《毛詩問難》二卷,王
肅撰。亡。

毛詩駁五卷

三國魏王基撰。《隋·經籍志》：《毛詩駁》一卷，魏司空王基撰。殘缺。梁五卷。

毛詩答問　駁譜　合八卷

撰人姓名未詳。《隋·經籍志》注：梁又有《毛詩答問》《駁譜》合八卷，亡。

毛詩釋義十卷

東晉謝沈撰。《隋·經籍志》注：梁又有《毛詩釋義》十卷，謝沈撰。亡。

毛詩義四卷

三國魏劉瓛撰。《隋·經籍志》注：梁又有《毛詩義》四卷，魏秘書郎劉瓛撰。亡。

毛詩箋傳是非二卷

三國魏劉瓛撰。《隋·經籍志》注：梁又有《毛詩箋傳是非》二卷，魏秘書郎劉瓛撰。亡。

毛詩答雜問七卷

三國吳韋昭、朱育等撰。《隋·經籍志》注：梁又有《毛詩答雜問》七卷，吳侍中韋昭、侍中朱育等撰。亡。

毛詩義注四卷

撰人姓名不詳。《隋·經籍志》注：梁又有《毛詩義注》四卷，亡。

毛詩表隱二卷

東晉陳統撰。《隋·經籍志》注：梁有《毛詩表隱》二卷，陳統撰。亡。

毛詩略四卷

東晉郭璞撰。《隋·經籍志》注：梁有《毛詩略》四卷，亡。

按馬氏《玉函山房輯本》序曰："《隋志》載郭璞《毛詩拾遺》一

卷,梁又有《毛詩略》四卷,《唐志》不著錄,佚已久。《北堂書
鈔》《初學記》《藝文類聚》各引一節。"

毛詩背隱義二卷

宋徐廣撰。《隋·經籍志》注:梁有《毛詩背隱義》二卷,宋中
散大夫徐廣撰。亡。

毛詩引辨一卷

宋孫暢之撰。《隋·經籍志》注:梁有《毛詩引辨》一卷,宋奉
朝請孫暢之撰。亡。

毛詩釋一卷

宋何偃撰。《隋·經籍志》注:梁有《毛詩釋》一卷,宋金紫光
禄大夫何偃撰。亡。

毛詩雜義五卷

晋楊乂撰。《隋·經籍志》注:梁有《毛詩雜義》五卷,楊乂
撰。亡。

毛詩義疏十卷

東晋謝沈撰。《隋·經籍志》注:梁有《毛詩義疏》十卷,謝沈
撰。亡。

毛詩雜義四卷

東晋殷仲堪撰。《隋·經籍志》注:梁有《毛詩雜義》四卷,晋
江州刺史殷仲堪撰。亡。

毛詩義疏五卷

張氏撰。《隋·經籍志》注:梁有《毛詩義疏》五卷,張氏
撰。亡。

按,張氏之名及朝代未詳。

毛詩義一卷

宋雷次宗撰。《隋·經籍志》注:梁有《毛詩義》一卷,雷次宗
撰。亡。

毛詩序注一卷

宋阮珍之撰。《隋·經籍志》注：梁有，宋交州刺史阮珍之撰。亡。

毛詩序義七卷

宋孫暢之撰。《隋·經籍志》注：梁有《毛詩序義》七卷，孫暢之撰。亡。

毛詩序義疏三卷

齊劉瓛等撰。《隋·經籍志》：梁有《毛詩序義疏》一卷，劉瓛等撰。殘缺。梁三卷。

按《釋文叙録》曰："宋徵士鴈門周續之、豫章雷次宗、齊沛國劉瓛並爲《詩叙義》。"

毛詩篇次義一卷

齊劉瓛撰。《隋·經籍志》：梁有《毛詩篇次義》一卷，劉瓛撰。亡。

毛詩雜義注三卷

撰人姓名未詳。《隋·經籍志》注：梁有《毛詩雜義注》三卷，亡。

毛詩圖三卷

撰人姓名未詳。《隋·經籍志》注：梁有《毛詩圖》三卷，亡。

毛詩孔子經圖十二卷

撰人姓名未詳。《隋·經籍志》注：梁有《毛詩孔子經圖》十二卷，亡。

毛詩古聖賢圖二卷

撰人姓名未詳。《隋·經籍志》注：梁有《毛詩古聖賢圖》二卷，亡。

按《困學紀聞》曰："晋明帝朝，①衛協畫《毛詩圖》，草木鳥獸古

---

① "朝"，原脱，據《四部叢刊三編》影印元本《困學紀聞》卷三補。

聖賢之像。"

毛詩答問

武帝撰。見本紀,《南史》同。《隋·經籍志》未收。

毛詩大義十一卷

武帝撰。見《隋·經籍志》。

按《梁書·劉之遴傳》曰:"是時《周易》《尚書》《禮記》《毛詩》
並有高祖義疏。"

毛詩發題序義一卷

武帝撰。見《隋·經籍志》。

毛詩總集六卷

何胤撰。見本傳,《南史》同。《隋·經籍志》注:梁有《毛詩總
集》六卷,梁處士何胤撰。亡。

毛詩隱義十卷

何胤撰。見本傳,《南史》同。《隋·經籍志》注:梁有《毛詩隱
義》十卷,梁處士何胤撰。亡。

毛詩十五國風義二十卷

簡文帝撰。《隋·經籍志》注:梁有《毛詩十五國風義》二十
卷,梁簡文撰。

風雅比興義十五卷

許懋撰。見本傳,《南史》同。《隋·經籍志》未收。

集注毛詩二十二卷

崔靈恩撰。見本傳,《南史》同。《隋·經籍志》:《集注毛詩》
二十四卷,梁桂州刺史崔靈恩注。亡。

毛詩集解

伏曼容撰。見本傳,《南史》同。《隋·經籍志》未收。

毛詩序注一卷

陶弘景撰。《隋·經籍志》注:梁有《毛詩序》一卷,梁隱居先

生陶弘景注。亡。

毛詩檢漏義二卷

謝曇濟撰。《隋·經籍志》注：梁有《毛詩檢漏義》二卷，梁給事郎謝曇濟撰。亡。

右詩類四十七部。前代或不詳朝代者。所著而《隋志》注明"梁有"者二十六部，梁人所著者十一部；《隋·經籍志》著録者四十四部其中尚存者四部，殘缺者二部，已佚者三十八部。未收者三部；梁人所著見於《梁書》者六部，未見者五部。

禮類

周官寧朔新書八卷

晋王懋約撰。《隋·經籍志》注：梁又有《周官寧朔新書》八卷，晋燕王師王懋約撰。亡。

按《經義考》曰："按《隋志》有《周官寧朔新書》八卷，晋燕王懋約撰。《唐志》作司馬伷撰，王懋約注。按《晋書》伷起家爲寧朔將軍，書以寧朔名，當從《唐志》。"

周官駁難三卷

東晋虞喜撰。《隋·經籍志》注：梁有《周官駁難》三卷，孫琦問，干寶駁，晋散騎常侍虞喜撰。

按舊、新《唐志》並作《周官駁難》五卷，孫略問，干寶答。

郊祀圖二卷

撰人姓名未詳。《隋·經籍志》注：梁有《郊祀圖》二卷，亡。

儀禮音一卷

東晋李軌撰。《隋·經籍志》注：梁有《李軌音》一卷，亡。

儀禮音一卷

劉昌宗撰。《隋·經籍志》注：梁有《劉昌宗音》一卷，亡。

按，劉昌宗未詳爲何代人。馬國翰《玉函山房輯本》序曰："劉昌宗不詳何人,顏之推《家訓》稱之,當是齊梁間儒者。"

儀禮音二卷

東漢鄭玄撰。《隋‧經籍志》注:梁有《鄭玄音》二卷,亡。

喪服經傳注一卷

宋劉道拔撰。《隋‧經籍志》注:梁又有《喪服經傳》一卷,宋
徵士劉道拔注。亡。

喪服經傳義疏五卷

齊司馬瓛撰。《隋‧經籍志》注:梁又有《喪服經傳義疏》五
卷,齊散騎郎司馬瓛撰。亡。

按《隋志》"司馬瓛"疑當爲"司馬憲",因下文劉瓛而誤也。
《梁書‧儒林‧伏曼容傳》:齊永明初,爲唐太子率更令,侍皇
太子講,與河內司馬憲,吳郡陸澄共撰《喪服義》。

喪服經傳義疏二卷

齊樓幼瑜撰。《隋‧經籍志》注:梁又有《喪服經傳義疏》二
卷,齊給事中樓幼瑜撰。亡。

喪服經傳義疏一卷

齊劉瓛撰。《隋‧經籍志》注:梁又有《喪服經傳義疏》一卷,
劉瓛撰。亡。

喪服經傳義疏一卷

齊沈麟士撰。《隋‧經籍志》注:梁又有《喪服經傳義疏》一
卷,①齊徵士沈麟士撰。亡。

喪服經傳隱義一卷

撰人姓名未詳。《隋‧經籍志》注:梁有《喪服經傳隱義》一
卷,亡。

---

① "有",原脱,據清乾隆武英殿本(以下簡稱"殿本")《隋書‧經籍志》補。

喪服變除圖五卷

三國吳射慈撰。《隋·經籍志》注：梁有《喪服變除圖》五卷，吳齊王傅射慈撰。亡。

喪服要記二卷

晋劉逵撰。《隋·經籍志》注：梁又有《喪服要記》三卷，晋侍中劉逵撰。亡。

喪服要紀六卷

東晋賀循撰。《隋·經籍志》注：梁有《喪服要》六卷，晋司空賀循撰。亡。

按《隋志》"喪服要"下敚"紀"字。《唐·經籍志》有《喪服要紀》五卷，賀循撰，謝微注。

喪服要問六卷

劉德明撰。《隋·經籍志》注：梁有《喪服要問》六卷，劉德明撰。亡。

按，劉德明未詳何代人。

喪服三十一卷

宋庾蔚之撰。《隋·經籍志》注：梁有《喪服》三十一卷，宋員外郎散騎庾蔚之撰。亡。

按《隋志》"散騎"下敚"常侍"二字。嚴可均《全宋文編》曰：庾蔚之字季隨，潁川人。孝建中爲太常丞，歷散騎常侍，有《喪服》三十一卷。

喪服要問二卷

張耀撰。《隋·經籍志》注：梁有《喪服要問》二卷，張耀撰。亡。

按，張耀未詳何代人。

喪服難問六卷

崔凱撰。《隋·經籍志》注：梁有《喪服難問》六卷，崔凱撰。亡。

按,崔凱未詳何代人。[1]

喪服雜記二十卷

伊氏撰。《隋·經籍志》注：梁有《喪服雜記》二十卷,伊氏撰。亡。"

按,伊氏之名及朝代皆未詳。

喪服釋疑二十卷

孔智撰。《隋·經籍志》注：梁有《喪服釋疑》二十卷,孔智撰。亡。

按《隋志》孔智疑爲劉智之誤。《晋書·劉寶傳》：寶弟智著《喪服釋疑》。嚴可均《全晋文編》："劉智有《喪服釋疑論》二十卷。

喪服要記注

宋庾蔚之撰。《隋·經籍志》注：梁有《喪服要記》,宋員外常侍庾蔚之注。

喪服世要一卷

宋庾蔚之撰。《隋·經籍志》注：梁又有《喪服世要》一卷,庾蔚之撰。

喪服集議十卷

宋費沈撰。《隋·經籍志》注：梁又有《喪服集議》十卷,宋撫軍司馬費沈撰。

喪服祥禫雜議二十九卷

撰人姓名未詳。《隋·經籍志》注：梁有《喪服祥禫雜議》二十九卷,亡。

喪服雜議故事二十一卷

撰人姓名未詳。《隋·經籍志》注：梁有《喪服雜議故事》二十

---

① "崔凱"下,原衍"撰"字,據殿本《隋書·經籍志》刪。

一卷,亡。

戴氏喪服五家要記圖譜五卷

撰人姓名未詳。《隋·經籍志》注:梁又有《戴氏喪服五家要記圖譜》五卷,亡。

喪服君臣圖儀一卷

撰人姓名未詳。《隋·經籍志》注:梁又有《喪服君臣圖儀》一卷,亡。

謚法注三卷

後漢劉熙撰。《隋·經籍志》注:梁有《謚法》三卷,後漢安南太守劉熙注。亡。

禮記注十二卷

宋葉遵撰。《隋·經籍志》注:梁有《禮記》十二卷,葉遵注。亡。

禮記寧朔新書注二十卷

晋王懋約撰。《隋·經籍志》:《禮記寧朔新書》八卷,王懋約撰。梁有二十卷。

禮記音一卷

東漢鄭玄撰。《隋·經籍志》注:梁有鄭玄《禮記音》一卷,亡。按《釋文叙録》曰:"鄭玄《三禮音》各一卷。"又曰:"漢人不作音,後人所託。"

禮記音一卷

三國魏王肅撰。《隋·經籍志》注:梁有王肅《禮記音》一卷,亡。

禮記音一卷

三國吴射慈撰。《隋·經籍志》注:梁有射慈《禮記音》一卷,亡。

禮記音一卷

射貞撰。《隋·經籍志》注:梁有射貞《禮記音》一卷,亡。

按，射貞始末未詳，《釋文叙録》曰："謝楨不詳何人，《禮記音》
一卷。"盧氏《釋文考證》曰："《隋志》梁有射貞《禮記音》一卷，
蓋即謝楨也。"《吳志·妃嬪傳》載吳主權謝夫人父煚，煚弟
貞，履蹈法度，簡學尚義，①學孝廉。蓋即其人。謝字蒙上文
射慈或因字壞而誤也。

禮記音一卷

晋孫毓撰。《隋·經籍志》注：梁有孫毓《禮記音》一卷，亡。

禮記音一卷

繆炳撰。《隋·經籍志》注：梁有繆炳《禮記音》一卷，亡。

按，繆炳未詳何代人。

禮記音二卷

東晋蔡謨撰。《隋·經籍志》注：梁有蔡謨《禮記音》二卷，亡。

禮記音二卷

東晋曹躭撰。《隋·經籍志》注：梁有東晋安北諮議參軍曹躭
《禮記音》二卷，亡。

禮記音二卷

東晋尹毅撰。《隋·經籍志》注：梁有東晋國子助教尹毅《禮
記音》二卷，亡。

禮記音二卷

東晋李軌撰。《隋·經籍志》注：梁有東晋員外郎范宣《禮記
音》二卷，亡。

禮記音三卷

東晋徐邈撰。《隋·經籍志》注：梁有徐邈《禮記音》三卷，亡。

禮記音五卷

劉昌宗撰。《隋·經籍志》注：梁有劉昌宗《禮記音》五卷，亡。

---

① "簡"，《百衲本二十四史》影印宋紹熙刊本《三國志·吳書·妃嬪傳》作"篤"。

禮義四卷

三國魏鄭小同撰。《隋·經籍志》注：梁有《禮義》四卷，魏侍中鄭小同撰。亡。

摭異別記一卷

齊劉幼樓撰。《隋·籍志》注："梁有《摭異別記》一卷，劉幼樓撰。亡。

禮記義疏三卷

宋雷肅之撰。《隋·經籍志》：梁有《禮記義疏》三卷，宋豫章郡丞雷肅之撰。亡。

群儒疑義十二卷

漢戴聖撰。《隋·經籍志》注：梁有《群儒疑義》十二卷，戴聖撰。

禮論帖四卷

任預撰。《隋·經籍志》：《禮論帖》三卷，任預撰。梁四卷。按，任預未詳何代人。

禮論要鈔三卷

齊王儉撰。《隋·經籍志》：《禮論要鈔》十卷，王儉撰。梁三卷。按舊、新《唐志》皆有《禮論要鈔》十三卷，不著撰人。始即此書。《隋志》云梁三卷，疑"三"上敚"十"字。

禮論鈔略二卷

齊荀萬秋撰。《隋·經籍志》"禮論要鈔十卷"下云：梁有齊御史中丞荀萬秋《鈔略》二卷。亡。

禮論五十八卷

齊丘季彬撰。《隋·經籍志》"禮論要鈔"下云：梁有《齊尚書儀曹郎丘季彬論》五十八卷。亡。

禮議一百三十卷

齊丘季彬撰。《隋·經籍志》"禮論要鈔"下云：梁有《齊尚書儀曹郎丘季彬議》一百三十卷。亡。

禮統六卷

齊丘季彬撰。《隋·經籍志》"禮論要鈔"下云：梁有《齊尚書儀曹郎丘季彬統》六卷。亡。

禮答問十一卷

宋徐廣撰。《隋·經籍志》：《禮答問》二卷，徐廣撰。殘缺。梁十一卷。

禮難十二卷

晋吴商撰。《隋·經籍志》注：梁有晋益壽令吴商《禮難》十二卷，亡。

禮儀雜記故事十三卷

撰人姓名未詳。《隋·經籍志》注：梁又有《禮儀雜記故事》十三卷，亡。

喪雜事二十卷

撰人姓名未詳。《隋·經籍志》注：梁又有《喪雜事》二十卷，亡。

禮議二卷

宋傅隆撰。《隋·經籍志》注：梁又有《宋光禄大夫傅隆議》二卷，亡。

祭法五卷

撰人姓名未詳。《隋·經籍志》注：梁又有《祭法》五卷，亡。

司馬法三卷

撰人姓名不詳。《隋·經籍志》注：梁又有《司馬法》三卷，亡。按，此書當入子部兵家類，今姑依《隋志》録之於此。

郊丘議三卷

三國魏蔣濟撰。《隋·經籍志》注：梁又有《郊丘議》三卷，魏太尉蔣濟撰。亡。

祭法五卷

　　撰人姓名未詳。《隋·經籍志》注：梁有《祭法》五卷，亡。

明堂議三卷

　　三國魏王肅撰。《隋·經籍志》注：梁又有《明堂議》三卷，王
肅撰。亡。

雜祭法六卷

　　晉盧諶撰。《隋·經籍志》注：梁又有《雜祭法》六卷，晉司空
中郎盧諶撰。亡。

祭典三卷

　　東晉范汪撰。《隋·經籍志》注：梁又有《祭典》三卷，晉安北
將軍范汪撰。亡。

七廟議一卷

　　撰人姓名未詳。《隋·經籍志》注：梁又有《七廟議》一卷，亡。

後養議五卷

　　東晉干寶撰。《隋·經籍志》注：梁又有《後養議》五卷，干寶
撰。亡。

雜鄉射等議三卷

　　東晉庾亮撰。《隋·經籍志》注：梁又有《雜鄉射等議》二卷，
晉太尉庾亮撰。亡。

逆降義三卷

　　宋顏延之撰。《隋·經籍志》注：梁又有《逆降義》三卷，宋特
進顏延之撰。亡。

逆降義一卷

　　齊田僧紹撰。《隋·經籍志》注：梁又有《逆降義》一卷，田僧
紹撰。亡。

分明土制三卷

　　宋何承天撰。《隋·經籍志》注：梁又有《分明土制》三卷，何

承天撰。亡。

三禮釋疑二卷

　　郭鴻撰。《隋・經籍志》"三禮大義三卷"下云：梁又有《釋疑》
　　三卷，郭鴻撰。亡。

　　按，郭鴻未詳何代人。

三禮答問四卷

　　宋徐廣撰。《隋・經籍志》"三禮大義"下云：梁又有《答問》四
　　卷，徐廣撰。亡。

三禮答問十卷

　　撰人姓名未詳。《隋・經籍志》"三禮大義"下云：梁又有《答
　　問》十卷，亡。

冠服圖一卷

　　撰人姓名未詳。《隋・經籍志》注：梁又有《冠服圖》一卷，亡。

五宗圖一卷

　　撰人姓名未詳。《隋・經籍志》注：梁又有《五宗圖》一卷，亡。

月令圖一卷

　　撰人姓名未詳。《隋・經籍志》注：梁又有《月令圖》一卷，亡。

禮記大義十卷

　　武帝撰。見《隋・經籍志》。

制旨禮記正言

　　武帝撰。見《張緬傳》，《南史》同。《隋・經籍志》未收。

　　按《梁書・緬傳》：緬出爲豫章内史，在郡述《制旨禮記正言
　　義》。四姓衣冠士子聽者常數百人。

制旨革牲大義三卷

　　武帝撰。見《隋・經籍志》。

中庸講疏

　　武帝撰。見本紀。《南史》同。《隋・經籍志》：《中庸講疏》一

卷,梁武帝撰。

禮大義二十卷

簡文帝撰,見本紀,《南史》同。《隋·經籍志》未收。

禮疑義

周捨撰。見《孔休源傳》,《南史》同。《隋·經籍志》《禮疑義》
五十二卷,梁護軍周捨撰。

按《梁書·孔休源傳》曰:"時太子詹事周捨撰《禮疑義》,自漢
魏至於齊梁並皆搜採,休源所有奏議咸預編錄。"

禮論

范岫撰。見本傳,《南史》同。《隋·經籍志》未收。

禮講疏

朱异撰。見本傳,《南史》同。《隋·經籍志》未收。

按《梁書·异傳》曰:"所撰《禮》《易講疏》及《儀注》《文集》百
餘篇,亂中多亡佚。"

禮講疏

賀瑒撰。見本傳,《南史》同。《隋·經籍志》未收。

禮論要鈔一百篇

賀瑒撰。見《隋·經籍志》。

禮記新義疏二十卷

賀瑒撰。見《隋·經籍志》。

喪服義疏二卷

賀瑒撰。見《隋·經籍志》。

喪服集注二卷

裴子野撰。見本傳,《南史》同。《隋·經籍志》未收。

喪服傳一卷

裴子野撰。見《隋·經籍志》。

孝經喪禮服義十五卷

明山賓撰。見本傳,《南史·山賓傳》作《孝經喪服義》十五

卷。《隋・經籍志》未收。

喪服經傳義疏一卷

何佟之撰。《隋・經籍志》:《喪服經傳義疏》一卷,梁尚書左丞何佟之撰。亡。

按《隋志》此條"亡"字疑衍。《隋志》通例皆於注中言梁有某書,亡。此非注文,則當爲隋時尚存者。

禮答問二十卷

何佟之撰。《隋・經籍志》:《禮答問》十卷,何佟之撰。梁二十卷。

禮儀

何佟之撰。見本傳,《南史・佟之傳》作《禮議》。《隋・經籍志》未收。

禮雜問答鈔一卷

何佟之撰。見《隋・經籍志》。

續何承天禮論一百五十卷

孔子祛撰。見本傳,《南史》同。《隋・經籍志》未收。

禮記講疏五十卷

皇侃撰。見本傳,《南史》同。《隋・經籍志》:《禮記講疏》四十八卷,皇侃撰。

按《梁書・武帝本紀》曰:大同四年冬十二月丁亥,兼國子助教皇侃表上所撰《禮記義疏》五十卷。《釋文叙錄》曰:"梁國子助教皇侃撰《禮記義疏》五十卷。"舊、新《唐志》皆有皇侃所撰,《禮記講疏》一百卷,《禮記義疏》五十卷。以上諸書所載皆與《梁書・皇侃傳》及《隋志》不合,未知孰是。

禮記義

皇侃撰。見本傳,見《南史》。《隋・經籍志》未收。

禮記義疏九十九卷

皇侃撰。見《隋·經籍志》。

喪服問答自十三卷①

皇侃撰。見《隋·經籍志》。

喪服文句義疏十卷

皇侃撰。《隋·經籍志》:《喪服文句義疏》十卷,陳國子助教皇侃撰。

按《隋志》"陳國子助教"當爲"梁國子助教"。據《梁書·儒林傳》皇侃起家兼國子助教,高祖拜員外散騎常侍,兼助教如故。又《釋文叙録》曰:"梁國子助教皇侃撰《禮記義疏》,又傳《喪服義疏》,並行於世。"

喪服儀

庾曼倩撰。見《庾説傳》,《南史》同。《隋·經籍志》未收。

喪服集注二卷

裴子野撰。見本傳,《南史》同。《隋·經籍志》未收。

喪服傳一卷

裴子野撰。見《隋·經籍志》。

喪服集解

伏曼容撰。見本傳,《南史》同。《隋·經籍志》未收。

禮記隱義二十卷

何胤撰。見本傳,《南史》同。《隋·經籍志》未收。

禮答問五十五卷

何胤撰。見本傳,《南史》同。《隋·經籍志》注:梁有《答問》五十卷,何胤撰。亡。

---

① "自",殿本《隋書·經籍志》作"目"。

新禮

何胤撰。見本傳。《南史》同。《隋·經籍志》未收。

按《梁書·胤傳》曰："尚書令王儉受詔撰《新禮》,未就而卒,又使特進張緒續成之,緒又卒,屬在司徒竟陵王子良,子良以讓胤,乃置學士二十人佐胤撰録。"

三禮講疏

賀琛撰。見本傳,《南史》同。《隋·經籍志》未收。

三禮目録注一卷

陶弘景撰。《隋·經籍志》:《三禮目録》一卷,鄭玄撰。注:梁有陶弘景《注》一卷,亡。

三禮義宗四十七卷

崔靈恩撰。見本傳,《南史·靈恩傳》作《三禮義宗》三十卷。《隋·經籍志》與《南史》同。

集注周禮四十卷

崔靈恩撰。見本傳。《南史》同。《隋·經籍志》:《集注周官禮》二十卷,崔靈恩注。

右禮類一百五十部。前代或不詳朝代者。所著而梁時有者七十八部,梁人所著者三十七部;《隋志》著録者九十八部,其中尚存者十八部,殘缺者五部,亡佚者七十六部。未收者十六部;梁人所著者見於《梁書》者二十二部,未見者十五部。

樂類

元嘉正聲伎録一卷

宋張解撰。《隋·經籍志》注:梁有《元嘉正聲伎録》一卷,張解撰。亡。

樂社義

武帝撰。見本傳,《南史》同。《隋·經籍志》:《樂社大義》十卷,梁武帝撰。

樂義十一卷

武帝集朝臣撰。《隋·經籍志》注：梁有《樂義》十一卷,武帝
集朝臣撰。亡。

樂論三卷

武帝撰。見《隋·經籍志》。

鍾律緯六卷

武帝撰。《隋·經籍志》注：梁有《鍾律緯》六卷,武帝撰。亡。

右樂類五部。前代所著而梁時有者一部,梁人所著者四
部;《隋志》著錄尚存者二部,亡佚者三部。梁人所著見於《梁
書》者一部,未見者三部。

春秋類

春秋左氏傳服虔杜預音三卷

後漢服虔撰。《隋·經籍志》注：梁有《服虔杜預音》三卷,亡。
按,此蓋合兩家《音》爲一帙以便觀覽者。

春秋左氏傳音三卷

三國魏高貴鄉公撰。《隋·經籍志》注：梁有魏高貴鄉公《春
秋左氏傳音》三卷,亡。

曹躭音尚書左人郎苟訥等音四卷

撰錄人姓名未詳。《隋·經籍志》注：梁有曹躭音尚書左人郎
苟訥等音四卷,亡。
按,此蓋合數家音爲一帙者。尚書左人郎,“人”當作“民”,乃
長孫無忌等奉敕修《隋書》時因避唐太宗諱所改。《釋文叙
錄》曰：“苟訥《音》四卷。字世言,新蔡人,東晋尚書左民郎。”

春秋左氏傳條例九卷

後漢鄭衆撰。《隋·經籍志》注：梁有《春秋左氏傳條例》九

卷,漢大司農鄭衆撰。

春秋漢議駮二卷

後漢服虔撰。《隋·經籍志》注:梁有《春秋漢議駮》二卷,服虔撰。亡。

春秋左氏達義一卷

後漢王玢撰。《隋·經籍志》注:梁有《春秋左氏達義》一卷,漢司徒掾王玢撰。亡。

春秋雜議難五卷

後漢孔融撰。《隋·經籍志》注:梁有《春秋雜議難》五卷,漢少府孔融撰。亡。

春秋左氏釋駮一卷

三國魏王朗撰。《隋·經籍志》注:梁有《春秋左氏釋駮》一卷,[①]王朗撰。亡。

春秋釋例引序一卷

齊杜乾光撰。《隋·經籍志》注:梁有《春秋釋例引序》一卷,[①]齊正員郎杜乾光撰。亡。

春秋釋滯十卷

晋殷興撰。《隋·經籍志》注:梁有《春秋釋滯》十卷,晋尚書左丞殷興撰。亡。

春秋公羊達義三卷

晋劉實撰。《隋·經籍志》注:梁有《春秋公羊達義》三卷,劉實撰。亡。

春秋釋難三卷

東晋范堅撰。《隋·經籍志》注:梁有《春秋釋難》三卷,晋護軍范堅撰。亡。

---

① "釋例",原脱,據殿本《隋書·經籍志》補。

春秋經傳説例疑隱一卷

吳略撰。《隋·經籍志》注：梁有《春秋經傳説例疑隱》一卷，吳略撰。亡。

按，吳略未詳何代人。

春秋左氏分野一卷

撰人姓名未詳。《隋·經籍志》注：梁有《春秋左氏分野》一卷，亡。

春秋十二公名一卷

漢鄭玄撰。《隋·經籍志》注：梁有《春秋十二公名》一卷，鄭玄撰。亡。

春秋發題一卷

撰人姓名未詳。《隋·經籍志》注：梁有《春秋發題》一卷，亡。

古今春秋盟會地圖一卷

漢嚴彭祖撰。《隋·經籍志》注：梁有漢太傅嚴彭祖撰《古今春秋盟會地圖》一卷，亡。

春秋公羊傳注十二卷

東晉高龍撰。《隋·經籍志》注：梁有《春秋公羊傳》十二卷，晉河南太守高龍注。

春秋公羊傳集解十四卷

東晉孔衍撰。《隋·經籍志》注：梁有《春秋公羊傳》十四卷，孔衍集解。

春秋公羊音一卷

東晉李軌撰。《隋·經籍志》注：梁有《春秋公羊音》一卷，李軌撰。

春秋公羊音一卷

東晉汪淳撰。《隋·經籍志》注：梁有《春秋公羊音》一卷，晉徵士汪淳撰。

按，"汪淳"疑爲"江淳"之誤。據《晉書·江統傳》，統子淳字

思俊,性好學,儒玄並綜。徵拜博士,著作郎,皆不就。《釋文
叙録》曰:"江淳《公羊音》一卷。"又曰:"江淳爲《詩音》,字思
俊,河内人,東晋徵士。"

春秋公羊傳條例一卷

後漢何休撰。

春秋公羊傳問答九卷

後漢荀爽、三國魏徐欽合撰。《隋・經籍志》注:梁有《春秋公
羊傳問答》九卷,荀爽問,魏安平太守徐欽答。亡。

春秋公羊論二卷

東晋庾翼,王愆期合撰。《隋・經籍志》注:梁有《春秋公羊
論》二卷,晋車騎將軍庾翼問,王愆期答。亡。

春秋穀梁傳十五卷

漢尹更始撰。《隋・經籍志》注:梁有《春秋穀梁傳》十五卷,
漢諫議大夫尹更始撰。亡。

按,《隋志》"尹更始撰","撰"字當作"注"或"章句"。《釋文叙
録》曰:"漢更始《穀梁章句》十五卷。"《唐書・經籍志》曰:
"《春秋穀梁章句》十五卷,穀梁俶解,尹更始注。"《唐書・藝
文志》:"《春秋穀梁傳》十五卷,尹更始注。

春秋穀梁傳注十三卷

東晋徐乾撰。《隋・經籍志》注:梁有《春秋穀梁傳》十三卷,
晋給事郎徐乾注。亡。

春秋穀梁傳集解十卷

東晋胡訥撰。《隋・經籍志》注:梁有《春秋穀梁傳》十卷。胡
訥集解。亡。

春秋穀梁傳指訓十四卷　一本作"措訓",又作"揩訓"。

孔君撰。《隋・經籍志》:《春秋穀梁傳》五卷,孔君指訓。殘
缺。梁十四卷。

按,孔君之名及朝代未詳,或即晋五經博士孔晁。清吴縣余

蕭客《古經解鈎沈》叙録曰：“孔晁《穀梁傳指訓》五卷，《隋書》《通志》俱作孔君不言名，而程端學《春秋本義》十四卷，引《孔晁指訓》。”

穀梁音一卷

撰人姓名未詳。《隋·經籍志》注：梁有《穀梁音》一卷，亡。

薄叔玄問穀梁義四卷①

撰人姓名未詳。《隋·經籍志》：《薄叔玄問穀梁義》二卷，梁四卷。

按，馬國翰曰：“《薄叔玄問穀梁義》，晋范寧撰。范作集解，叔玄有所駁問，范隨問逐條答之，仿鄭氏《釋廢疾》之體例也。”

春秋集三師難二卷

撰人姓名未詳。《隋·經籍志》注：梁有《春秋集三師難》三卷，今亡。

春秋集三傳經解十卷

東晉胡訥撰。《隋·經籍志》注：梁有《春秋集三傳經解》十卷，胡訥撰。今亡。

春秋外傳章句二十一卷

三國魏王肅撰。《隋·經籍志》：《春秋外傳章句》一卷，王肅撰。梁二十一卷。

春秋答問

武帝撰。見本紀，《南史》同。《隋·經籍志》未收。

春秋左氏例范十八卷

簡文帝撰。見《唐·經籍志》及《唐·藝文志》。《隋·經志》未收。

春秋左氏圖十卷

簡文帝撰。《隋·經籍志》注：梁有梁文帝撰《春秋左氏圖》十

---

① “叔”，原作“書”，據殿本《隋書·經籍志》改。

卷,亡。

春秋義

劉之遴撰。見本傳,《南史》同。《隋·經籍志》未收。

按《梁書·之遴傳》:時《周易》《尚書》《禮記》《毛詩》並有高祖義疏,唯《左氏傳》尚闕。之遴乃著《春秋大意》十科、《左氏》十科、《三傳異同》十科,合三十事以上之,高祖大悦,詔答之曰:"省所撰春秋義,比事論書,辭微旨遠。"

春秋序一卷

崔靈恩撰。見《隋·經籍志》。

春秋經傳解一卷

崔靈恩撰。見《隋·經籍志》。

春秋申先儒傳論十卷

崔靈恩撰。見《隋·經籍志》。

春秋左氏傳立義十卷

崔靈恩撰。見《隋·經籍志》。

左氏經傳義二十二卷

崔靈恩撰。見《隋·經籍志》。

左氏條例十卷

崔靈恩撰。見本傳,《南史》同。《隋·經籍志》未收。

左氏條義

崔靈恩撰。見本傳,《南史》同。《隋·經籍志》未收。

按《梁書·靈恩傳》:靈恩先習《左傳》服解,不爲江東所行,及改説杜義,每文句常申服以難杜,遂著《左氏條義》以明之。又云:撰《左氏條例》十卷。未知《左氏條例》與《左氏條義》是否一書,姑並存之。

公羊穀梁文句義十卷

崔靈恩撰。見本傳,《南史》同。《隋·經籍志》未收。

申杜難服

虞僧誕撰。見《崔靈恩傳》,《南史》同。《隋·經籍志》未收。

按《梁書·靈恩傳》:靈恩常申服以難杜,時助教虞僧誕因作《申杜難服》以答靈恩。

春秋五辯二卷

沈宏撰。見《隋·經籍志》。

春秋經解六卷

沈宏撰。見《唐·經籍志》。

按《新唐志》作《春秋經傳解》六卷。

春秋文苑六卷

沈宏撰。《隋·經籍志》有《春秋文苑》六卷,不著撰人。新、舊《唐志》皆有《春秋文苑》六卷,沈宏撰。

春秋嘉語六卷

沈宏撰。《隋·經籍志》有《春秋嘉語》六卷,不著撰人。新、舊《唐志》皆有《春秋嘉語》六卷,沈宏撰。

右春秋類五十部。前代或不詳朝代者。所著而梁時有者三十三部,梁人所著者十七部;《隋·經籍志》著錄者三十九部,其中尚存者五部,殘缺者二部,亡佚者三十二部。未收者十一部;梁人所著見於《梁書》者七部,未見者十部。

孝經類

古文孝經傳一卷

漢孔安國撰。《隋·經籍志》:《古文孝經》一卷,孔安國傳,梁末亡逸。今疑非古本。

孝經注二卷

撰錄人姓名不詳。《隋·經籍志》注:梁有馬融、鄭眾注《孝經》二卷,亡。

按《釋文叙録》曰：“馬融、鄭衆、鄭玄並注《孝經》。”《隋志》此
書蓋後人合馬融、鄭衆二家注於一書，以便觀覽者。

孝經注一卷

三國魏蘇林撰。《隋·經籍志》注：梁有魏散騎常侍蘇林注
《孝經》一卷，亡。

孝經注一卷

三國魏何晏撰。《隋·經籍志》注：梁有魏吏部尚書何晏注
《孝經》一卷，亡。

孝經注一卷

三國魏劉邵撰。《隋·經籍志》注：梁有光禄大夫劉邵注《孝
經》一卷，亡。

孝經注一卷

孫氏撰。《隋·經籍志》注：梁有孫氏注《孝經》一卷，亡。
按，孫氏之名及朝代未詳。

孝經皇義一卷

宋均撰。《隋·經籍志》注：梁有《孝經皇義》一卷，宋均
撰。亡。
按，宋均未詳何代人。《隋·經籍志》讖緯篇有《詩緯》十八
卷，魏博士宋均注，似與《孝經皇義》撰者爲一人。

孝經注一卷

晋楊泓撰。《隋·經籍志》注：梁又有晋給事中楊泓注《孝經》
一卷，亡。

孝經注一卷

東晋虞槃佐撰。《隋·經籍志》注：梁又有處士虞槃佐注《孝
經》一卷，亡。
按《釋文叙録》曰：“虞槃佐，字弘猷，高平人，東晋處士，注
《孝經》。”

孝經注一卷

孫氏撰。《隋‧經籍志》注：梁又有孫氏注《孝經》一卷，亡。

按，《隋志》前有孫氏注《孝經》一卷，後又出孫氏注《孝經》一卷，未知是重出，抑別爲一書，姑並存之。

孝經注一卷

東晋殷仲文撰。《隋‧經籍志》注：梁又有東陽太守殷仲文注《孝經》一卷，亡。

孝經注一卷

東晋殷叔道撰。《隋‧經籍志》注：梁又有晋陵太守殷叔道注《孝經》一卷，亡。

孝經注一卷

東晋車胤撰。《隋‧經籍志》注：梁又有丹陽尹車胤注《孝經》一卷，亡。

孝經注一卷

孔光撰。《隋‧經籍志》注：梁又有孔光注《孝經》一卷，亡。

按，孔光未詳何代人。

孝經注二卷

晋荀勖撰。《隋‧經籍志》注：梁又有荀勖注《孝經》二卷，亡。

孝經注一卷

宋何承天撰。《隋‧經籍志》注：梁又有宋何承天注《孝經》一卷，亡。

孝經注一卷

宋費沈撰。《隋‧經籍志》注：梁又有費沈注《孝經》一卷，亡。

孝經注一卷

齊王玄載撰。《隋‧經籍志》注：梁又有齊光禄大夫王玄載注《孝經》一卷，亡。

孝經注一卷

齊明僧紹撰。《隋·經籍志》注：梁又有國子博士明僧紹注
《孝經》一卷，亡。

孝經注一卷

東晉釋慧始撰。《隋·經籍志》注：梁又有釋慧始注《孝經》一
卷，亡。

按梁釋慧皎《高僧傳》：僞秦蒲坂釋法羽十五出家，爲慧始弟
子，始立行精苦，修頭陀之業，羽深達其道云。

孝經序一卷

諸葛循撰。《隋·經籍志》注：梁又有《諸葛循孝經序》一卷，亡。
按，諸葛循未詳何代人。

晉孝經一卷

撰人姓名未詳。《隋·經籍志》注：梁有晉穆帝時《晉孝經》一
卷，亡。

孝經講義一卷

撰人姓名未詳。《隋·經籍志》注：梁有武帝時送總明館《孝
經講義》一卷，亡。

大明中東宮講孝經義疏一卷

撰人姓名未詳。《隋·經籍志》注：梁有宋《大明中東宮講孝
經義疏》一卷，亡。

按《宋書·前廢帝本紀》：帝諱子業，孝武帝長子也。孝武帝
踐阼立爲皇太子，大明二年出東宮，四年講《孝經》於崇正殿。
《唐書·經籍志》：《大明中皇太子講孝經義疏》一卷，何約之
執。《新唐書·藝文志》：何約之《大明中皇太子講孝經義
疏》一卷。據此則是書當爲何約之所編定者。

永明三年東宮講孝經義疏一卷

撰人姓名未詳。《隋·經籍志》注：梁有《齊永明三年東宮講

孝經義疏》一卷,亡。

永明中諸王講孝經義疏一卷

撰人姓名未詳。《隋·經籍志》注:梁有《齊永明中諸王講孝經義疏》一卷,亡。

孝經義疏二卷

齊李玉之撰。《隋·經籍志》注:梁有齊臨沂令李玉之爲始興王講《孝經義疏》二卷,亡。

孝經玄一卷

撰人姓名未詳。《隋·經籍志》注:梁有《孝經玄》一卷,亡。

孝經圖一卷

撰人姓名未詳。《隋·經籍志》注:梁有《孝經圖》一卷,亡。

孝經孔子圖二卷

撰人姓名未詳。《隋·經籍志》注:梁有《孝經孔子圖》二卷,亡。

制旨孝經義

武帝撰。見本紀,《南史》同。《隋·經籍志》未收。

孝經講疏

武帝撰。見《南史》本紀,《梁書》未載。《隋·經籍志》未收。

孝經義疏十八卷

武帝撰。見《隋·經籍志》。

孝經義疏五卷

簡文帝撰。《隋·經籍志》注:梁有《簡文孝經義疏》五卷,亡。

皇太子講孝經義三卷

撰人姓名未詳。《隋·經籍志》注:梁有《皇太子講孝經義》三卷,[1]亡。

按《梁書·昭明太子傳》曰:"生而聰叡,三歲受《孝經》《論語》。"《隋志》此書蓋三歲時保傅所進之講章。

---

[1] "太",原脱,據殿本《隋書·經籍志》補。

天監八年皇太子講孝經義一卷

撰人姓名未詳。《隋・經籍志》注：梁有《天監八年皇太子講孝經義》一卷，亡。

按《梁書・昭明太子傳》曰："八年九月於壽安殿講《孝經》，盡通大義。"

孝經義疏三卷

皇侃撰。見《隋・經籍志》。

孝經義疏一卷

蕭子顯撰。《隋・經籍志》注：梁有蕭子顯《孝經義疏》一卷，亡。

孝經敬愛義一卷

蕭子顯撰。見《隋・經籍志》。

孝經喪禮服義十五卷

明山賓撰。見本傳，《南史》作《孝經喪服義》十五卷。《隋・經籍志》未收。

孝經注一卷

嚴植之撰。《隋・經籍志》注：梁又有五經博士嚴植之注《孝經》一卷，亡。

孝經注一卷

曹思文撰。《隋・經籍志》注：梁又有尚書功論郎曹思文注《孝經》一卷，亡。

按嚴可均《全梁文編》曰："曹思文齊永泰時領國子助教，梁受禪爲尚書論功郎，有《孝經注》一卷。

孝經注一卷

江係之撰。《隋・經籍志》注：梁又有羽林監江係之注《孝經》一卷，亡。

孝經注一卷

江逐撰。見《何遜傳》，《南史》同。《隋・經籍志》注：梁有江遜注《孝經》一卷,亡。

按《梁書》及《南史・何遜傳》皆曰:"會稽孔翁歸、濟陽江避並爲南平大司馬府記室。翁歸亦工爲詩,遜博學有思理,更注《論語》《孝經》,二人並有文集。"前言江避,後言遜,二者未詳孰是,今姑依《隋志》作遜。

孝經義一卷

太史叔明撰。見《隋・經籍志》。

孝經發題四卷

太史叔明撰。見《唐・經籍志》及《唐・藝文志》。《隋・經籍志》未收。

孝經集注

陶弘景撰。見《南史》本傳。《隋・經籍志》注:梁又有陶弘景集注《孝經》一卷,亡。

右孝經類四十七部。前代或不詳朝代者。所著而梁時有者三十部,梁人所著者十七部;《隋・經籍志》著録者四十三部,其中尚存者四部,亡佚者三十九部。未收者四部;梁人所著見於《梁書》或《南史》者四部,未見者十三部。

論語類　凡五經總義、爾雅及孔氏之書均附於此類。

古文論語注十卷

漢鄭玄撰。《隋・經籍志》注:梁有《古文論語》十卷,鄭玄注。亡。

論語注十卷

三國魏王肅撰。《隋・經籍志》注:梁又有王肅注《論語》十卷,亡。

論語注十卷

三國吳虞翻撰。《隋・經籍志》注:梁又有虞翻注《論語》十卷,亡。

論語注十卷

三國蜀譙周撰。《隋·經籍志》注:梁又有譙周注《論語》十
卷,亡。

論語補闕二卷

宋明帝撰。《隋·經籍志》注:梁有《論語補闕》二卷,宋明帝
補衛瓘闕。亡。

論語集義十卷

晋崔豹撰。《隋·經籍志》:《論語集義》八卷,晋尚書左中兵
郎崔豹集。梁十卷。

論語注十卷

盈氏撰。《隋·經籍志》注:梁有盈氏注《論語》十卷,亡。
按,盈氏之名及朝代未詳。

論語注十卷

孟釐撰。《隋·經籍志》注:梁有孟釐注《論語》十卷,亡。
按,孟釐未詳何代人。疑爲孟整之誤。《釋文叙録》曰:"《論語孟
整注》十卷,一云孟陋,陋字少孤,江夏人,東晋撫軍參軍不就。"

論語注十卷

東晋梁覬撰。《隋·經籍志》注:梁有晋國子博士梁覬注《論
語》十卷,亡。

論語注十卷

東晋袁喬撰。《隋·經籍志》注:梁有晋益州刺史袁喬注《論
語》十卷,亡。

論語注十卷

東晋尹毅撰。《隋·經籍志》注:梁有尹毅注《論語》十卷,亡。

論語注十卷

東晋張馮撰,《隋·經籍志》注:梁有司徒左長史張馮注《論

語》十卷,亡。

論語注十卷

陽惠明撰。《隋·經籍志》注:梁有陽惠明注《論語》十卷,亡。按,陽惠明未詳何代人,疑當作暢惠明。據《通志·氏族略》陳留風俗傳,齊有暢惠明撰《論語義》十卷。舊、新《唐志》皆有暢惠明撰《論語義注》十卷。

論語注十卷

宋孔澄之撰。《隋·經籍志》注:梁有宋新安太守孔澄之注《論語》十卷,亡。

論語注十卷

齊虞遐撰。《隋·經籍志》注:梁有齊員外郎虞遐撰注《論語》十卷,亡。

論語注十卷

許容撰。《隋·經籍志》:梁有許容注《論語》十卷,亡。按,許容未詳何代人。

略解論語十卷

釋僧智撰。《隋·經籍志》注:梁有釋僧智《略解論語》十卷,亡。按梁釋慧皎《高僧傳》:慧次大明中出都,止於謝寺,齊永明八年坐化。又有僧寶、僧智等並一代英哲,爲時論所宗。

論語音二卷

東晉徐邈等撰。《隋·經籍志》注:梁又有《論語音》二卷,徐邈等撰。亡。

古論語義著譜一卷

徐氏撰。《隋·經籍志》注:梁有《古論語義注譜》一卷,徐氏撰。亡。按,徐氏之名及朝代未詳。清常熟丁國鈞《補晉書藝文注》以爲即徐邈。

論語隱義注三卷

撰人姓名未詳。《隋·經籍志》注：梁有《論語隱義注》三卷,亡。

論語義注三卷

撰人姓名未詳。《隋·經籍志》注：梁有《論語義注》三卷,[①]亡。

論語釋駁三卷

晋王肅撰。《隋·經籍志》注：梁有《論語釋駁》三卷,王肅撰。亡。

論語駁序二卷

晋樂肇撰。《隋·經籍志》注：梁有《論語駁序》二卷,樂肇撰。亡。

論語隱一卷

晋郭象撰。《隋·經籍志》注：梁有《論語隱》一卷,郭象撰。亡。

論語藏集解一卷

應琛撰。《隋·經籍志》注：梁有《論語藏集解》一卷,應琛撰。亡。

按,應琛未詳何代人。

論語釋一卷

東晋曹毗撰。《隋·經籍志》注：梁有《論語釋》一卷,曹毗撰。亡。

論語君子無所爭一卷

東晋庾亮撰。《隋·經籍志》注：梁有《論語君子無所爭》一

---

① “義注”,原作“隱義”,據殿本《隋書·經籍志》改。

卷,庾亮撰。亡。

論語釋一卷

東晋李充撰。《隋·經籍志》注：梁有《論語釋》一卷,李充撰。亡。

論語釋一卷

東晋庾翼撰。《隋·經籍志》注：梁有《論語釋》一卷,庾翼撰。亡。

論語義一卷

東晋王濛撰。《隋·經籍志》注：梁有《論語義》一卷,王濛撰。亡。

論語釋一卷

東晋蔡系撰。《隋·經籍志》注：梁有蔡系《論語釋》一卷,亡。

論語釋一卷

張隱撰。《隋·經籍志》注：梁有張隱《論語釋》一卷,亡。
按,張隱未詳何代人。

通鄭一卷

郄原撰。《隋·經籍志》注：梁有郄原《通鄭》一卷,亡。
按,郄原未詳何代人。

修鄭錯一卷

王氏撰。《隋·經籍志》注：梁有王氏《修鄭錯》一卷,亡。
按,王氏之名及朝代未詳。

論釋一卷

姜處道撰。《隋·經籍志》注：梁有姜處道《論釋》一卷,亡。
按,姜處道未詳何代人。《隋志》書名"論"下疑敓"語"字。

論語疏八卷

宋張略等撰。《隋·經籍志》注：梁有《論語疏》八卷,宋司空法曹張略等撰。亡。

新書對張論十卷

東晉虞喜撰。《隋·經籍志》注：梁有《新書對張論》十卷，虞喜撰。亡。

按《册府元龜》有虞喜《新書討張論語》十卷，書名略異，未知孰是。

論語義注圖十二卷

撰人姓名未詳。《隋·經籍志》注：梁有《論語義注圖》十二卷，亡。

當家語二卷

三國魏張融撰。《隋·經籍志》注：梁有《當家語》二卷，魏博士張融撰。亡。

爾雅注三卷

漢劉歆撰。《隋·經籍志》注：梁有漢劉歆《爾雅注》三卷，亡。

爾雅注三卷

漢犍爲文學撰。《隋·經籍志》注：梁有漢犍爲文學《爾雅注》三卷，亡。

按，犍爲文學之姓名未詳。《釋文叙錄》曰："《爾雅》犍爲文學注三卷。一云犍爲郡文學卒史臣舍人，漢武帝時待詔。"錢大昕《隋書考異》曰："犍爲文學即舍人也。陸德明云'犍爲郡文學卒史臣舍人，漢武帝時待詔。'蓋其人姓舍名人。"張澍《蜀典輯本》序曰："按犍爲文學即東方朔同時待詔，詔爲隱語被榜呼譽之郭舍人也。"以上諸説未詳孰是。

爾雅注三卷

後漢李巡撰。《隋·經籍志》注：梁有漢中黄門李巡《爾雅注》三卷，亡。

爾雅音一卷

三國魏孫炎撰。《隋·經籍志》注：梁有《爾雅音》一卷，孫炎撰。亡。

爾雅音一卷

東晋郭璞撰。《隋·經籍志》注：梁有《爾雅音》一卷，郭璞撰。亡。

爾雅圖讚二卷

東晋郭璞撰。《隋·經籍志》注：梁有《爾雅圖讚》二卷，郭璞撰。亡。

廣雅四卷

三國魏張揖撰。《隋·經籍志》：《廣雅》三卷，魏博士張揖撰。梁有四卷。

通五經五卷

王氏撰。《隋·經籍志》注：梁有《通五經》五卷，王氏撰。亡。按，王氏之名及朝代未詳。

五經咨疑八卷

周楊撰。《隋·經籍志》注：梁有《五經咨疑》八卷，周楊撰。亡。

按，周楊未詳何人，疑有誤。舊、新《唐志》均作楊思撰。

五經秘表要三卷

撰人姓名未詳。《隋·經籍志》注：梁有《五經秘表要》三卷。亡。

五經通義九卷

撰人姓名未詳。《隋·經籍志》：《五經通義》八卷，梁九卷。

五經義七卷

撰人姓名未詳。《隋·經籍志》：《五經義》六卷，[①]梁七卷。

---

① "六"，原作"之"，據殿本《隋書·經籍志》改。

五經義略一卷

撰人姓名未詳。《隋·經籍志》注：梁又有《五經義略》一卷,亡。

五經要義十七卷

雷氏撰。《隋·經籍志》注：梁有《五經要義》十七卷,雷氏撰。亡。

按,雷氏之名及朝代未詳。

孔子正言

武帝撰。見本紀,《南史》同。《隋·經籍志》：《孔子正言》二十卷,梁武帝撰。

五經講疏

武帝撰。見《簡文帝紀》及《孔子袪傳》,《南史》同。《隋·經籍志》未收。

按《梁書·簡文帝紀》曰：“高祖所製《五經講疏》嘗於玄圃奉述,聽者傾朝野。”《子袪傳》：“高祖撰《五經講疏》及《孔子正言》,專使子袪檢閱群書,以爲義證。”

長春義記一百卷

簡文帝撰。見本紀,《南史》同。《隋·經籍志》同。

按《梁書·許懋傳》：中大通三年,太子詔參諸儒錄《長春義記》。《南史·徐陵傳》：梁簡文在東宫撰《長春義記》,使陵爲序。《沈文阿傳》：梁簡文撰《長春義記》,多使文阿撮異文以廣之。①

論語注

江遜撰。見《何遜傳》《南史》同。《隋·經籍志》未收。

按《梁書》及《南史·何遜傳》,注《論語》《孝經》者前言“江

---

① “異文”,殿本《南史·儒林傳》作“異聞”。

避",後言"遜",《隋志》著録《江遜注孝經》一卷,今姑依《隋
志》。説詳孝經類。

論語義十卷

皇侃撰。見本傳,《南史》未載卷數。《隋‧經籍志》:《論語義
疏》十卷,皇侃撰。

論語集注

陶弘景撰。見《南史‧弘景傳》《梁書》本傳未載。《隋‧經籍
志》注:陶弘景集注《論語》十卷,亡。

集解論語十卷

太史叔明撰。《隋‧經籍志》注:梁有太史叔明《集解論語》十
卷,亡。

論語注十卷

曹思文撰。《隋‧經籍志》注:梁有曹思文注《論語》十卷,亡。

論語義

伏曼容撰。見本傳,《南史》同。《隋‧經籍志》未收。

論語義疏十卷

褚仲都撰。見《隋‧經籍志》。

按《新唐書‧藝文志》作《講疏》十卷。

六經通數十卷

鮑泉撰。見《隋‧經籍志》。

五經義

賀瑒撰。見本傳,《南史》同。《隋‧經籍志》未收。

朝廷博議

賀瑒撰。見本傳,《南史》作《朝廷博士議》。《隋‧經籍志》
未收。

謚法五卷

賀瑒撰。見《隋‧經籍志》。

五經滯義

賀琛撰。見本傳,《南史》同。《隋·經籍志》未收。

新謚法

賀琛撰。見本傳,《南史》同。《隋·經籍志》未收。

謚例十卷

沈約撰。見本傳,《南史》同。《隋·經籍志》:《謚法》十卷,特進中軍將軍沈約撰。

按舊、新《唐志》並作《謚法》十卷,與《隋志》同。

附益謚法一卷

裴子野撰。見本傳,《南史》同。《隋·經籍志》未收。

集注爾雅十卷

沈琁撰。見《隋·經籍志》。

孔志十卷

劉被撰。《隋·經籍志》注:梁有《孔志》十卷,梁太尉參軍劉被撰。亡。

右論語類七十三部。前代或不詳朝代者。所著而《隋志》注明梁有者五十三部,梁人所著者二十部;《隋志》著錄者六十五部,其中尚存者七部,殘缺者四部,亡佚者五十四部。未收者八部;梁人所著見於《梁書》或《南史》者十三部,未見者七部。

異説類

河圖洛書二十四卷　目錄一卷

撰人姓名未詳。《隋·經籍志》:梁《河圖洛書》二十四卷,目錄一卷,亡。

按《隋志》"梁《河圖洛書》二十四卷","梁"下疑敓"有"字。

易緯注九卷

後漢鄭玄撰。《隋·經籍志》:《易緯》八卷,鄭玄注。梁有九卷。

尚書緯注六卷

後漢鄭玄撰。《隋·經籍志》：《尚書緯》三卷，鄭玄注。梁六卷。

尚書中候注八卷

後漢鄭玄注。《隋·經籍志》：《尚書中候》五卷，鄭玄注。梁有八卷，今殘缺。

詩緯注十卷

三國魏宋均撰。《隋·經籍志》：《詩緯》十八卷，魏博士宋均注。梁十卷。

禮記默房注三卷

後漢鄭玄撰。《隋·經籍志》注：梁有《禮記默房》三卷，鄭玄注。亡。

樂五鳥圖一卷

撰人姓名未詳。《隋·經籍志》注：梁有《樂五鳥圖》一卷，亡。

春秋緯注三十卷

三國魏宋均撰。《隋·經籍志》注：梁有《春秋緯》三十卷，宋均注。亡。

春秋內事四卷

撰人姓名未詳。《隋·經籍志》注：梁有《春秋內事》四卷，亡。

春秋包命二卷

撰人姓名未詳。《隋·經籍志》注：梁有《春秋包命》二卷，亡。

春秋秘事十一卷

撰人姓名未詳。《隋·經籍志》注：梁有《春秋秘事》十一卷，亡。

書易詩孝經春秋河洛緯秘要一卷

撰人姓名未詳。《隋·經籍志》注：梁有《書易詩孝經春秋河洛緯秘要》一卷，亡。

五帝鉤命決圖一卷

撰人姓名未詳。《隋·經籍志》注：梁有《五帝鉤命決圖》一卷，亡。

孝經雜緯注十卷

三國魏宋均撰。《隋·經籍志》注：梁有《孝經雜緯》十卷，宋均注。亡。

孝經元命包一卷

撰人姓名未詳。《隋·經籍志》注：梁有《孝經元命包》一卷，亡。

孝經古秘援神二卷

撰人姓名未詳。《隋·經籍志》注：梁有《孝經古秘援神》二卷，亡。

孝經古秘圖一卷

撰人姓名未詳。《隋·經籍志》注：梁有《孝經古秘圖》一卷，亡。

孝經左右握二卷

撰人姓名未詳。《隋·經籍志》注：梁有《孝經左右握》二卷，亡。

孝經左右契圖一卷

撰人姓名未詳。《隋·經籍志》注：梁有《孝經左右契圖》一卷，亡。

孝經雌雄圖三卷

撰人姓名未詳。《隋·經籍志》注：梁有《孝經雌雄圖》三卷，亡。

孝經異本雌雄圖二卷

撰人姓名未詳。《隋·經籍志》注：梁有《孝經異本雌雄圖》二卷，亡。

孝經分野圖一卷

撰人姓名未詳。《隋·經籍志》注：梁有《孝經分野圖》一卷,亡。

孝經内事圖二卷

撰人姓名未詳。《隋·經籍志》注：梁有《孝經内事圖》二卷,亡。

按馬氏《玉函山房輯本》曰："《孝經内事圖》,魏宋均注。

孝經内事星宿講堂七十二弟子圖一卷

撰人姓名未詳。《隋·經籍志》注：梁有《孝經内事星宿講堂七十二弟子圖》一卷,亡。

口授圖一卷

撰人姓名未詳。《隋·經籍志》注：梁又有《口授圖》一卷,亡。

論語讖注八卷

三國魏宋均撰。《隋·經籍志》注：梁又有《論語讖》八卷,宋均注。亡。

孔老讖十二卷

撰人姓名未詳。《隋·經籍志》注：梁有《孔老讖》十二卷,亡。

老子河洛讖一卷

撰人姓名未詳。《隋·經籍志》注：梁有《老子河洛讖》一卷,亡。

尹公讖四卷

撰人姓名未詳。《隋·經籍志》注：梁有《尹公讖》四卷,亡。

劉向讖一卷

撰人姓名未詳。《隋·經籍志》注：梁有《劉向讖》一卷,亡。

按《後漢書·張衡傳》：衡以圖讖虛妄,乃上書曰："劉向父子領校秘書,閱定九流,並無讖録。"《文選》干令升《晋紀總論》及《宋書·符瑞志》並引劉向讖之辭句。清姚振宗《隋書經籍志考證》

以爲殆讖記家以劉氏有《五行傳論》,因附託以爲劉向讖。

雜讖書二十九卷

撰人姓名未詳。《隋·經籍志》注:梁有《雜讖書》二十九卷,亡。

按汪師韓《文選理學權輿》曰:"《選注》所引群書有宋均《雜讖注》。"宋氏注讖緯甚多,大抵兩漢相傳者,多有所注。

堯戒舜禹一卷

撰人姓名未詳。《隋·經籍志》注:梁有《堯戒舜禹》一卷,亡。

孔子王明鏡一卷

撰人姓名未詳。《隋·經籍志》注:梁有《孔子王明鏡》一卷,[①]亡。

按,此蓋後人僞託孔子所作之書。

金雄記一卷

東晉郭文撰。《隋·經籍志》注:梁有郭文《金雄記》一卷,亡。"按《晉書·隱逸傳》曰:"郭文字文舉,河内軹人也。"《太平廣記》神仙類言郭文後歸隱鰲亭山,得道而去。後人於其臥牀席下得蒻葉書《金雄詩》《金雌記》。《宋書·符瑞志》引《金雌詩》,《南齊書·祥瑞志》引《金雄記》,《南史·齊高帝紀》亦引郭文舉《金雄記》。

王子年歌一卷

東晉王嘉撰。《隋·經籍志》注:梁有《王子年歌》一卷,亡。

按《晉書·藝術傳》載:王嘉字子年,隴西安陽人,其所造《牽三歌》,事過皆驗。《南齊書·祥瑞志》及《南史·齊高帝紀》皆引有《王子年歌》。

嵩高道士歌一卷

撰人姓名未詳。《隋·經籍志》注:梁有《嵩高道士歌》一

---

① "鏡",原作"經",據殿本《隋書·經籍志》改。

卷,亡。

　　右異説類三十六部。皆前代_{或未詳朝代}者。所著而《隋志》注明"梁有"者。其中殘缺者三部,亡佚者三十三部。

小學類

倉頡注二卷

　　後漢杜林撰。《隋·經籍志》注:梁有《倉頡》二卷,後漢司空杜林注。亡。

廣倉一卷

　　樊恭撰。《隋·經籍志》注:梁有《廣倉》一卷,樊恭撰。亡。
　　按,樊恭未詳何代人。

凡將篇一卷

　　漢司馬相如撰。《隋·經籍志》注:梁有司馬相如《凡將篇》一卷,亡。

太甲篇一卷

　　後漢班固撰。《隋·經籍志》注:梁有班固《太甲篇》一卷,亡。

在昔篇一卷

　　後漢班固撰。《隋·經籍志》注:梁有班固《在昔篇》一卷,亡。

飛龍篇一卷

　　後漢崔瑗撰。《隋·經籍志》注:梁有崔援《飛龍篇》一卷,亡。
　　按《後漢書·崔駰傳》:"中子瑗字子玉。"舊、新《唐志》均有崔瑗撰《飛龍篇》。《隋志》"崔援"當作"崔瑗"。

聖皇篇一卷

　　後漢蔡邕撰。《隋·經籍志》注:梁有蔡邕《聖皇篇》一卷,亡。

黃初篇一卷

　　撰人姓名未詳。《隋·經籍志》注:梁有《黃初篇》一卷,亡。
　　按《小學考》曰:"無名氏《黃初篇》,《七録》一卷。按篇首有黃初句，作者當在魏時。"

吴章篇一卷

撰人姓名未詳。《隋·經籍志》注：梁有《吴章篇》一卷，亡。

按《小學考》曰："無名氏《吴章篇》，《七録》一卷，佚。按《吴章篇》與陸機之《吴章》當是二書。《唐志》但列《吴章篇》一卷，而不列陸機《吴章》，蓋誤爲一書。"清姚振宗《隋書經籍志考證》以爲此似即陸機之《吴章》。

女史篇一卷

後漢蔡邕撰。《隋·經籍志》注：梁有蔡邕《女史篇》一卷，亡。

按，以上八篇，《隋志》云："有司馬相如《凡將篇》，班固《太甲篇》《在昔篇》，崔援《飛龍篇》，蔡邕《聖皇篇》《黄初篇》《吴章篇》，蔡邕《女史篇》，合八卷。""有"上當放"梁"字。此蓋每篇爲一卷，合八卷爲一帙者。兹分録如上。

幼學二卷

三國吴朱育撰。《隋·經籍志》注：梁又有《幼學》二卷，朱育撰。亡。

始學十二卷

三國吴項峻撰。《隋·經籍志》注：梁又有《始學》十二卷，吴郎中項峻撰。亡。

月儀十二卷

撰人姓名未詳。《隋·經籍志》注：梁又有《月儀》十二卷，亡。

難字一卷

三國魏張揖撰。《隋·經籍志》注：梁有《難字》一卷，張揖撰。亡。

按《隋志》云《難字》一卷，《新唐書·藝文志》有張揖《雜字》一卷，陸氏《釋文》、玄應《一切經音義》皆引張揖《雜字》。《册府元龜》較學部云揖撰《三倉難字》一卷。爲"難"爲"雜"，未知執是。

錯誤字一卷

三國魏張揖撰。《隋・經籍志》注：梁有《錯誤字》一卷，張揖撰。亡。

異字一卷

三國吳朱育撰。《隋・經籍志》注：梁有《異字》一卷，朱育撰。亡。

字屬一卷

後漢賈魴撰。《隋・經籍志》注：梁有《字屬》一卷，賈魴撰。亡。

解文字七卷

周成撰。《隋・經籍志》注：梁有《解文字》七卷，周成撰。亡。
按，周成未詳何代人。

字義訓音六卷

曹侯彥撰。《隋・經籍志》注：《字義訓音》六卷，曹侯彥撰。亡。

按，曹侯彥未詳何人。《小學考》曰："《字義訓音》，《七錄》稱曹侯彥撰者，蓋以彥嘗爲列侯也。"是以曹侯彥爲魏曹真之子彥也。

古今字苑十卷

曹侯彥撰。《隋・經籍志》注：梁有《古今字苑》七卷，曹侯彥撰。亡。

單行字四卷

李彤撰。《隋・經籍志》注：梁有《單行字》四卷，李彤撰。亡。
按，李彤未詳何代人。

字偶五卷

李彤撰。《隋・經籍志》注：梁有《字偶》五卷，亡。

按《隋志》不著撰人。《小學考》曰：“李氏彤《字偶》《七録》五卷，佚。”

演説文默注一卷

庾儼撰。《隋·經籍志》注：梁有《演説文》一卷，庾儼默注。亡。

按，庾儼未詳何人。《册府元龜》較學部載梁有《演説文》一卷，庾儀撰；郭忠恕《汗簡》引庾儼《演説文》；馬氏《玉函山房輯佚書》以爲《汗簡》“儼”下敓“默”字。以上諸書或作“庾儀”，或作“庾儼”，或作“庾儼默”。姚振宗《隋書經籍志考證》以爲當作“庾儼”：《隋志》“默”字當與“注”字連讀，取《論語》“默而識之”之意，默注即默識，猶言心得。吳徐整有《孝經默注》，與此同例。今按姚氏之説近是，姑從之。

常用字訓一卷

東晉殷仲堪撰。《隋·經籍志》注：梁有《常用字訓》一卷，殷仲堪撰。亡。

文字要記三卷

晉王義撰。《隋·經籍志》注：梁有《文字要記》三卷，王義撰。亡。

釋字同音三卷

宋吉文甫撰。《隋·經籍志》注：梁有《釋字同音》三卷，宋散騎常侍吉文甫撰。亡。

文字通略一卷

焦子明撰。《隋·經籍志》注：梁有《文字通略》一卷，焦子明撰。亡。

按，焦子明未詳何代人。《隋志》次於劉歆之後，可能爲梁人。

文章音韻二卷

王該撰。《隋·經籍志》注：梁有《文章音韻》二卷，王該撰。亡。

按,王該未詳何代人。

五音韻五卷

撰人姓名未詳。《隋·經籍志》注:梁又有《五音韻》五卷,亡。

詁幼二卷

宋顏延之撰。《隋·經籍志》注:梁有《詁幼》二卷,顏延之撰。亡。

廣詁幼一卷

宋荀楷撰。《隋·經籍志》注:梁有《廣詁幼》一卷,宋給事中荀楷撰。亡。

纂文二卷

撰人姓名未詳。《隋·經籍志》注:梁有《纂文》三卷,亡。

按舊、新《唐志》皆有《纂文》三卷,何承天撰。或即此書。

扶南胡書一卷

撰人姓名未詳。《隋·經籍志》注:梁有《扶南胡書》一卷。

一字石經周易三卷

後漢蔡邕所書《周易》石榻本。《隋·經籍志》:《一字石經周易》一卷,梁有三卷。

今字石經鄭氏尚書八卷

後漢鄭玄注《尚書》刻爲隸書石經之榻本。《隋·經籍志》注:梁有《今字石經鄭氏尚書》八卷,亡。

一字石經毛詩二卷

後漢《毛詩》石經之榻本。《隋·經籍志》"一字石經魯詩六卷"下注云:梁有《毛詩》二卷,亡。

一字石經春秋一卷

後漢《春秋》石經之榻本。《隋·經籍志》:《一字石經春秋》一卷,梁有一卷。

按《隋志》此書一卷,梁有一卷。"梁有一卷"之"一"字疑
有誤。

一字石經論語二卷

後漢《論語》石經之榻本。《隋·經籍志》:《一字石經論語》一
卷,梁有二卷。

三字石經尚書十三卷

三國魏三字石經《尚書》之榻本。《隋·經籍志》:《三字石經
尚書》九卷,梁有十三卷。

三字石經春秋十二卷

三國魏三字石經《春秋》之榻本。《隋·經籍志》:《三字石經
春秋》三卷,梁有十二卷。

千字文

蕭子範撰。見本傳,《南史·蕭子廉傳》同。[①]《隋·經籍志》
未收。

蕭子範千字文注

蔡邅撰。見《蕭子範傳》,《南史·蕭子廉傳》同。《隋·經籍
志》未收。

千字文

周興嗣撰。見本傳,《南史》同。《隋·經籍志》:《千字文》一
卷,梁給事郎周興嗣撰。

千字文注

蕭子雲撰。《隋·經籍志》:《千字文》一卷,梁國子祭酒蕭子
雲注。

字訓

范岫撰。見本傳,《南史》同。《隋·經籍志》未收。

---

① "史",原作"子",據殿本《南史》改。

按《梁書·劉杳傳》："范岫撰《字書音訓》又訪杳焉。"

文字集略六卷

阮孝緒撰。見《隋·經籍志》。

古今文字序一卷

劉歆撰。《隋·經籍志》注：梁有《古今文字序》一卷，[①]劉歆撰。亡。

古今篆隸雜字體一卷

蕭子政撰。見《隋·經籍志》。

五十二體書一卷

蕭子雲撰。見《唐·經籍志》及《唐·藝文志》。《隋·經籍志》未收。

文字體例

庾曼倩撰。見《庾説傳》，《南史》同。《隋·經籍志》未收。

書品一卷

庾肩吾撰。見《唐·經籍志》及《唐·藝文志》。《隋·經籍志》未收。

要用字對誤

鄒誕生撰。《隋·經籍志》注：梁有《要用字對誤》，梁輕車將軍鄒誕生撰。亡。

四聲譜

沈約撰。見本傳，《南史》同。《隋·經籍志》：《四聲》一卷，梁太子少傅沈約撰。

　右小學類五十三部。前代或不詳朝代者。所著而《隋志》注明"梁有"者四十部，梁人所著者十三部；《隋·經籍志》已收者四十七部，其中尚存者五部，殘缺者五部，亡佚者三十七部。未收者六部；

---

① "序"，原作"第"，據殿本《隋書·經籍志》改。

梁人所著見於《梁書》者六部，未見者七部。

　　凡經部十類共五百零七部。前代或不詳朝代者。所著而《隋志》注明“梁有”者三百五十五部，梁人所著者一百五十二部；《隋志》著録者四百四十五部，其中尚存者六十一部，殘缺者二十六部，亡佚者三百五十九部。未收者五十九部；梁人所著見於《梁書》或《南史》者七十二部，未見者八十部。

史部

正史

漢書孟康音九卷

　　三國魏孟康撰。《隋・經籍志》注：梁有《漢書孟康音》九卷，亡。

漢書注一百二卷

　　齊陸澄撰。《隋・經籍志》注：梁有陸澄注《漢書》一百二卷，亡。

後漢記一百卷

　　晉薛瑩撰。《隋・經籍志》：《後漢記》六十五卷，本一百卷，梁有，今殘缺。晉散騎常侍薛瑩撰。

後漢林二百卷

　　王韶撰。《隋・經籍志》注：梁有王韶《後漢林》二百卷，亡。按，王韶未詳何代人。

吳書五十五卷

　　三國吳韋昭撰。《隋・經籍志》：《吳書》二十五卷，韋昭撰。本五十五卷，梁有，今殘缺。

吳錄三十卷

　　晉張勃撰。《隋・經籍志》注：梁有張勃《吳錄》三十卷，亡。

晉書七卷

　　鄭忠撰。《隋・經籍志》注：梁有鄭忠《晉書》七卷，亡。按，鄭忠未詳何代人。

三國志序評三卷

　　東晉王濤撰。《隋・經籍志》注：梁有《三國志序評》三卷，晉著作郎王濤撰。亡。

東晉新書七卷

齊庾詵撰。①《隋·經籍志》注：梁有庾銑《東晉新書》七卷,亡。

宋書六十一卷

撰人姓名未詳。《隋·經籍志》注：梁有宋文明中所撰《宋書》六十一卷,亡。

按,宋無文明年號,當是大明之誤。

通史六百卷

武帝撰。見本紀,《南史》同。《隋·經籍志》：《通史》四百八十卷,梁武帝撰。起三皇迄梁。

按《梁書·吳均傳》："尋有敕召見,使撰《通史》,起三皇,訖齊代,均草本紀、世家已畢,唯列傳未就,普通元年卒。"

史記音三卷

鄒誕生撰。見《隋·經籍志》。

漢書注一百一十五卷

元帝撰。見本紀,《南史》同。《隋·經籍志》注：梁元帝注《漢書》一百一十五卷,亡。

漢書注一百四卷

劉孝標撰。《隋·經籍志》注：梁有劉孝標注《漢書》一百四卷,亡。

後漢書一百卷

蕭子顯撰。見本傳,《南史》同。《隋·經籍志》注：梁有蕭子顯《後漢書》一百卷,亡。

---

① "詵",殿本《隋書·經籍志》作"銑"。

後漢書注

蕭方等撰。見本傳,《南史》同。《隋·經籍志》未收。

按《梁書》忠壯世子方等傳曰:"注范曄《後漢書》未就。"

後漢書集注一百八十卷

劉昭撰。見本傳,《南史》同。《隋·經籍志》:《後漢書》一百
二十五卷,范曄本,梁剡令劉昭注。

後漢書注九十卷

吳均撰。見本傳,《南史》同。《隋·經籍志》未收。

按《梁書·均傳》曰:"注范曄《後漢書》九十卷。

續漢書注二百卷

王規撰。見本傳,《南史》同。《隋·經籍志》未收。

漢書真本校異

劉之遴撰。見本傳,《南史》同。《隋·經籍志》未收。

按《梁書·蕭琛傳》曰:"琛在宣城,有北僧南渡,唯賷一葫蘆,
中有《漢書序傳》。僧曰'三輔舊老相傳,以爲班固真本。'琛
固求得之。其書多有異今者,而紙墨亦古,文字多如龍舉之
例,非篆非隸。琛甚秘之。及是行也,以書饟鄱陽王範,範乃
獻於東宮。"《之遴傳》曰:"鄱陽嗣王範得班固真本《漢書》,獻
之東宮,皇太子令之遴、張纘、到溉、陸襄等參校異同。之遴
録其異狀數十事。"

漢書續訓三卷

韋稜撰。見本傳,《南史·稜傳》作《漢書續訓》二卷。《隋·
經籍志》與《梁書》同。

晋書一百一十卷

蕭子雲撰。見本傳,《南史》同。《隋·經籍志》:《晋書》十一
卷,本一百二卷,梁有,今殘缺。蕭子雲撰。

晋書

沈約撰。見《南史》本傳。《隋·經籍志》注:梁有沈約《晋書》

一百一十卷,亡。

晉書

陸煦撰。見《陸杲傳》,《南史》同。《隋·經籍志》未收。

按《梁書·杲傳》曰:"弟煦位太子家令,撰《晉書》未就。"

晉史草三十卷

蕭子顯撰。見《隋·經籍志》。

宋書一百卷

沈約撰。見本傳,《南史·約傳》未載卷數。

《隋·經籍志》與《梁書》同。

齊書六十卷

蕭子顯撰。見本傳,《南史》同。《隋·經籍志》同。

齊書五十卷

許亨撰。見《隋書·許善心傳》。《隋·經籍志》未收。

按《隋書·許善心傳》曰:父亨,昔在前代早懷述作,凡撰《齊書》五十卷。

齊史傳志十三篇

江淹撰。見本傳,《南史》同。《隋·經籍志》注:梁有《江淹龍史》十三卷,亡。

按《梁書·淹傳》曰:"建元二年,淹與司徒左長史檀超共掌其任。所爲條例並爲王儉所駁,其言不行。淹任性文雅,不以著述在懷,所撰十三篇竟無次序。"又曰:"凡所著述百餘篇,自撰爲前後集,並《齊史十志》並行於世。"

齊紀二十卷

沈約撰。見本傳,《南史》同。《隋·經籍志》同。

齊紀十卷

劉陟撰。見《隋·經籍志》。

梁書一百卷

謝吳撰。《隋·經籍志》：《梁書》四十卷，梁中書郎謝吳撰。本一百卷。

梁史

周捨撰。見本傳，《南史》同。劉杳撰。見本傳，《南史》同。傅昭撰。見《劉顯傳》，見本傳，《南史》同。裴子野撰。見本傳，《南史》同。任孝恭撰。見本傳，《南史》同。姚察撰。見《南史》。《隋·經籍志》未收。

按《梁書·捨傳》曰："高祖即位，召拜尚書祠部郎，遷尚書吏部郎、太子右衛率右衛將軍，兼掌國史。"《杳傳》曰："佐周捨撰國史。"《劉顯傳》曰："五兵尚書傅昭掌著作，撰國史，引顯爲佐。"《子野傳》曰："吏部尚書徐勉言之於高祖，以爲著作郎，掌國史及起居注。"《孝恭傳》曰："高祖聞其有才學，召入西省撰史。"《南史·察傳》曰："元帝於荊州即位，授察原鄉令，後爲佐著作撰史。"

右正史類三十三部。前代或不詳朝代者。所著而《隋志》注明"梁有"者十部，梁人所著者二十三部；《隋志》著錄者二十六部，其中尚存者九部，殘缺者四部，亡佚者十三部。未收者七部；梁人所著見於《梁書》或《南史》者十七部，未見者六部。

古史

干寶晉紀注四十卷

劉肜撰。見《劉昭傳》，《南史》同。《隋·經籍志》未收。

宋略二十卷

裴子野撰。見本傳，《南史》同。《隋·經籍志》同。

宋春秋二十卷

王琰撰。見《隋·經籍志》。

齊春秋三十卷

吴均撰。見本傳,《南史》同。《隋·經籍志》同。

按《梁書·均傳》曰:"表求撰《齊春秋》,書成奏之。高祖以其書不實,使中書舍人劉之遴詰問數條,竟支離無對。敕付省焚之,坐免職。"

三十國春秋

蕭方等撰。見本傳,《南史》同。《隋·經籍志》:《三十國春秋》三十一卷,梁湘東王世子萬等撰。

按《梁書·世祖二子傳》曰:"忠壯世子方等所撰《三十國春秋》行於世。"《隋志》"蕭萬等"當作"蕭方等",蓋因俗書萬爲万,與方形近而誤。

齊梁春秋

裴子野撰。見本傳,《南史》同。《隋·經籍志》未收。

高祖紀十四卷

沈約撰。見本傳,《南史》作《梁武紀》十四卷。《隋·經籍志》未收。

太清紀十卷

蕭韶撰。見《南史·韶傳》。《隋·經籍志》:梁《太清紀》十卷,梁長沙蕃王蕭韶撰。

右古史類八部。皆梁人所著。《隋志》著録者五部,皆存,無殘缺及亡佚者。未收者三部;梁人所著見於《梁書》或《南史》者七部,未見者一部。

雜史

漢靈獻二帝紀六卷

後漢劉芳撰。《隋·經籍志》:《漢靈獻二帝》三卷,漢侍中劉芳撰。殘缺。梁有六卷。

按《隋志》"劉芳"，舊、新《唐志》皆作"劉艾"。

漢末英雄記十卷

後漢王粲撰。《隋·經籍志》：《漢末英雄記》八卷，王粲撰。
殘缺。梁有十卷。

按《舊唐志》作《漢書英雄記》十卷，王粲等撰。

魏武本紀四卷曆一卷

撰人姓名未詳。《隋·經籍志》：《魏武本紀》四卷，梁並《曆》
五卷。

魏尚書八卷

東晋孔衍撰。《隋·經籍志》：《魏尚書》八卷，孔衍撰。梁十
卷成。

魏末傳並魏氏大事三卷

撰人姓名未詳。《隋·經籍志》：《魏末傳》二卷，梁又有《魏末
傳並魏氏大事記》三卷，亡。

按，此合《魏末傳》及《魏氏大事記》二書爲一帙者也。蓋《魏
末傳》二卷，《魏氏大事記》一卷，合爲三卷。

皇帝實録

周興嗣撰。見本傳，《南史》同。《隋·經籍志》：梁《皇帝實
録》三卷，周興嗣撰。記武帝事。

梁皇帝實録五卷

謝吳撰。《隋·經籍志》：《梁皇帝實録》五卷，梁中書郎謝吳
撰。記元帝事。

乘輿龍飛記

鮑行卿撰。見《南史》本傳。《隋·經籍志》未收。

普通北伐記五卷

蕭子顯撰。見本傳，《南史》同。《隋·經籍志》未收。

先聖本紀十卷

　　劉緫撰。見《南史》本傳。《隋·經籍志》同。

史記抄

　　袁峻撰。見本傳,《南史》同。《隋·經籍志》未收。

抄合後漢事四十餘卷

　　裴子野撰。見本傳,《南史》同。《隋·經籍志》未收。

晋抄三十卷

　　張緬撰。見本傳,《南史》作《晋書抄》三十卷,《隋·經籍志》
　　與《南史》同。

後漢紀四十卷

　　張緬撰。見本傳,《南史》作《抄後漢》。《隋·經籍志》未收。

後漢略二十五卷

　　張緬撰。見《隋·經籍志》。

宋拾遺十卷

　　謝倬撰。見《隋·經籍志》。

皇德記

　　周興嗣撰。見本傳,《南史》同。《隋·經籍志》未收。

帝代年歷

　　陶弘景撰。見本傳,《南史》同。《隋·經籍志》未收。

帝歷二十卷

　　庾詵撰。見本傳,《南史》同。《隋·經籍志》未收。

總抄八十卷

　　庾詵撰。見本傳,《南史》同。《隋·經籍志》未收。

正史削繁十四卷

　　阮孝緒撰。見《唐·經籍志》及《唐·藝文志》。《隋·經籍
　　志》未收。

右雜史類二十一部。前代或不詳朝代者。所著而《隋志》注明"梁有"者五部，梁人所著者十六部；《隋志》著錄者十一部，其中尚存者六部，殘缺者四部，亡佚者一部。未收者七部；梁人所著見於《梁書》或《南史》者十二部，未見者四部。

霸史

蜀平記十卷

撰人姓名未詳。《隋·經籍志》注：梁有《蜀平記》十卷，亡。

蜀漢僞官故事一卷

撰人姓名未詳。《隋·經籍志》注：梁有《蜀漢僞官故事》一卷，亡。

翟遼書二卷

撰人姓名未詳。《隋·經籍志》注：梁有《翟遼書》二卷，亡。

諸國略記二卷

撰人姓名未詳。《隋·經籍志》注：梁有《諸國略記》二卷，亡。

永嘉後纂年記二卷

撰人姓名未詳。《隋·經籍志》注：梁有《永嘉後纂年記》二卷，亡。

段業傳一卷

撰人姓名未詳。《隋·經籍志》注：《段業傳》一卷，亡。

秦記注十一卷

席惠明撰。《隋·經籍志》：《秦記》十一卷，宋殿中將軍裴景仁撰，梁雍州主簿席惠明注。

右霸史類七部。前代或不詳朝代者。所著而《隋志》注明"梁有"者六部，梁人所著者一部；皆著錄於《隋志》，《梁書》及《南史》未載；隋代尚存者一部，亡佚者六部。

起居注

永平元康永寧起居注六卷

　　撰人姓名未詳。《隋·經籍志》注：梁有《永平元康永寧起居注》六卷,亡。

　　按舊、新《唐志》皆有《晉永平起居注》八卷,李軌撰。

惠帝起居注二卷

　　撰人姓名未詳。《隋·經籍志》注：梁又有《惠帝起居注》二卷,亡。

永嘉建興起居注十三卷

　　撰人姓名未詳。《隋·經籍志》注：梁又有《永嘉建興起居注》十三卷,亡。

晉建武大興永昌起居注二十卷

　　撰人姓名未詳。《隋·經籍志》：《晉建武大興永昌起居注》九卷,亡。

晉永和起居注二十四卷

　　撰人姓名未詳。《隋·經籍志》：《晉永和起居注》十七卷,梁有二十四卷。

晉泰和起居注十卷

　　撰人姓名未詳。《隋·經籍志》：《晉泰和起居注》六卷,梁十卷。

晉泰元起居注五十四卷

　　撰人姓名未詳。《隋·經籍志》：《晉泰元起居注》二十五卷,梁五十四卷。

晉義熙起居注三十四卷

　　撰人姓名未詳。《隋·經籍志》：《晉義熙起居注》十七卷,梁三十四卷。

晋起居注三百二十二卷

宋劉道會撰。《隋・經籍志》：《晋起居注》三百一十七卷,宋北徐州主簿劉道會撰。梁有三百二十二卷。

晋宋起居注鈔五十一卷

撰人姓名未詳。《隋・經籍志》注：梁有《晋宋起居注鈔》五十一卷,亡。

晋宋先朝起居注二十卷

撰人姓名未詳。《隋・經籍志》注：梁有《晋宋先朝起居注》二十卷,亡。

宋元嘉起居注六十卷

撰人姓名未詳。《隋・經籍志》：《宋元嘉起居汴》五十五卷,梁六十卷。

宋大明起居注三十四卷

撰人姓名未詳。《隋・經籍志》：《宋大明起居注》十五卷,梁三十四卷。

景和起居注四卷

撰人姓名未詳。《隋・經籍志》注：梁又有《景和起居注》四卷,亡。

明帝在藩注三卷

撰人姓名未詳。《隋・經籍志》注：梁又有《明帝在藩注》三卷,亡。

宋泰始起居注二十三卷

撰人姓名未詳。《隋・經籍志》：《宋泰始起居注》十九卷,梁二十三卷。

宋成徽起居注二十卷

撰人姓名未詳。《隋・經籍志》注：梁有《宋成徽起居注》二十卷,亡。

按,宋年號有元徽,無成徽。《隋志》"成徽"當作"元徽"。

升明起居注六卷

撰人姓名未詳。《隋·經籍志》注:梁有《升明起居注》六卷,亡。

隆昌延興建武起居注四卷

撰人姓名未詳。《隋·經籍志》注:梁有《隆昌延興建武起居注》四卷,亡。

中興起居注四卷

撰人姓名未詳。《隋·經籍》注:梁有《中興起居注》四卷,亡。

齊永明起居注三十四卷

沈約、王逡之、周顒等撰。《隋·經籍志》:《齊永明起居注》二十五卷,梁有三十四卷。

按《南史·約傳》曰:"永明二年,又兼著作郎,撰次起居注。"《逡之傳》曰:"轉國子博士兼著作,撰《永明起居注》。"《周顒傳》曰:"顒侍文惠太子,轉太子僕,兼著作,撰起居注。"據《齊文惠太子長懋傳》,顒爲太子僕在永明二年。

武帝天監起居注

王僧孺撰。見《南史》,周興嗣撰。見本傳,《南史》同。裴子野撰。見本傳,《南史》同。《隋·經籍志》未收。

按《南史·僧孺傳》曰:"拜中書侍郎,領著作。復直文德省,撰起居注。"據《南史》及《梁書》,僧孺待詔文德省在天監初。《梁書·興嗣傳》曰:"普通二年卒。所撰《皇帝實錄》《皇德記》《起居注》《職儀》等百餘卷。""普通"前即爲"天監",興嗣修起居注,當在天監中。《子野傳》曰:"吏部尚書徐勉言之於高祖,以爲著作郎,掌國史及起居注。"勉薦子野在梁武帝即位之初,亦當在天監中也。

梁大同起居注十卷

撰人姓名未詳。見《隋·經籍志》。

別起居注六百卷

徐勉撰。見本傳，《南史》作《流別起居注》六百六十卷。《隋·經籍志》：《流別起居注》三十七卷。不著撰人。

按《梁書·勉傳》曰："嘗以起居注煩雜，乃加删撰爲《別起居注》六百卷。"《南史·勉傳》曰："嘗以起居煩雜，乃撰爲《流別起居注》六百六十卷。"

右起居注類二十四部，前代或不詳朝代者。所著而《隋志》注明"梁有"者二十一部，梁人所著者三部；《隋志》著録者二十三部其中尚存者一部，殘缺者十部，亡佚者十二部。未收者一部；梁人所著見於《梁書》或《南史》者二部，未見者一部。

舊事類

西京雜記六十卷

蕭賁撰。見《南史·蕭昭胄傳》。《隋·經籍志》：《西京雜記》二卷，不著撰人。

按《南史·蕭昭胄傳》：梁受禪，封昭胄子同爲監利侯，同弟賁幼好著述，嘗著《西京雜記》六十卷。

晉朝雜事五卷

庾詵撰。見本傳，《南史》同。《隋·經籍志》：《晉朝雜事》二卷，不著撰人。

南宮故事一百卷

丘仲孚撰。見本傳，《南史》同。《隋·經籍》未收。

右舊事類三部。皆梁人所著，并見於《梁書》或《南史》。《隋·經籍志》著録者二部，皆殘缺，並不著撰人；未收者一部。

職官類

魏官儀一卷

三國魏荀攸撰。《隋·經籍志》注：梁有荀攸《魏官儀》一卷,亡。

官儀職訓一卷

三國吳韋昭撰。《隋·經籍志》注：梁有韋昭《官儀職訓》一卷,亡。

晋官品一卷

晋徐宣瑜撰。《隋·經籍志》注：梁有徐宣瑜《晋官品》一卷,亡。

百官表注十六卷

晋荀綽撰。《隋·經籍志》注：梁有荀綽《百官表注》十六卷,亡。

司徒儀一卷

東晋干寶撰。《隋·經籍志》注：梁有干寶《司徒儀》一卷,亡。

晋百官儀服録一卷

撰人姓名未詳。《隋·經籍志》注：梁有《晋百官儀服録》一卷,亡。

大興二年定官品事五卷

撰人姓名未詳。《隋·經籍志》注：梁有《大興二年定官品事》五卷,亡。

百官品九卷

撰人姓名未詳。《隋·經籍志》注：梁有《百官品》九卷,亡。

齊儀四十九卷

齊王珪之撰。《隋·經籍志》注：梁有王珪之《齊儀》四十九卷,亡。

梁官

賀琛撰。見《沈峻》及《孔子祛傳》,《南史》同。《隋·經籍志》未收。

按《梁書·峻傳》曰:"中書舍人賀琛奉敕撰《梁官》,乃啓峻及

孔子祛補西省學士，助撰録。"又《孔子祛傳》曰："中書舍人賀
琛受敕撰《梁官》，啓子祛爲西省學士，助撰録。"

梁職儀

周興嗣撰。見本傳，《南史》同。《隋·經籍志》未收。

選品五卷

徐勉撰。見本傳，《南史》作《選品》三卷。《隋·經籍志》未收。

選簿

徐勉撰。見本傳，《南史》同。《隋·經籍志》：梁《選簿》三卷，
徐勉撰。

按《梁書·勉傳》曰："天監初官名互有省置。勉立《選簿》奏
之，有詔施用其制，開九品爲十八班。"

百官九品二卷

裴子野撰。見本傳，《南史》同。《隋·經籍志》未收。

梁勳選格一卷

撰人姓名未詳。見《隋·經籍志》。

梁官品格一卷

撰人姓名未詳。見《隋·經籍志》。

梁尚書職制儀注四十一卷

撰人姓名未詳。見《隋·經籍志》。

右職官類十七部。前代或不詳朝代者。所著而《隋志》注明"梁
有"者九部，梁人所著者八部；《隋志》著録者十三部，其中尚存者
四部，亡佚者九部。未收者四部；梁人所著見於《梁書》者五部，未
見者三部。

儀注類

漢中興儀一卷

後漢衛敬仲撰。《隋·經籍志》注：梁有衛敬仲《漢中興儀》一

卷,①亡。

吉禮儀注二百二十四卷

明山賓撰。見本傳及《徐勉傳》,《南史》同。《隋·經籍志》:
梁《吉禮儀注》十卷,明山賓撰。注曰:按梁明山賓撰《吉儀
注》二百六卷,録六卷。亡。

凶禮儀注五百一十四卷

嚴植之、伏暅、繆昭等撰。見《徐勉傳》,《南史》同。《隋·經
籍志》注:按梁嚴植之撰《凶儀注》四百七十九卷,録四十五
卷。亡。

按《梁書·植之傳》曰:"撰《凶禮儀注》四百七十九卷。"《徐勉
傳》曰:"後又以暅代嚴植之掌凶禮,暅尋遷官,以五經博士繆
昭掌凶禮。"

賓禮儀注一百三十卷

賀瑒撰。見《徐勉傳》,《南史》同。《隋·經籍志》:梁《賓禮儀
注》九卷,賀瑒撰。按《梁書·瑒傳》,所著《賓禮儀注》一百四
十五卷。

軍禮儀注一百八十九卷

陸璉撰。見徐勉傳,《南史》同。《隋·經籍志》注:按梁陸璉
撰《軍儀注》一百九十卷,録二卷。亡。

按《梁書》及《南史》皆無璉傳。《梁書·琛傳》曰:"稍遷中衞
參軍事、尚書通事舍人,參禮儀事。"《南史·琛傳》曰:"稍遷
兼中書通事舍人,參軍禮事。"是《軍禮儀注》之編撰,琛亦參
知其事。

嘉禮儀注一百一十六卷

司馬褧撰。見《徐勉傳》,《南史》同。《隋·經籍志》注:司馬
褧撰《嘉儀注》一百一十二卷,録三卷。亡。

按《梁書·司馬褧傳》曰:"撰《嘉禮儀注》一百一十二卷。"《隋

---

① "漢",原脱,據殿本《隋書·經籍志》補。

志》“司馬聚”當作“司馬褧”，蓋“褧”“聚”因形近而誤。又按
《梁書·武帝紀》曰：“天監初，則何佟之、賀瑒、嚴植之、明山
賓等覆述制旨，並撰《吉》《凶》《軍》《賓》《嘉》五禮，凡一千餘
卷，高祖稱制斷疑。”《梁書·徐勉傳》：詔勉受詔知撰五禮事，
普通六年功畢，表上之。表略云：天監元年，何佟之據《齊五
禮》，啓審省置之宜。於是尚書僕射沈約等參議，請五禮各置
舊學士一人，人各自舉學士二人相助抄撰，其中有疑者請旨
斷決。乃以舊學士明山賓掌吉禮，嚴植之掌凶禮，賀瑒掌賓
禮，陸璉掌軍禮，司馬褧掌嘉禮，何佟之總參其事。佟之亡
後，以伏暅代之。後又以暅代嚴植之掌凶禮，暅尋遷官，以繆
昭掌凶禮。更使沈約、張充及臣三人同參厥務，臣又別奉敕
總知其事。末又使周捨、庾於陵二人復豫參知。以天監六年
上《嘉禮儀注》一百一十六卷，《賓禮儀注》一百三十卷。天監
九年上《軍禮儀注》一百八十九卷。天監十一年上《吉禮儀
注》二百二十四卷，[①]《凶禮儀注》五百一十四卷。大凡一千一
百七十六卷。又《許懋傳》曰：“天監初，吏部尚書范雲舉懋參
詳五禮。”是五禮《儀注》之編修，撰寫者有明山賓、嚴植之、伏
暅、繆昭、賀瑒、陸璉及司馬褧，總其事者先後有何佟之、伏暅
及徐勉，參知其事者有賀琛、周捨、庾於陵及許懋，如有疑問，
則請武帝稱制以斷決之。積十餘人之力，十餘年之功，而畢
其事焉。爲梁代之一大制作。

梁嘉禮三十五卷

司馬褧撰。見《唐·經籍志》及《唐·藝文志》。《隋·經籍
志》未收。

---

① “天監”，原作“監天”，據殿本《梁書》改。

禮儀二十卷

明山賓撰。見本傳,《南史》同。《隋·經籍志》未收。

諸儀法

賀琛撰。見本傳,《南史》作《諸儀注》。《隋·經籍志》未收。

按《梁書·琛傳》曰:"郊廟諸儀多所創定。"是琛所撰之《諸儀法》多爲郊廟儀注。

儀注

朱异撰。見本傳,《南史》同。《隋·經籍》未收。

按《梁書·异傳》曰:"所撰《禮》《易》講疏及儀注、文集百餘篇,亂中多亡佚。"

梁儀注十卷

沈約撰。見《唐·經籍志》及《唐·藝文志》。《隋·經籍志》未收。

梁祭地祇陰陽儀注二卷

沈約撰。見《唐·經籍志》及《唐·藝文志》。《隋·經籍志》未收。

雜儀

范岫撰。見本傳,《南史》同。《隋·經籍志》未收。

皇室儀十三卷

鮑行卿撰。見《南史·鮑泉傳》。《隋·經籍志》未收。

新儀四十卷

鮑泉撰。見本傳,《南史·泉傳》作《新儀》三十卷。《隋·經籍志》與《南史》同。

尚書具事雜儀

丘仲孚撰。見本傳,《南史》同。《隋·經籍志》未收。

梁武朝儀

周捨撰。見本傳,《南史》同。朱异撰。見本傳,《南史》同。沈峻撰。見《南史·沈文阿傳》。《隋·經籍志》未收。

按《梁書·捨傳》曰："高祖召拜尚書祠部郎,禮儀損益多自捨出。"《异傳》曰："周捨卒後,朝儀國典詔誥敕書並典掌之。"《南史·文阿傳》曰："父峻,梁武帝時,當掌朝儀,頗有遺稿。"

書筆儀二十一卷

謝朏撰。見《隋·經籍志》。

職儀

周興嗣撰。見本傳,《南史》同。《隋·經籍志》未收。

書儀疏一卷

周捨撰。見《隋·經籍志》。

儀二卷

嚴植之撰。見《隋·經籍志》。

士喪儀注九卷

何胤撰。《隋·經籍志》注:梁有何胤《士喪儀注》九卷,亡。

政禮十卷

何胤撰。見《隋·經籍志》。

古今輿服雜事二十卷

周遷撰。見《隋·經籍志》。

皇典二十卷

丘仲孚撰。見本傳,《南史》同。《隋·經籍志》同。

江左遺典三十卷

江蒨撰。見本傳,《南史》同。《隋·經籍志》未收。

東宮新記二十卷

蕭子雲撰。見本傳,《南史》同。《隋·經籍志》同。

東宮新舊記

劉杳撰。見本傳,《南史》同。《隋·經籍志》未收。

齊東宮新記

王僧儒撰。見本傳,《南史》同。《隋·經籍志》未收。

按《梁書·僧儒傳》曰："仕齊起家王國左常侍、太學博士,尚書僕射王晏深相賞好,晏爲丹陽尹,召補郡功曹,使撰《東宮新記》。"僧儒由齊入梁,傳在《梁書》,然撰此記固齊時也。

紹泰儀禮

沈文阿撰。見《南史》本傳。《隋·經籍志》未收。

按《南史·文阿傳》,紹泰三年領步兵校尉,兼掌儀禮。自太清之亂,臺閣故事無有在者,文阿父峻,梁武時掌朝儀,頗有遺稿。於是斟酌裁撰,禮度皆從此出。所撰《儀禮》八十餘條。

梁武帝同泰寺捨身儀注

杜之偉撰。見《南史》本傳。《隋·經籍志》未收。

按《南史·之偉傳》:大同元年,梁武帝幸同泰寺捨身,敕徐勉撰儀注,勉以先無此禮,召之偉草具其儀。

右儀注類三十一部。前代所著而《隋志》注明"梁有"者一部,梁人所著者三十部;《隋志》著録者十五部,其中尚存者八部,殘缺者二部,亡佚者五部。未收者十六部;梁人所著見於《梁書》或《南史》者二十一部,未見者九部。

刑法類

建武律令故事一卷一本二卷。

撰人姓名未詳。《隋·經籍志》注:按梁有《建武律令故事》一卷,亡。

按《舊唐志》有《漢建武律令故事》三卷。未知是此書否,如是,則爲東漢光武帝建武年間之《律令故事》也。

律略論五卷

三國魏劉邵撰。《隋·經籍志》注:按梁有劉邵《律略論》五卷,①亡。

---

① "劉邵",原作"應劭",據殿本《舊唐書·經籍志》《新唐書·藝文志》改。

按《隋志》"應劭"當作"劉邵"。舊、新《唐志》皆有《律略論》五
卷,劉邵撰。《魏書·劉邵傳》曰:"明帝即位,出爲陳留太守,
徵拜騎都尉,與議郎荀詵等定科令,作《新律》十八篇,著《律
略論》。"

雜律七卷

晋杜預撰。《隋·經籍志》注:梁有杜預《雜律》七卷,亡。

晋宋齊梁律二十卷

蔡法度撰。見《隋·經籍志》。

梁律二十卷

蔡法度撰。見《武帝紀》,《南史》同。《隋·經籍志》同。

梁令三十卷

蔡法度撰。見《武帝紀》,《南史》同。《隋·經籍志》有《梁令》
三十卷,録一卷,不著撰人。

梁科四十卷

蔡法度撰。見《武帝紀》,《南史》同。《隋·經籍志》有《梁科》
三十卷,不著撰人。

按《梁書·武帝紀》:天監元年八月,詔中書監王瑩等八人參
定律令。二年四月,尚書删定郎蔡法度上《梁律》二十卷、
《令》三十卷、《科》四十卷。

兩臺彈事五卷

王僧儒撰。見本傳,《南史》同。《隋·經籍志》未收。

左丞彈事五卷

徐勉撰。見本傳,《南史》同。《隋·經籍志》未收。

奏議彈文十五卷

孔休源撰。見本傳,《南史》同。《隋·經籍志》未收。

　右刑法類十部。前代所著而《隋志》注明"梁有"者三部,梁
人所著者七部;《隋志》著録者七部,其中尚存者四部,亡佚者三部。

未收者三部；梁人所著見於《梁書》者六部，未見者一部。

雜傳類

孝子傳三十卷

武帝撰。見《唐·藝文志》。《隋·經籍志》未收。

昭明太子傳五卷

簡文帝撰。見本紀，《南史》同。《隋·經籍志》未收。

諸王傳三十卷

簡文帝撰。見本紀，《南史》同。《隋·經籍志》未收。

草堂傳

簡文帝撰。見《昭明文選·北山移文注》。

按《文選·北山移文注》引梁簡文帝《草堂傳》云：汝南周顒以蜀草堂寺林壑可懷，乃於鍾嶺雷次宗學館立寺，因名草堂，亦號山茨。

孝德傳三十卷

元帝撰。見本紀，《南史》同。《隋·經籍志》同。

孝友傳八卷

元帝撰。見《唐·經籍志》。《隋·經籍志》未收。

忠臣傳三十卷

元帝撰。見本紀，《南史》同。《隋·經籍志》同。

按《南史·阮孝緒傳》：湘東王著《忠臣傳》，先簡孝緒而後施行。

顯忠録二十卷

元帝撰。見《隋·經籍志》。

研神記

元帝撰。見《南史·阮孝緒傳》。《隋·經籍志》：《研神記》十卷，蕭繹撰。

按《南史·孝緒傳》：湘東王著《研神記》，先簡孝緒而後施行。
又按，蕭繹爲梁元帝名。

丹陽尹傳十卷

元帝撰。見本紀，《南史》同。《隋·經籍志》同。

按《南史·阮孝緒傳》：湘東王著《丹陽尹録》，先簡孝緒而後
施行。

懷舊志

元帝撰。見本紀，《南史》作《懷舊傳》二卷。《隋·經籍志》：
《懷舊志》九卷，梁元帝撰。

全德志

元帝撰。見本紀，《南史》作《古今全德志》一卷。《隋·經籍
志》：《全德志》一卷，梁元帝撰。

古今同姓名録一卷

元帝撰。見本紀，《南史》同。《隋·經籍志》同。

續裴氏家傳二十卷

裴子野撰。見本傳，《南史·子野傳》未載卷數。《隋·經籍
志》未收。

衆僧傳二十卷

裴子野撰。見本傳，《南史》同。《隋·經籍志》同。

名僧録十五卷

裴子野撰。見《唐·經籍志》及《唐·藝文志》。《隋·經籍
志》未收。

名僧傳三十卷

釋寶唱撰。[①] 見《隋·經籍志》。

按唐釋道世《法苑珠林·傳記》篇曰："《名僧傳》並序目三十

---

① "釋"，原作"撰"，據殿本《隋書·經籍志》改。

一卷,梁帝敕莊嚴寺沙門釋寶唱撰集。"

高僧傳十四卷

釋僧祐撰。見《隋·經籍志》。

按《法苑珠林·傳記》篇曰:"《高僧傳》一部十四卷,並目録。梁朝會稽嘉祥寺沙門釋慧皎撰。"未知是否一書而撰人有訛誤也。

高僧傳六卷

虞孝敬撰。見《隋·經籍志》。

按《法苑珠林·傳記》篇曰:"《内典博要》,梁湘東王記室虞孝敬撰。後得出家,改名惠命。"

薩婆多部傳五卷

釋僧祐撰。見《隋·經籍志》。

按《法苑珠林·傳記》篇曰:"《薩婆多師資傳》五卷,梁朝揚州建安寺沙門釋僧祐撰。"

沙門傳三卷

陸杲撰。見本傳,《南史》同。《隋·經籍志》未收。

比丘尼傳四卷

釋寶唱撰。見《唐·經籍志》及《唐·藝文志》。《隋·經籍志》未收。

列女傳三卷

庾仲容撰。見本傳,《南史》同。《隋·經籍志》未收。

婦人事一百卷

張率撰。見本傳,《南史》作《古婦人事》,未載卷數。《隋·經籍志》未收。

按《梁書·率傳》曰:"撰《婦人事》二十餘條,勒成百卷。"《南史·率傳》曰:"梁天監中爲司徒謝朏掾,直文德待詔省,敕使抄乙部書,又使撰《古婦人事》,使工書人瑯琊王琛、吳郡范懷約等寫給後宮。"

仁政傳

柳惔撰。見本傳,《南史》同。《隋·經籍志》未收。

貴儉傳三十卷

蕭子顯撰,見本傳,《南史》作《貴儉傳》三卷。《隋·經籍志》未收。

繁華傳三卷

劉緩撰。見《金樓子·著書》篇。

按梁元帝《金樓子·著書》篇乙部,《繁華傳》一秩三卷,金樓使劉緩撰。

陸史十五卷

陸煦撰。見《陸杲傳》,《南史》同。《隋·經籍志》有《陸史》十五卷,不著撰人。

陸氏驪泉志一卷

陸煦撰。見《陸杲傳》,《南史》同。《隋·經籍志》未收。

明氏世録六卷

明粲撰。見《隋·經籍志》。

高士傳二卷

劉杳撰。見本傳,《南史》同。《隋·經籍志》未收。

山栖志

劉峻撰。見本傳,《南史》同。《隋·經籍志》未收。

雜傳二百四十七卷

任昉撰。見本傳,《南史》同。《隋·經籍志》未收。

雜傳七十卷

賀踪撰。《隋·經籍志》:《雜傳》四十卷,賀踪撰。本七十卷,亡。

按,賀踪見《梁書·劉峻傳》及《任昉傳》。

幼童傳十卷

劉昭撰。見本傳,《南史・昭傳》作《幼童傳》一卷。《隋・經籍志》與《梁書》同。

良史傳十卷

鍾岏撰。見《鍾嶸傳》,《南史・嶸傳》作《良吏傳》十卷。《隋・經籍志》與《南史》同。

錢唐先賢傳五卷

吳均撰。見本傳,《南史》同。《隋・經籍志》未收。

續齊諧記一卷

吳均撰。見《隋・經籍志》。

高隱傳

阮孝緒撰。見本傳,《南史》同。《隋・經籍志》:《高隱傳》十卷,阮孝緒撰。

述異記二卷

任昉撰。見《唐・藝文志》。《隋・經籍志》未收。

列仙傳十卷

江祿撰。見《南史》本傳。《隋・經籍志》未收。

晋仙傳五篇

顏協撰。見本傳,《南史》同。《隋・經籍志》未收。

按《梁書・協傳》:所撰《晋仙傳》五篇,遇火湮滅。

鄧玄傳

周捨撰。見《南史・鄧郁傳》。《隋・經籍志》未收。

神録五卷

劉之遴撰。見《隋・經籍志》。

草堂法師傳一卷

陶弘景撰。見《唐書・經籍志》及《唐書・藝文志》。《隋・經籍志》未收。

夢記一卷

陶弘景撰。見本傳,《南史・蕭鏗傳》同。《隋・經籍志》
未收。

按《梁書・弘景傳》曰:"建武中宜都王鏗爲明帝所害,其夜夢
鏗告別,因訪其幽冥中事,多説秘異,因著《夢記》焉。"

周氏冥通記一卷

陶弘景撰。見《唐・經籍志》。《隋・籍志》未收。

補冥祥記

王曼穎撰。見《隋・經籍志》。

按,王曼穎見《梁書・南平王偉傳》。

嘉瑞記

陸雲公撰。見《南史・陸瓊傳》。《隋・經籍志》:《嘉瑞記》三
卷,陸瓊撰。

按《南史・陸瓊傳》曰:"瓊父雲公奉梁武敕撰《嘉祥記》,瓊述
其旨而續焉。自永定訖于宣德,勒成一家之言。"《隋志》當作
陸雲公撰、陸瓊續。

右雜傳類四十九部。皆梁人所著。《隋志》著録者二十三
部,其中尚存者二十二部,殘缺者一部。未收者二十六部,見於《梁書》
或《南史》者三十部,未見者十九部。

地理類

荆南志

元帝撰。見本紀,《南史・元帝紀》作《荆南地記》一卷。
《隋・經籍志》:《荆南地志》二卷,蕭世誠撰。

按,世誠爲梁元帝字。

江州記

元帝撰。見本紀。《隋・經籍志》未收。

職貢圖

元帝撰。見本紀,《南史》同。《隋·經籍志》未收。

方國使圖一卷

裴子野撰。見本傳,《南史》同。《隋·經籍志》未收。

續黄圖

江子一撰。見本傳,《南史》同。《隋·經籍志》未收。

京師寺塔記十卷　録一卷

劉璆撰。見《隋·經籍志》。

按《法苑珠林·傳記》篇曰:"《京師寺塔記》一部,二十卷。梁朝尚書兵部郎中兼史學士劉璆奉敕撰。"

廟記十卷

吳均撰。見本傳,《南史》同。《隋·經籍志》未收。

芳林苑記

蕭子顯撰。見《南平王偉傳》,[①]《南史》同。《隋·經籍志》未收。

按《梁書·南平王偉傳》曰:"齊世青溪宫改爲芳林苑,天監初,賜偉爲第。又加穿鑿,果木珍奇,窮極雕靡,有侔造化。立游客省,寒暑得宜,冬有籠爐,夏設飲扇,每與賓客遊其中,命從事中郎蕭子範爲之記。"

續伍端休江陵記一卷

庾詵撰。見本傳,《南史》同。《隋·經籍志》未收。

益州記三卷

李膺撰。見《南史》本傳。《隋·經籍志》:《益州記》三卷,李氏撰。

---

① "王偉傳",原作"王傳偉",據殿本《梁書》乙正。

南雍州記六卷

鮑至撰。見《隋・經籍志》。

按，鮑至見《梁書・庾肩吾傳》及《南史・鮑泉傳》。

廣梁南徐州記九卷

虞孝敬撰。見《隋・經籍志》。

衡陽郡記

顧憲之撰。見本傳，《南史》同。《隋・經籍志》未收。

十二州記十六卷

吳均撰。見本傳，《南史》同。《隋・經籍志》未收。

古今州郡記

陶弘景撰。見《南史》本傳。《隋・經籍志》未收。

赤縣經

江淹撰。見《南史》本傳。《隋・經籍志》未收。

按《南史・淹傳》曰："嘗欲爲《赤縣經》以補《山海經》之闕，竟不成。"

世界記五卷

釋僧祐撰。見《隋・經籍志》。

按《法苑珠林・傳記》篇曰："《世界記》一十卷，梁朝揚州建安寺沙門釋僧祐撰。

述行記

許懋撰。見本傳，《南史》同。《隋・經籍志》未收。

新安遊記

蕭幾撰。見本傳，《南史》同。《隋・經籍志》未收。

按《梁書・幾傳》曰："爲新安太守，郡多山水，特其所好，適性遊履，遂爲之記。"

衆家地理書二十卷

庾仲容撰。見本傳，《南史》同。《隋・經籍志》未收。

地理書抄九卷

任昉撰。見《隋·經籍志》。

地記二百五十二卷

任昉撰。見本傳,《南史》同。《隋·經籍志》:《地記》二百五十二卷,梁任昉增陸澄之書八十四家,因以爲此記。其所增舊書多零失,見存別部行者唯十二家,今列之於上。

按《隋志》"任昉地記"以上所列者有:《三輔故事》二卷、晋世撰。《湘州記》二卷、庾仲雍撰。《吳郡記》二卷、晋本州主簿顧夷撰。《日南傳》一卷、《江記》五卷、庾仲雍撰。《漢水記》五卷、庾仲雍撰。《居名山志》一卷、謝靈運撰。《西征記》一卷、載祚撰。《廬山南陵雲精舍記》一卷、《永初山川古今記》二十卷、齊都官尚書劉澄之撰。《元康地記》六卷、《司州記》二卷、《並帖省置諸郡舊事》一卷。共計十三部。"十二家"當爲"十三家"之誤。

右地理類二十二部。皆梁人所著。《隋志》著録者八部,皆爲隋代尚存者,未收者十四部;見於《梁書》或《南史》者十七部,未見者五部。

譜系類

宋譜四卷

撰人姓名未詳。《隋·經籍志》注:梁有《宋譜》四卷,亡。

百家譜二卷

宋劉湛撰。《隋·經籍志》注:梁有劉湛《百家譜》二卷,亡。

續百家譜四卷

齊王逡之撰。《隋·經籍志》注:梁有王逡之《續百家譜》四卷,亡。

南族譜二卷

撰人姓名未詳。《隋·經籍志》注:梁有《南族譜》二卷,亡。

百家譜拾遺一卷

撰人姓名未詳。《隋・經籍志》注：梁有《百家譜拾遺》一卷，亡。

新集諸州譜十一卷

王司空撰。《隋・經籍志》注：梁有王司空《新集諸州譜》十一卷，亡。

按《通志・藝文略》譜系郡譜類：《新集諸州譜》十二卷，司空王儉撰。《隋志》"王司空"疑當即王儉也。

諸姓譜一百一十六卷

撰人姓名未詳。《隋・經籍志》注：梁又別有《諸姓譜》一百一十六卷，亡。

按《通志・藝文略》譜系總譜類有："《諸姓譜》一百十卷，梁司空王儉撰。"據《齊書・王儉傳》，儉卒於武帝永明七年，《通志》題梁司空，蓋誤。

益州譜四十卷

撰人姓名未詳。《隋・經籍志》注：梁又別有《益州譜》四十卷，亡。

關東關北譜三十三卷

撰人姓名未詳。《隋・經籍志》注：梁又別有《關東關北譜》三十三卷，亡。

齊梁帝譜四卷

撰人姓名未詳。《隋・經籍志》注：梁又有《齊梁帝譜》四卷，亡。

梁帝譜十三卷

撰人姓名未詳。《隋・經籍志》注：梁又有《梁帝譜》十三卷，亡。

按《齊梁帝譜》及《梁帝譜》二書疑當爲梁人所撰。

總責境内十八州譜六百九十卷

武帝撰。《隋·經籍志》注:梁又別有梁武帝《總責境内十八州譜》六百九十卷,亡。

按《隋志》"總責"疑當爲"總集"之誤。

百家譜集十五卷

王僧儒撰。見本傳,《南史·僧儒傳》作《百家譜集抄》十五卷。《隋·經籍志》與《南史》同。

東南譜集抄十卷

王僧儒撰。見本傳,《南史》同。《隋·經籍志》未收。

按《梁書·僧儒傳》曰:"其《東南諸譜》別爲一部,不在百家之數焉。"

異姓苑五卷

顧協撰。見本傳,《南史》同。《隋·經籍志》未收。

天監中表簿

王僧儒撰。見本傳,《南史》同。《隋·經籍志》未收。

釋迦譜十卷

釋僧祐撰。見《唐·藝文志》。《隋·經籍志》未收。

錢譜一卷

顧烜撰。見《隋·經籍志》。

按宋洪遵《泉志》曰:泉之興蓋自燧人氏,至黄帝成周,其法寖具,秦漢而降,制作相踵。歲益久,類多湮没無傳。梁顧烜始爲之書,凡歷代造立之原,若大小輕重之度,皆有倫序,使後乎此者可以概見也。

右譜系類十八部。前代或不詳朝代者。所著而《隋志》注明"梁有"者十一部,梁人所著者七部;《隋志》著録者十三部,其中尚存者一部,亡佚者十二部。未收者三部;梁人所著見於《梁書》者四部,未見者三部。

簿録類

梁天監四年書目四卷

丘賓卿撰。見《唐・經籍志》及《唐・藝文志》。《隋・經籍志》未收。

秘閣四部書目

任昉撰。見本傳,《南史》同。殷鈞撰。見本傳,《南史》同。《隋・經籍志》:梁天監六年《四部書目録》四卷,殷鈞撰。"按《梁書・昉傳》曰:"轉御史中丞秘書監,領前將軍。自齊永元以來,秘閣四部篇卷紛雜,昉手自讎校,由是篇目定焉。"《鈞傳》曰:"天監初,拜駙馬都尉,起家秘書郎、太子舍人、司徒主簿、秘書丞。鈞在職啓校定秘閣四部書,更爲目録。"《隋・經籍志》序曰:"梁有秘書監任昉、殷鈞《四部目録》。"

梁文德殿四部目録四卷

劉孝標撰。見《隋・經籍志》。

按《梁書・劉峻傳》:峻字孝標。天監初,召入西省,與學士賀縱典校秘書。

梁東宮四部目録四卷

劉遵撰。見《隋・經籍志》。

按《梁書・劉孺傳》:孺弟遵,中大通二年,晉安王立爲皇太子,仍除中庶子,在東宮偏蒙寵遇,同時莫及。

西省法書古迹品目

殷鈞撰。見本傳,《南史》同。《隋・經籍志》未收。

任氏藏書目

任昉撰。見本傳,《南史》同。《隋・經籍志》未收。

按《梁書・昉傳》曰:"昉墳籍無所不見,家雖貧,聚書至萬餘卷,率多異本。昉卒後,高祖使學士賀踪共沈約勘其書目,官所無者，就昉家取之。"

古今四部書目五卷

劉杳撰。見本傳，《南史》同。《隋·經籍志》未收。

七録

阮孝緒撰。見本傳，《南史》同。《隋·經籍志》：《七録》十二
卷，阮孝緒撰。

按《隋·經籍志》序曰："普通中，有處士阮孝緒，沈靜寡欲，篤
好墳史。博采宋齊已來王公之家凡有書記，參校官簿，更爲
《七録》。一曰《經典録》，紀六藝；二曰《記傳録》，紀史傳；三
曰《子兵録》，紀子書、兵書；四曰《文集録》，紀詩賦；五曰《技
術録》，紀數術；六曰《佛録》；七曰《道録》。其分部題目，頗
有次序；剖析辭義，淺薄不經。"

宋文章志三十卷

沈約撰。見本傳，《南史·約傳》作《文章志》三十卷。《隋·
經籍志》：《宋世文章志》三十卷，沈約撰。

　　右簿録類九部。皆梁人所著。《隋志》著録者五部，皆隋代
尚存者，未收者四部。見於《梁書》者六部，未見者三部。

　　凡史部十三類二百五十二部。前代或不詳朝代者。所著而《隋
志》注明"梁有"者六十六部，梁人所著者一百八十六部；《隋
志》著録者一百五十八部，其中尚存者七十四部，殘缺者二十三部，亡佚者
六十一部。未收者九十四部；梁人所著見於《梁書》者一百三十
部，未見者五十六部。

子部

儒家類

孟子注九卷

東晉綦母邃撰。《隋·經籍志》注：梁有《孟子》九卷，綦母邃撰。亡。

按舊、新《唐志》皆有綦母邃注《孟子》九卷，《隋志》"綦母邃撰"當作"綦母邃注"。

王孫子一卷

撰人姓名未詳。《隋·經籍志》注：梁有《王孫子》一卷。亡。

揚子法言注六卷

漢侯芭撰。《隋·經籍志》注：梁有《揚子法言》六卷，侯芭注。亡。

揚子太玄經章句九卷

漢揚雄撰。《隋·經籍志》注：梁有《揚子太玄經》九卷，揚雄自作章句。亡。

揚子太玄經注十四卷

三國吳虞翻撰。《隋·經籍志》注：梁有《揚子太玄經》十四卷，虞翻注。亡。

揚子太玄經注十三卷

三國吳陸凱撰。《隋·經籍志》注：梁有《揚子太玄經》十三卷，陸凱注。亡。

揚子太玄經注七卷

三國魏王肅撰。《隋·經籍志》注：梁有《揚子太玄經》九卷，王肅注。亡。

王逸正部論八卷

後漢王逸撰。《隋·經籍志》注：梁有《王逸正部論》八卷，後漢侍中王逸撰。亡。

後序十二卷

後漢應奉撰。《隋·經籍志》注：梁有《後序》十二卷，後漢司隸校尉應奉撰。亡。

按《隋志》"後序"上敓"漢書"二字。據《後漢書·應奉傳》奉著《漢書後序》。

周生子要論一卷　録一卷

三國魏周生烈撰。《隋·經籍志》注：梁有《周生子要論》一卷，録一卷，魏侍中周生烈撰。亡。

文檢六卷

撰人姓名未詳。《隋·經籍志》注：梁有《文檢》六卷，似後漢末人作。亡。

徐氏中論一卷　目一卷

三國魏徐幹撰。《隋·經籍志》：《徐氏中論》六卷，魏太子文學徐幹撰。梁目一卷。

去伐論集三卷

三國魏王粲撰。《隋·經籍志》注：梁有《去伐論集》三卷，王粲撰。亡。

新書五卷

三國魏王基撰。《隋·經籍志》注：梁有《新書》五卷，王基撰。亡。

周子九卷

三國吳周昭撰。《隋·經籍志》注：梁有《周子》九卷，吳中書郎周昭撰。亡。

通語十卷

晋殷興撰。《隋・經籍志》注：梁有《通語》十卷，晋尚書左丞殷興撰。亡。

典語十卷

三國吳陸景撰。《隋・經籍志》注：梁有《典語》十卷，吳中夏督陸景撰。亡。

典語別二卷

三國吳陸景撰。《隋・經籍志》注：梁有《典語別》二卷，陸景撰。亡。

譙子五教志五卷

撰人姓名未詳。《隋・經籍志》注：梁有《譙子五教志》五卷。亡。

按《隋志》有《譙子法訓》八卷，譙周撰。《新唐志》有《譙周子法訓》八卷，又《五教》五卷。《隋志》，《譙子五教志》不著撰人，當爲譙周所撰，似無所疑。

袁子正書二十五卷

三國魏袁準撰。《隋・經籍志》注：梁又有《袁子正書》二十五卷，袁準撰。亡。

孫氏成敗志三卷

晋孫毓撰。《隋・經籍志》注：梁又有《孫氏成敗志》三卷，孫毓撰。亡。

古今通論二卷

王嬰撰。《隋・經籍志》注：梁又有《古今通論》二卷，松滋令王嬰撰。亡。

按，王嬰未詳何代人。馬國翰《玉函山房輯佚書》以爲晋初人。

蔡氏化清經十卷

晋蔡洪撰。《隋・經籍志》注：梁有《蔡氏化清經》十卷，蔡洪撰。亡。

通經二卷

晋王長文撰。《隋·經籍志》注：梁有《通經》二卷,晋丞相從
事中郎王長元撰。亡。

按,《隋志》"王長元"當作"王長文"。據《華陽國志·後賢
志》：王長文字德俊,著《通經》四篇。又據《晋書·長文傳》：
梁王肜爲丞相,引爲從事中郎。

楊子物理論十六卷

晋楊泉撰。《隋·經籍志》注：梁有《楊子物理論》十六卷,晋
徵士楊泉撰。亡。

楊子太玄經十四卷

晋楊泉撰。①《隋·經籍志》注：梁有《楊子太玄經》十四卷,楊
泉撰。亡。

新論十卷

晋華譚撰。《隋·經籍志》注：梁有《新論》十卷,晋金紫光禄
大夫華譚撰。亡。

梅子新論一卷

撰人姓名未詳。《隋·經籍志》注：梁有《梅子新論》一卷,亡。
按嚴可均《全晋文編》曰：梅陶,元帝初爲王敦諮議參軍,後除
章郡太守,成帝初爲尚書拜光禄大夫,有《新論》一卷。

廣林二十四卷

撰人姓名未詳。《隋·經籍志》注：梁有《廣林》二十四卷。亡。

後林十卷

東晋虞喜撰。《隋·經籍志》注：梁又有《後林》十卷,虞喜
撰。亡。

---

① "楊",原作"樓",據殿本《隋書·經籍志》改。

干子十八卷

東晉干寶撰。《隋・經籍志》注：梁有《干子》十八卷，干寶撰。亡。

閔論二卷

東晉蔡韶撰。《隋・經籍志》注：梁有《閔論》二卷，晉江州從事蔡韶撰。亡。

顧子十卷

東晉顧夷撰。《隋・經籍志》注：梁有《顧子》十卷，晉揚州主簿顧夷撰。亡。

正覽六卷

周捨撰。見《隋・經籍志》。

三統五德論二卷

曹思文撰。《隋・經籍志》注：梁有《三統五德論》二卷，曹思文撰。亡。

　右儒家類三十五部。前代或不詳朝代者。所著而《隋志》注明"梁有"者三十三部，[①]梁人所著者二部，皆見於《隋志》。其中尚存者一部，殘缺者一部，亡佚者三十三部。無見於《梁書》或《南史》者。

道家類

老子經注二卷

戰國河上文人撰。《隋・經籍志》注：梁有戰國時河上丈人注《老子經》二卷，亡。

老子注二卷

漢安丘望之撰。《隋・經籍志》注：梁有長陵三老毋丘望之注

---

① "者"，原脱，據上下文意補。

《老子》二卷,亡。

按《後漢書·耿弇傳》及皇甫謐《高士傳》皆云有安邱望之,長陵人,治《老子經》。舊、新《唐志》皆有安邱望之《老子章句》二卷。當係一人。

老子注二卷

漢嚴遵撰。《隋·經籍志》注:梁有漢徵士嚴遵注《老子》二卷,亡。

按,嚴遵即嚴君平,顏師古曰:《地理志》謂君平爲嚴遵。《三輔決録》曰:君平名尊。

老子注二卷

三國吴虞翻撰。《隋·經籍志》注:梁有虞翻注《老子》二卷,亡。

老子道德經注二卷

張嗣撰。《隋·經籍志》注:梁有《老子道德經》二卷,張嗣注,亡。

按,張嗣未詳何代人。

老子道德經注二卷

晋蜀才撰。《經籍志》注:梁有《老子道德經》二卷,蜀才注。亡。

按,蜀才爲范長生之號。長生曾爲晋時成漢主李雄丞相。

老子道德經解釋二卷

晋羊祜撰。《隋·經籍志》注:梁有《老子道德經》二卷,晋太傅羊祜解釋。亡。

老子經注二卷

東晋王尚述撰。《隋·經籍志》注:梁有《老子經》二卷,東晋江州刺史王尚述注。亡。

按《釋文》及舊、新《唐志》所載,其人姓王名尚,其書稱"述"不稱"注"。《隋·經籍志》作"王尚述注"疑誤。

老子集解二卷

東晋程韶撰。《隋·經籍志》注：梁有《老子》二卷,晋郎中程韶集解。亡。

老子注二卷

邯鄲氏撰。《隋·經籍志》注：梁有《老子》二卷,邯鄲氏注。亡。

按,邯鄲氏未詳何人。

老子傳二卷

常氏撰。《隋·經籍志》注：梁有《老子》二卷,常氏傳。亡。

按,常氏未詳何人。

老子注二卷

孟氏撰。《隋·經籍志》注：梁有《老子》二卷,孟氏注。亡。

按,孟氏未詳何人,《釋文叙録》曰："《老子孟氏注》二卷,或云孟康。康字公休,安平廣宗人,魏中書監,廣陵亭侯。"

老子注二卷

盈氏撰。《隋·經籍志》注：梁有《老子》二卷,盈氏注。亡。

按,盈氏未詳何人。

老子道德經解二卷

巨生撰。《隋·經籍志》注：梁有《老子道德經》二卷,巨生解。亡。

老子道德經注二卷

東晋袁真撰。《隋·經籍志》注：梁有《老子道德經》二卷,晋西中郎將袁真注。亡。

老子道德經注二卷

東晋張憑撰。《隋·經籍志》注：梁有《老子道德經》二卷,張憑注。亡。

老子道德經注二卷

宋釋惠琳撰。《隋·經籍志》注:梁有《老子道德經》二卷,釋惠琳撰。亡。

老子道德經注二卷

齊王玄載撰。《隋·經籍志》注:梁有《老子道德經》二卷,王玄載注。亡。

老子音一卷

東晋戴逵撰。《隋·經籍志》注:梁有《老子音》一卷,晋散騎常侍戴逵撰。亡。

老子道德論二卷

三國魏何晏撰。《隋·經籍志》注:梁有《老子道德論》二卷,何晏撰。亡。

老子序決一卷

三國吳葛玄撰。《隋·經籍志》注:梁有《老子序決》一卷,葛仙公撰。亡。

按《晋書·葛洪傳》:洪究覽典籍,尤好神仙導引之法,從祖玄,吳時學道,得仙號曰葛仙公。

老子雜論注一卷

三國魏何晏、王弼等撰。梁有《老子雜論》一卷,何、王等注。亡。

按《隋志》"何王等"蓋指何晏、王弼等。《晋書·王衍傳》曰:"正始中何晏、王弼等祖述老莊,立論以爲天地萬物皆以無爲爲本。衍甚重之。"

老子玄示一卷

韓壯撰。《隋·經籍志》注:梁有《老子玄示》一卷,韓壯撰。亡。

按,韓壯未詳何代人。

老子玄譜一卷

束晉劉程之撰。《隋·經籍志》注：梁有《老子玄譜》一卷，晉柴桑令劉遺民撰。亡。

按《蓮社高賢傳》，劉程之字仲思，彭城人。妙善老莊，旁通百氏。初解褐爲府參軍，性好佛理，乃之廬山，傾心自託。劉裕以其不屈，乃旌其號曰遺民。

老子玄機三卷

宗塞撰。《隋·經籍志》注：①梁有《老子玄機》三卷，宗塞撰。亡。

按，宗塞未詳何代人。

老子幽易五卷

撰人姓名未詳。《隋·經籍志》注：梁有《老子幽易》五卷，亡。

老子志一卷

山琮撰。《隋·經籍志》注：梁又有《老子志》一卷，山琮撰。亡。

按，山琮未詳何代人。

老子義疏一卷

宋釋慧觀撰。《隋·經籍志》注：梁有《老子義疏》一卷，釋慧觀撰。亡。

文子十卷

文子撰。《隋·籍志》《文子》十二卷，文子，老子弟子。《七略》有九篇，梁《七録》十卷。亡。

按，文子未詳何人。《漢書·藝文》曰："《文子志》九篇，老子弟子，與孔子並時，而稱周平王問，似依託者也。"《古今人表》列第五等。

---

① "隋"，原作"晋"，據殿本《隋書·經籍志》改。

莊子注十卷

東晋崔譔撰。《隋·經籍志》注：梁有《莊子》十卷，東晋議郎崔譔注。亡。

莊子注三十三卷

晋郭象撰。《隋·經籍志》：《莊子》三十卷，晋太傅主簿郭象注。梁《七録》：三十三卷

莊子注三十卷

晋李頤撰。《隋·經籍志》注：梁有《莊子》三十卷，晋丞相參軍李頤注。亡。

莊子注十八卷 録一卷

孟氏撰。《隋·經籍志》注：梁有《莊子》十八卷，孟氏注。録一卷。亡。

按，孟氏之名及朝代未詳。

莊子音一卷

晋向秀撰。《隋·經籍志》注：梁有《向秀莊子音》一卷。

莊子義疏十卷

撰人姓名未詳。《隋·經籍志》注：梁有《莊子義疏》十卷。亡。

莊子義疏三卷

宋李叔之撰。《隋·經籍志》注：梁又有《莊子義疏》三卷，宋處士李叔之撰。亡。

按《隋志》"李叔之"，《釋文叙録》及《册府元龜》皆作王叔之。

蹇子一卷

撰人姓名未詳。《隋·經籍志》注：梁有《蹇子》一卷，今亡。

渾輿經一卷

三國魏桓威撰。《隋·經籍志》注：梁有《渾輿經》一卷，魏安成令桓威撰。亡。

蘇子七卷

東晉蘇彥撰。《隋・經籍志》注：梁有《蘇子》七卷，晉北中郎
參軍蘇彥撰。亡。

宣子二卷

晉宣聘撰。《隋・經籍志》注：梁有《宣子》二卷，晉宜城令宣
聘撰。亡。

陸子十卷

晉陸雲撰。《隋・經籍志》注：梁有《陸子》十卷，陸雲撰。亡。

顧道士新書論經三卷

晉顧谷撰。《隋・經籍志》注：梁有《顧道士新書論經》三卷，
晉方士顧谷撰。亡。

賀子述言十卷

宋賀道養撰。《隋・經籍志》注：梁有《賀子述言》十卷，宋太
學博士賀道養撰。亡。

少子五卷

齊張融撰。《隋・經籍志》注：梁有《少子》五卷，齊司徒左長
史張融撰。亡。

養生論三卷

晉嵇康撰。《隋・經籍志》注：梁有《養生論》三卷，嵇康撰。亡。

攝生論二卷

晉阮侃撰。《隋・經籍志》注：梁有《攝生論》二卷，晉河內太
守阮侃撰。亡。

無宗論四卷

撰人姓名未詳。《隋・經籍志》注：梁有《無宗論》四卷，亡。

聖人無情論六卷

梁人姓名未詳。《隋・經籍志》注：梁有《聖人無情論》六
卷，亡。

夷夏論二卷

齊顧歡撰。《隋·經籍志》：《夷夏論》一卷，顧歡撰。梁二卷。

談棻三卷

撰人姓名未詳。《隋·經籍志》注：梁又有《談棻》三卷，亡。

老子講疏

武帝撰。見本紀，《南史》同。《隋·經籍志》：《老子講疏》六卷，梁武帝撰。

老子講疏四卷

元帝撰。見本紀，《南史》同。《隋·經籍志》未收。

老子私記十卷

簡文帝撰。《隋·經籍志》注：梁有《老子私記》十卷，梁簡文帝撰。亡。

莊子義二十卷

簡文帝撰。見本紀，《南史》見《徐陵傳》，未載卷數。《隋·經籍志》未收。

莊子講疏二十卷

簡文帝撰。《隋·經籍志》：《莊子講疏》十卷，梁簡文帝撰。本二十卷，今闕。

老子講疏

賀瑒撰。見本傳，《南史》同。《隋·經籍志》未收。

莊子講疏

賀瑒撰。見本傳，《南史》同。《隋·經籍志》未收。

老子注四卷

陶弘景撰。見《唐·經籍志》及《唐·藝文志》。《隋·經籍志》未收。

老子義

伏曼容撰。見本傳，《南史》同。《隋·籍志》未收。

庄子義

伏曼容撰。見本傳,《南史》同。《隋‧經籍志》未收。

老子義疏

庾曼倩撰。見《庾詵傳》,《南史》同。《隋‧經籍志》未收。

二旨義

南平王偉撰。見本傳,《南史》作《二暗義》。《隋‧經籍志》未收。

按《南史》“二暗義”蓋“二旨義”之誤。

二旨新通

南平王偉撰。見本傳。《隋‧經籍志》未收。

性情論

南平王偉撰。見本傳,《南史》作《論義》。《隋‧經籍志》未收。

按《梁書‧南平王偉傳》曰:“晚年崇信佛理,尤精玄學,著《二旨義》,別爲《新通》,又製《性情》《幾神》等論其義。”《南史‧偉傳》曰:“著《二暗義》,制《性情》《幾神》等論義。”《南史》疑有敓誤。《幾神論》見經部周易類。

　　右道家類六十三部。前代或不詳朝代者。所著而《隋志》注明“梁有”者五十部,梁人所著者十三部;《隋志》著録者五十三部,其中尚存者一部。殘缺者三部,亡佚者四十九部。未收者十部;梁人所著見於《梁書》者十部,未見者三部。

法家類

申子三卷

戰國申不害撰。《隋‧經籍志》注:梁有《申子》三卷,韓相申不害撰。亡。

韓氏新書三卷

漢晁錯撰。《隋‧經籍志》注:梁有《韓氏新書》三卷,漢御史大夫晁錯撰。亡。

按《隋志》"韓氏新書"，舊、新《唐志》皆作"晁氏新書"，疑《隋志》有誤。

法論十卷

三國魏劉邵撰。《隋·經籍志》注：梁有《法論》十卷，劉邵撰。亡。

政論五卷

三國魏劉廙撰。《隋·經籍志》注：梁有《政論》五卷，魏侍中劉廙撰。亡。

阮子正論五卷

三國魏阮武撰。《隋·經籍志》注：梁有《阮子正論》五卷，魏清河太守阮武撰。亡。

世要論二十卷

三國魏桓範撰。《隋·經籍志》：《世要論》十二卷，魏大司農桓範撰。梁有二十卷。

陳子要言十四卷

三國吳陳融撰。《隋·經籍志》注：梁又有《陳子要言》十四卷，吳豫章太守陳融撰。亡。

蔡司徒難論五卷

晉黃命撰。《隋·經籍志》注：梁又有《蔡司徒難論》五卷，晉三公令史黃命撰。亡。

按，姚振宗《隋書經籍考證》以爲蔡司徒似即蔡謨，如姚氏説是，則黃命當爲東晉人。

右法家類八部。皆前代所著而《隋志》注明"梁有"者。其中殘缺者一部，亡佚者七部。無梁人所著者。

名家類

刑聲論一卷

撰人姓名未詳。《隋·經籍志》注：梁有《刑聲論》一卷，亡。

士緯新書十卷

三國吳姚信撰。《隋·經籍志》注：梁有《士緯新書》十卷，姚信撰。亡。

姚氏新書二卷

三國吳姚信撰。《隋·經籍志》注：梁又有《姚氏新書》二卷，與《士緯》相似。亡。

九州人士論一卷

三國魏盧毓撰。《隋·經籍志》注：梁又有《九州人士論》一卷，魏司空盧毓撰。亡。

通古人論一卷

撰人姓名未詳。《隋·經籍志》注：梁又有《通古人論》一卷。亡。

班固九品

江子一撰。見本傳，《南史》同。《隋·經籍志》未收。

右名家類六部。前代或不詳朝代者。所著而《隋志》注明“梁有”者五部，梁人所著者一部；《隋志》著錄者五部，皆已亡佚。未收者一部。梁人所著見於《梁書》者一部。

墨家類

田俅子一卷

田俅子撰。《隋·經籍志》注：梁有《田俅子》一卷，亡。

按，田俅子未詳何人。《漢書·藝文志》有《田俅子》三篇，《古今人表》列第四等。

右墨家類一部。爲前代所著而《隋志》注明梁有隋代已亡佚者。無梁人所著之書。

縱橫家類

補闕子十卷

元帝撰。見本紀，《南史》同。《隋·經籍志》注：梁有《補闕子》十卷,元帝撰。亡。

湘東鴻烈十卷

元帝撰。《隋·經籍志》注:梁有《湘東鴻烈》十卷,元帝撰。亡。

右縱橫家類二部。皆梁人所著而《隋志》注明隋代已亡佚者。見於《梁書》者一部,未見者一部。

雜家類

尉繚子五卷　録六卷

戰國尉繚著。《隋·經籍志》:《尉繚子》五卷,梁有録六卷。尉繚,梁惠王時人。

尸子十九卷

戰國尸佼撰。《隋·經籍志》:《尸子》二十卷,目一卷。梁十九卷。秦相衛鞅上客尸佼撰。其九篇亡,魏黃初中續。

洞序九卷　録一卷

後漢應奉撰。《隋·經籍志》注:梁有《洞序》九卷、録一卷,應奉撰。亡。

風俗通義三十卷

後漢應劭撰。《隋·經籍志》:《風俗通義》三十一卷、録一卷,應劭撰。梁三十卷。

篤論四卷

後漢杜恕撰。《隋·經籍志》注:梁有《篤論》四卷,杜恕撰。亡。

芻蕘論五卷

三國魏鍾會撰。《隋·經籍志》注:梁有《芻蕘論》五卷,鍾會撰。亡。

諸葛子五卷

三國吳諸葛恪撰。《隋·經籍志》注:梁有《諸葛子》五卷,吳太傅諸葛恪撰。亡。

新義十八卷

三國吳劉廙撰。《隋·經籍志》注：梁有《新義》十八卷，吳太子中庶子劉廙撰。亡。

析言論二十卷

晉張顯撰。《隋·經籍志》注：梁有《析言論》二十卷，晉議郎張顯撰。亡。

桑丘先生書二卷

晉楊偉撰。《隋·經籍志》注：梁有《桑丘先生書》二卷，晉征南軍師楊偉撰。亡。

古世論十七卷

撰人姓名未詳。《隋·經籍志》注：梁有《古世論》十七卷，亡。

桓子一卷

撰人姓名未詳。《隋·經籍志》注：梁有《桓子》一卷，亡。

秦子三卷

三國吳秦菁撰。《隋·經籍志》注：梁有《秦子》三卷，吳秦菁撰。亡。

劉子十卷

撰人之名未詳。《隋·經籍志》注：梁有《劉子》十卷，亡。

按舊、新《唐志》皆有《劉子》十卷，劉勰撰。未知是否爲一書。明宋濂《諸子辨》曰："《劉子》五卷，五十五篇不知何人所作。《唐志》十卷，直云梁劉勰撰。今考勰所撰著《文心雕龍》文體，[1]與此正類，其可徵不疑。"今不列入梁人所著書之中，所以傳疑也。

---

[1]　"所撰"，原误倒，據上下文意乙正。

何子五卷

撰人之名未詳。《隋‧經籍志》注：梁有《何子》五卷，亡。

按舊、新《唐志》皆有《何子》五卷，何楷撰。未知是否同爲一書。何楷見《宋書》及《南史‧何子平傳》。

孔氏説林五卷

東晉孔衍撰。《隋‧經籍志》注：梁有《孔氏説林》二卷，孔衍撰。亡。

抱朴子外篇五十一卷

東晉葛洪撰。《隋‧經籍志》：《抱朴子外篇》三十卷，葛洪撰。梁有五十一卷。

張公雜記五卷

晉張華撰。《隋‧經籍志》：《張公雜記》一卷，張華撰。梁有五卷。與《博物志》相似，小小不同。

雜記十卷

何氏撰。《隋‧經籍志》注：梁又有《雜記》十卷，何氏撰。亡。

按，何氏之名及朝代未詳。

子林二十卷

東晉孟儀撰。《隋‧經籍志》注：梁有《子林》二十卷，孟儀撰。亡。

文章義府三十卷

撰人姓名未詳。《隋‧經籍志》注：梁有《文章義府》三十卷。

皇覽六百八十卷

繆卜等撰。《隋‧經籍志》：《皇覽》一百二十卷，繆卜等撰。梁六百八十卷。

按，《隋志》"繆卜"疑當作"繆襲"。《史記‧五帝本紀》索隱曰："《皇覽》，書名也。宜皇王之省覽，故曰《皇覽》。是魏人王象、繆襲等所撰也。"

皇覽一百二十三卷

宋何承天合。《隋·經籍志》注：梁又有《皇覽》一百二十三卷，何承天合。亡。

皇覽五十卷

宋徐爰合。《隋·經籍志》：梁又有《皇覽》五十卷，徐爰合。亡。

皇覽目四卷

撰人姓名未詳。《隋·經籍志》注：梁又有《皇覽目》四卷，亡。

論書一卷

武帝撰。見《蕭子雲傳》，《南史》同。《隋·經籍志》未收。

按《梁書·蕭子雲傳》，答敕云："十許年來，始見敕旨《論書》一卷，商略筆勢，洞徹字體，又以逸少之不及元常，猶子敬之不及逸少。自此研思，方悟隸式，始變子敬，全範元常。逮爾以來，自覺功進。"

法寶連璧三百卷

簡文帝撰。見本傳，《南史》同。《隋·經籍志》未收。

按《南史·陸杲傳》曰："初簡文在雍州撰《法寶聯璧》，罩杲之子。與群賢並撰區分者數歲，大通六年書成，令湘東王爲序，其作者有侍中、國子祭酒、南蘭陵蕭子顯等三十人。以比王象、劉邵之《皇覽》焉。"

內典博要一百卷

元帝撰。見《梁書》，《南史》同。《隋·經籍志》：《內典博要》三十卷。不著撰人。

按梁元帝《金樓子·著書》篇有《內典博要》三秩，三十卷。

金樓子十卷

元帝撰。見《南史》本紀。《隋·經籍志》：《金樓子》二十卷，梁元帝撰。

畫山水松石格一卷

元帝撰。見《宋·藝文志》。《隋·經籍志》未收。

靜住子

蕭方等撰。見本傳,《南史·方等傳》作《篤靜子》。《隋·經籍志》:《淨住子》二十卷,齊竟陵王蕭子良撰。

按《隋志》,《淨住子》二十卷,齊竟陵王蕭子良撰。查《南史》及《齊書·蕭子良傳》未云曾著此書,今依《梁書》。

類苑

劉峻撰。見本傳及《安成王秀傳》,《南史·峻傳》作《類苑》一百二十卷。《隋·經籍志》與《南史》同。注又云:梁《七錄》:八十二卷。

徧略

何思澄、顧協、劉杳、王子雲、鍾嶼、徐僧權等撰。見《何思澄》及《劉杳傳》,《南史·何思澄》及《劉峻傳》。《隋·經籍志》:《華林遍略》六百二十卷,梁綏安令徐僧權等撰。

按《南史·何思澄傳》曰:“天監十五年,敕太子詹事徐勉舉學士入華林撰《徧略》,勉舉思澄、顧協、劉杳、王子雲、鍾嶼等五人以應選。八年乃成書,合七百卷。”《徐伯陽傳》曰:“父僧權,梁東宮通事舍人,領秘書,以善書知名。”《南史》未言僧權撰《徧略》事,據《隋志》知僧權亦爲撰者之一。

壽光書苑二百卷

劉杳撰。見《隋·經籍志》。

要雅五卷

劉杳撰。見本傳,《南史》同。《隋·經籍志》未收。

學苑一百卷

陶弘景撰。見《南史·弘景傳》。《隋·經籍志》未收。

鴻寶一百卷

張纘撰。見本傳,《南史》同。《隋·經籍志》:《鴻寶》十卷。

不著撰人。

會林五十卷

徐勉撰。見本傳,《南史》同。《隋·經籍志》:《會林》五卷。不著撰人。

按《梁書·勉傳》曰:"以孔、釋二教殊途同歸,撰《會林》五十卷。"

諸子書鈔三十卷

庾仲容撰。見本傳,《南史》同。《隋·經籍志》:《子鈔》三十卷,梁黟令庾仲容撰。

子鈔十五卷

沈約撰。《隋·經籍志》注:梁有《子鈔》十五卷,沈約撰。亡。

俗說五卷

沈約撰。《隋·經籍志》:《俗說》三卷,梁五卷。

雜說二卷

沈約撰。見《隋·經籍志》。

袖中記二卷

沈約撰。見《隋·經籍志》。

袖中略集一卷

沈約撰。見《隋·經籍志》。

珠叢一卷

沈約撰。見《隋·經籍志》。

類林三卷

裴子野撰。見《隋書經籍志考證》。

採璧三卷

庾肩吾撰。見《隋·經籍志》。

釋俗語八卷

劉霽撰。見本傳,《南史》同。《隋·經籍志》同。

續文釋五卷

吳均撰。見本傳,《南史》同。《隋·經籍志》未收。

按,宋江邃之有《文釋》,見《南史·江秉之傳》。此書或其續作。

語對十卷

朱澹遠撰。見《隋·經籍志》。

語麗十卷

朱澹遠撰。見《隋·經籍志》。

按《陳氏書録》類書類:《語麗》十卷,梁湘東王功曹參軍朱澹遠撰。采撫書語之麗者爲四十門。

右雜家類五十二部。前代或不詳朝代者。所著而《隋志》注明"梁有"者二十五部,梁人所著者二十六部;《隋志》著録者四十四部,其中尚存者十九部,殘缺者六部,亡佚者十九部。未收者七部;梁人所著見於《梁書》或《南史》者十四部,未見者十二部。

農家類

陶朱公養魚法一卷

戰國范蠡撰。《隋·經籍志》注:梁有《陶朱公養魚法》一卷,亡。

養羊法一卷

漢卜式撰。《隋·經籍志》注:梁有卜式《養羊法》一卷,亡。

養豬法一卷

漢卜式撰。《隋·經籍志》注:梁有卜式《養豬法》一卷,亡。

按《太平御覽》獸部十五引《博物志》曰:卜式有養豬羊法。

月政畜牧栽種法一卷

漢卜式撰。《隋·經籍志》注:梁有卜式《月政畜牧栽種法》一卷,亡。

按《通志·藝文略》食貨篆養類載卜式《月政畜牧栽種法》一卷。

右農家類四部。皆前代所著而《隋志》注明梁有，隋代已亡佚者。無梁人所著之書。

小説家類

青史子一卷

撰人姓名未詳。《隋·經籍志》注：梁有《青史子》一卷，亡。

宋玉子一卷　録一卷

戰國宋玉撰。《隋·經籍志》注：梁有《宋玉子》一卷，録一卷，楚大夫宋玉撰。亡。

群英論一卷

晋郭頒撰。《隋·經籍志》注：梁有《群英論》一卷，郭頒撰。亡。

語林十卷

東晋裴啓撰。《隋·經籍志》注：梁有《語林》十卷，東晋處士裴啓撰。亡。

俗説一卷

撰人姓名未詳。《隋·經籍志》注：梁有《俗説》一卷，亡。

瑣語十卷

顧協撰。見本傳，《南史》同。《隋·經籍志》：《瑣語》一卷，梁金紫光禄大夫顧協撰。

世説注十卷

劉孝標撰。《隋·經籍志》：《世説》十卷，劉孝標注。

小説十卷　目三十卷

殷芸撰。《隋·經籍志》：《小説》十卷，梁武帝敕安右長史殷芸撰。梁目三十卷。

邇説十卷

伏挺撰。見本傳,《南史》同。《隋·經籍志》:《邇説》一卷,梁
南臺治書伏捶撰。

按《隋志》"伏捶"疑爲"伏挺"之誤。

邇言十卷

沈約撰。見本傳,《南史》同。《隋·經籍志》未收。

集注邇言

沈旋撰。見《南史·沈約傳》。《隋·經籍志》未收。

右小説類十一部。前代或不詳朝代者。所著而《隋志》注明"梁
有"者五部,梁人所著者六部;《隋志》著録者九部,其中尚存者二
部,殘缺者二部,亡佚者五部。未收者二部;梁人所著見於《梁書》或
《南史》者四部,未見者二部。

兵家類

孫子兵法注三卷

三國魏武帝撰,《隋·經籍志》《孫子兵法》二卷,吳將軍孫武
撰,魏武帝注。梁三卷。

孫子兵法解詁二卷

孟氏撰。《隋·經籍志》注:梁有《孫子兵法》二卷,孟氏解
詁。亡。

按,孟氏之名及朝代未詳。

孫子兵法注二卷

三國吳沈友撰。《隋·經籍志》注:梁有《孫子兵法》二卷,吳
處士沈友撰。亡。

孫子八陣圖一卷

戰國孫武撰。《隋·經籍志》注:梁又有《孫子八陣圖》一
卷,亡。

兵法五卷

三國蜀諸葛亮撰。《隋·經籍志》注：梁有諸葛亮《兵法》五卷，亡。

兵法一卷

慕容氏撰。《隋·經籍志》注：梁有慕容氏《兵法》一卷，亡。按，慕容氏之名及朝代未詳。

雜兵法三十四卷

撰人姓名未詳。《隋·經籍志》注：梁有《雜兵法》三十四卷，亡。

兵法序二卷

撰人姓名未詳。《隋·經籍志》注：梁有《兵法序》二卷，亡。

太公六韜六卷

周姜望撰。《隋·經籍志》：《太公六韜》五卷，梁六卷，周文王師姜望撰。

太公陰謀六卷

周姜望撰。《隋·經籍志》：《太公陰謀》一卷，梁六卷。

太公陰謀解三卷

三國魏武帝撰。《隋·經籍志》注：梁又有《太公陰謀》三卷，魏武帝解。

太公兵法三卷

周姜望撰。《隋·經籍志》：《太公兵法》二卷，梁三卷。

太公雜兵書六卷

周姜望撰。《隋·經籍志》注：梁有《太公雜兵書》六卷。

太一三宮兵法立成圖二卷

撰人姓名未詳。《隋·經籍志》注：梁有《太一三宮兵法立成圖》二卷。

黃石公記三卷

秦黃石公撰。《隋·經籍志》注：梁又有《黃石公記》三卷。

黃石公略注三卷

撰人姓名未詳。《隋·經籍志》注：梁又有《黃石公略注》
三卷。

兵書一卷

撰人姓名未詳。《隋·經籍志》注：梁有《兵書》一卷。

兵書接要別本五卷

三國魏武帝撰。梁有《兵書接要別本》五卷,亡。

兵書要論七卷

三國魏武帝撰。《隋·經籍志》注：梁有《兵書要論》七卷,亡。

兵要二卷

撰人姓名未詳。《隋·經籍志》注：梁有《兵要》二卷。

魏時群臣表伐吳策一卷

撰人姓名未詳。《隋·經籍志》注：梁有《魏時群臣表伐吳策》
一卷。

諸州策一卷

撰人姓名未詳。《隋·經籍志》注：梁有《諸州策》一卷。

軍令八卷

撰人姓名未詳。《隋·經籍志》注：梁有《軍令》八卷。

尉繚子兵書一卷

戰國尉繚著。《隋·經籍志》注：梁有《尉繚子兵書》一卷。

黃帝問玄女兵法三卷

撰人姓名未詳。《隋·經籍志》：《黃帝問玄女兵法》四卷,梁
三卷。

雜兵書八卷

撰人姓名未詳。《隋·經籍志》注：梁有《雜兵書》八卷,亡。

三家兵法要集三卷

撰人姓名未詳。《隋·經籍志》注：梁有《三家兵法要集》三

卷,亡。

戎略機品二卷

撰人姓名未詳。《隋·經籍志》注：梁有《戎略機品》二卷,亡。

辟兵法一卷

撰人姓名未詳。《隋·經籍志》注：梁有《辟兵法》一卷。

黃帝蚩尤兵法一卷

撰人姓名未詳。《隋·經籍志》注：梁有《黃帝蚩尤兵法》一卷。亡。

吳有道占出軍決勝負事二卷

三國吳吳範撰。《隋·經籍志》：《吳有道占出軍決勝負事》一卷,梁二卷。

按,吳範學有道,事孫權,能占出軍決勝負事。見《吳志》本傳。

黃帝出軍雜用決十二卷

撰人姓名未詳。《隋·經籍志》注：梁有《黃帝出軍雜用決》十二卷。

風象占軍決勝戰二卷

全範撰。《隋·經籍志》注：梁有《風象占軍決勝戰》二卷,太史令全範撰。

按,全範未詳何人。疑爲"吳範"之誤。

黃帝夏氏占氣六卷

撰人姓名未詳。《隋·經籍志》注：梁有《黃帝夏氏占氣》六卷,亡。

兵法風氣等占三卷

撰人姓名未詳。《隋·經籍志》注：梁有《兵法風氣等占》三卷,亡。

孫子戰鬥六甲兵法一卷

戰國孫武撰。《隋·經籍志》注：梁有《孫子戰鬥六甲兵法》

一卷。

兵法遁甲孤虛斗中域法九卷

撰人姓名未詳。《隋·經籍志》注：梁有《兵法遁甲孤虛斗中域法》九卷。

兵法日月風雲背向雜占十二卷

撰人姓名未詳。《隋·經籍志》注：梁有《兵法日月風雲背向雜占》十二卷。

兵法三卷

撰人姓名未詳。《隋·經籍志》注：梁有《兵法》三卷。

虛占三卷

撰人姓名未詳。《隋·經籍志》注：梁有《虛占》三卷。

京氏征伐軍候八卷

京氏撰。《隋·經籍志》注：梁有《京氏征伐軍候》八卷。

按，京氏未詳何人。疑爲漢之京房。《御覽》咎徵部引有京房論出軍占候之語。

太一兵書二十卷

撰人姓名未詳。《隋·經籍志》注：《太一兵書》一十卷，梁二十卷。

推元嘉十二年日時兵法二卷

撰人姓名未詳。《隋·經籍志》注：梁有《推元嘉十二年日時兵法》二卷。

逆推元嘉五十年太歲計用兵法一卷

撰人姓名未詳。《隋·經籍志》注：梁有《逆推元嘉五十年太歲計出兵法》一卷。

騎馬都格一卷

撰人姓名未詳。《隋·經籍志》注：梁有《騎馬都格》一卷。亡。

騎馬變圖一卷

撰人姓名未詳。《隋・經籍志》注：梁有《騎馬變圖》一卷，亡。

馬射譜一卷

撰人姓名未詳。《隋・經籍志》注：梁有《馬射譜》一卷，亡。

術藝略序五卷

宋孫暢之撰。《隋・經籍志》注：梁有《術藝略序》五卷，孫暢之撰。亡。

圍棋勢七卷

齊徐泓撰。《隋・經籍志》注：梁有《圍棋勢》七卷，湘東太守徐泓撰。

齊高棋圖二卷

撰人姓名未詳。《隋・經籍志》注：梁有《齊高棋圖》二卷，亡。

圍棋九品序録五卷

東晉范汪等撰。《隋・經籍志》注：梁有《圍棋九品序録》五卷，范汪等撰。亡。

圍棋勢二十九卷

晉馬朗等撰。《隋・經籍志》注：梁有《圍棋勢》二十九卷，晉趙王倫舍人馬朗等撰。亡。

棋品序略三卷

撰人姓名未詳。《隋・經籍志》注：梁有《棋品序略》三卷，亡。

建元永明棋品六卷

宋褚思莊撰。《隋・經籍志》注：梁有《建元永明棋品》六卷，宋員外殿中將軍褚思莊撰。亡。

大小博法一卷

撰人姓名未詳。《隋・經籍志》注：梁有《大小博法》一卷，亡。

投壺經四卷

撰人姓名未詳。《隋・經籍志》注：梁有《投壺經》四卷，亡。

投壺變一卷

東晋虞潭撰。《隋・經籍志》注：梁有《投壺變》一卷，晋左光禄大夫虞潭撰。亡。

投壺道一卷

郝沖撰。《隋・經籍志》注：梁有《投壺道》一卷，郝沖撰。亡。按，郝沖未詳何代人。

擊壤經一卷

撰人姓名未詳。《隋・經籍志》注：梁有《擊壤經》一卷，亡。

金策三十卷

武帝撰。見本紀，《南史・武帝紀》作《金海》三十卷。《隋・經籍志》注：《金策》十九卷。不著撰人。

兵書鈔一卷

武帝撰。見《隋・經籍志》。

兵書要鈔一卷

武帝撰。見《隋・經籍志》。

玉簡五十卷

簡文帝撰。見《南史》本紀。《隋・經籍志》未收。

玉韜十卷

元帝撰。見本紀，《南史》同。《隋・經籍志》同。

馬槊譜一卷

簡文帝撰。見《南史》本紀。《隋・經籍志》：《馬槊譜》一卷。不著撰人。注：梁二卷。

梁主兵法一卷

撰人姓名未詳。見《隋・經籍志》。

按《新唐志》有《梁武帝兵法》一卷，未知是否同爲一書。

真人水鏡一卷

陶弘景撰。見《唐・經籍志》及《唐・藝文志》。《隋・經籍志》未收。

握鏡一卷

陶弘景撰。見《唐·經籍志》及《唐·藝文志》。《隋·經籍志》未收。

刀劍録一卷

陶弘景撰。見《群芳清玩》《説郛》《五朝小説》等書所引。《隋·經籍志》未收。

圍棋品一卷

武帝撰。見《隋·經籍志》。

棋品五卷

簡文帝撰。見《南史》本紀。《隋·經籍志》未收。

彈棋譜一卷

簡文帝撰。見《南史》本紀。《隋·經籍志》未收。

棋譜

柳惲撰。見本傳，《南史》作《棋品》三卷。《隋·經籍志》注：梁有《天監棋品》一卷，梁尚書僕射柳惲撰。亡。

棋品序一卷

陸雲公撰。《隋·經籍志》：《棋品序》一卷，陸雲撰。

按《南史·陸瓊傳》曰："父雲公大同末受梁武帝詔校定《棋品》。"《梁書·雲公傳》曰："雲公善奕棋，當夜侍御坐，武冠觸燭火，高祖笑謂曰：'燭燒卿貂。'高祖將用雲公爲侍中，故以此戲言之也。"《隋志》，《棋品序》一卷陸雲撰，次於梁武帝《圍棋品》下，知撰此《棋品序》者非晋之陸雲，乃梁陸雲公。《隋志》敓"公"字。

梁東宫太一博法一卷

撰人姓名未詳。見《隋·經籍志》。

　　右兵家類七十四部。前代或不詳朝代者。所著，而《隋志》注明

"梁有"者五十八部,梁人所著者十六部;《隋志》著録者六十八部,尚存者九部,殘缺者七部,亡佚者五十二部。未收者六部;梁人所著見於《梁書》或《南史》者七部,未見者九部。

天文家類

昕天論一卷

三國吳姚信撰。《隋‧經籍志》注:梁有《昕天論》一卷,姚信撰。

安天論六卷

東晋虞喜撰。《隋‧經籍志》注:梁有《安天論》六卷,虞喜圖。按《隋志》"虞喜圖"疑當爲"虞喜撰",蓋涉下文"天圖"而誤。

天圖一卷

撰人姓名未詳。《隋‧經籍志》注:梁有《天圖》一卷。

原天論一卷

撰人姓名未詳。《隋‧經籍志》注:梁有《原天論》一卷。

神光内抄一卷

撰人姓名未詳。《隋‧經籍志》注:梁有《神光内抄》一卷。

天文集占一百卷

撰人姓名未詳。《隋‧經籍志》:《天文集占》十卷。梁百卷。

石氏天文占八卷

石氏撰。《隋‧經籍志》注:梁有《石氏天文占》八卷。按《史記‧天官書》正義曰:"石申,魏人。戰國時作《天文》八卷。"《隋志》,《石氏天文占》八卷,蓋即石申所撰者。

甘氏天文占八卷

甘氏撰。《隋‧經籍志》注:梁有《甘氏天文占》八卷。按《史記‧天官書》集解曰:"徐廣曰'或曰甘公名德,本是魯人。'"正義曰:"《七録》云楚人,戰國時作《天文星占》八卷。"

《隋志》,《甘氏天文占》八卷,或即《七録》所載甘德之《天文星占》八卷。

雜天文書二十五卷

撰人姓名未詳。《隋·經籍志》注:梁有《雜天文書》二十五卷。

天文五行圖十二卷

撰人姓名未詳。《隋·經籍志》注:梁有《天文五行圖》十二卷,亡。

天文雜占十六卷

撰人姓名未詳。《隋·經籍志》注:梁有《天文雜占》十六卷,亡。

天文雜占十五卷

撰人姓名未詳。《隋·經籍志》注:梁有《天文雜占》十五卷,亡。

天宮宿野圖一卷

撰人姓名未詳。《隋·經籍志》注:梁有《天宮宿野圖》一卷,亡。

四方宿占四卷

晋陳卓撰。《隋·經籍志》:陳卓《四方宿占》一卷,梁四卷。

五星集占六卷

撰人姓名未詳。《隋·經籍志》注:梁有《五星集占》六卷。

日月五星集占十卷

撰人姓名未詳。《隋·經籍志》注:梁有《日月五星集占》十卷。

石氏星經七卷

晋陳卓記。《隋·經籍志》注:梁有《石氏星經》七卷,陳卓記,亡。

石氏星官十九卷

撰人姓名未詳。《隋·經籍志》注：梁又有《石氏星官》十九卷，亡。

星經七卷

郭歷撰。《隋·經籍志》注：梁又有《星經》七卷，郭歷撰，亡。按，郭歷未詳何代人。

天官星占二十卷

吳襲撰。《隋·經籍志》注：梁《天官星占》二十卷，吳襲撰。

星占十八卷

撰人姓名未詳。《隋·經籍志》注：梁又有《星占》十八卷。

星官簿贊十三卷

撰人姓名未詳。《隋·經籍志》注：梁有《星官簿贊》十三卷，亡。

星書三十四卷

撰人姓名未詳。《隋·經籍志》注：梁又有《星書》三十四卷，亡。

雜家星占六卷

撰人姓名未詳。《隋·經籍志》注：梁又有《雜家星占》六卷，亡。

論星一卷

撰人姓名未詳。《隋·經籍志》注：梁又有《論星》一卷，亡。

論星一卷

撰人姓名未詳。《隋·經籍志》注：梁有《論星》一卷。

星書圖七卷

撰人姓名未詳。《隋·經籍志》注：梁有《星書圖》七卷。

荆州占二十二卷

宋劉嚴撰。《隋·經籍志》：《荆州占》二十卷，宋通直郎劉嚴撰。梁二十二卷。

日月暈圖二卷

撰人姓名未詳。《隋·經籍志》注：梁《日月暈圖》二卷。

夏氏日旁氣四卷

許氏撰。《隋·經籍志》：《夏氏日旁氣》一卷，許氏撰。梁四卷。

按，許氏之名及朝代未詳。

雜望氣經八卷

撰人姓名未詳。《隋·經籍志》注：梁有《雜望氣經》八卷。

候氣占一卷

撰人姓名未詳。《隋·經籍志》注：梁有《候氣占》一卷。

十二時雲氣圖二卷

章賢撰。《隋·經籍志》注：梁有章賢《十二時雲氣圖》二卷。

按，章賢未詳何代人。

洪範五行星曆四卷

撰人姓名未詳。《隋·經籍志》注：梁有《洪範五行星曆》四卷。

晷景記二卷

撰人姓名未詳。《隋·經籍志》注：梁有《晷景記》二卷。

日月交會圖注一卷

後漢鄭玄撰。《隋·經籍志》注：梁有《日月交會圖鄭玄注》一卷。

日月本次位圖二卷

撰人姓名未詳。《隋·經籍志》注：梁又有《日月本次位圖》二卷。

君失政大雲雨日月占二卷

撰人姓名未詳。《隋·經籍志》注：梁有《君失政大雲雨日月占》二卷。

天儀説要一卷

陶弘景撰。見《隋·經籍志》。

按《梁書·弘景傳》曰："嘗造渾天象,云修道所須,非止史官是用。"

天文録三十卷

祖暅撰。見《隋·經籍志》。

按《隋書·天文志》曰："梁奉朝請祖暅,天監中集古天官及圖緯舊説撰《天文録》三十卷。

日月災異圖二卷

顧協撰。見本傳,《南史》同。《隋·經籍志》未收。

按《梁書·協傳》曰："協所撰《晋仙傳》五篇、《日月災異圖》兩卷,遇火湮滅。"

右天文家類四十部。前代或不詳朝代者。所著而《隋志》注明"梁有"者三十七部,梁人所著者三部;《隋志》著録者三十九部,其中尚存者二部,殘缺者四部,亡佚者三十三部。未收者一部;梁人所著見於《梁書》者一部,未見者二部。

曆數家類

四分曆三卷

後漢李梵撰。《隋·經籍志》注:梁《四分曆》三卷,漢修曆人李梵撰。亡。

三統曆法三卷

漢劉歆撰。《隋·經籍志》注:梁又有《三統曆法》三卷,劉歆。亡。

乾象曆注五卷

後漢劉洪等撰。《隋·經籍志》注:梁有《乾象曆注》五卷,漢會稽都尉劉洪等注。亡。

乾象曆注五卷

三國吳闞澤撰。《隋·經籍志》注：梁又有《闞澤注》五卷，亡。

乾象五星幻術一卷

撰人姓名未詳。《隋·經籍志》注：梁又有《乾象五星幻術》一卷，亡。

景初曆術二卷

晋楊偉撰。《隋·經籍志》注：梁有《景初曆術》二卷，楊偉撰。亡。

景初曆法三卷

晋楊偉撰。《隋·經籍志》注：梁有《景初曆法》三卷，楊偉撰。亡。

景初曆法五卷

晋楊偉撰。《隋·經籍志》注：梁又有一本五卷，楊偉撰。亡。

景初曆略要二卷

撰錄人姓名未詳。《隋·經籍志》注：梁有《景初曆略要》二卷，①亡。

元嘉曆統二卷

撰人姓名未詳。《隋·經籍志》注：梁有《元嘉曆統》二卷，亡。

元嘉中論曆事六卷

撰人姓名未詳。《隋·經籍志》注：梁有《元嘉中論曆事》六卷，亡。

元嘉曆疏一卷

撰人姓名未詳。《隋·經籍志》注：梁有《元嘉曆疏》一卷，亡。

---

① “梁有景初曆略要”，原作“有景梁初曆略要”，據殿本《隋書·經籍志》改。

元嘉二十六年度日景數一卷

撰人姓名未詳。《隋·經籍志》注：梁有《元嘉二十六年度日景數》一卷,亡。

驗日食法三卷

宋何承天撰。《隋·經籍志》注：梁有《驗日食法》三卷,何承天撰。亡。

論頻月合朔法五卷

撰人姓名未詳。《隋·經籍志》注：梁又有《論頻月合朔法》五卷,亡。

雜曆七卷

撰人姓名未詳。《隋·經籍志》注：梁又有《雜曆》七卷,亡。

曆法集十卷

撰人姓名未詳。《隋·經籍志》注：梁又有《曆法集》十卷,亡。

京氏要集曆術四卷

東晉姜岌撰。《隋·經籍志》注：梁又有《京氏要集曆數》四卷,姜岌撰,亡。

按《晉書·曆志》曰："後秦姚興時,當季武大元九年,歲在甲申,天水姜岌造《三紀甲子元曆》。"

七曜曆法四卷

撰人姓名未詳。《隋·經籍志》注：梁《七曜曆法》四卷。

朔氣長曆二卷

晉皇甫謐撰。《隋·經籍志》注：梁有《朔氣長曆》二卷,皇甫謐撰。亡。

曆章句二卷

撰人姓名未詳。《隋·經籍志》注：梁有《曆章句》二卷,亡。

月令七十二候一卷

撰人姓名未詳。《隋·經籍志》注：梁有《月令七十二候》一卷,亡。

三五曆說圖一卷

撰人姓名未詳。《隋·經籍志》注：梁有《三五曆說圖》一卷,亡。

三棋推法一卷

撰人姓名未詳。《隋·經籍志》注：梁《三棋推法》一卷。

漏刻經一卷

後漢霍融撰。《隋·經籍志》注：梁有後漢待詔太史霍融《漏刻經》一卷,亡。

漏刻經一卷

宋何承天撰。《隋·經籍志》注：梁有何承天《漏刻經》一卷,亡。

漏刻經一卷

晋楊偉撰。《隋·經籍志》注：梁有楊偉《漏刻經》一卷,亡。

天監曆

祖暅之撰。見《南史》本傳。《隋·經籍志》未收。

按,祖暅亦名暅之,有《天文録》見前天文家類。《南史·暅之傳》曰：“父冲之所改何承天曆時尚未行,梁天監初,暅之更修之,於是始行焉。”

七曜新舊術疏

陶弘景撰。見《南史》本傳。《隋·經籍志》未收。

七曜曆術注

庚曼倩撰。見《庚詵傳》,《南史·詵傳》作著《七曜曆術》。《隋·經籍志》未收。

漏刻經一卷

祖暅撰。見《隋·經籍志》。

漏刻經一卷

朱史撰。見《隋·經籍志》。

漏刻經一卷

撰人姓名未詳。《隋·經籍志》：《漏刻經》一卷，梁代撰。

天監五年修漏刻事一卷

撰人姓名未詳。《隋·經籍志》注：梁有《天監五年修漏刻事》一卷。亡。

算經注

庾曼倩撰。見《庾詵傳》，《南史·詵傳》作《著算經》。《隋·經籍志》未收。

右曆數家類三十四部。前代或不詳朝代者。所著而《隋志》注明"梁有"者二十六部，梁人所著者八部；《隋志》著錄者三十部，其中尚存者三部，亡佚者二十七部。未收者四部；梁人所著見於《梁書》或《南史》者四部，未見者四部。

五行家類

風角要占八卷

漢京房撰。《隋·經籍志》：《風角要占》三卷，梁八卷，京房撰。

侯公領中風角占四卷

侯公撰。《隋·經籍志》注：梁有《侯公領中風角占》四卷，亡。按，侯公之名及朝代未詳。

風角總集一卷

撰人姓名未詳。《隋·經籍志》注：梁有《風角總集》一卷，亡。

風角雜占要訣十二卷

撰人姓名未詳。《隋·經籍志》注：梁有《風角雜占要訣》十二卷，亡。

風角雜占十卷

撰人姓名未詳。《隋·經籍志》注：梁有《風角雜占》十卷，亡。

風角要集十一卷

撰人姓名未詳。《隋·經籍志》：《風角要集》六卷，梁十一卷。

風角書十卷

撰人姓名未詳。《隋·經籍志》：《風角書》十二卷，梁十卷。

風角雜兵候十三卷

撰人姓名未詳。《隋·經籍志》注：梁有《風角雜兵候》十三卷，亡。

風角五音六情經十三卷

撰人姓名未詳。《隋·經籍志》注：梁有《風角五音六情經》十三卷，亡。

風角兵候十二卷

撰人姓名未詳。《隋·經籍志》注：梁有《風角兵候》十二卷，亡。

風角迴風卒起占五卷

撰人姓名未詳。《隋·經籍志》注：梁有《風角迴風卒起占》五卷。

風角地辰一卷

撰人姓名未詳。《隋·經籍志》注：梁有《風角地辰》一卷。

風角望氣八卷

撰人姓名未詳。《隋·經籍志》注：梁有《風角望氣》八卷。

風雷集占一卷

撰人姓名未詳。《隋·經籍志》注：梁有《風雷集占》一卷。

風角五音占五卷[①]

漢京房撰。《隋·經籍志》注：梁有《風角五音占》五卷，京房撰。亡。

---

① "五"，原脱，據殿本《隋書·經籍志》補。

風角雜占五音圖十三卷

漢京房撰。《隋·經籍志》:《風角雜占五音圖》五卷,①梁十三卷,京房撰。

黃帝四部九宮五卷

撰人姓名未詳。《隋·經籍志》注:梁有《黃帝四部九宮》五卷,亡。

太一九宮雜占十二卷

撰人姓名未詳。《隋·經籍志》注:梁有《太一九宮雜占》十二卷,亡。

黃帝太一雜書十六卷

撰人姓名未詳。《隋·經籍志》注:梁有《黃帝太一雜書》十六卷,亡。

黃帝太一度厄秘術八卷

撰人姓名未詳。《隋·經籍志》注:梁有《黃帝太一度厄秘術》八卷,亡。

太一帝記法八卷

撰人姓名未詳。《隋·經籍志》注:梁有《太一帝記法》八卷,亡。

太一雜用十四卷

撰人姓名未詳。《隋·經籍志》注:梁有《太一雜用》十四卷,亡。

太一雜要七卷

撰人姓名未詳。《隋·經籍志》注:梁有《太一雜要》七卷,亡。

雜太一經八卷

撰人姓名未詳。《隋·經籍志》注:梁有《雜太一經》八卷,亡。

---

①　"角",原作"觀",據殿本《隋書·經籍志》改。

太一龍首式經注三卷

董氏撰。《隋·經籍志》：《太一龍首式經》一卷，董氏注，梁三卷。

式經三十三卷

撰人姓名未詳。《隋·經籍志》注：梁又有《式經》三十三卷。亡。

太一式雜占二十卷

撰人姓名未詳。《隋·經籍志》：《太一式雜占》十卷，梁二十卷。

遁甲經十卷

撰人姓名未詳。《隋·經籍志》注：梁有《遁甲經》十卷，亡。

遁甲正經五卷

撰人姓名未詳。《隋·經籍志》注：梁有《遁甲正經》五卷，亡。

太一遁甲一卷

撰人姓名未詳。《隋·經籍志》注：梁有《太一遁甲》一卷，亡。

太一遁甲一卷

撰人姓名未詳。《隋·經籍志》注：梁《太一遁甲》一卷。

遁甲三元三卷

撰人姓名未詳。《隋·經籍志》注：梁《遁甲三元》三卷。

遁甲三元三卷

撰人姓名未詳。《隋·經籍志》注：梁有《遁甲三元》三卷，亡。

遁甲正經五卷

撰人姓名未詳。《隋·經籍志》：《遁甲正經》三卷，梁五卷。

遁甲開山經圖一卷

撰人姓名未詳。《隋·經籍志》注：梁《遁甲開山經圖》一卷。

雜遁甲九卷

撰人姓名未詳。《隋·經籍志》:《雜遁甲》五卷,梁九卷。

遁甲經外篇一百卷

撰人姓名未詳。《隋·經籍志》注:梁《遁甲經外篇》一百卷,亡。

六甲隱圖一卷

撰人姓名未詳。《隋·經籍志》注:梁《六甲隱圖》一卷,亡。

遁甲圖一卷

撰人姓名未詳。《隋·經籍志》注:梁《遁甲圖》一卷,亡。

六壬式經三卷

撰人姓名未詳。《隋·經籍志》注:梁有《六壬式經》三卷,亡。

雜式占五卷

撰人姓名未詳。《隋·經籍志》注:梁有《雜式占》五卷,亡。

式經雜要決九卷

撰人姓名未詳。《隋·經籍志》注:梁有《式經雜要決》九卷,亡。

式立成九卷

撰人姓名未詳。《隋·經籍志》注:梁有《式立成》九卷,亡。

式王曆二卷

撰人姓名未詳。《隋·經籍志》注:梁有《式王曆》二卷,亡。

式經章句二卷

春秋伍子胥撰。《隋·經籍志》注:梁有《伍子胥式經章句》二卷,亡。

起射覆式二卷

撰人姓名未詳。《隋·經籍志》注:梁有《起射覆式》二卷,[①]亡。

---

① "起",原作"式",據殿本《隋書·經籍志》改。

玉笥式二卷

春秋范蠡撰。《隋·經籍志》注：梁有越相范蠡《玉笥式》二卷，亡。

龜經十卷

春秋史蘇撰。《隋·經籍志》注：梁有《史蘇龜經》十卷，亡。按，史蘇爲晋卜筮之史，見《左·僖十五年傳》。

龜決二卷

東晋葛洪撰。《隋·經籍志》注：梁《龜決》二卷，葛洪撰。亡。

管郭近要決一卷

撰人姓名未詳。《隋·經籍志》注：梁有《管郭近要決》《龜音色》《九宮著龜序》各一卷，亡。

按《隋志》"《管郭近要決》《龜音色》《九宮著龜序》各一卷"，書名無考，不易斷句，姑依辭意分爲《管郭近要決》《龜音色》及《九宮著龜序》三書。

龜音色一卷

撰人姓名未詳。《隋·經籍志》注：梁有《管郭近要決》《龜音色》《九宮著龜序》各一卷，亡。

九宮著龜序一卷

撰人姓名未詳。《隋·經籍志》注：梁有《管郭近要決》《龜音色》《九宮著龜序》各一卷，亡。

龜卜要決四卷

撰人姓名未詳。《隋·經籍志》注：梁有《龜卜要決》《龜圖》《五行九親》各四卷，亡。

按《隋志》"《龜卜要決》《龜圖》《五行九親》各四卷"亦書名無考，不易斷句，姑依辭意分爲《龜卜要決》《龜圖》及《五行九親》三書。

龜圖四卷

撰人姓名未詳。《隋·經籍志》注：梁有《龜卜要決》《龜圖》

《五行九親》各四卷,亡。

五行九親四卷

撰人姓名未詳。《隋·經籍志》注:梁有《龜卜要决》《龜圖》《五行九親》各四卷,亡。

龜親經三十卷

周子曜撰。《隋·經籍志》注:梁又有《龜親經》三十卷,周子曜撰。亡。

按,周子曜未詳何代人。

周易妖占十三卷

漢京房撰。《隋·經籍志》注:梁《周易妖占》十三卷,京房撰。

周易飛候六日七分八卷

撰人姓名未詳。《隋·經籍志》注:梁有《周易飛候六日七分》八卷,亡。

周易雜占八卷

武靖撰。《隋·經籍志》注:梁有《周易雜占》八卷,武靖撰。亡。

按,武靖未詳何代人。

易林三十二卷

漢焦贛撰。《隋·經籍志》注:梁有《易林》又本三十二卷。

易林五卷

漢費直撰。《隋·經籍志》:《易林》二卷,費直撰。梁五卷。

周易筮占林五卷

漢費直撰。《隋·經籍志》注:梁有《周易筮占林》五卷,費直撰。亡。

易新林十卷

後漢許峻等撰。《隋·經籍志》:《易新林》一卷,後漢方士許峻等撰。梁十卷。

易雜占七卷

後漢許峻撰。《隋·經籍志》注：梁有《易雜占》七卷，許峻撰。亡。

易要決三卷

撰人姓名未詳。《隋·經籍志》注：梁又有《易要決》三卷，亡。

周易筮占二十四卷

晋徐苗撰。《隋·經籍志》注：梁有《周易筮占》二十四卷，晋徵士徐苗撰。亡。

周易雜占十卷

東晋葛洪撰。《隋·經籍志》注：梁有《周易雜占》十卷，葛洪撰。亡。

周易林五卷

東晋郭璞撰。《隋·經籍志》注：梁有《周易林》五卷，郭璞撰。亡。

周易林三十三卷 録一卷

撰人姓名未詳。《隋·經籍志》：《周易林》十卷，梁《周易林》三十三卷，録一卷。

周易曆一卷

撰人姓名未詳。《隋·經籍志》注：梁有《周易曆》一卷。

周易初學筮要法一卷

撰人姓名未詳。《隋·經籍志》注：梁有《周易初學筮要法》一卷。

算占書一卷

三國魏管公明撰。《隋·經籍志》注：梁有《管公明算占書》一卷，亡。

按《魏志·管輅傳》：輅字公明。

五行雜卜經十卷

撰人姓名未詳。《隋·經籍志》注：梁有《五行雜卜經》十卷,亡。

擇日書十卷

撰人姓名未詳。《隋·經籍志》注:梁有《擇日書》十卷,亡。

太歲所在占善惡書一卷

撰人姓名未詳。《隋·經籍志》注:梁有《太歲所在占善惡書》
一卷,亡。

雜百忌五卷

撰人姓名未詳。《隋·經籍志》注:梁有《雜百忌》五卷,亡。

太史百忌一卷

撰人姓名未詳。《隋·經籍志》注:梁有《太史百忌》一卷,亡。

秦災異一卷

後漢郗萌撰。《隋·經籍志》注:梁有《秦災異》一卷,後漢中
郎郗萌撰。亡。

後漢災異十五卷

撰人姓名未詳。《隋·經籍志》注:梁有《後漢災異》十五卷,亡。

晋災異簿二卷

撰人姓名未詳。《隋·經籍志》注:梁有《晋災異簿》二卷,亡。

宋災異簿四卷

撰人姓名未詳。《隋·經籍志》注:梁有《宋災異簿》四卷,亡。

雜凶妖一卷

撰人姓名未詳。《隋·經籍志》注:梁有《雜凶妖》一卷,亡。

破書一卷

撰人姓名未詳。《隋·經籍志》注:梁有《破書》一卷,亡。

玄武書契一卷

撰人姓名未詳。《隋·經籍志》注:梁有《玄武書契》一卷,亡。

大小堪餘三卷

撰人姓名未詳。《隋·經籍志》注:梁《大小堪餘》三卷。

堪餘天赦有書七卷

撰人姓名未詳。《隋·經籍志》注：梁《堪餘天赦有書》七卷，亡。

按，《隋志》"梁堪餘天赦有書七卷"似當作"梁有堪餘天赦書七卷"。如此，則書名當作《堪餘天赦書》。

雜堪餘四卷

撰人姓名未詳。《隋·經籍志》注：梁有《雜堪餘》四卷，亡。

五行元辰厄會十三卷

撰人姓名未詳。《隋·經籍志》注：梁有《五行元辰厄會》十三卷，亡。

孝經元辰會九卷

撰人姓名未詳。《隋·經籍志》注：梁有《孝經元辰會》九卷，亡。

孝經元辰決一卷

撰人姓名未詳。《隋·經籍志》注：梁有《孝經元辰決》一卷，亡。

五行禄命厄會十卷

撰人姓名未詳。《隋·經籍志》注：梁有《五行禄命厄會》十卷，亡。

周易八卦五行圖一卷

撰人姓名未詳。《隋·經籍志》注：梁有《周易八卦五行圖》一卷，亡。

周易斗中八卦絶命圖一卷

撰人姓名未詳。《隋·經籍志》注：梁有《周易斗中八卦絶命圖圖表》一，亡。

周易斗中八卦推遊年圖一卷

撰人姓名未詳。《隋·經籍志》注：梁有《周易斗中八卦推遊年圖》一卷,亡。

六合婚嫁書一卷

撰人姓名未詳。《隋·經籍志》注:梁《六合婚嫁書》一卷。

六合婚嫁圖一卷

撰人姓名未詳。《隋·經籍志》注:梁《六合婚嫁圖》一卷。

二公地基一卷

撰人姓名未詳。《隋·經籍志》注:梁有《二公地基》一卷,亡。

雜地基立成五卷

撰人姓名未詳。《隋·經籍志》注:梁有《雜地基立成》五
卷,亡。

八神圖二卷

撰人姓名未詳。《隋·經籍志》注:梁有《八神圖》二卷,亡。

十二屬神圖一卷

撰人姓名未詳。《隋·經籍志》注:梁有《十二屬神圖》一
卷,亡。

裁衣書一卷

撰人姓名未詳。《隋·經籍志》注:梁有《裁衣書》一卷,亡。

師曠占五卷

春秋師曠撰。《隋·經籍志》注:梁有《師曠占》五卷,亡。

東方朔占七卷

漢東方朔撰。《隋·經籍志》注:梁有《東方朔占》七卷,亡。

黃帝太一雜占十卷

撰人姓名未詳。《隋·經籍志》注:梁有《黃帝太一雜占》十
卷,亡。

鳥鳴書一卷

和菟撰。《隋·經籍志》注:梁有《和菟鳥鳴書》一卷,亡。
按,和菟未詳何代人。

解烏語經一卷

後漢王喬撰。《隋·經籍志》注：梁有《王喬解烏語經》一卷，亡。

嚏書一卷

撰人姓名未詳。《隋·經籍志》注：梁有《嚏書》一卷，亡。

按，《隋志》"嚏書"疑當作"嚔書"，蓋以人之鼻嚔占吉凶者。《漢志》雜占家有《嚔耳鳴雜占》十六卷。

耳鳴書一卷

撰人姓名未詳。《隋·經籍志》注：梁有《耳鳴書》一卷，亡。

目瞤書一卷

撰人姓名未詳。《隋·經籍志》注：梁有《目瞤書》一卷，亡。

請禱圖三卷

漢董仲舒撰。《隋·經籍志》注：梁有《董仲舒請禱圖》三卷，亡。

祀竈書一卷

撰人姓名未詳。《隋·經籍志》注：梁又有《祀竈書》一卷，亡。

六甲祀書二卷

撰人姓名未詳。《隋·經籍志》注：梁又有《六甲祀書》二卷。亡。

太玄禁經一卷

撰人姓名未詳。《隋·經籍志》注：梁又有《太玄禁經》一卷，亡。

白獸七變經一卷

撰人姓名未詳。《隋·經籍志》注：梁又有《白獸七變經》一卷，亡。

按《抱朴子·遐覽》篇曰："道書中有《白虎七變經》一卷。"《隋志》作白獸者，蓋唐人諱虎而改之。

墨子枕中五行要記一卷

撰人姓名未詳。《隋·經籍志》注：梁又有《墨子枕中五行要記》一卷,亡。

淮南萬畢經一卷

漢劉安撰。《隋·經籍志》注：梁又有《淮南萬畢經》一卷,亡。

淮南變化術一卷

漢劉安撰。《隋·經籍志》注：梁又有《淮南變化術》一卷,亡。

陶朱變化術一卷

戰國范蠡撰。《隋·經籍志》注：梁又有《陶朱變化術》一卷,亡。

三五步剛三十卷

撰人姓名未詳。《隋·經籍志》注：梁又有《三五步剛》三十卷,亡。

五行變化墨子五卷

撰人姓名未詳。《隋·經籍志》注：梁又有《五行變化墨子》五卷,亡。

淮南中經四卷

漢劉安撰。《隋·經籍志》注：梁又有《淮南中經》四卷,亡。

六甲隱形圖五卷

撰人姓名未詳。《隋·經籍志》注：梁又有《六甲隱形圖》五卷,亡。

太史公素王妙議二卷

漢司馬遷撰。《隋·經籍志》注：梁又有《太史公素王妙議》二卷,亡。

瑞應圖記三卷

孫柔之撰。《隋·經籍志》注：梁有孫柔之《瑞應圖記》三卷,亡。

孫氏瑞應圖贊三卷

撰人姓名未詳。《隋·經籍志》注：梁有《孫氏瑞應圖贊》三卷，亡。

按舊、新《唐志》雜家皆有《瑞應圖記》三卷，熊理撰。

晋玄石圖一卷

撰人姓名未詳。《隋·經籍志》注：梁有《晋玄石圖》一卷。

晋德易天圖二卷

撰人姓名未詳。《隋·經籍志》注：梁有《晋德易天圖》二卷，亡。

天鏡經一卷

撰人姓名未詳。《隋·經籍志》注：梁《天鏡經》一卷，亡。

地鏡經一卷

撰人姓名未詳。《隋·經籍志》注：梁《地鏡經》一卷，亡。

日月鏡經一卷

撰人姓名未詳。《隋·經籍志》注：梁《日月鏡經》一卷，亡。

四規鏡經一卷

撰人姓名未詳。《隋·經籍志》注：梁有《四規鏡經》一卷，亡。

望氣相山川寶藏秘記一卷

撰人姓名未詳。《隋·經籍志》注：梁《望氣相山川寶藏秘記》一卷，亡。

仙寶劍經二卷

撰人姓名未詳。《隋·經籍志》注：梁《仙寶劍經》二卷，亡。

冢書

撰人姓名未詳。《隋·經籍志》注：梁有《冢書》四卷，亡。

黃帝葬山圖四卷

撰人姓名未詳。《隋·經籍志》注：梁有《黃帝葬山圖》四卷，亡。

五音相墓書五卷

撰人姓名未詳。《隋·經籍志》注：梁有《五音相墓書》五卷,亡。

五音圖墓書九十一卷

撰人姓名未詳。《隋·經籍志》注：梁有《五音圖墓書》九十一卷,亡。

五姓圖山龍一卷

撰人姓名未詳。《隋·經籍志》注：梁有《五姓圖山龍》一卷,亡。

科墓葬不傳一卷

撰人姓名未詳。《隋·經籍志》注：梁有《科墓葬不傳》一卷,亡。

雜相墓書四十五卷

撰人姓名未詳。《隋·經籍志》注：梁有《雜相墓》四十五卷,亡。

相經三十卷

鍾武隸撰。《隋·經籍志》注：《相經》三十卷,鍾武隸撰。亡。按,《隋志》注“《相經》三十卷”上當敚“梁有”二字。以下四條同。

相書十一卷

撰人姓名未詳。《隋·經籍志》注：《相書》十一卷,樊、許、唐氏。亡。

按,樊氏未詳何代人,《太平御覽》人事部第七有《樊氏相法》。許氏名負,漢代人,《漢書·游俠傳》曰：“郭解温善相人,許負外孫也。”《通志·藝文略》有《許負相書》三卷。唐氏名學,戰國時人,《荀子·非相》篇曰：“今之世,梁有唐學,相人之形狀顏色而知其吉凶妖祥,世俗稱之。”《通志·藝文略》有《唐學相顯骨法》三卷。

武王相書一卷

撰人姓名未詳。《隋·經籍志》注：《武王相書》一卷，亡。

雜相書九卷

撰人姓名未詳。《隋·經籍志》注：《雜相書》九卷，亡。

相書圖七卷

撰人姓名未詳。《隋·經籍志》注：《相書圖》七卷，亡。

相手板經一卷

撰人姓名未詳。《隋·經籍志》注：梁《相手板經》一卷，亡。

受版圖一卷

撰人姓名未詳。《隋·經籍志》注：梁《受版圖》一卷，亡。

韋氏相板印法指略鈔一卷

後漢韋誕撰。《隋·經籍志》注：梁《韋氏相板印法指略鈔》一卷，亡。

按，韋誕字仲將，漢末人，見《魏志·劉邵附傳》及《夏侯玄傳》注。

相印法一卷

三國魏程申伯撰。《隋·經籍志》注：梁魏征松將軍程申伯《相印法》一卷，亡。

伯樂相馬經二卷

春秋伯樂撰。《隋·經籍志》注：梁有《伯樂相馬經》二卷，亡。

闕中銅馬法二卷

撰人姓名未詳。《隋·經籍志》注：梁有《闕中銅馬法》二卷，亡。

周穆王八馬圖二卷

撰人姓名未詳。《隋·經籍志》注：梁有《周穆王八馬圖》二卷，亡。

相牛經二卷

春秋寧戚撰。《隋·經籍志》注：梁有龍侯大夫戚《相牛經》二卷,亡。

相牛經二卷

春秋王良撰。《隋·經籍志》注：梁有王良《相牛經》二卷,亡。

相牛經二卷

三國魏高堂隆撰。《隋·經籍志》注：梁有高堂隆《相牛經》二卷,亡。

淮南八公相鵠經二卷

撰人姓名未詳。《隋·經籍志》注：梁有《淮南八公相鵠經》二卷,亡。

按《史記·淮南王列傳》索隱曰："《淮南要略》云：養士數千,高材者八人。蘇菲、李尚左、吳田由、雷被、伍被、毛被、晋昌,號曰八公。"

浮丘公相鶴經二卷

春秋浮丘公撰。《隋·經籍志》注：梁有《浮丘公相鶴書》二卷,亡。

按《文選·舞鶴賦》注曰："《相鶴經》者,出自浮丘公。公以自授王子晋。崔文者,學仙於子晋,得其文,藏於嵩高山石室。及淮南八公采藥得之,遂傳於世。"

相鴨經二卷

撰人姓名未詳。《隋·經籍志》注：梁有《相鴨經》二卷,亡。

相雞經二卷

撰人姓名未詳。《隋·經籍志》注：梁有《相雞經》二卷,亡。

相鵝經二卷

撰人姓名未詳。《隋·經籍志》注：梁有《相鵝經》二卷,亡。

相貝經二卷

撰人姓名未詳。《隋·經籍志》注：梁有《相貝經》二卷，亡。

易林十七卷

簡文帝撰。見《南史》本紀。《隋·經籍志》未收。

光明符十二卷

簡文帝撰。見《南史》本紀。《隋·經籍志》：《光明符》十二卷，録一卷，梁簡文帝撰。

竈經二卷

簡文帝撰。見《南史》本紀。《隋·經籍志》：《竈經》十四卷，梁簡文帝撰。

沐浴經三卷

簡文帝撰。見《南史》本紀。《隋·經籍志》未收。

新增白澤圖五卷

簡文帝撰。見《南史》本紀。《隋·經籍志》未收。

按《隋志》有《白澤圖》一卷，不著撰人。簡文帝所撰，蓋即增補此書。

連山三十卷

元帝撰。見本紀，《南史》同。《隋·經籍志》同。

洞林三卷

元帝撰。見本紀，《南史》同。《隋·經籍志》同。

筮經十三卷

元帝撰。見本紀，《南史》同。《隋·經籍志》未收。

式贊三卷

元帝撰。見本紀，《南史》同。《隋·經籍志》未收。

鬼谷天甲兵書常禳術三卷

昭明太子撰。見《宋·藝文志》。《隋·經籍志》未收。

易林二十卷

庾詵撰。見本傳,《南史》同。《隋·經籍志》未收。

周易集林十二卷

伏曼容撰。見《唐·經籍志》及《唐·藝文志》。《隋·經籍志》未收。

玉子訣三卷

劉緩撰。見《金樓子·著書》篇。《隋·經籍志》未收。

按,梁元帝《金樓子·著書》篇丙部有《玉子訣》一秩三卷,金樓付劉緩撰。

十杖龜經

柳惲撰。見《南史》本傳。《隋·經籍志》未收。

權衡記二卷

祖暅撰。《隋·經籍志》注:梁有祖暅《權衡記》二卷,亡。

稱物重率術二卷

祖暅撰。《隋·經籍志》注:梁有祖暅《稱物重率術》二卷,亡。

泉圖記三卷

劉潛撰。《隋·經籍志》注:梁有劉潛《泉圖記》三卷,亡。

右五行家類一百七十八部。前代或不詳朝代者。所著而《隋志》注明"梁有"者一百六十一部,梁人所著者十七部;《隋志》著錄者一百六十八部,其中尚存者四部,殘缺者十一部,亡佚者一百五十三部。未收者十部;梁人所著見於《梁書》或《南史》者十一部,未見者六部。

醫方家類

黄帝素問八卷

撰人姓名未詳。《隋·經籍志》:《黄帝素問》九卷,梁八卷。

黃帝甲乙經十二卷

撰人姓名未詳。《隋·經籍志》:《黃帝甲乙經》十卷、音一卷。梁十二卷。

黃帝眾難經注一卷

呂博望撰。《隋·經籍志》注:梁有《黃帝眾難經》一卷,呂博望注。亡。

按,呂博望未詳何代人。

黃帝鍼灸經十二卷

撰人姓名未詳。《隋·經籍志》注:梁有《黃帝鍼灸經》十二卷,亡。

鍼並孔穴蝦蟆圖三卷

徐悅、龍銜素合撰。《隋·經籍志》注:梁有徐悅龍銜素《鍼並孔穴蝦蟆圖》三卷,亡。

按,徐悅及龍銜素皆未詳何代人。《舊唐志》有龍銜素《針經並孔穴蝦蟆圖》三卷,《通志·藝文略》明堂鍼灸類有徐悅、龍銜素《鍼並孔穴蝦蟆圖》三卷。

雜鍼經四卷

撰人姓名未詳。《隋·經籍志》注:梁有《雜鍼經》四卷,亡。

鍼經六卷

宋程天祚撰。《隋·經籍志》注:梁有程天祚《鍼經》六卷,亡。

灸經五卷

宋程天祚撰。《隋·經籍志》注:梁有程天祚《灸經》五卷,亡。

曹氏灸方七卷

曹氏撰。《隋·經籍志》注:梁有《曹氏灸方》七卷,亡。

按,曹氏之名及朝代未詳。

偃側雜鍼灸經三卷

秦承祖撰。《隋·經籍志》注:梁有《偃側雜鍼灸經》三卷,亡。

按,秦承祖未詳何代人。

脈經十四卷

撰人姓名未詳。《隋·經籍志》注:梁有《脈經》十四卷,亡。

脈生死要訣二卷

撰人姓名未詳。《隋·經籍志》注:梁又有《脈生死要訣》二卷,亡。

脈經六卷

黃公興撰。《隋·經籍志》注:梁又有《脈經》六卷,黃公興撰。亡。

按,黃公興未詳何代人。

脈經六卷

秦承祖撰。《隋·經籍志》注:梁又有《脈經》六卷,秦承祖撰。亡。

脈經十卷

康普思撰。《隋·經籍志》注:梁有《脈經》十卷,康普思撰。亡。

按,康普思未詳何代人。

明堂流注六卷

撰人姓名未詳。《隋·經籍志》注:梁有《明堂流注》六卷,亡。

明堂孔穴二卷

撰人姓名未詳。《隋·經籍志》注:梁《明堂孔穴》二卷,亡。

新撰鍼灸穴一卷

撰人姓名未詳。《隋·經籍志》注:梁《新撰鍼灸穴》一卷,亡。

偃側圖八卷

撰人姓名未詳。《隋·經籍志》注:梁有《偃側圖》八卷。

偃側圖二卷

撰人姓名未詳。《隋·經籍志》注:梁有《偃側圖》二卷。

神農本草五卷

撰人姓名未詳。《隋・經籍志》注：梁有《神農本草》五卷，亡。

神農本草屬物二卷

撰人姓名未詳。《隋・經籍志》注：梁有《神農本草屬物》二卷，亡。

神農明堂圖一卷

撰人姓名未詳。《隋・經籍志》注：梁有《神農明堂圖》一卷，亡。

本草七卷

後漢蔡邕撰。《隋・經籍志》注：梁有蔡邕《本草》七卷，亡。

本草六卷

三國魏吳普撰。《隋・經籍志》注：梁有華佗弟子吳普《本草》六卷，亡。

本草九卷

隋費撰。《隋・經籍志》注：梁有隋費《本草》九卷，亡。

按，隋費不詳何人。

本草六卷

秦承祖撰。《隋・經籍志》注：梁有秦承祖《本草》六卷，亡。

本草經三卷

王季璞撰。《隋・經籍志》注：梁有王季璞《本草經》三卷，亡。

按，王季璞未詳何代人。

本草經一卷

三國魏李譡之撰。《隋・經籍志》注：梁有李譡之《本草經》一卷，亡。

按李時珍《本草綱目》序例曰："韓保升《蜀本草》曰'李當之，華佗弟子。'"

本草經鈔一卷

談道術撰。《隋・經籍志》注：梁有談道術《本草經鈔》一卷,亡。

按,談道術未詳何代人。《隋志》醫方家類載徐叔嚮、談道術、
徐悦《體療雜病疾源》三卷。

本草病原合藥要鈔五卷

宋徐叔嚮撰。《隋·經籍志》注：梁有宋大將軍參軍徐叔嚮
《本草病原合藥要鈔》五卷,亡。

體療雜病本草要鈔十卷

宋徐叔嚮等四家撰。《隋·經籍志》注：梁有徐叔嚮等四家
《體療雜病本草要鈔》十卷,亡。

小兒用藥本草鈔二卷

王末撰。《隋·經籍志》注：梁有王末鈔《小兒用藥本草》二
卷,亡。

按,王末未詳何代人。

癰疽耳眼本草要鈔九卷

甘濬之撰。《隋·經籍志》注：梁有甘濬之《癰疽耳眼本草要
鈔》九卷,亡。

按,甘濬之未詳何代人。

本草經一卷

趙贊撰。《隋·經籍志》注：梁有趙贊《本草經》一卷,亡。

按,趙贊未詳何代人。

本草經輕行一卷

撰人姓名未詳。《隋·經籍志》注：梁有《本草經輕行》一
卷,亡。

本草經利用一卷

撰人姓名未詳。《隋·經籍志》注：梁有《本草經利用》一卷,亡。

新集藥録四卷

徐滔撰。《隋·經籍志》注：梁有雲麾將軍徐滔《新集藥録》四

卷,亡。

按,徐滔未詳何代人。

藥録六卷

三國魏李譡之撰。《隋·經籍志》注:梁有李譡之《藥録》六卷,亡。

藥法四十二卷

撰人姓名未詳。《隋·經籍志》注:梁有《藥法》四十二卷,亡。

藥律三卷

撰人姓名未詳。《隋·經籍志》注:梁有《藥律》三卷,亡。

藥性二卷

撰人姓名未詳。《隋·經籍志》注:梁有《藥性》二卷,亡。

藥對二卷

撰人姓名未詳。《隋·經籍志》注:梁有《藥對》二卷,亡。

藥目三卷

撰人姓名未詳。《隋·經籍志》注:梁有《藥目》三卷,亡。

神農采藥經二卷

撰人姓名未詳。《隋·經籍志》注:梁有《神農采藥經》二卷,亡。

黄素藥方二十五卷

撰人姓名未詳。《隋·經籍志》注:梁有《黄素藥方》二十五卷,亡。

按《新唐志》有謝泰《黄素方》二十五卷,又《抱朴子·雜應》篇曰:"余見《崔中書黄素方》。"《隋志》所著録之《黄素藥方》未知是否謝氏或崔氏所撰者。

内事五卷

後漢華佗撰。《隋·經籍志》注:梁有《華佗内事》五卷,亡。

耿奉方六卷

耿奉撰。《隋·經籍志》注:梁又有《耿奉方》六卷,亡。

按,耿奉未詳何代人。

雜藥方四十六卷

撰人姓名未詳。《隋·經籍志》注：梁有《雜藥方》四十六卷,亡。

寒食散湯方二十卷

撰人姓名未詳。《隋·經籍志》注：梁有《寒食散湯方》二十卷,亡。

寒食散方十卷

撰人姓名未詳。《隋·經籍志》注：梁有《寒食散方》一十卷,①亡。

論寒食散方一卷

晋皇甫謐撰。《隋·經籍志》注：梁有皇甫謐《論寒食散方》一卷,亡。

論寒食散方一卷

三國魏曹歙撰。《隋·經籍志》注：梁有曹歙《論寒食散方》一卷,亡。

按,《隋志》"曹歙"當作"曹翕"。《魏志·武文世王公傳》曰："武帝二十五男東平靈王徽正始三年薨,②子翕嗣。"又曰："翕撰《寒食散方》與皇甫謐所撰並行於世。"

解散論二卷

撰人姓名未詳。《梁解散論》二卷。

解寒食散方六卷

宋徐叔嚮撰。《隋·經籍志》注：梁有徐叔嚮《解寒食散方》六卷,亡。

寒食解雜論七卷

宋釋慧義撰。《隋·經籍志》注：梁有釋慧義《寒食解雜論》七

---

① "寒",原作"散",據殿本《隋書·經籍志》改。
② "年",原作"撰",據《百衲本二十四史》影印宋紹熙刊本《三國志·魏書》改。

卷,亡。

按,釋慧義姓梁,北地人,元嘉二十一卒。見梁釋慧皎《高僧傳》。

解散方十三卷

撰人姓名未詳。《隋・經籍志》注:梁有《解散方》十三卷,亡。

解散論十三卷

撰人姓名未詳。《隋・經籍志》注:梁有《解散論》十三卷,亡。

解散消息節度八卷

宋徐叔嚮撰。《隋・經籍志》注:梁有徐叔嚮《解散消息節度》八卷,亡。

解散方七卷

范氏撰。《隋・經籍志》注:梁有范氏《解散方》七卷,亡。

按,范氏之名及朝代未詳。

解釋慧義解散方一卷

撰人姓名未詳。《隋・經籍志》注:梁有《解釋慧義解散方》一卷,亡。

百病膏方十卷

撰人姓名未詳。《隋・經籍志》注:梁有《百病膏方》十卷。

雜湯丸散酒煎薄帖膏湯婦人少小方九卷

撰人姓名未詳。《隋・經籍志》注:梁有《雜湯丸散酒煎薄帖膏湯婦人少小方》九卷。

羊中散雜湯丸散酒方一卷

宋羊欣撰。《隋・經籍志》注:梁有《羊中散雜湯丸散酒方》一卷。

按《宋書・羊欣傳》:欣字敬元,泰山南城人。仕晋。入宋爲新安、義興太守,自免歸。除中散大夫。素好黃老,兼善醫術,撰《藥方》十卷。元嘉九年卒,年七十三。

療下湯丸散方十卷

撰人姓名未詳。《隋·經籍志》注：梁有《療下湯丸散方》十卷。

辨傷寒十卷

後漢張仲景撰。《隋·經籍志》注：梁有張仲景《辨傷寒》十卷,亡。

療傷寒身驗方一卷

撰人姓名未詳。《隋·經籍志》注：梁有《療傷寒身驗方》一卷,亡。

辨傷寒一卷

徐方伯撰。《隋·經籍志》注：梁有徐方伯《辨傷寒》一卷,亡。按,徐方伯未詳何代人。《通志·藝文略》作徐文伯。

傷寒總要二卷

撰人姓名未詳。《隋·經籍志》注：梁有《傷寒總要》二卷,亡。

申蘇方五卷

東晉支法存撰。《隋·經籍志》注：梁有支法存《申蘇方》五卷,亡。

按《太平御覽》方術部《千金方》序曰："沙門支法存,嶺表人。性敦方藥。自永嘉南渡,士大夫不習水土,多患腳弱,惟法存能拯濟之。"

論病六卷

晉王叔和撰。《隋·經籍志》注：梁有王叔和《論病》六卷,亡。

評病要方一卷

後漢張仲景撰。《隋·經籍志》注：梁有張仲景《評病要方》一卷,亡。

體療雜病疾源三卷

撰錄人姓名未詳。《隋·經籍志》注：梁有徐叔嚮、談道術、徐悦《體療雜病疾源》三卷，[①]亡。

按，此蓋合三家之書爲一帙者。徐叔嚮爲宋代人，談道術及徐悦未詳何代人。

癰疽部黨雜病疾源三卷

甘濬之撰。《隋·經籍志》注：梁有甘濬之《癰疽部黨雜病疾源》三卷，亡。

府藏要三卷

撰人姓名未詳。《隋·經籍志》注：梁有《府藏要》三卷，亡。

肘後方二卷

東晋葛洪撰。《隋·經籍志》：《肘後方》六卷，葛洪撰。梁二卷。

范陽東方一百七十六卷

東晋范汪撰。《隋·經籍志》：《范陽東方》一百五卷、録一卷，范汪撰。梁一百七十六卷。

按，《隋志》"范陽東"疑當作"范東陽"。《新唐志》有尹穆纂《范東陽雜藥方》一百七十卷，注云：范汪。

阮河南藥方十六卷

三國魏阮文叔撰。《隋·經籍志》注：梁又有《阮河南藥方》十六卷，阮文叔撰。亡。

藥方三十卷

齊釋僧深撰。《隋·經籍志》注：梁又有釋僧深《藥方》三十卷，亡。

按《太平御覽》方術部《千金方》序曰："僧深，齊宋間道人。善療脚弱氣之疾。撰録法存等諸家醫方三十餘卷，經用多效，時人號曰深師方焉。"

----

① "疾"，原作"病"，據殿本《隋書·經籍志》改。

孔中郎雜藥方二十卷

東晋孔汪撰。《隋·經籍志》注：梁又有《孔中郎雜藥方》二十九卷,亡。

按曲阜汪繼汾《孔氏著述考》曰："二十六代孫晋都督交廣二州諸軍事、廣州刺史汪,有《雜藥方》二十九卷。"

宋建平王典術一百二十卷

撰人姓名未詳。《隋·經籍志》注：梁又有《宋建平王典術》一百二十卷,亡。

按《宋書·百官志》,王國置典醫丞、典府丞各一人,此蓋建平王國典醫丞所作,名其書曰《典術》。

羊中散藥方三十卷

宋羊欣撰。《隋·經籍志》注：梁又有《羊中散藥方》三十卷,羊欣撰。亡。

褚澄雜藥方二十卷

齊褚澄撰。《隋·經籍志》注：梁又有《褚澄雜藥方》二十卷,齊吴郡太守褚澄撰。亡。

藥方二十八卷

陽昞撰。《隋·經籍志》注：梁有《陽昞藥方》二十八卷,亡。

夏侯氏藥方七卷

夏侯氏撰。《隋·經籍志》注：梁有《夏侯氏藥方》七卷,[①]亡。

按,夏侯氏之名及朝代未詳。

藥方一卷

王季琰撰。《隋·經籍志》注：梁有王季琰《藥方》一卷,亡。

雜療方二十一卷

宋徐叔嚮撰。《隋·經籍志》注：梁有徐叔嚮《雜療方》二十一卷,亡。

---

① "七",原脱,據殿本《隋書·經籍志》補。

雜病方六卷

宋徐叔嚮撰。《隋·經籍志》注：梁有徐叔嚮《雜病方》六卷，亡。

藥方一卷

三國魏李譡之撰。《隋·經籍志》注：梁有李譡之《藥方》一卷，亡。

藥方二卷

齊徐文伯撰。《隋·經籍志》注：梁有徐文伯《藥方》二卷，亡。

治卒病方一卷

撰人姓名未詳。《隋·經籍志》注：梁有《治卒病方》一卷，亡。

遼東備急方三卷

撰人姓名未詳。《隋·經籍志》注：梁有《遼東備急方》三卷，都尉臣廣上。亡。

殷荆州要方一卷

東晉殷仲堪撰。《隋·經籍志》注：梁有《殷荆州要方》一卷，殷仲堪撰。亡。

俞氏療小兒方四卷

俞氏撰。《隋·經籍志》注：梁有《俞氏療小兒方》四卷，亡。

范氏療婦人藥方十一卷

范氏撰。《隋·經籍志》注：梁有《范氏療婦人藥方》十一卷，亡。

按，范氏之名及朝代未詳。

療少小百病雜方三十七卷

宋徐叔嚮撰。《隋·經籍志》注：梁有徐叔嚮《療少小百病雜方》三十七卷，亡。

療少小雜方二十卷

撰人姓名未詳。《隋·經籍志》注：梁有《療少小雜方》二十卷,亡。

范氏療小兒藥方一卷

范氏撰。《隋·經籍志》注:梁有《范氏療小兒藥方》一卷,亡。

按,范氏之名及朝代未詳。

療小兒雜方十七卷

王末撰。《隋·經籍志》注:梁有王末《療小兒雜方》十七卷,亡。

按,王末未詳何代人。

落年方三卷

宋徐嗣伯撰。《隋·經籍志》注:梁有徐嗣伯《落年方》三卷,亡。

療腳弱雜方八卷

宋徐叔嚮撰。《隋·經籍志》注:梁有徐叔嚮《療腳弱雜方》八卷,亡。

辨腳弱方一卷

徐方伯撰。《隋·經籍志》注:梁有徐方伯《辨腳弱方》一卷,亡。

療癰疽金創要方十四卷

甘濬之撰。《隋·經籍志》注:梁有甘濬之《療癰疽金創要方》十四卷,亡。

療癰疽毒惋雜病方三卷

甘濬之撰。《隋·經籍志》注:梁有甘濬之《療癰疽毒惋雜病方》三卷,亡。

療癰疽金創方十五卷

甘伯齊撰。《隋·經籍志》注:梁有甘伯齊《療癰疽金創方》十五卷,亡。

按,甘伯齊未詳何代人。

療目方五卷

撰人姓名未詳。《隋·經籍志》注：梁又有《療目方》五卷，亡。

療耳眼方十四卷

甘濬之撰。《隋·經籍志》注：梁又有甘濬之《療耳眼方》十四卷，亡。

神枕方一卷

撰人姓名未詳。《隋·經籍志》注：梁又有《神枕方》一卷，亡。按《隋志》醫方家類有《墨子枕內五行紀要》一卷，注曰：梁有《神枕方》一卷，疑此即是。

雜戎狄方一卷

宋武帝撰。《隋·經籍志》注：梁又有《雜戎狄方》一卷，宋武帝撰。亡。

摩訶出胡國方十卷

摩訶胡沙門撰。《隋·經籍志》注：梁又有《摩訶出國方》十卷，摩訶胡沙門撰。亡。按，摩訶胡沙門未詳何代人。

上香方一卷

宋范曄撰。《隋·經籍志》注：梁又有范曄《上香方》一卷，亡。

雜香膏方一卷

撰人姓名未詳。《隋·經籍志》注：梁又有《雜香膏方》一卷，亡。

仙人水玉酒經一卷

撰人姓名未詳。《隋·經志》注：梁有《仙人水玉酒經》一卷。

食經二卷

撰人姓名未詳。《隋·經籍志》注：梁有《食經》二卷，亡。

食經十九卷

撰人姓名未詳。《隋·經籍志》注：梁又有《食經》十九卷，亡。

劉休食方一卷

　　齊劉休撰。《隋·籍志》注：梁有《劉休食方》一卷，齊冠軍將軍劉休撰。亡。

黃帝雜飲食忌二卷

　　撰人姓名未詳。《隋·經籍志》注：梁有《黃帝雜飲食忌》二卷，亡。

食法雜酒食要方白酒並作物法十二卷

　　撰人姓名未詳。《隋·經籍志》注：梁有《食法雜酒食要方白酒並作物法》十二卷，亡。

家政方十二卷

　　撰人姓名未詳。《隋·經籍志》注：梁有《家政方》十二卷，亡。

食圖一卷

　　撰人姓名未詳。《隋·經籍志》注：梁有《食圖》一卷，亡。

四時酒要方一卷

　　撰人姓名未詳。《隋·經籍志》注：梁有《四時酒要方》一卷，亡。

白酒方一卷

　　撰人姓名未詳。《隋·經籍志》注：梁有《白酒方》一卷，亡。

七日麪酒法一卷

　　撰人姓名未詳。《隋·經籍志》注：梁有《七日麪酒法》一卷，亡。

雜酒食要法一卷

　　撰人姓名未詳。《隋·經籍志》注：梁有《雜酒食要法》一卷，亡。

雜藏釀法一卷

　　撰人姓名未詳。《隋·經籍志》注：梁有《雜藏釀法》一卷，亡。

雜酒食要法一卷

　　撰人姓名未詳。《隋·經籍志》注：梁有《雜酒食要法》一卷,亡。

酒並飲食方一卷

撰人姓名未詳。《隋·經籍志》注：梁有《酒並飲食方》一卷,亡。

鮓及鱠蟹方一卷

撰人姓名未詳。《隋·經籍志》注：梁有《鮓及鱠蟹方》一卷,亡。

羹臛法一卷

撰人姓名未詳。《隋·經籍志》注：梁有《羹臛法》一卷,亡。

鯉腜朐法一卷

撰人姓名未詳。《隋·經籍志》注：梁有《鯉腜朐法》一卷,亡。

北方生醬法一卷

撰人姓名未詳。《隋·經籍志》注：梁有《北方生醬法》一卷,亡。

伯樂療馬經一卷

春秋伯樂撰。《隋·經籍志》：《療馬方》一卷。注曰：梁有《伯樂療馬經》一卷,疑與此同。

坐右方十卷

武帝撰。見《唐書·藝文志》。《隋·經籍志》未收。

如意方

簡文帝撰。見《南史》本紀。《隋·經籍志》：《如意方》十卷。不著撰人。

按《新唐志》有梁武帝《如意方》十卷,據《南史·簡文紀》則此書當為簡文帝所撰。

本草十卷

陶弘景撰。《隋·經籍志》注：梁有陶隱居《本草》十卷,亡。

按《隋志》"陶隱居"即"陶弘景"。《南史·弘景傳》曰："永明

十年,上表辭禄,止於句容之句曲山,自號華陽陶隱居,人間
書札即以隱居代名。"

本草集注

陶弘景撰。見《南史》本傳。《隋·經籍志》注:梁有陶弘景
《本草經集注》七卷,亡。

太清草木集要二卷

陶弘景撰。《隋·經籍志》:《太清草木集要》二卷,陶隱居撰。
按舊、新《唐志》皆有陶弘景《太清諸草木方集要》三卷。

肘後百一方

陶弘景撰。見《南史》本傳。《隋·經籍志》注:陶弘景補闕
《肘後百一方》九卷,亡。

效驗方

陶弘景撰,見《南史》本傳。《隋·經籍志》注:陶氏《效驗方》
六卷。有姓無名。

玉匱記

陶弘景撰。見《南史》本傳。《隋·經籍志》未收。

名醫別録三卷

陶弘景撰。《隋·經籍志》:《名醫別録》三卷,陶氏撰。有姓
無名。
按李時珍《本草綱目》序例曰:"《神農本草》三百六十五種,陶
弘景德增漢魏以下名醫所用藥三百六十五種,謂之《名醫別録》。"

練化雜術一卷

陶弘景撰。《隋·經籍志》:《練化雜術》一卷,陶隱居撰。

太清諸丹集要四卷

陶弘景撰。《隋·經籍志》:《太清諸丹集要》四卷,陶隱居撰。

占候合丹法式

陶弘景撰。見《南史》本傳。《隋·經籍志》:《合丹節度》四

卷。陶隱居撰。

服餌方三卷

陶弘景撰。《隋・經籍志》:《服餌方》三卷,陶隱居撰。

道引圖三卷

陶弘景撰。見《通志・藝文略》道家道引類。《隋・經籍志》:
《道引圖》三卷。注曰:立一、坐一、臥一。

按《晁氏讀書後志》載《道引養生圖》一卷,梁陶弘景撰。

徐奘要方一卷

徐奘撰。《隋・經籍志》注:梁有《徐奘要方》一卷,無錫令徐
奘撰。亡。

按《梁書・沈約傳》口:"高祖遣上省醫徐奘視約疾。"

療百病雜丸方三卷

釋曇鸞撰。見《隋・經籍志》。

按《陶隱居集》有《答釋曇鸞書》。

論氣治療方一卷

釋曇鸞撰。見《隋・經籍志》。

梁武帝所服雜藥方一卷

撰人姓名未詳。見《隋・經籍志》。

太官食經五卷

撰人姓名未詳。《隋・經籍志》注:梁有《太官食經》五卷,亡。
按《通志・藝文略》有《梁太官食經》五卷,以此書屬之梁代。
今從之。

太官食法三十卷

撰人姓名未詳。《隋・經籍志》注:梁有《太官食法》三十
卷,亡。
按《通志・藝文略》有《梁太官食法》三十卷,以此書屬之梁
代。今從之。

右醫方家類一百五十二部。前代或不詳朝代者。所著而《隋志》注明"梁有"者一百三十二部，梁人所著者二十部；《隋志》著錄者一百五十部，其中尚存者十二部，殘缺者二部，亡佚者一百三十六部。未收者二部；梁人所著見於《梁書》或《南史》者六部，未見者十四部。

凡子部十四類六百六十一部。前代或不詳朝代者。所著而《隋志》注明"梁有"者五百四十五部，梁人所著者一百一十五部；《隋志》著錄者六百一十六部，其中尚存者五十三部，殘缺者三十七部，亡佚者五百二十六部。未收者四十四部；梁人所著見於《梁書》或《南史》者五十九部，未見者五十六部。

集部

楚辭類

楚辭注十一卷

後漢王逸撰。宋何偃删。《隋·經籍志》注：梁有《楚辭》十一卷，宋何偃删王逸注。亡。

楚辭草木疏一卷

劉杳撰。見本傳，《南史》同。《隋·經籍志》：《離騷草木疏》二卷，劉杳撰。

按，舊、新《唐志》皆有劉杳《離騷草木蟲魚疏》二卷。

右楚辭類二部。皆著録於《隋志》。尚存者一部，[①]亡佚者一部。前代所著而《隋志》注明"梁有"者一部，梁人所著者見於《梁書》。一部。

別集類

荀況集二卷

戰國荀況撰。《隋·經籍志》：《楚蘭陵令荀況集》一卷，殘缺。梁二卷。

漢武帝集二卷

漢武帝撰。《隋·經籍志》：《漢武帝集》一卷，梁二卷。

漢淮南王集二卷

漢劉安撰。《隋·經籍志》：《漢淮南王集》一卷，梁二卷。

---

① "部"，原作"面"，據上下文意改。

賈誼集四卷

漢賈誼撰。《隋·經籍志》注：梁又有《賈誼集》四卷,亡。

晁錯集三卷

漢晁錯撰。《隋·經籍志》注：梁又有《晁錯集》三卷,亡。

枚乘集二卷　録一卷

漢枚乘撰。《隋·經籍志》注：梁又有《漢弘農都尉枚乘集》二卷、録一卷,亡。

吾丘壽王集二卷

漢吾丘壽王撰。《隋·經籍志》注：梁有《漢光禄大夫吾丘壽王集》二卷,亡。

董仲舒集二卷

漢董仲舒撰。《隋·經籍志》：《漢膠西相董仲舒集》一卷,梁二卷。

孔臧集二卷

漢孔臧撰。《隋·經籍志》注：梁又有《漢太常孔臧集》二卷,亡。

魏相集二卷　録一卷

漢魏相撰。《隋·經籍志》注：梁有《漢丞相魏相集》二卷、録一卷,亡。

張敞集一卷　録一卷

漢張敞撰。《隋·經籍志》注：梁有《漢左馮翊張敞集》一卷、録一卷,亡。

陳湯集二卷

漢陳湯撰。《隋·經籍志》注：梁有《漢射聲校尉陳湯集》二卷,亡。

韋玄成集

漢韋玄成撰。《隋·經籍志》注：梁有《漢丞相韋玄成集》二卷,亡。

杜鄴集二卷

漢杜鄴撰。《隋·經籍志》注：梁有《漢涼州刺史杜鄴集》二卷,亡。

李尋集二卷

漢李尋撰。《隋·經籍志》注：梁有《漢騎都尉李尋集》二卷,亡。

師丹集三卷　錄一卷

漢師丹撰。《隋·經籍志》:《漢司空師丹集》一卷,梁三卷、錄一卷。

班昭集三卷

漢班昭撰。《隋·經籍志》注：梁有《班昭集》三卷,亡。

崔篆集一卷

新崔篆撰。《隋·經籍志》注：梁有《王莽建新大尹崔篆集》一卷,亡。

唐林集

新唐林撰。《隋·經籍志》注：梁有《保成師友唐林集》一卷,亡。

史岑集二卷

新史岑撰。《隋·經籍志》注：梁有《中謁者史岑集》二卷,亡。

後漢東平王蒼集五卷

後漢劉蒼撰。《隋·經籍志》注：梁有《後漢東平王蒼集》五卷,亡。

桓譚集五卷

後漢桓譚撰。《隋·經籍志》注：梁有《桓譚集》五卷,亡。

班彪集五卷

後漢班彪撰。《隋·經籍志》:《後漢徐令班彪集》二卷,梁五卷,亡。

陳元集一卷

後漢陳元撰。《隋·經籍志》注：梁又有《司徒掾陳元集》一
卷,亡。

王隆集二卷

後漢王隆撰。《隋·經籍志》注：梁又有《王隆集》二卷,亡。

朱勃集二卷

後漢朱勃撰。《隋·經籍志》注：梁又有《雲陽令朱勃集》二
卷,亡。

梁鴻集二卷

後漢梁鴻撰。《隋·經籍志》注：梁又有《後漢處士梁鴻集》二
卷,亡。

傅毅集五卷

後漢傅毅撰。《隋·經籍志》：《後漢車騎司馬傅毅集》二卷,
梁五卷。

黃香集二卷

後漢黃香撰。《隋·經籍志》注：梁有《魏郡太守黃香集》二
卷,亡。

賈逵集二卷

後漢賈逵撰。《隋·經籍志》：《後漢侍中賈逵集》一卷,梁
二卷。

劉騊騄集二卷　録一卷

後漢劉騊騄撰。《隋·經籍志》：《後漢校書郎劉騊騄集》一
卷,梁二卷,録一卷。

李尤集五卷

後漢李尤撰。《隋·經籍志》注：梁又有《樂安相李尤集》五

卷,亡。

寶章集二卷

　　後漢寶章撰。《隋·經籍志》注：梁又有《大鴻臚寶章集》二卷,亡。

崔瑗集五卷

　　後漢崔瑗撰。《隋·經籍志》：《後漢濟北相崔瑗集》六卷,梁五卷。

張衡集十四卷　一本十二卷。

　　後漢張衡撰。《隋·經籍志》：《後漢河間張衡集》十一卷,梁十二卷,又一本十四卷。

　　按《隋志》"河間"下當敓"相"字。

蘇順集二卷　錄二卷

　　後漢蘇順撰。《隋·經籍志》注：梁又有《郎中藉順集》二卷、錄二卷,亡。

　　按,《隋志》"藉順"當作"蘇順"。《後漢書·蘇順傳》曰："拜郎中,卒於官。所著賦論誄哀辭雜文凡十六篇。"

胡廣集二卷　錄一卷

　　後漢胡廣撰。《隋·經籍志》注：梁又有《後漢太傅胡廣集》二卷、錄一卷,亡。

葛龍集七卷　一本五卷。

　　後漢葛龍撰。《隋·經籍志》：《後漢黃門郎葛龍集》六卷,梁五卷,一本七卷。

李固集十卷

　　後漢李固撰。《隋·經籍志》：《後漢司空李固集》十二卷,梁十卷。

高彪集二卷　録一卷

後漢高彪撰。《隋·經籍志》：梁有《外黄令高彪集》二卷、録一卷，亡。

王逸集二卷　録一卷

後漢王逸撰。《隋·經籍志》注：梁有《王逸集》二卷、録一卷，亡。

桓鱗集二卷　録一卷

後漢桓鱗撰。《隋·經籍志》注：梁有《司徒掾桓鱗集》二卷、録一卷，亡。

按，《隋志》"桓鱗"疑當作"桓麟"。據《後漢書·桓榮傳》，榮玄孫郴，郴父麟，字元鳳。早有才惠。嚴氏《全後漢文編》云：桓榮少子郁，郁孫麟，辟司徒掾，爲議郎、許令。以母喪哀毁卒，有集二卷。

崔琦集二卷

後漢崔琦撰。《隋·經籍志》：《後漢徵士崔琦集》一卷，梁二卷。

郦炎集二卷　録二卷

後漢郦炎撰。《隋·經籍志》注：梁又有《郦炎集》二卷、録二卷，亡。

邊韶集一卷　録一卷

後漢邊韶撰。《隋·經籍志》注：梁又有《陳相邊韶集》一卷、録一卷，亡。

朱穆集二卷　録一卷

後漢朱穆撰。《隋·經籍志》注：梁又有《益州刺史朱穆集》二卷，録一卷，亡。

延篤集二卷　録一卷

後漢延篤撰。《隋·經籍志》：《後漢京兆尹延篤集》一卷，梁二卷，録一卷。

皇甫規集五卷

後漢皇甫規撰。《隋·經籍志》注：梁又有《司農卿皇甫規集》五卷，亡。

張奐集二卷　録一卷

後漢張奐撰。《隋·經籍志》注：梁又有《太常卿張奐集》二卷、録一卷，亡。

王延壽集三卷

後漢王延壽撰。《隋·經籍志》注：梁又有《王延壽集》三卷，亡。

崔寔集二卷　録一卷

後漢崔寔撰。《隋·經籍志》注：梁又有《五原太守崔寔集》二卷、録一卷，亡。

趙壹集二卷　録一卷

後漢趙壹撰。《隋·經籍志》注：梁又有《上計趙壹集》二卷、録一卷，亡。

劉陶集二卷

後漢劉陶撰。《隋·經籍志》：《後漢諫議大夫劉陶集》三卷，梁二卷。

張升集二卷　録一卷

後漢張升撰。《隋·經籍志》注：梁又有《外黃令張升集》二卷、録一卷，亡。

侯瑾集二卷

後漢侯瑾撰。《隋·經籍志》注：梁又有《侯瑾集》二卷，亡。

盧植集二卷

後漢盧植撰。《隋·經籍志》注：梁又有《盧植集》二卷，亡。

廉品集二卷

後漢廉品撰。《隋·經籍志》注：梁又有《議君廉品集》二卷,亡。

荀爽集三卷　録一卷

後漢荀爽撰。《隋·經籍志》:《後漢司直荀爽集》一卷,梁三卷、録一卷。

劉梁集三卷

後漢劉梁撰。《隋·經籍志》:《後漢野王令劉梁集》三卷。梁二卷、録一卷,亡。

鄭玄集二卷　録一卷

後漢鄭玄撰。《隋·經籍志》注:梁又有《鄭玄集》二卷、録一卷,亡。

蔡邕集二十卷

後漢蔡邕撰。《隋·經籍志》:《後漢左中郎將蔡邕集》十二卷。梁有二十卷、録一卷。

士孫瑞集二卷

後漢士孫瑞撰。《隋·經籍志》注:梁又有《尚書令士孫瑞集》二卷,亡。

應劭集四卷

後漢應劭撰。《隋·經籍志》:《後漢泰山太守應劭集》二卷,梁四卷。

張超集五卷

後漢張超撰。《隋·經籍志》注:梁又有《別部司馬張超集》五卷,亡。

孔融集十卷　録一卷

後漢孔融撰。《隋·經籍志》:《後漢少府孔融集》九卷,梁十卷、録一卷。

虞翻集三卷　録一卷

後漢虞翻撰。《隋·經籍志》:《後漢侍御史虞翻集》二卷,梁三卷、録一卷。

張紘集二卷　録一卷

後漢張紘撰。《隋・經籍志》：《後漢討虜長史張紘集》一卷，梁二卷、録一卷。

禰衡集二卷　録一卷

後漢禰衡撰。《隋・經籍志》注：梁有《後漢處士禰衡集》二卷、録一卷，亡。

潘勗集二卷　録一卷

後漢潘勗撰。《隋・經籍志》：《後漢尚書右丞潘勗集》二卷。梁有録一卷，亡。

阮瑀集五卷　録一卷

後漢阮瑀撰。《隋・經籍志》：《後漢丞相倉曹屬阮瑀集》五卷。梁有録一卷，亡。

徐幹集五卷　録一卷

三國魏徐幹撰。《隋・經籍志》：《魏太子文學徐幹集》五卷。梁有録一卷，亡。

應瑒集五卷

三國魏應瑒撰。《隋・經籍志》：《魏太子文學應瑒集》一卷。梁有五卷、録一卷，亡。

陳琳集十卷　録一卷

後漢陳琳撰。《隋・經籍志》：《後漢丞相軍謀掾陳琳集》三卷，梁十卷、録一卷。

繁欽集十卷　録一卷

後漢繁欽撰。《隋・經籍志》：《後漢丞相主簿繁欽集》十卷。梁録一卷，亡。

楊修集二卷　録一卷

後漢楊修撰。《隋・經籍志》：《後漢丞相主簿楊修集》一卷。

梁二卷、録一卷。

路粹集二卷　録一卷

後漢路粹撰。《隋·經籍志》注：梁有《魏國郎中令路粹集》二卷、録一卷，亡。

袁渙集五卷　録一卷

後漢袁渙撰。《隋·經籍志》注：梁有《行御史大夫袁渙集》五卷、録一卷，亡。

王修集二卷

後漢王修撰。《隋·經籍志》注：梁有《魏國奉常王修集》二卷，亡。

丁儀集二卷　録一卷

後漢丁儀撰。《隋·經籍志》：《後漢尚書丁儀集》一卷，梁二卷、録一卷。

丁廙集二卷　録一卷

後漢丁廙撰。《隋·經籍志》：《後漢黄門郎丁廙集》一卷，梁二卷、録一卷。

徐淑集一卷

後漢徐淑撰。《隋·經籍志》注：梁又有《婦人後漢黄門郎秦嘉妻徐淑集》一卷，亡。

蔡文姬集一卷

後漢蔡文姬撰。《隋·經籍志》注：梁又有《後漢董祀妻蔡文姬集》一卷，亡。

孔氏集一卷

後漢孔氏撰。《隋·經籍志》注：梁又有《傅石甫妻孔氏集》一卷，亡。

按，孔氏之名未詳。

魏武帝集三十卷　録一卷

三國魏武帝撰。《隋·經籍志》:《魏武帝集》二十六卷,梁三十卷、録一卷。

武皇帝逸集十卷

三國魏武帝撰。《隋·經籍志》注:梁又有《武皇帝逸集》十卷,亡。

魏文帝集二十三卷

三國魏文帝撰。《隋·經籍志》:《魏文帝集》十卷,梁二十三卷。

魏明帝集九卷　録一卷　一本五卷。

三國魏明帝撰。《隋·經籍志》:《魏明帝集》七卷,梁五卷,或九卷。録一卷。

高貴鄉公集四卷

三國魏曹髦撰。《隋·經籍志》注:梁又有《高貴鄉公集》四卷,亡。

華歆集二卷

三國魏華歆撰。《隋·經籍志》注:梁又有《司徒華歆集》二卷,亡。

王朗集三十卷

三國魏王朗撰。《隋·經籍志》:《魏司徒王朗集》三十四卷,梁三十卷。

陳群集五卷

三國魏陳群撰。《隋·經籍志》注:梁又有《司徒陳群集》五卷,亡。

邯鄲淳二卷　録一卷

三國魏邯鄲淳撰。《隋·經籍志》:《魏給事中邯鄲淳集》二卷。梁有録一卷,亡。

劉廙集二卷

三國魏劉廙撰。《隋·經籍志》注：梁又有《劉廙集》二卷,亡。

吳質集五卷

三國魏吳質撰。《隋·經籍志》注：梁又有《侍中吳質集》五卷,亡。

孟達集三卷

三國魏孟達撰。《隋·經籍志》注：梁有《新城太守孟達集》三卷,亡。

管寧集三卷　録一卷

三國魏管寧撰。《隋·經籍志》注：梁有《魏徵士管寧集》三卷、録一卷,亡。

高堂隆集十卷　録一卷

三國魏高堂隆撰。《隋·經籍志》：《魏光禄勛高堂隆》六卷,梁十卷、録一卷,亡。

按《隋志》"高堂隆"下敓"集"字。

劉邵集二卷　録一卷

三國魏劉邵撰。《隋·經籍志》注：梁又有《光禄勛劉邵集》二卷、魏一卷,亡。

按,《隋志》"魏一卷"當作"録一卷"。

繆襲集五卷　録一卷

三國魏繆襲撰。《隋·經籍志》《魏散騎常侍繆襲集》五卷。梁有録一卷,亡。

王象集一卷

三國魏王象撰。《隋·經籍志》注：梁又有《散騎常侍王象集》一卷,亡。

韋誕集三卷　録一卷

三國魏韋誕撰。《隋·經籍志》注：梁又有《光禄大夫韋誕集》三卷，録一卷，亡。

麋元集五卷

三國魏麋元撰。《隋·經籍志》注：梁又有《散騎常侍麋元集》五卷，亡。

卞蘭集二卷　録一卷

三國魏卞蘭撰。《隋·經籍志》注：梁又有《游擊將軍卞蘭集》二卷、録一卷，亡。

李康集二卷　録一卷

三國魏李康撰。《隋·經籍志》注：梁又有《隰陽侯李康集》二卷、録一卷，亡。

孫該集二卷　録一卷

三國魏孫該撰。《隋·經籍志》注：梁又有《陳郡太守孫該集》二卷、録一卷，亡。

傅巽集二卷　録一卷

三國魏傅巽撰。《隋·經籍志》注：梁又有《尚書傅巽集》二卷、録一卷，亡。

殷褒集二卷

三國魏殷褒撰。《隋·經籍志》：《魏章武太守殷褒集》一卷，梁二卷。

王昶集五卷　録一卷

三國魏王昶撰。《隋·經籍志》：《魏司空王昶集》五卷，梁有録一卷。

王肅集五卷　録一卷

三國魏王肅撰。《隋·經籍志》：《魏衛將軍王肅集》五卷，梁有録一卷。

桓範集二卷

三國魏桓範撰。《隋·經籍志》注：梁又有《桓範集》二卷，亡。

曹羲集五卷　録一卷

三國魏曹羲撰。《隋·經籍志》注：梁又有《中領軍曹羲集》五卷，録一卷，亡。

何晏集十卷　録一卷

三國魏何晏撰。《隋·經籍志》：《魏尚書何晏集》十一卷，梁十卷、録一卷。

應璩集十卷　録一卷

三國魏應璩撰。《隋·經籍志》：《魏衛尉卿應璩集》十卷，梁有録一卷。

王弼集五卷　録一卷

三國魏王弼撰。《隋·經籍志》注：梁又有《王弼集》五卷、録一卷，亡。

劉階集二卷

三國魏劉階撰。《隋·經籍志》注：梁又有《中書令劉階集》二卷，亡。

傅嘏集二卷　録一卷

三國魏傅嘏撰。《隋·經籍志》注：梁又有《太常卿傅嘏集》二卷、録一卷，亡。

夏侯惠集二卷　録一卷

三國魏夏侯惠撰。《隋·經籍志》注：梁有《樂安太守夏侯惠集》二卷、録一卷，亡。

毌丘儉集二卷　録一卷

三國魏毌丘儉撰。《隋·經籍志》注：梁有《毌丘儉集》二卷、録一卷，亡。

江奉集二卷

三國魏江奉撰。《隋・經籍志》注：梁有《征東軍司馬江奉集》二卷，亡。

鍾毓集五卷　録一卷

三國魏鍾毓撰。《隋・經籍志》注：梁有《車騎將軍鍾毓集》五卷、録一卷，亡。

阮籍集十三卷　録一卷

三國魏阮籍撰。《隋・經籍志》：《魏步兵校尉阮籍集》十卷，梁十三卷、録一卷。

嵇康集十五卷　録一卷

三國魏嵇康撰。《隋・經籍志》：《魏中散大夫嵇康集》十二卷，梁十五卷、録一卷。

吕安集二卷　録一卷

三國魏吕安撰。《隋・經籍志》注：梁又有《魏徵士吕安集》二卷、録一卷，亡。

鍾會集十卷　録一卷

三國魏鍾會撰。《隋・經籍志》：《魏司徒鍾會集》九卷，梁十卷、録一卷。

程曉集二卷　録一卷

三國魏程曉撰。《隋・經籍志》：《魏汝南太守程曉集》二卷，梁録一卷。

諸葛亮集二十四卷

三國蜀諸葛亮撰。《隋・經籍志》：《蜀丞相諸葛亮集》二十五卷，梁二十四卷。

許靖集二卷　録一卷

三國蜀許靖撰。《隋・經籍志》注：梁又有《蜀司徒許靖集》二卷、録一卷，亡。

夏侯霸集二卷

　　三國蜀夏侯霸撰。《隋‧經籍志》注：梁又有《蜀征北將軍夏侯霸集》二卷，亡。

士燮集五卷

　　三國吳士燮撰。《隋‧經籍志》注：梁有《士燮集》五卷，亡。

駱統集十卷　録一卷

　　三國吳駱統撰。《隋‧經籍志》：《吳偏將軍駱統集》十卷，梁有録一卷。

薛綜集三卷　録一卷

　　三國吳薛綜撰。《隋‧經籍志》注：梁又有《太子少傅薛綜集》三卷、録一卷，亡。

暨豔集三卷　録一卷

　　三國吳暨豔撰。《隋‧經籍志》：《吳選曹尚書暨豔集》二卷，梁三卷、録一卷。

姚信集二卷　録一卷

　　三國吳姚信撰。《隋‧經籍志》注：梁又有《姚信集》二卷、録一卷，亡。

謝承集四卷

　　三國吳謝承撰。《隋‧經籍志》注：梁又有《謝承集》四卷，今亡。

楊厚集二卷　録一卷

　　三國吳楊厚撰。《隋‧經籍志》：《吳人楊厚集》二卷，梁又有録一卷。

陸凱集五卷　録一卷

　　三國吳陸凱撰。《隋‧經籍志》：《吳丞相陸凱集》五卷，梁有録一卷。

胡綜集二卷　録一卷

　　三國吳胡綜撰。《隋‧經籍志》：《吳侍中胡綜集》二卷，梁有録一卷。

華嚴集五卷　録一卷

三國吳華嚴撰。《隋·經籍志》注：梁又有《東觀令華嚴集》五卷、録一卷，亡。

張儼集二卷　録一卷

三國吳張儼撰。《隋·經籍志》：《吳侍中張儼集》一卷，梁二卷。録一卷。

韋昭集二卷　録一卷

三國吳韋昭撰。《隋·經籍志》注：梁又有《韋昭集》二卷，録一卷，亡。

紀騭集三卷　録一卷

三國吳紀騭撰。《隋·經籍志》：《吳中書令紀騭集》三卷，梁有録一卷。

陸景集一卷

三國吳陸景撰。《隋·經籍志》注：梁又有《陸景集》一卷，亡。

晉宣帝集五卷　録一卷

晉宣帝撰。《隋·經籍志》：《晉宣帝集》五卷，梁有録一卷。

齊王攸集三卷

晉司馬攸撰。《隋·經籍志》：《齊王攸集》二卷，梁三卷。

鄭袤集二卷

晉鄭袤撰。《隋·經籍志》注：梁有《鄭袤集》二卷，亡。

嵇喜集二卷　録一卷

晉嵇喜撰。《隋·經籍志》：《晉宗正嵇喜集》一卷，殘缺。梁二卷、録一卷。

應貞集五卷

晉應貞撰。《隋·經籍志》：《晉散騎常侍應貞集》一卷，梁五卷。

傅玄集五十卷　錄一卷

晋傅玄撰。《隋·經籍志》:《晋司隷校尉傅玄集》十五卷,梁五十卷、錄一卷,亡。

成公綏集十卷

晋成公綏撰。《隋·經籍志》:《晋著作郎成公綏》集九卷,殘缺。梁十卷。

裴秀集三卷　錄一卷

晋裴秀撰。《隋·經籍志》注:梁又有《裴秀集》三卷、錄一卷,亡。

何楨集五卷

晋何楨撰。《隋·經籍志》:《晋金紫光禄大夫何禎集》一卷,梁五卷。

按,《隋志》"何禎"當作"何楨"。舊、新《唐志》皆有《何楨集》五卷。嚴可均氏《全晋文編》曰:"何楨字元幹,廬江潛人。魏太和中爲揚州別駕,正始中爲弘農太守,歷幽州刺史,拜廷尉,入晋爲尚書光禄大夫,有集五卷。

袁準集二卷　錄一卷

晋袁準撰。《隋·經籍志》注:梁又有《袁準集》二卷、錄一卷,亡。

山濤集十卷　一本五卷錄一卷。

晋山濤撰。齊裴津注。《隋·經籍志》:《晋少傅山濤集》九卷,梁五卷、錄一卷,又一本十卷。齊奉朝請裴津注。

向秀集二卷　錄一卷

晋向秀撰。《隋·經籍志》注:梁又有《向秀集》二卷、錄一卷,亡。

阮種集二卷　錄一卷

晋阮種撰。《隋·經籍志》注:梁又有《平原太守阮種集》二卷、録一卷,亡。

阮侃集五卷　録一卷

晋阮侃撰。《隋·經籍志》注:梁又有《阮侃集》五卷、録一卷,亡。

羊祜集二卷　録一卷

晋羊祜撰。《隋·經籍志》:《晋太傅羊祜集》一卷,殘缺。梁二卷,録一卷。

蔡玄通集五卷

晋蔡玄通撰。《隋·經籍志》注:梁又有《蔡玄通集》五卷,亡。

賈充集五卷　録一卷

晋賈充撰。《隋·經籍志》注:梁又有《太宰賈充集》五卷、録一卷,亡。

王濬集二卷　録一卷

晋王濬撰。《隋·經籍志》:《晋輔國將軍王濬集》一卷,殘缺。梁二卷、録一卷。

劉毅集二卷　録一卷

晋劉毅撰。《隋·經籍志》注:梁有《光禄大夫劉毅集》二卷、録一卷,亡。

庾峻集二卷　録一卷

晋庾峻撰。《隋·經籍志》注:梁有《晋侍中庾峻集》二卷、録一卷,亡。

陶濬集二卷　録一卷

晋陶濬撰。《隋·經籍志》注:梁又有《散騎常侍陶濬集》二卷、録一卷,亡。

宣舒集五卷

晋宣舒撰。《隋·經籍志》注:梁有《宣舒集》五卷,亡。

曹志集二卷　録一卷

晋曹志撰。《隋·經籍志》注:梁有《散騎常侍曹志集》二卷、録一卷,亡。

鄒湛集三卷　録一卷

晋鄒湛撰。《隋·經籍志》注：梁有《鄒湛集》三卷、録一卷,亡。

王渾集五卷

晋王渾撰。《隋·經籍志》注：梁有《司徒王渾集》五卷,亡。

王深集五卷

晋王深撰。《隋·經籍志》注：梁有《冀州刺州王深集》五卷,亡。

裴楷集二卷　録一卷

晋裴楷撰。《隋·經籍志》注：梁有《光禄大夫裴楷集》二卷、録一卷,亡。

許孟集三卷　録一卷

晋許孟撰。《隋·經籍志》注：梁有《太子中庶子許孟集》三卷、録一卷,亡。

何劭集二卷　録一卷

晋何劭撰。《隋·經籍志》注：梁有《太宰何邵集》二卷、録一卷,亡。

按,《隋志》"何邵"當作"何劭"。據《晋書·何曾傳》,曾子劭,趙王倫篡位以劭爲太宰。又舊、新《唐志》皆有《何劭集》二卷。

劉頌集三卷　録一卷

晋劉頌撰。《隋·經籍志》注：梁有《光禄大夫劉頌集》三卷、録一卷,亡。

劉寔集二卷　録一卷

晋劉寔撰。《隋·經籍志》注：梁有《劉寔集》二卷、録一卷,亡。

王濟集二卷

晋王濟撰。《隋・經籍志》注：梁有《晋驃騎將軍王濟集》二卷，亡。

華嶠集二卷

晋華嶠撰。《隋・經籍志》：《華嶠集》八卷，梁二卷。

司馬彪集三卷　録一卷

晋司馬彪撰。《隋・經籍志》：《晋秘書丞司馬彪集》四卷，梁三卷、録一卷。

庾儵集二卷　録一卷

晋庾儵撰。《隋・經籍志》注：梁又有《尚書庾儵集》二卷、録一卷，亡。

謝衡集二卷

晋謝衡撰。《隋・經籍志》注：梁又有《國子祭酒謝衡集》二卷，亡。

李虔集二卷　録一卷

晋李虔撰。《隋・經籍志》：《晋漢中太守李虔集》一卷，梁二卷、録一卷。

傅咸集三十卷

晋傅咸撰。《隋・經籍志》：《晋司隸校尉傅咸集》十七卷，梁三十卷、録一卷。

棗據集二卷　録一卷

晋棗據撰。《隋・經籍志》注：梁又有《太子中庶子棗據集》二卷、録一卷，亡。

劉寶集三卷

晋劉寶撰。《隋・經籍志》注：梁又有《劉寶集》三卷，亡。

孫楚集十二卷　録一卷

晋孫楚撰。《隋・經籍志》：《晋馮翊太守孫楚集》六卷，梁十二卷。録一卷。

夏侯湛集十卷　録一卷

晋夏侯湛撰。《隋·經籍志》：《晋散騎常侍夏侯湛集》十卷，梁有録一卷。

夏侯淳集二卷

晋夏侯淳撰。《隋·經籍志》注：梁又有《弋陽太守夏侯淳集》二卷，亡。

王讚集五卷

晋王讚撰。《隋·經籍志》注：梁又有《散騎侍郎王讚集》五卷，亡。

石崇集六卷　録一卷

晋石崇撰。《隋·經籍志》：《晋衛尉卿石崇集》六卷，梁有録一卷。

張敏集五卷

晋張敏撰。《隋·經籍志》：《晋尚書郎張敏集》二卷，梁五卷。

伏偉集一卷

晋伏偉撰。《隋·經籍志》注：梁又有《黄門郎伏偉集》一卷，[①]亡。

劉許集二卷

晋劉許撰。《隋·經籍志》注：梁有《宗正劉許集》二卷、録一卷，亡。

李重集二卷

晋李重撰。《隋·經籍志》注：梁有《散騎常侍李重集》二卷，亡。

樂廣集二卷　録一卷

晋樂廣撰。《隋·經籍志》注：梁有《光禄大夫樂廣集》二卷、

---

① “梁又有黄門郎伏偉集”，原作“又有梁伏門郎黄偉集”，據殿本《隋書·經籍志》改。

録一卷,亡。

阮渾集三卷　録一卷

晋阮渾撰。《隋·經籍志》注：梁有《阮渾集》三卷、①録一卷,亡。

楊建集九卷

晋楊建撰。《隋·經籍志》注：梁有《錢塘令楊建集》九卷,亡。

盛彦集五卷

晋盛彦撰。《隋·經籍志》注：梁有《長沙相盛彦集》五卷,亡。

楊乂集三卷　録一卷

晋楊乂撰。《隋·經籍志》注：梁有《左長史楊乂集》三卷、録一卷,亡。

盧播集二卷　録一卷②

晋盧播撰。《隋·經籍志》：《晋尚書盧播集》一卷,梁二卷、録一卷。

樂肇集五卷　録一卷

晋樂肇撰。《隋·經籍志》注：梁又有《樂肇集》五卷、録一卷,亡。

應亨集二卷

晋應亨撰。《隋·經籍志》注：梁又有《南中郎長史應亨集》二卷,亡。

摯虞集十卷　録一卷

晋摯虞撰。《隋·經籍志》：《晋太常卿摯虞集》九卷,梁十卷、録一卷。

繆徵集二卷　録一卷

晋繆徵撰。《隋·經籍志》注：梁又有《秘書監繆徵集》二卷、

---

① "集",原作"雖",據殿本《隋書·經籍志》改。
② "録",原作"籍",據殿本《隋書·經籍志》改。

録一卷,亡。

左思集五卷　録一卷

晋左思撰。《隋·經籍志》:《晋齊王府記室左思集》二卷,梁有五卷、録一卷。

夏靖集二卷　録一卷

晋夏靖撰。《隋·經籍志》注:梁又有《晋豫章太守夏靖集》二卷、録一卷,亡。

鄭豐集二卷　録一卷

晋鄭豐撰。《隋·經籍志》注:梁又有《吴王文學鄭豐集》二卷、録一卷,亡。

張翰集二卷　録一卷

晋張翰撰。《隋·經籍志》注:梁又有《大司馬東曹掾張翰集》二卷、録一卷,亡。

晋陳略集二卷　録一卷

陳略撰。《隋·經籍志》注:梁又有《清河文學陳略集》二卷、録一卷,亡。

陸沖集二卷　録一卷

晋陸沖撰。《隋·經籍志》注:梁又有《揚州從事陸沖集》二卷、録一卷,亡。

陸機集四十七卷　録一卷

晋陸機撰。《隋·經籍志》:《晋平原内事陸機集》十四卷。梁四十七卷、録一卷,亡。

陸雲集十卷　録一卷

晋陸雲撰。《隋·經籍志》:《晋清河太守陸雲集》十二卷,梁十卷,録一卷。

孫極集二卷　録一卷

晋孫極撰。《隋·經籍志》注:梁又有《少府丞孫極集》二卷、録一卷,亡。

張載集七卷　<small>一本二卷録一卷。</small>

晋張載撰。《隋・經籍志》:《晋中書郎張載集》七卷,梁一本二卷,録一卷。

張協集四卷　録一卷

晋張協撰。《隋・經籍志》:《晋黃門郎張協集》三卷,梁四卷、録一卷。

束皙集五卷　録一卷

晋束皙撰。《隋・經籍志》:《晋著作郎束皙集》七卷,梁五卷、録一卷。

曹攄集三卷　録一卷

晋曹攄撰。《隋・經籍志》注:梁又有《征南司馬曹攄集》三卷、録一卷,亡。

江統集十卷　録一卷

晋江統撰。《隋・經籍志》注:梁又有《散騎常侍江統集》十卷、録一卷,亡。

胡濟集五卷　録一卷

晋胡濟撰。《隋・經籍志》注:梁又有《著作郎胡濟集》五卷、録一卷,亡。

卞粹集五卷

晋卞粹撰。《隋・經籍志》:《晋中書令卞粹集》一卷,梁五卷。

閭丘沖集二卷　録一卷

晋閭丘沖撰。《隋・經籍志》注:梁又有《閭丘沖集》二卷、録一卷,亡。

庾敳集五卷　録一卷

晋庾敳撰。《隋・經籍志》:《晋太傅從事中郎庾敳集》一卷,梁五卷、録一卷。

阮瞻集二卷　録一卷

晋阮瞻撰。《隋・經籍志》注：梁又有《太子舍人阮瞻集》一卷、録一卷，亡。

阮脩集二卷　録一卷

晋阮脩撰。《隋・經籍志》注：梁又有《太子洗馬阮脩集》二卷、録一卷，亡。

裴邈集二卷　録一卷

晋裴邈撰。《隋・經籍志》注：梁又有《廣威將軍裴邈集》二卷、録一卷，亡。

郭象集五卷　録一卷

晋郭象撰。《隋・經籍志》：《晋太傅郭象集》二卷，梁五卷、録一卷。

嵇含集十卷　録一卷

晋嵇含撰。《隋・經籍志》注：梁又有《廣州刺史嵇含集》十卷、録一卷，亡。

孫惠集十一卷　録一卷

晋孫惠撰。《隋・經籍志》：《晋安豐太守孫惠集》八卷，梁十一卷、録一卷。

蔡洪集二卷　録一卷

晋蔡洪撰。《隋・經籍志》注：梁又有《松滋令蔡洪集》二卷、録一卷，亡。

牽秀集三卷　録一卷

晋牽秀撰。《隋・經籍志》：《晋平北將軍牽秀集》四卷，梁三卷、録一卷。

蔡克集二卷　録一卷

晋蔡克撰。《隋・經籍志》注：梁又有《車騎將軍蔡克集》二卷、録一卷，亡。

索靖集三卷

晋索靖撰。《隋・經籍志》注：梁又有《游擊將軍索靖集》三卷，亡。

閭纂集二卷　録一卷

晋閭纂撰。《隋・經籍志》注：梁又有《隴西太守閭纂集》二卷、録一卷，亡。

張輔集二卷　録一卷

晋張輔撰。《隋・經籍志》注：梁又有《秦州刺史張輔集》二卷、①録一卷，亡。

殷巨集二卷　録一卷

晋殷巨撰。《隋・經籍志》注：《交阯太守殷巨集》二卷，録一卷，亡。

陶佐集五卷　録一卷

晋陶佐撰。《隋・經籍志》注：梁又有《陶佐集》五卷、録一卷，亡。

虞溥集二卷　録一卷

晋虞溥撰。《隋・經籍志》注：梁又有《東晋鄱陽太守虞溥集》二卷，録一卷，亡。

按《隋志》稱"東晋"，非是。據《晋書・虞溥傳》，溥字允源，高平昌邑人。撰《江表傳》及文章詩賦數十篇，卒於洛。子勃過江，上《江表傳》於元帝，詔藏於秘書。

吴商集五卷

晋吴商撰。《隋・經籍志》注：梁又有《益陽令吴商集》五卷，亡。

仲長敖集二卷

晋仲長敖撰。《隋・經籍志》注：梁又有《仲長敖集》二卷，亡。

---

① "集"下，原衍"録"字，據殿本《隋書・經籍志》删。

劉弘集三卷　録一卷

晋劉弘撰。《隋·經籍志》注：梁又有《晋太常卿劉弘集》三卷、録一卷，亡。

山簡集二卷　録一卷

晋山簡撰。《隋·經籍志》注：梁又有《開府山簡集》二卷、録一卷，亡。

宗岱集二卷

晋宗岱撰。《隋·經籍志》注：梁又有《兖州刺史宗岱集》二卷，亡。

王峻集二卷　録一卷

晋王峻撰。《隋·經籍志》注：梁又有《侍中王峻集》二卷、録一卷，亡。

王曠集五卷　録一卷

晋王曠撰。《隋·經籍志》注：梁又有《濟陽内史王曠集》五卷、録一卷，亡。

棗嵩集二卷　録一卷

晋棗嵩撰。《隋·經籍志》：《晋散騎常侍棗嵩集》一卷，梁二卷、録一卷。

棗腆集二卷　録一卷

晋棗腆撰。《隋·經籍志》注：梁又有《棗腆集》二卷、録一卷，亡。

劉琨集十卷

晋劉琨撰。《隋·經籍志》：《晋太尉劉琨集》九卷，梁十卷。

盧諶集十卷　録一卷

晋盧諶撰。《隋·經籍志》：《晋從事中郎盧諶集》十卷，梁有録一卷。

傅暢集五卷　録一卷

晋傅暢撰。《隋·經籍志》：《晋秘書丞傅暢集》五卷，梁有録一卷。

晉明帝集五卷　錄一卷

東晉明帝撰。《隋·經籍志》注：梁又有《晉明帝集》五卷、錄一卷，亡。

簡文帝集五卷　錄一卷

東晉簡文帝撰。《隋·經籍志》注：梁又有《簡文帝集》五卷、錄一卷，亡。

孝武帝集二卷　錄一卷

東晉孝武帝撰。《隋·經籍志》注：梁又有《孝武帝集》二卷、錄一卷，亡。

彭城王紘集二卷

東晉司馬權撰。《隋·經籍志》注：梁又有《彭城王紘集》二卷，亡。

譙烈王集九卷　錄一卷

東晉司馬無忌撰。《隋·經籍志》注：梁又有《譙烈王集》九卷，錄一卷，亡。

會稽王司馬道子集九卷

東晉司馬道子撰。《隋·經籍志》：《晉會稽王司馬道子集》八卷，梁九卷。

傅毅集五卷

東晉傅毅撰。《隋·經籍志》注：梁又有《鎮東從事中郎傅毅集》五卷，亡。

曾瓛集四卷　錄一卷

東晉曾瓛撰。《隋·經籍志》：《晉衡陽內史曾瓛集》三卷，梁四卷、錄一卷。

顧榮集五卷　錄一卷

東晉顧榮撰。《隋·經籍志》注：梁又有《驃騎將軍顧榮集》五卷、録一卷,亡。

張杭集二卷　録一卷

東晉張杭撰。《隋·經籍志》注：梁又有《散騎常侍張杭集》二卷、録一卷,亡。

按,《隋志》"張杭"疑當作"張亢"。據《晉書·張載傳》：載弟協,協弟亢字季陽,才藻不逮二昆,亦有屬綴,又皆音樂伎術。中興初過江,曾爲散騎常侍。

賈彬集三卷　録一卷

東晉賈彬撰。《隋·經籍志》注：梁又有《車騎長史賈彬集》三卷、録一卷,亡。

衛展集十五卷

東晉衛展撰。《隋·經籍志》：《晉光禄大夫衛展集》十二卷,梁十五卷。

荀組集三卷　録一卷

東晉荀組撰。《隋·經籍志》注：梁又有《東晉太尉荀爼集》三卷、録一卷,亡。

按,《隋志》"荀爼"當作"荀組"。據《晉書·荀勖傳》：勖有十子,其達者輯、藩、組。組字大章,愍帝時進封臨潁縣公,位太尉,領謂州牧。及西都不守,組乃遣使移檄天下共勸進。元帝以組爲司徒,録尚書事。永昌初遷太尉,未拜,薨。又舊、新《唐志》皆有《荀組集》二卷。

張委集五卷

東晉張委撰。《隋·經籍志》：《晉籍書郎張委集》九卷,梁五卷。

傅珉集一卷

東晉傅珉撰。《隋·經籍志》注：梁又有《關内侯傅珉集》一卷,亡。

周顗集二卷　録一卷

東晋周顗撰。《隋・經籍志》注：梁又有《光禄大夫周顗集》二卷、録一卷，亡。

謝鯤集二卷

東晋謝鯤撰。《隋・經籍志》：《晋太常謝鯤集》六卷，梁二卷。

王廙集三十四卷　録一卷

東晋王廙撰。《隋・經籍志》：《晋驃騎將軍王廙集》十卷，梁三十四卷、録一卷。

華譚集二卷

東晋華譚撰。《隋・經籍志》注：梁又有《華譚集》二卷，亡。

熊遠集五卷　録　卷

東晋熊遠撰。《隋・經籍志》：《晋御史中丞熊遠集》十二卷，梁五卷、録一卷。

谷儉集一卷

東晋谷儉撰。《隋・經籍志》注：梁又有《湘州秀才谷儉集》一卷，亡。

周嵩集三卷　録一卷

東晋周嵩撰。《隋・經籍志》注：梁又有《大鴻臚周嵩集》三卷、録一卷，亡。

郭璞集十卷　録一卷

東晋郭璞撰。《隋・經籍志》：《晋弘農太守郭璞集》十七卷，梁十卷、録一卷。

沈充集三卷

東晋沈充撰。《隋・經籍志》注：梁有《吳興太守沈充集》二卷，亡。

傅純集二卷　録一卷

東晋傅純撰。《隋・經籍志》注：梁有《散騎常侍傅純集》二卷、録一卷,亡。

梅陶集二十卷　録一卷

東晋梅陶撰。《隋·經籍志》:《晋光禄大夫梅陶集》九卷,梁
二十卷、録一卷。

荀邃集二卷　録一卷

東晋荀邃撰。《隋·經籍志》:《金紫光禄大夫荀邃集》二卷、
録一卷,亡。①

王覽集五卷

東晋王覽撰。《隋·經籍志》:《晋散騎常侍王覽集》九卷,梁
五卷。

王濤集五卷

東晋王濤撰。《隋·經籍志》注:梁又有《晋著作佐郎王濤集》
五卷,亡。

阮放集十卷　録一卷

東晋阮放撰。《隋·經籍志》注:梁又有《廷尉卿阮放集》十
卷、録一卷,亡。

張俊集五卷　録一卷

東晋張俊撰。《隋·經籍志》注:梁又有《宗正卿張俊集》五
卷、録一卷,亡。

按,《隋志》"張俊"疑當作"張悛"。嚴可均氏《全晋文編》曰:
張悛字士然,吴國人。有《爲吴令謝詢求爲諸孫置守冢人
表》。又曰:張悛一作俊,爲宗正卿,有集五卷。又《新唐志》
有《張悛集》二卷。

應碩集二卷

東晋應碩撰。《隋·經籍志》注:梁又有《汝南太守應碩集》二

---

① "金紫光禄大夫荀邃二卷録一卷亡",原作"晋光禄大夫梅陶集九卷梁二十卷録
一卷亡",據殿本《隋書·經籍志》改。

卷,亡。

張闓集二卷　録一卷

東晋張闓撰。《隋・經籍志》注：梁又有《金紫光禄大夫張闓集》二卷、録一卷,亡。

陸沈集二卷　録一卷

東晋陸沈撰。《隋・經籍志》注：梁又有《揚州從事陸沈集》二卷、録一卷,亡。

卞壼集二卷　録一卷

東晋卞壼撰。《隋・經籍志》注：梁又有《驃騎將軍卞壼集》二卷、録一卷,亡。

鍾雅集一卷

東晋鍾雅撰。《隋・經籍志》注：梁又有《光禄勛鍾雅集》一卷,亡。

劉超集二卷

東晋劉超撰。《隋・經籍志》注：梁又有《衛尉卿劉超集》二卷,亡。

戴邈集五卷　録一卷

東晋戴邈撰。《隋・經籍志》注：梁又有《衛將軍戴邈集》五卷、録一卷,亡。

荀崧集一卷

東晋荀崧撰。《隋・經籍志》注：梁又有《光禄大夫荀崧集》一卷,亡。

温嶠集十卷　録一卷

東晋温嶠撰。《隋・經籍志》：《晋大將軍温嶠集》十卷,梁録一卷。

孔坦集五卷　録一卷

東晋孔坦撰。《隋・經籍志》：《晋侍中孔坦集》十七卷,梁五卷、録一卷。

臧沖集一卷

東晉臧沖撰。《隋・經籍志》注：梁又有《臧沖集》一卷，亡。

應瞻集五卷

東晉應瞻撰。《隋・經籍志》注：梁又有《鎮南大將軍應瞻集》五卷，亡。

按，《隋志》"應瞻"疑當作"應詹"。據《晉書・應詹傳》，詹字思遠，汝南南頓人。鎮南大將軍劉弘，詹之祖舅也。請爲長史，謂之曰：君器識弘深，後當代老子於荆南矣。及洛陽傾覆，天門、武陵溪蠻並反，詹討降之。又《成帝本紀》曰：咸和元年秋七月癸丑，使持節都督江州諸軍事、江州刺史、平南將軍、觀陽伯應詹卒。又《舊唐志》有《應詹集》三卷，《新唐志》有《應詹集》五卷。

荀闓集一卷

東晉荀闓撰。《隋・經籍志》注：梁有《衛尉荀闓集》一卷，亡。

劉隗集二卷

東晉劉隗撰。《隋・經籍志》注：梁有《鎮北將軍劉隗集》二卷，亡。

陶侃集二卷　録一卷

東晉陶侃撰。《隋・經籍志》注：梁有《大司馬陶侃集》二卷、録一卷，亡。

王導集十卷　録一卷

東晉王導撰。《隋・經籍志》：《晉丞相王導集》十一卷，梁十卷、録一卷。

庾亮集二十卷　録一卷

東晉庾亮撰。《隋・經籍志》：《晉太尉庾亮集》二十一卷，梁十卷、録一卷。

虞預集十卷　録一卷

東晋虞預撰。《隋·經籍志》注：梁又有《虞預集》十卷、録一卷,亡。

黄整集十卷　録一卷

東晋黄整撰。《隋·經籍志》注：梁又有《平越司馬黄整集》十卷、録一卷,亡。

庾堅集十卷　録一卷

東晋庾堅撰。《隋·經籍志》：《晋護軍長史庾堅集》十三卷,梁十卷、録一卷。

按,《隋志》"庾堅"疑當作"范堅",似涉下文庾冰、庾闡而寫誤。據《晋書·范汪傳》,汪叔堅字子常,博學善屬文。永嘉中避亂江東,成帝時遷護軍長史。

庾冰集二十卷　録一卷

東晋庾冰撰。《隋·經籍志》：《晋司庾冰集》七卷,梁二十卷、録一卷。

庾闡集十卷　録一卷

東晋庾闡撰。《隋·經籍志》：《晋給事中庾闡集》九卷,梁十卷、録一卷。

王隱集二十卷　録一卷

東晋王隱撰。《隋·經籍志》：《晋著作郎王隱集》十卷,梁二十卷、録一卷。

干寶集五卷

東晋干寶撰。《隋·經籍志》：《晋散騎常侍干寶集》四卷,梁五卷。

張虞集十卷

東晋張虞撰。《隋·經籍志》注：梁有《衛尉張虞集》十卷,亡。

諸葛恢集五卷　録一卷

東晋諸葛恢撰。《隋·經籍志》注：梁有《光禄大夫諸葛恢集》

五卷、録一卷,亡。

庾翼集二十卷　録一卷

東晉庾翼撰。《隋·經籍志》注:《晋車騎將軍庾翼集》二十二卷,梁二十卷、録一卷。

何充集五卷

東晉何充撰。《隋·經籍志》:《晋司空何充集》四卷,梁五卷。

郝默集五卷

東晉郝默撰。《隋·經籍志》注:梁又有《御史中丞郝默集》五卷,亡。

甄述集十二卷

東晉甄述撰。《隋·經籍志》注:梁又有《征西諮議甄述集》十二卷,亡。

徐彦則集十卷

東晉徐彦則撰。《隋·經籍志》注:梁又有《武昌太守徐彦則集》十卷,亡。

王恕期集十卷　録一卷

東晉王恕期撰。《隋·經籍志》:《晋散騎常侍王恕期集》七卷,梁十卷、録一卷。

王濛集五卷

東晉王濛撰。《隋·經籍志》注:梁又有《司徒左長史王濛集》五卷,亡。

劉恢集二卷　録一卷

東晉劉恢撰。《隋·經籍志》注:梁又有《丹陽尹劉恢集》二卷、録一卷,亡。

袁喬集七卷

東晉袁喬撰。《隋·經籍志》注:梁又有《益州刺史袁喬集》七卷,亡。

顧和集五卷　録一卷

東晋顧和撰。《隋·經籍志》:《晋尚書令顧和集》五卷,梁有録一卷。

劉遐集五卷

東晋劉遐撰。《隋·經籍志》注:梁又有《尚書僕射劉遐集》五卷,亡。

江淳集三卷　録一卷

東晋江淳撰。《隋·經籍志》注:梁又有《徵士江淳集》三卷、録一卷,亡。

荀述集一卷

東晋荀述撰。《隋·經籍志》注:梁又有《魏興太守荀述集》一卷,亡。

賀翹集五卷

東晋賀翹撰。《隋·經籍志》注:梁又有《平南將軍賀翹集》五卷,亡。

李軌集八卷

東晋李軌撰。《隋·經籍志》注:梁又有《李軌集》八卷,亡。

李充集十五卷　録一卷

東晋李充撰。《隋·經籍志》:《晋李充集》二十二卷,梁十五卷、録一卷。

蔡謨集四十三卷

東晋蔡謨撰。《隋·經籍志》:《晋司徒蔡謨集》十七卷,梁四十三卷。

殷浩集五卷　録一卷

東晋殷浩撰。《隋·經籍志》:《晋揚州刺史殷浩集》四卷,梁五卷、録一卷。

鈕滔集五卷　録一卷

東晋鈕滔撰。《隋·經籍志》注：梁又有《吳興孝廉鈕滔集》五卷、①録一卷，亡。

劉系之集五卷　録一卷

東晋劉系之撰。《隋·經籍志》注：梁又有《宣城内史劉系之集》五卷、録一卷，亡。

王修集二卷　録一卷

東晋王修撰。《隋·經籍志》注：梁有《驃騎司馬王修集》二卷、録一卷，亡。

謝尚集十卷　録一卷

東晋謝尚撰。《隋·經籍志》注：梁有《衛將軍謝尚集》十卷、録一卷，亡。

王俠集二卷

東晋王俠撰。《隋·經籍志》注：梁有《青州刺史王俠集》二卷，亡。

王胡之集五卷　録一卷

東晋王胡之撰。《隋·經籍志》：《晋西中郎將王胡之集》十卷，梁五卷、録一卷，亡。

王羲之集十卷　録一卷

東晋王羲之撰。《隋·經籍志》：《晋金紫光禄大夫王羲之集》九卷，梁十卷、録一卷。

范保集七卷

東晋范保撰。《隋·經籍志》注：梁有《宜春令范保集》七卷，亡。

范宣集十卷　録一卷

東晋范宣撰。《隋·經籍志》注：梁有《徵士范宣集》十卷、録

---

① "孝"，原作"李"，據殿本《隋書·經籍志》改。

一卷,亡。

丁纂集四卷　録一卷

東晉丁纂撰。《隋·經籍志》注：梁有《建安太守丁纂》四卷、録一卷,亡。

謝萬集十卷

東晉謝萬撰。《隋·經籍志》：《晋散騎常侍謝萬集》十六卷,梁十卷。

張憑集五卷　録一卷

東晉張憑撰。《隋·經籍志》：《晋司徒長史張憑集》五卷,梁有録一卷。

楊方集二卷

東晉楊方撰。《隋·經籍志》注：梁有《高涼太守楊方集》二卷,亡。

許詢集八卷　録一卷

東晉許詢撰。《隋·經籍志》：《晋徵士許詢集》三卷,梁八卷、録一卷。

張望集十二卷　録一卷

東晉張望撰。《隋·經籍志》：《晋征西將軍張望集》十卷,梁十二卷、録一卷。

孫統集九卷　録一卷

東晉孫統撰。《隋·經籍志》：《晋餘姚令孫統集》二卷,[1]梁九卷、録一卷。

戴元集三卷　録一卷

東晉戴元撰。《隋·經籍志》注：梁又有《晋陵令戴元集》三卷、録一卷,亡。

---

① "姚",原作"挑",據殿本《隋書·經籍志》改。

孫綽集二十五卷

東晉孫綽撰。《隋・經籍志》:《晋衛尉卿孫綽集》十五卷,梁二十五卷。

謝沈集十卷

東晉謝沈撰。《隋・經籍志》注:梁有《謝沈集》十卷,亡。

曹毗集十五卷

東晉曹毗撰。《隋・經籍志》:《晋光禄勳曹毗集》十卷,梁十五卷、録一卷。

王篋集五卷

東晉王篋撰。《隋・經籍志》注:梁又有《郡主簿王篋集》五卷,亡。

沙門支遁集十三卷①

東晉沙門支遁撰。《隋・經籍志》:《晋沙門支遁集》八卷,梁十三卷。

劉彧集十六卷

東晉劉彧撰。《隋・經籍志》注:梁又有《劉彧集》十六卷,亡。

謝艾集八卷

東晉謝艾撰。《隋・經籍志》:《張重華酒泉太守謝艾集》七卷,梁八卷。

蔡系集二卷

東晉蔡系撰。《隋・經籍志》注:梁又有《撫軍長史蔡系集》二卷,亡。

江彪集五卷　録一卷

東晉江彪撰。《隋・經籍志》注:梁又有《護軍將軍江彬集》五卷、録一卷,亡。

---

①　"卷",原作"集",據殿本《隋書・經籍志》改。

按,《隋志》"江彬"當作"江彪"。據《晋書·江統傳》,統子彪,
曾爲護軍將軍。又嚴可均氏《全晋文編》曰:江彪有集五卷。

范汪集十卷

東晋范汪撰。《隋·經籍志》:《晋范汪集》一卷,梁十卷。

王度集五卷　録一卷

東晋王度撰。《隋·經籍志》注:梁又有《王度集》五卷、録一
卷,亡。

庾龢集二卷　録一卷

東晋庾龢撰。《隋·經籍志》注:梁又有《中領軍庾龢集》二
卷、録一卷,亡。

喻希集一卷

東晋喻希撰。《隋·經籍志》注:梁又有《將作大匠喻希集》一
卷,亡。

孔嚴集十卷　録一卷

東晋孔嚴撰。《隋·經籍志》注:梁又有《吴興太守孔嚴集》十
卷、録一卷,亡。

桓温集四十三卷

東晋桓温撰。《隋·經籍志》:《晋大司馬桓温集》十一卷,梁
四十三卷。

桓温要集二十卷　録一卷

東晋桓温撰。《隋·經籍志》注:梁又有《桓温要集》二十卷、
録一卷,亡。

車灌集五卷　録一卷

東晋車灌撰。《隋·經籍志》注:梁又有《豫章太守車灌集》五
卷、録一卷,亡。

王坦之集五卷　録一卷

東晋王坦之撰。《隋·經籍志》:《晋尚書僕射王坦之集》七

卷,梁五卷、録一卷,亡。

王彪之集二十卷　録一卷

東晋王彪之撰。《隋·經籍志》:《晋左光禄王彪之集》二十卷,梁有録一卷。

郗超集十卷

東晋郗超撰。《隋·經籍志》:《晋中書郎郗超集》九卷,梁十卷。

桓嗣集五卷

東晋桓嗣撰。《隋·經籍志》注:梁又有《南中郎桓嗣集》五卷,亡。

邵毅集五卷　録一卷

東晋邵毅撰。《隋·經籍志》注:梁又有《平固令邵毅集》五卷、録一卷,亡。

滕輔集五卷　録一卷

東晋滕輔撰。《隋·經籍志》注:梁又有《太學博士滕輔集》五卷、①録一卷,亡。

顧夷集五卷

東晋顧夷撰。《隋·經籍志》注:梁有《顧夷集》五卷,亡。

鄭襲集四卷

東晋鄭襲撰。《隋·經籍志》注:梁有《散騎常侍鄭襲集》四卷,亡。

劉暢集一卷

東晋劉暢撰。《隋·經籍志》注:梁有《撫軍掾劉暢集》一卷,亡。

范啓集四卷

東晋范啓撰。《隋·經籍志》注:梁有《黄門郎范啓集》四

---

①　"又有",原作"朝",據殿本《隋書·經籍志》改。

卷,亡。

王恪集十卷

東晉王恪撰。《隋・經籍志》注：梁有《豫章太守王恪集》十卷,亡。

陶混集七卷

東晉陶混撰。《隋・經籍志》注：梁有《零陵太守陶混集》七卷,亡。

祖撫集三卷

東晉祖撫撰。《隋・經籍志》注：梁有《海鹽令祖撫集》三卷,亡。

殷康集五卷　録一卷

東晉殷康撰。《隋・經籍志》注：梁有《吳興太守殷康集》五卷、録一卷,亡。

謝安集十卷　録一卷

東晉謝安撰。《隋・經籍志》：《晉太傅謝安集》十卷,梁十卷、録一卷。

孫嗣集三卷　録一卷

東晉孫嗣撰。《隋・經籍志》注：梁又有《中軍參軍孫嗣集》三卷、録一卷,亡。

劉袞集三卷

東晉劉袞撰。《隋・經籍志》注：梁又有《司徒左長史劉袞集》三卷,亡。

孔欣時集七卷

東晉孔欣時撰。《隋・經籍志》：《晉御史中丞孔欣時集》八卷,梁七卷。

伏滔集五卷　録一卷

東晉伏滔撰。《隋・經籍志》：《晉伏滔集》十一卷,並目録。梁五卷、録一卷。

孫盛集十卷　録一卷

東晋孫盛撰。《隋·經籍志》：《晋秘書監孫盛集》五卷，殘缺。梁十卷、録一卷。

袁宏集二十卷　録一卷

東晋袁宏撰。《隋·經籍志》：《晋東陽太守袁宏集》十五卷，梁二十卷、録一卷。

顧淳集一卷

東晋顧淳撰。《隋·經籍志》注：梁又有《晋黄門郎顧淳集》一卷，亡。

熊鳴鵠集十卷

東晋熊鳴鵠撰。《隋·經籍志》注：梁又有《尋陽太守熊鳴鵠集》十卷，亡。

謝韶集三卷

東晋謝韶撰。《隋·經籍志》注：梁又有《車騎司馬謝韶集》三卷，亡。

王獻之集十卷　録一卷

東晋王獻之撰。《隋·經籍志》注：梁又有《金紫光禄大夫王獻之集》十卷、録一卷，亡。

袁質集二卷　録一卷

東晋袁質撰。《隋·經籍志》注：梁又有《琅邪内史袁質集》二卷、録一卷，亡。

袁邵集五卷　録一卷

東晋袁邵撰。《隋·經籍志》注：梁又有《太宰從事中郎袁邵集》五卷、①録一卷，亡。

---

① "袁邵集"，原作"集袁邵"，據殿本《隋書·經籍志》乙正。

謝朗集六卷　録一卷

東晉謝朗撰。《隋·經籍志》注：梁又有《車騎長史謝朗集》六卷、録一卷，亡。

謝頎集十卷　録一卷

東晉謝頎撰。《隋·經籍志》注：梁又有《車騎將軍謝頎集》十卷、録一卷，亡。

按，《隋志》"謝頎"疑當作"謝玄"。據《晉書·謝安傳》，安兄子玄，以肥水之戰功封康樂縣公，卒後追贈車騎將軍、開府儀同三司。檢《晉書》無謝頎其人，《隋志》無《謝玄集》，舊、新《唐志》有之，似《隋志》此處有所敓漏。

郗愔集五卷

東晉郗愔撰。《隋·經籍志》：《晉新安太守郗愔集》四卷，殘缺。梁五卷。

陸法之集十九卷

東晉陸法之撰。《隋·經籍志》注：梁又有《吳郡功曹陸法之集》十九卷，亡。

王珉集十卷　録一卷

東晉王珉撰。《隋·經籍志》：《晉太常卿王岷集》十卷，梁一卷。按，《隋志》"王岷"當作"王珉"。據《晉書·王導傳》，導第三子洽，洽子珉字季琰，少有才學，善行書。歷著作散騎郎、國子博士、黃門侍郎、侍中、兼中書令。卒，追贈太常。嚴可均氏《全晉文編》曰：王珉有集十卷。

庾蒨集二卷

東晉庾蒨撰。《隋·經籍志》注：梁有《太宰長史庾蒨集》二卷，亡。

庾悠之集三卷

東晉庾悠之撰。《隋·經籍志》注：梁有《大司馬參軍庾悠之集》三卷,亡。

庾凱集二卷

東晉庾凱撰。《隋·經籍志》注:梁有《司徒右長史庾凱集》二卷,亡。

孫放集十卷

東晉孫放撰。《隋·經籍志》:《晉國子博士孫放集》一卷,殘缺。梁十卷。

殷叔獻集三卷　錄一卷

東晉殷叔獻撰。《隋·經籍志》:《晉聘士殷叔獻集》四卷並目錄,梁三卷、錄一卷。

蘇彥集十卷

東晉蘇彥撰。《隋·經籍志》注:梁有《晉北中郎參軍蘇彥集》十卷,亡。

王肅之集三卷　錄一卷

東晉王肅之撰。《隋·經籍志》注:梁有《太子左率王肅之集》三卷、錄一卷,亡。

王徽之集八卷

東晉王徽之撰。《隋·經籍志》注:梁有《黃門郎王徽之集》八卷,亡。

謝敷集五卷　錄一卷

東晉謝敷撰。《隋·經籍志》注:梁有《徵士謝敷集》五卷、錄一卷,亡。

孔汪集十卷

東晉孔汪撰。《隋·經籍志》注:梁有《太常卿孔汪集》十卷,亡。

陳統集七卷

東晉陳統撰。《隋·經籍志》注:梁有《陳統集》七卷,亡。

王愷集十五卷

東晉王愷撰。《隋·經籍志》注：梁有《太常王愷集》十五卷，亡。

王忱集五卷　錄一卷

東晉王忱撰。《隋·經籍志》注：梁有《右將軍王忱集》五卷、錄一卷，亡。

殷允集十卷

東晉殷允撰。《隋·經籍志》注：梁有《太常殷允集》十卷，亡。

戴逵集十卷　錄一卷

東晉戴逵撰。《隋·經籍志》：《晉徵士戴逵集》九卷，殘缺。梁十卷、錄一卷。

孫廞集十卷

東晉孫廞撰。《隋·經籍志》注：梁又有《晉光禄大夫孫廞集》十卷，亡。

按《隋志》"孫廞"似爲"孔廞"之誤。據《闕里文獻考》，《孔氏別集》有先聖二十七代孫《廷尉廞集》十一卷。又《南史·孔琳之傳》曰：琳之父廞，光禄大夫。《隋》《唐志》皆不見《孔廞集》，似乎此集誤"孔"爲"孫"也。

徐禪集六卷

東晉徐禪撰。《隋·經籍志》注：梁又有《尚書左丞徐禪集》六卷，亡。

徐邈集二十卷　錄一卷

東晉徐邈撰。《隋·經籍志》：《晉太子前率徐邈集》九卷並目錄，梁二十卷、錄一卷。

徐乾集二十卷　錄一卷

東晉徐乾撰。《隋·經籍志》：《晉給事中徐乾集》二十一卷並目錄，梁二十卷、錄一卷。

張玄之集五卷　録一卷

東晋張玄之撰。《隋・經籍志》注：梁又有《晋冠軍將軍張玄
之集》五卷、録一卷,亡。

荀世之集八卷

東晋荀世之撰。《隋・經籍志》注：梁又有《員外常侍荀世之
集》八卷,亡。

袁崧集十卷

東晋袁崧撰。《隋・經籍志》注：梁又有《袁崧集》十卷,亡。

魏邈之集五卷

東晋魏邈之撰。《隋・經籍志》注：梁又有《黄門郎魏邈之集》
五卷,亡。

卞湛集五卷

東晋卞湛撰。《隋・經籍志》注：梁有《驃騎將軍卞湛集》五
卷,亡。

褚爽集十六卷　録一卷

東晋褚爽撰。《隋・經籍志》注：梁有《金紫光禄大夫褚爽集》
十六卷、録一卷,亡。

范弘之集六卷

東晋范弘之撰。《隋・經籍志》注：梁有《晋餘杭令范弘之集》
六卷,亡。

王珣集十卷　録一卷

東晋王珣撰。《隋・經籍志》：《晋司徒王珣集》十一卷,梁十
卷、録一卷,亡。

按《隋志》“亡”字衍。

薄蕭之集十卷

東晋薄蕭之撰。《隋・經籍志》：《晋處士薄蕭之集》九卷,梁
十卷。

薄要集九卷

東晉薄要撰。《隋・經籍志》：梁又有《晋安北參軍薄要集》九卷，亡。

薄邕集七卷

東晉薄邕撰。《隋・經籍志》注：梁又有《薄邕集》七卷，亡。

唐邁之集十一卷　錄一卷

東晉唐邁之撰。《隋・經籍志》注：梁又有《延陵令唐邁之集》十一卷、錄一卷，亡。

傅綽集十五卷

東晉傅綽撰。《隋・經籍志》注：梁有《晋殿中將軍傅綽集》十五卷，亡。

弘戎集十卷

東晉弘戎撰。《隋・經籍志》注：梁有《驃騎將軍弘戎集》十卷，亡。

魏叔齊集十五卷

東晉魏叔齊撰。《隋・經籍志》注：梁有《御史中丞魏叔齊集》十五卷，亡。

劉寧之集五卷

東晉劉寧之撰。《隋・經籍志》注：梁有《司徒右長史劉寧之集》五卷，亡。

辛德遠集四卷

東晉辛德遠撰。《隋・經籍志》：《晋臨海太守辛德遠集》五卷，梁四卷。

何瑾之集十一卷

東晉何瑾之撰。《隋・經籍志》注：《梁車騎參軍何瑾之集》十一卷，亡。

王恭集五卷　錄一卷

東晉王恭撰。《隋・經籍志》注：梁又有《太保王恭集》五卷、録一卷,亡。

殷覬集十卷　録一卷

東晋殷覬撰。《隋·經籍志》注:梁又有《殷覬集》十卷、録一卷,亡。

殷仲堪集十卷　録一卷

東晋殷仲堪撰。《隋·經籍志》:《晋荆州刺史殷仲堪集》十二卷並目録,梁十卷、録一卷,亡。

按《隋志》"亡"字衍。

卞範之集五卷　録一卷

東晋卞範之撰。《隋·經籍志》注:梁有《丹陽令卞範之集》五卷、録一卷,亡。

卞承之集十卷　録一卷

東晋卞承之撰。《隋·經籍志》注:梁有《光禄勛卞承之集》十卷、録一卷,亡。

殷仲文集五卷

東晋殷仲文撰。《隋·經籍志》:《晋東陽太守殷仲文集》七卷,梁五卷。

伏系之集十卷

東晋伏系之撰。《隋·經籍志》注:梁有《晋光禄大夫伏系之集》十卷、録一卷,亡。

祖台之集二十卷

东晋祖台之撰。《隋·經籍志》:《晋光禄大夫祖台之集》十六卷,梁二十卷。

顧愷之集二十卷

東晋顧愷之撰。《隋·經籍志》:《晋通直常侍顧愷之集》七卷,梁二十卷。

劉瑾集五卷

東晋劉瑾撰。《隋·經籍志》:《晋太常卿劉瑾集》九卷,梁五卷。

謝混集五卷

東晋謝混撰。《隋·經籍志》：《晋左僕射謝混集》三卷，梁五卷。

劉簡之集十卷

東晋劉簡之撰。《隋·經籍志》注：梁有《晋太尉諮議劉簡之集》十卷，亡。

袁豹集十卷　録一卷

東晋袁豹撰。《隋·經籍志》：《晋丹陽太守袁豹集》八卷，梁十卷、録一卷。

殷遵集五卷　録一卷

東晋殷遵撰。《隋·經籍志》注：梁又有《殷遵集》五卷、録一卷，亡。

荀軌集五卷

東晋荀軌撰。《隋·經籍志》注：梁又有《興平令荀軌集》五卷，亡。

羊徽集十卷　録一卷

東晋羊徽撰。《隋·經籍志》：《晋西中郎長史羊徽集》九卷，梁十卷、録一卷。

周祗集二十卷　録一卷

東晋周祗撰。《隋·經籍志》：《晋國子博士周祗集》十一卷，梁二十卷、録一卷。

殷闡集十卷　録一卷

東晋殷闡撰。《隋·經籍志》注：梁又有《晋相國主簿殷闡集》十卷、録一卷，亡。

傅迪集十卷

東晋傅迪撰。《隋·經籍志》注：梁又有《太常傅迪集》十卷,亡。

卞裕集十五卷

東晉卞裕撰。《隋‧經籍志》:《晋始安太守卞裕集》十三卷,梁十五卷。

韋公藝集六卷

東晉韋公藝撰。《隋‧經籍志》注:梁又有《韋公藝集》六卷,亡。

殷曠之集五卷

東晉殷曠之撰。《隋‧經籍志》注:梁有《晋中軍功曹殷曠之集》五卷,亡。

魏説集十三卷

東晉魏説撰。《隋‧經籍志》注:梁有《太學博士魏説集》十三卷,亡。

丘道護集五卷　録一卷

東晉丘道護撰。《隋‧經籍志》注:梁有《征西主簿丘道護集》五卷、録一卷,亡。

劉遺民集五卷　録一卷

東晉劉遺民撰。《隋‧經籍志》注:梁有《柴桑令劉遺民集》五卷、録一卷,亡。

郭澄之集十卷

東晉郭澄之撰。《隋‧經籍志》注:梁有《郭澄之集》十卷,①亡。

周續之集一卷

東晉周續之撰。《隋‧經籍志》注:梁有《徵士周桓之集》一卷,亡。

按,《隋志》"周桓之"當作"周續之"。周續之見《南史‧隱逸

---

① "之",原脱,據殿本《隋書‧經籍志》補。

傳》。嚴可均氏《全晉文編》曰：周續之有集一卷。《隋志》作周桓之，乃傳寫之誤。

孔瞻集九卷

東晉孔瞻撰。《隋·經籍志》注：梁有《孔瞻集》九卷，亡。

鍾夫人集五卷

晉鍾琰撰。《隋·經籍志》注：梁有《婦人晉司徒王渾妻鍾夫人集》五卷，亡。

按《晉書·列女傳》曰：王渾妻鍾氏字琰，潁川人，魏太傅繇曾孫女也。父徽，黃門郎。琰數歲能屬文，及長，聰慧弘雅，博覽記籍。容美止，善嘯咏，禮儀法度爲中表所則。

左九嬪集四卷

晉左芬撰。《隋·經籍志》注：梁有《晉武帝左九嬪集》四卷，亡。

按《晉書·后妃傳》曰：左貴嬪名芬。兄思，別有傳。芬少好學，善綴文，名亞於思，武帝聞而納之。

李扶集一卷

晉李扶撰。《隋·經籍志》注：梁有《晉太宰賈充妻李扶集》一卷，亡。

陳窈集一卷

晉陳窈撰。《隋·經籍志》注：梁有《晉武平尉陶融妻陳窈集》一卷，亡。

陳芬集五卷

東晉陳芬撰。《隋·經籍志》注：梁有《晉都水使者妻陳芬集》五卷，亡。

按《晉書·儒林·徐邈傳》曰：祖承之爲州治中屬，永嘉之亂，與鄉人臧琨等率子弟並閭里士庶千餘家南渡江，家於京口。父藻，都水使者。又嚴可均氏《全晉文編》曰：陳玢，都水使者徐藻妻。有集五卷。

陳珍集七卷

東晋陳珍撰。《隋·經籍志》注：梁有《晋海西令劉驎妻陳珍集》七卷,亡。

按,《隋志》"劉驎"當作"劉臻"。據《晋書·列女傳》,劉臻妻陳氏者,亦聰辯善屬文,嘗正旦獻《椒花頌》,又撰《元日及冬至進見之儀》行於世。又舊、新《唐志》皆有《劉臻妻陳氏集》五卷。又嚴可均氏《全晋文編》曰：陳珍,海西令劉臻妻。有集七卷。

王邵之集十卷

東晋王邵之撰。《隋·經籍志》注：梁有《晋劉柔妻王邵之集》十卷,亡。

辛蕭集一卷

東晋辛蕭撰。《隋·經籍志》注：梁有《晋散騎常侍傅伉妻辛蕭集》一卷,亡。

孫瓊集一卷

東晋孫瓊撰。《隋·經籍志》注：梁有《晋松陽令鈕滔母孫瓊集》一卷,亡。

龐馥集一卷

東晋龐馥撰。《隋·經籍志》注：梁有《晋成公道妻龐馥集》一卷,亡。

徐氏集一卷

東晋徐氏撰。《隋·經籍志》注：梁有《晋宣城太守何殷妻徐氏集》一卷,亡。

按,徐氏之名未詳

宋武帝集二十卷　録一卷

宋武帝撰。《隋·經籍志》：《宋武帝集》十二卷,梁二十卷。

録一卷。

宋文帝集十卷

宋文帝撰。《隋·經籍志》：《宋文帝集》七卷，梁十卷，亡。

宋孝武帝集三十一卷　録一卷

宋孝武帝撰。《隋·經籍志》：《宋孝武帝集》二十五卷，梁三十一卷、録一卷。

宋廢帝景和集十卷　録一卷

宋廢帝撰。《隋·經籍志》注：梁又有《宋廢帝景和集》十卷、録一卷，亡。

宋明帝集三十三卷

宋明帝撰。《隋·經籍志》注：梁又有《明帝集》三十三卷，亡。

宋臨川王道規集四卷　録一卷

宋劉道規撰。《隋·經籍志》注：梁有《宋臨川王道規集》四卷、録一卷，亡。

宋江夏王義恭集十五卷　録一卷　一本十五卷。

宋劉義恭撰。《隋·經籍志》：《宋江夏王義恭集》十一卷，梁十五卷、録一卷。又有《江夏王集》別本十五卷。

宋衡陽王義季集十卷　録一卷

宋劉義季撰。《隋·經籍志》注：梁又有《宋衡陽王義季集》十卷、録一卷，亡。

宋竟陵王誕集二十卷

宋劉誕撰。《隋·經籍志》注：梁有《宋竟陵王誕集》二十卷，亡。

宋建平王休度集十卷

宋劉休度撰。《隋·經籍志》注：梁有《建平王休祐集》十卷，亡。

按《隋志》"休祐"當是"休度"之誤。據《晉書·文九王傳》，建平宣簡王宏字休度,文帝第七子也。《新唐志》有《建平王宏集》十卷。

宋新渝惠侯義宗集十二卷

宋劉義宗撰。《隋·經籍志》注:梁有《新渝惠侯義宗》十二卷,亡。

祖柔之集二十卷

宋祖柔之撰。《隋·經籍志》注:梁有《宋散騎常侍祖柔之集》二十卷,亡。

沈林子集七卷

宋沈林子撰。《隋·經籍志》注:梁有《宋征虜將軍沈林子集》七卷,亡。

孔琳之集十卷　錄一卷

宋孔琳之撰。《隋·經籍志》:《宋太常卿孔琳之集》九卷並目錄,梁十卷、錄一卷。

王叔之集十卷　錄一卷

宋王叔之撰。《隋·經籍志》:《宋王叔之集》七卷,梁十卷、錄一卷。

按《隋志》"王叔之"本作"王叙之",未詳孰是。

盧繁集十卷　錄一卷

宋盧繁撰。《隋·經籍志》:《宋秘書監盧繁集》一卷,殘缺。梁十卷、錄一卷。

按,"盧繁"或作"虞繁",未詳孰是。嚴可均氏《全宋文編》曰:虞繁《隋志》作盧繁,仕晉,官爵未詳。入宋爲秘書監,有集十卷。

孔寧子集十五卷　錄一卷

宋孔寧子撰。《隋·經籍志》:《宋侍中孔寧子集》十一卷並目錄。梁十卷、錄一卷。

卞瑾集十卷

宋卞瑾撰。《隋·經籍志》：《宋建安太守卞瑾集》十卷，梁
十卷。

按，此書《隋志》著録十卷，又注曰：梁十卷，必有一誤。舊、新
《唐志》皆有《卞瑾集》十卷，則梁有或不止十卷。

蔡廓集十卷　録一卷

宋蔡廓撰。《隋·經籍志》：《宋太常卿蔡廓集》九卷並目録。
梁十卷、録一卷。

王韶之集二十四卷一本十九卷。

宋王韶之撰。《隋·經籍志》注：梁又有《王韶之集》二十四
卷，亡。《裴松之集》下又注曰：梁又有《王韶之集》十九
卷，亡。

傅亮集二十卷　録一卷

宋傅亮撰。《隋·經籍志》：《宋尚書令傅亮集》三十一卷，梁
二十卷、録一卷。

孫康集十卷

宋孫康撰。《隋·經籍志》注：梁又有《宋征南長史孫康集》十
卷，亡。

范述集三卷

宋范述撰。《隋·經籍志》注：梁又有《左軍長史范述集》三
卷，亡。

鄭鮮之集二十卷　録一卷

宋鄭鮮之撰。《隋·經籍志》：《宋太常卿鄭鮮之集》十三卷，
梁二十卷、録一卷。

陶潛集五卷　録一卷

宋陶潛撰。《隋·經籍志》：《宋徵士陶潛集》九卷，梁五卷、録
一卷。

張野集十卷

宋張野撰。《隋·經籍志》注：梁又《張野集》十卷,亡。

陶階集八卷

宋陶階撰。《隋·經籍志》注：梁又有《宋零陵令陶階集》八卷,亡。

張元瑾集八卷

宋張元瑾撰。《隋·經籍志》注：梁又有《東莞太守張元瑾集》八卷,亡。

王曇首集二卷　録一卷

宋王曇首撰。《隋·經籍志》注：梁又有《光禄大夫王曇首集》二卷、録一卷,亡。

范泰集二十卷　録一卷

宋范泰撰。《隋·經籍志》：《宋太常卿范泰集》十九卷,梁二十卷、録一卷。

荀昶集十五卷　録一卷

宋荀昶撰。《隋·經籍志》：《宋中書荀昶集》十四卷,梁十五卷、録一卷。

卞伯玉集五卷　録一卷

宋卞伯玉撰。《隋·經籍志》注：梁又有《卞伯玉集》五卷、録一卷,亡。

羊欣集七卷

宋羊欣撰。《隋·經籍志》注：梁又有《中散大夫羊欣集》七卷,亡。

王弘集二十卷　録一卷

宋王弘撰。《隋·經籍志》：《宋司徒王弘集》一卷,梁二十卷,録一卷。

沈演之集十卷

宋沈演之撰。《隋·經籍志》注：梁又有《宋金紫光禄大夫沈演集》十卷,亡。

按《隋志》"沈演"下敓"之"字。據《宋書》及《南史·沈演之傳》,演之字臺真,元嘉二十六年卒,追贈散騎常侍、金紫光禄大夫。又嚴可均氏《全宋文編》曰:沈演之有表、議、《嘉禾頌》《白鳩頌》,凡四篇。

范凱集八卷

宋范凱撰。《隋·經籍志》注:梁又有《廣平太守范凱集》八卷,亡。

釋惠琳集九卷　録一卷

宋釋惠琳撰。《隋·經籍志》:《宋沙門釋惠琳集》五卷,梁九卷、録一卷。

范晏集十四卷

宋范晏撰。《隋·經籍志》注:梁又有《范晏集》十四卷,亡。

謝惠連集五卷　録一卷

宋謝惠連撰。《隋·經籍志》:《宋司徒府參軍謝惠連集》六卷,梁五卷、録一卷。

謝弘微集二卷

宋謝弘微撰。《隋·經籍志》注:梁又有《宋太常謝弘微集》二卷,亡。

謝靈運集二十卷　録一卷

宋謝靈運撰。《隋·經籍志》:《宋臨川内史謝靈運集》十九卷,梁二十卷、録一卷。

丘淵之集十五卷

宋丘淵之撰。《隋·經籍志》:《宋給事中丘深之集》七卷,梁十五卷。

按《隋志》"丘深之"即"丘淵之",或作"邱泉之",因唐人避諱而改。

祖企之集五卷

宋祖企之撰。《隋·經籍志》注：梁又有《義成太守祖企之集》
五卷,亡。

孫韶集十卷

宋孫韶撰。《隋·經籍志》注：梁又有《荆州西曹孫韶集》十
卷,亡。

殷淳集二卷

宋殷淳撰。《隋·經籍志》注：梁又有《殷淳集》二卷,亡。

殷景仁集九卷

宋殷景仁撰。《隋·經籍志》注：梁又有《揚州刺史殷景仁集》
九卷,亡。

姚濤之集二十卷　録一卷

宋姚濤之撰。《隋·經籍志》注：梁又有《國子博士姚濤之集》
二十卷、録一卷,亡。

周祛集十一卷

宋周祛撰。《隋·經籍志》注：梁又有《周祛集》十一卷,亡。

宗炳集十五卷

宋宗炳撰。《隋·經籍志》：《宋徵士宗景集》十六卷,[①]梁十五卷。
按《隋志》“宗景”即“宗炳”,因唐人避諱改。宗炳,見《南史·
隱逸傳》。舊、新《唐志》皆有《宗炳集》十五卷。

雷次宗集二十九卷　録一卷

宋雷次宗撰。《隋·經籍志》：《宋徵士雷次宗集》十六卷,梁
二十九卷、録一卷。

衛令元集八卷

宋衛令元撰。《隋·經籍志》注：梁有《南蠻主簿衛令元集》八

---

① “宋”,原作“宗”,據殿本《隋書·經籍志》改。

卷,亡。

范曄集十五卷　錄一卷

宋范曄撰。《隋・經籍志》注：梁有《范曄集》十五卷、錄一卷,亡。

范廣淵集一卷

宋范淵撰。《隋・經籍志》注：梁有《撫軍諮議范廣集》一卷,亡。按,《隋志》"范廣"當作"范廣淵",因唐人避諱節去"淵"字。范廣淵,見《宋書》范泰及范曄傳,爲泰之少子,曄之弟。

王敬弘集五卷　錄一卷

宋王敬弘撰。《隋・經籍志》注：梁有《右光禄大夫王敬集》五卷、錄一卷,亡。

按,《隋志》"王敬"當作"王敬弘";"右光禄大夫"當是"左光禄大夫"之誤。據《宋書》及《南史・王裕之傳》,裕之字敬弘。名與宋武帝諱同,故以字行。仕晋,入宋至尚書僕射、侍中、左光禄大夫,開府儀同三司。又嚴可均氏《全宋文編》曰：《隋志》梁有《右光禄大夫王敬集》五卷,當是左光禄大夫王敬弘,轉寫有誤敓耳。

任豫集六卷

宋任豫撰。《隋・經籍志》注：梁有《任豫集》六卷,亡。

何承天集三十二卷

宋何承天撰。《隋・經籍志》：《宋御史中丞何承天集》二十卷,梁三十二卷,亡。

裴松之集二十一卷

宋裴松之撰。《隋・經籍志》：《宋太中大夫裴松之集》十三卷,梁二十一卷。

江湛集四卷　錄一卷

宋江湛撰。《隋・經籍志》注：梁又有《宋光禄大夫江湛集》四卷、録一卷,亡。

袁淑集十卷　録一卷

宋袁淑撰。《隋·經籍志》:《宋太尉袁淑集》十一卷並目録,梁十卷、録一卷。

王微集十卷　録一卷

宋王微撰。《隋·經籍志》:《宋秘書監王微集》十卷,梁有録一卷。

王僧謙集二卷

宋王僧謙撰。《隋·經籍志》注:梁又有《宋太子舍人王僧謙集》二卷,亡。

王僧綽集一卷

宋王僧綽撰。《隋·經籍志》注:梁又有《金紫光禄大夫王僧綽集》一卷,亡。

顧邁集二十卷

宋顧邁撰。《隋·經籍志》注:梁又有《征北參軍顧邁集》二十卷,亡。

陳超之集十卷

宋陳超之撰。《隋·經籍志》注:梁又有《魚復令陳超之集》十卷,亡。

何長瑜集八卷

宋何長瑜撰。《隋·經籍志》注:梁又有《平南將軍何長瑜集》八卷,亡。

荀雍集四卷

宋荀雍撰。《隋·經籍志》:《宋員外郎荀雍集》二卷,梁四卷。

范演集八卷

宋范演撰。《隋·經籍志》注:梁又有《宋國子博士范演集》九卷,亡。

顧昱集六卷

宋顧昱撰。《隋・經籍志》注：梁又有《錢唐令顧昱集》六卷，亡。

韓濬之集八卷

宋韓濬之撰。《隋・經籍志》注：梁又有《臨成令韓濬之集》八卷，亡。

沈亮之集七卷

宋沈亮之撰。《隋・經籍志》注：梁又有《南陽太守沈亮之集》七卷，亡。

按《隋志》"沈亮之"疑即"沈亮"。據《宋書》自序，沈林子第二子亮，字道明。清操好學，善屬文。曾爲南陽太守。

孔欣集九卷

宋孔欣撰。《隋・經籍志》注：梁又有《國子博士孔欣集》九卷，亡。

江玄叔集四卷

宋江玄叔撰。《隋・經籍志》注：梁又有《臨海太守江玄叔集》四卷，亡。

劉馥集十一卷

宋劉馥撰。《隋・經籍志》注：梁又有《尚書郎劉馥集》十一卷，亡。

張演集八卷

宋張演撰。《隋・經籍志》注：梁又有《太子中舍人張演集》八卷，亡。

蔡眇之集三卷

宋蔡眇之撰。《隋・經籍志》注：梁又有《南昌令蔡眇之集》三卷，亡。

顧雅集十三卷

宋顧雅撰。《隋・經籍志》注：梁又有《太學博士顧雅集》十三卷,亡。

孫沖之集十一卷

宋孫沖之撰。《隋·經籍志》注:梁又有《巴東太守孫仲之集》十一卷,亡。

按,《隋志》"孫仲之"當作"孫沖之"。據《宋書·臧質傳》,孫沖之太原中都人,晋秘書監孫盛曾孫也,官至右軍將軍,巴東太守。

謝元集一卷

宋謝元撰。《隋·經籍志》注:梁又有《太尉諮議參軍謝元集》一卷,亡。

陸展集九卷

宋陸展撰。《隋·經籍志》注:梁又有《南海太守陸展集》九卷,亡。

山謙之集十二卷

宋山謙之撰。《隋·經籍志》注:梁又有《棘陽令山謙之集》十二卷,亡。

羊希集九卷

宋羊希撰。《隋·經籍志》注:梁又有《廣州刺史楊希集》十二卷,亡。

按,《隋志》"楊希"當作"羊希"。據《宋書》及《南史·羊玄保傳》,玄保兄子希,字泰聞,少有才氣。大明初爲尚書左丞,歷御史中丞。泰始三年,出爲寧朔將軍、廣州刺史。

周始之集十一卷

宋周始之撰。《隋·經籍志》注:梁又有《員外常侍周始之集》十一卷,亡。

羊崇集六卷

宋羊崇撰。《隋·經籍志》注:梁又有《主客郎羊崇集》六卷,亡。

孔景亮集三卷

宋孔景亮撰。《隋·經籍志》注：梁又有《太子舍人孔景亮集》三卷,亡。

蔡超集七卷

宋蔡超撰。《隋·經籍志》注：梁有《宋丞相諮議蔡超集》七卷,亡。

孫緬集十一卷

宋孫緬撰。《隋·經籍志》：《宋東中郎孫緬集》八卷並目錄,梁十一卷。

賀道養集十卷

宋賀道養撰。《隋·經籍志》注：梁又有《宋賀道養集》十卷,亡。

謝登集六卷

宋謝登撰。《隋·經籍志》注：梁又有《太子洗馬謝登集》六卷,亡。

張鏡集十卷

宋張鏡撰。《隋·經籍志》注：梁又有《新安太守張鏡集》十卷,亡。

褚詮之集八卷　錄一卷

宋褚詮之撰。《隋·經籍志》注：梁又有《中書舍人褚詮之集》八卷、錄一卷,亡。

顏延之集三十卷

宋顏延之撰。《隋·經籍志》：《宋特進顏延之集》二十五卷,梁三十卷。

顏延之逸集一卷

宋顏延之撰。《隋·經籍志》注：梁又有《顏延之逸集》一卷,亡。

王僧達集十卷　錄一卷

宋王僧達撰。《隋·經籍志》:《宋護軍將軍王僧達集》十卷,
梁有錄一卷。

羊戎集十卷

宋羊戎撰。《隋·經籍志》注:梁又有《國子博士羊戎集》十
卷,亡。

蘇寶生集四卷

宋蘇寶生撰。《隋·經籍志》注:梁又有《江寧令蘇寶生集》四
卷,亡。

范義集十二卷

宋范義撰。《隋·經籍志》注:梁又有《兗州別駕范義集》十二
卷,亡。

劉瑀集七卷

宋劉瑀撰。《隋·經籍志》注:梁又有《吳興太守劉瑀集》七
卷,亡。

劉氏集九卷

宋劉氏撰。《隋·經籍志》注:梁又《本郡孝廉劉氏集》九卷,亡。
按,劉氏之名未詳。

張暢集十四卷　錄一卷

宋張暢撰。《隋·經籍志》:《宋會稽太守張暢集》十二卷,殘
缺。梁十四卷、錄一卷。

何尚之集十卷

宋何尚之撰。《隋·經籍志》注:梁又《宋司空何尚之集》十
卷,亡。

何偃集十六卷

宋何偃撰。《隋·經籍志》:《宋吏部尚書何偃集》十九卷,梁

十六卷。

周朗集八卷

宋周朗撰。《隋·經籍志》注：梁又有《廬江太守周朗集》八卷，亡。

沈懷文集十六卷

宋沈懷文撰。《隋·經籍志》：《宋侍中沈懷文集》十二卷，殘缺。梁十六卷。

袁覬集八卷

宋袁覬撰。《隋·經籍志》注：梁又有《宋武陵太守袁顗集》八卷，亡。

按，《隋志》"袁顗"當作"袁覬"。據《宋書·袁湛傳》，湛弟豹，豹子洵，洵長子顗，別有傳。少子覬，好學善屬文，有清譽於世，官至司徒從事中郎、武陵內史。又《南齊書·袁彖傳》曰：彖祖洵、吳郡太守；父覬，武陵太守。

荀欽明集六卷

宋荀欽明撰。《隋·經籍志》注：梁又有《荀欽明集》六卷，亡。

王詢之集五卷

宋王詢之撰。《隋·經籍志》注：梁又有《安北參軍王詢之集》五卷，亡。

戴法興集四卷

宋戴法興撰。《隋·經籍志》注：梁又有《越騎校尉戴法興集》四卷，亡。

虞通之集二十卷

宋虞通之撰。《隋·經籍志》：《宋黃門虞通之集》十五卷，梁二十卷。

沈勃集二十卷

宋沈勃撰。《隋·經籍志》：《宋司徒左長史沈勃集》十五卷，梁二十卷。

謝莊集十五卷

宋謝莊撰。《隋·經籍志》:《宋金紫光禄大夫謝莊集》十九卷,梁十五卷。

謝協集三卷

宋謝協撰。《隋·經籍志》注:梁又有《宋光禄大夫謝協集》三卷,亡。

張悦集十一卷

宋張悦撰。《隋·經籍志》注:梁又有《三巴校尉張悦集》十一卷,亡。

賀頗集十一卷

宋賀頗撰。《隋·經籍志》注:梁又有《揚州從事賀頗集》十一卷,亡。

孔邁之集八卷

宋孔邁之撰。《隋·經籍志》注:梁又有《領軍長史孔邁之》集八卷,亡。

賀弼集十六卷

宋賀弼撰。《隋·經籍志》注:梁又有《撫軍參軍賀弼集》十六卷,亡。

劉遂集二卷

宋劉遂撰。《隋·經籍志》注:梁又有《本州秀才劉遂集》二卷,亡。

鮑照集六卷

宋鮑照撰。《隋·經籍志》:《宋征虜記室參軍鮑照集》十卷,梁六卷。

沈懷遠集十九卷

宋沈懷遠撰。《隋·經籍志》注:梁又有《宋武康令沈懷遠集》

十九卷,亡。

裴駰集六卷

宋裴駰撰。《隋·經籍志》注：梁又有《裴駰集》六卷,亡。

劉鯤集五卷

宋劉鯤撰。《隋·經籍志》注：梁又有《删定郎劉鯤集》五卷,亡。按,舊、新《唐志》皆有《劉緄集》五卷,嚴可均氏《全宋文編》疑即此書。

費脩集十卷

宋費脩撰。《隋·經籍志》注：梁又有《宜都太守費脩集》十卷,亡。

徐爰集十卷

宋徐爰撰。《隋·經籍志》：《宋太中大夫徐爰集》六卷,梁十卷。

孫勃集六卷

宋孫勃撰。《隋·經籍志》注：梁又有《護軍司馬孫勃集》六卷,亡。

張永集十卷

宋張永撰。《隋·經籍志》注：梁又有《右光禄大夫張永集》十卷,亡。

趙繹集十六卷

宋趙繹撰。《隋·經籍志》注：梁又有《陽羨令趙繹集》十六卷,亡。

庾蔚之集二十卷

宋庾蔚之撰。《隋·經籍志》：《宋庾蔚之集》十六卷,梁二十卷。

王素集十六卷

宋王素撰。《隋·經籍志》注：梁又有《太子中舍人徵不就王素集》十六卷,亡。

劉愔集十卷

宋劉愔撰。《隋·經籍志》:《宋豫章太守劉愔集》八卷,梁
十卷。

費鏡運集二十卷

宋費鏡運撰。《隋·經籍志》注:梁又有《宋起部費鏡運集》二
十卷,亡。

孫復集十一卷

宋孫復撰。《隋·經籍志》注:梁又有《光禄大夫孫復集》十一
卷,①亡。

蔡頤集三卷

宋蔡頤撰。《隋·經籍志》注:梁又有《太尉從事中郎蔡頤集》
三卷,亡。

劉勔集二十卷　録一卷

宋劉勔撰。《隋·經籍志》注:梁又有《司空劉緬集》二十卷、
録一卷,亡。
按,《隋志》"劉緬"當作"劉勔"。據《宋書》及《南史·劉勔
傳》,桂陽王休範爲亂,奄至建業,加勔使持節鎮軍將軍,鎮扞
石頭。勔戰敗,死之。贈司空。

明僧嵩集十卷

宋明僧嵩撰。《隋·經籍志》注:梁又有《青州刺史明舊嵩集》
十卷,亡。
按,《隋志》"明舊嵩"當作"名僧嵩"。據《南齊書·高逸傳》,
明僧紹弟僧高,②亦好學,宋孝武見之,迎頌其名,時人以爲
榮。泰始初,爲青州刺史。

---

① "夫",原作"太",據殿本《隋書·經籍志》改。
② "高",殿本《南齊書·高逸傳》作"嵩"。

蕭惠開集七卷

宋蕭惠開撰。《隋·經籍志》注：梁又有《吳興太守蕭惠開集》七卷，亡。

沈宗之集十卷

宋沈宗之撰。《隋·經籍志》注：梁又有《沈宗之集》十卷，亡。

張辯集十六卷

宋張辯撰。《隋·經籍志》注：梁又有《大司農張辯集》十六卷，亡。

王瓚集十五卷　録一卷

宋王瓚撰。《隋·經籍志》注：梁又有《金紫光禄大夫王瓚集》十五卷、録一卷，亡。

郭坦之集五卷

宋郭坦之撰。《隋·經籍志》注：梁又有《郭坦之集》五卷，亡。

辛湛之集八卷

宋辛湛之撰。《隋·經籍志》注：梁又有《會稽主簿辛湛之集》八卷，亡。

朱百年集二卷

宋朱百年撰。《隋·經籍志》注：梁又有《太子舍人朱年集》二卷，亡。

按，《隋志》“朱年”當作“朱百年”。據《宋書·隱逸傳》，朱百年少有高情，攜妻孔氏入會稽南山，以伐樵采箬爲業。頗能言理，時爲咏，往往有高勝之音。郡命功曹，州辟從事，並不就。除太子舍人亦不就。

鮑德遠集六卷

宋鮑德遠撰。《隋·經籍志》注：梁又有《東海王常侍鮑德遠集》六卷，亡。

張緩集六卷

宋張緩撰。《隋·經籍志》注：梁又有《會稽郡丞張緩集》六卷,亡。

吳邁遠集八卷

宋吳邁遠撰。《隋·經籍志》:《宋江州從事吳邁遠集》一卷,
殘缺。梁八卷,亡。

湯惠休集四卷

宋湯惠休撰。《隋·經籍志》注:《宋宛朐令湯惠休集》四
卷,亡。

孫奉伯集十卷

宋孫奉伯撰。《隋·經籍志》注:梁又有《南海太守孫奉伯集》
十卷,亡。

成元範集十卷

宋成元範撰。《隋·經籍志》注:梁又有《右將軍成元範集》十
卷,亡。

虞喜集十一卷

宋虞喜撰。《隋·經籍志》注:梁又有《奉朝請虞喜集》十一
卷,亡。

唐思賢集十五卷

宋唐思賢撰。《隋·經籍志》注:梁又有《延陵令唐思賢集》十
五卷,亡。

戴凱之集六卷

宋戴凱之撰。《隋·經籍志》注:梁又有《戴凱之集》六卷,亡。

袁粲集九卷

宋袁粲撰。《隋·經籍志》:《宋司徒袁粲集》十一卷並目録,
梁九卷。

牽氏集一卷

宋牽氏撰。《隋·經籍志》注:梁又有《婦人牽氏集》一卷,亡。
按,牽氏之名未詳。

韓蘭英集四卷

宋韓蘭英撰。《隋·經籍志》注：梁又有《宋後宮司儀韓蘭英集》四卷，亡。

齊文帝集十一卷

齊文帝撰。《隋·經籍志》：《齊文帝集》一卷，殘缺。梁十一卷。

晋安王子懋集四卷　録一卷

齊蕭子懋撰。《隋·經籍志》注：梁又有《齊晋安王子懋集》四卷、録一卷，亡。

隨王子隆集七卷

齊蕭子隆撰。《隋·經籍志》注：梁又有《隨王子隆集》七卷，亡。

蕭遥欣集十一卷

齊蕭遥欣撰。《隋·經籍志》注：梁又有《齊聞喜公蕭遥欣集》十一卷，亡。

劉祥集十卷

齊劉祥撰。《隋·經籍志》注：梁又有《領軍諮議劉祥集》十卷，亡。

崔祖思集二十卷

齊崔祖思撰。《隋·經籍志》注：梁又有《齊黄門侍郎崔祖思集》二十卷，亡。

鍾蹈集十二卷

齊鍾蹈撰。《隋·經籍志》注：梁又有《中軍佐鍾蹈集》十二卷，亡。

丘巨源集十卷　録一卷

齊丘巨源撰。《隋·經籍志》注：梁又有《餘杭令丘巨源集》十卷、録一卷，亡。

王儉集六十卷

齊王儉撰。《隋·經籍志》:《齊太尉王儉集》五十一卷,梁六十卷。

謝顥集十六卷

齊謝顥撰。《隋·經籍志》注:梁又有《齊東海太守謝顥集》十六卷,亡。

謝瀹集十卷

齊謝瀹撰。《隋·經籍志》注:梁又有《謝瀹集》十卷,亡。

劉善明集十卷

齊劉善明撰。《隋·經籍志》注:梁又有《豫州刺史劉善明集》十卷,亡。

褚賁集十卷

齊褚賁撰。《隋·經籍志》注:梁又有《侍中褚賁集》十卷,亡。

劉虯集二十四卷

齊劉虯撰。《隋·經籍志》注:梁又有《徵士劉虯集》二十四卷,亡。

庾易集十卷

齊庾易撰。《隋·經籍志》注:梁又有《司徒主簿徵不就庾易集》十卷,亡。

顧歡集三十卷

齊顧歡撰。《隋·經籍志》注:梁又有《顧歡集》三十卷,亡。

劉瓛集三十卷

齊劉瓛撰。《隋·經籍志》注:梁又有《劉瓛集》三十卷,亡。

劉璡集三卷

齊劉璡撰。《隋·經籍志》注:梁又有《射聲校尉劉璡集》三卷,亡。

周顒集十六卷

齊周顒撰。《隋·經籍志》：《齊中書郎周顒集》八卷，梁十卷。

鮑鴻集二十卷　録一卷

齊鮑鴻撰。《隋·經籍志》注：梁又有《齊左侍郎鮑鴻集》二十卷、録一卷，亡。

韋瞻集十卷

齊韋瞻撰。《隋·經籍志》注：梁又有《雍州秀才韋瞻集》十卷，亡。

劉懷慰集十卷　録一卷

齊劉懷慰撰。《隋·經籍志》注：梁又有《正員郎劉懷慰集》十卷、録一卷，亡。

江山圖十卷

齊江山圖撰。《隋·經籍志》注：梁又有《永嘉太守江山圖集》十卷，亡。

苟憲集十一卷

齊苟憲撰。《隋·經籍志》注：梁又有《驃騎記室苟憲集》十一卷，亡。

虞羲集十一卷

齊虞羲撰。《隋·經籍志》注：梁又有《齊前軍參軍虞羲集》十一卷，亡。

韋沈集十卷

齊韋沈撰。《隋·經籍志》注：梁又有《平陽令韋沈集》十卷，亡。

任文集十一卷

齊任文撰。《隋·經籍志》注：梁又有《車騎參軍任文集》十一卷，亡。

卞鑠集十六卷

齊卞鑠撰。《隋·經籍志》注：梁又有《卞鑠集》十六卷，亡。

祖沖之集五十一卷

齊祖沖之撰。《隋·經籍志》注:梁又有《長水校尉祖沖之集》
五十一卷,亡。

王巾集十一卷

齊王巾撰。《隋·經籍志》注:梁又有《王巾集》十一卷,亡。
按,"王巾"或作"王中",以作"巾"近是。《文選·頭陀寺碑
文》注:《姓氏英賢録》曰:王巾字簡梁。又錢塘梁玉繩《瞥
記》曰:王簡栖之名。《文選》注作巾,説者謂:巾、閒居服,故
字簡栖。《困學記聞》引《説文通釋》以爲王中。按中音徹,草
木初生也,與簡栖之字不配。吳白華侍郎云:中疑當作　　,古
左字。《詩·簡兮》:"左手執籥",其名與字或取此。

張融集十卷

齊張融撰。《隋·經籍志》:《齊司徒左長史張融集》二十
卷,梁十卷。

玉海集十卷

齊張融撰。《隋·經籍志》注:梁又有《張融玉海集》十卷,亡。

大澤集十卷

齊張融撰。《隋·經籍志》注:梁又有《張融大澤集》十卷,亡。

金波集六十卷

齊張融撰。《隋·經籍志》注:梁又有《張融金波集》六十
卷,亡。

庾韶集十卷

齊庾韶撰。《隋·經籍志》注:梁又有《齊羽林監庾韶集》十
卷,亡。

王僧祐集十卷

齊王僧祐撰。《隋·經籍志》注:梁又有《黃門郎王僧祐集》十
卷,亡。

劉悛集二十卷　録一卷

齊劉悛撰。《隋・經籍志》注：梁又有《太常卿劉悛集》二十卷、録一卷，亡。

王寂集五卷

齊王寂撰。《隋・經籍志》注：梁又有《秘書王寂集》五卷，亡。

陸厥集十卷

齊陸厥撰。《隋・經籍志》：《齊後軍法曹參軍陸厥集》八卷，梁十卷。

徐孝嗣集七卷

齊徐孝嗣撰。《隋・經籍志》：《齊太尉徐孝嗣集》十卷，梁七卷。

劉暄集十一卷

齊劉暄撰。《隋・經籍志》注：梁又有《侍中劉暄集》一十一卷，亡。

裴昭明集九卷

齊裴昭明撰。《隋・經籍志》注：梁又有《通直常侍裴昭明集》九卷，亡。

虞炎集七卷

齊虞炎撰。《隋・經籍志》注：梁又有《虞炎集》七卷，亡。

劉瑱集十卷

齊劉瑱撰。《隋・經籍志》注：梁又有《吏部郎劉瑱集》十卷，亡。

劉繪集十卷

齊劉繪撰。《隋・經籍志》注：梁又有《梁國從事中郎劉繪集》十卷，亡。

梁文帝集十八卷

齊蕭順之撰。見《唐・經籍志》及《唐・藝文志》。《隋・經籍志》未收。

按,梁武帝父名順之,武帝即位後追尊爲文皇帝。

梁武帝集一百二十卷

武帝撰。見本紀,《南史》同。《隋·經籍志》:《梁武帝集》二十六卷、梁三十卷。《梁武帝詩賦集》二十卷、《梁武帝雜文集》九卷、《梁武帝別集》目録二卷、《梁武帝淨業賦》三卷。

按《梁書·武帝紀》曰:"天情睿敏,下筆成章,千賦百詩,直疏便就。皆文質彬彬,超邁今古。詔銘贊誄箴頌牋奏,爰初在田,洎登寶歷,凡諸文集,又百二十卷。又《蕭子顯傳》,大通三年,啓撰《高祖集》,又《任孝恭傳》,啓撰《高祖集》序,文並富麗。

梁簡文帝集一百卷

簡文帝撰。見本紀,《南史》同。《隋·經籍志》:《梁簡文帝集》八十五卷,陸罩撰,並録。

按《南史·陸杲傳》,子罩,善屬文,簡文居藩,爲記室參軍,撰帝集序。

梁元帝集五十卷

元帝撰。見本紀,《南史》同。《隋·經籍志》:《梁元帝集》五十二卷。

梁元帝小集十卷

元帝撰。見《隋·經籍志》。

梁昭明太子集二十卷

蕭統撰。見本傳,《南史》同。《隋·經籍志》同。按《梁書·劉孝綽傳》曰:"太子文章繁富,群才咸欲撰録,太子獨使孝綽集而序之。"

梁安成王集三十卷

蕭秀撰。《隋·經籍志》注:梁有《晉安成王集》三十卷,亡。

按，《隋志》"晋安成王"當作"梁安成王"。據《梁書·安成王
傳》，安成康王秀，太祖第七子也。仕齊爲著作佐郎，歷太子
舍人。天監元年，封安成郡王。精意學術，搜集經記。

梁邵陵王綸集六卷

蕭綸撰。見《隋·經籍志》。

按《梁書·邵陵王綸傳》曰：邵陵攜攜王綸，高祖第六子也。
少聰穎，博學善屬文，尤工尺牘。

梁武陵王紀集八卷

蕭紀撰。見《隋書·經籍志》。

按《梁書·武陵王紀傳》曰：武陵王紀，高祖第八子也。少勤
學，有文才。屬辭不好輕華，甚有骨氣。

梁安成煬王集五卷

蕭機撰。見《安成王秀傳》，《南史》見本傳，同。《隋·經籍
志》注：梁又有《安成煬王集》五卷，亡。

按《梁書·安成王傳》，安成王秀薨，世子機嗣。家既多書，博
學強記。所著詩賦數千言，世祖集而序之。

宗夬集九卷　並録

宗夬撰。《隋·經籍志》：《梁司徒諮議宗史集》九卷並録。

按，《隋志》"宗史"當作"宗夬"。據《梁書》及《南史·宗夬
傳》，夬少勤學有局幹。竟陵王子良集學士於西邸，並見圖
畫，夬亦與焉。梁天監二年，徵爲太子右衛率，是冬遷五兵尚
書，參掌大選。三年，卒。又《新唐志》有《宗夬集》十卷，《舊
唐志》亦誤"夬"作"史"。

丘遲集

丘遲撰。見本傳，《南史》同。《隋·經籍志》：《梁國子博士丘
遲集》十卷並録，梁十一卷。

按《梁書·遲傳》曰：所著詩賦行於世。

謝朓集

謝朓撰。見本傳,《南史》同。《隋·經籍志》注:梁又有《謝朓集》十五卷,亡。

按《梁書·朓傳》曰:著書及文章並行於世。

江淹前集

江淹撰。見本傳,《南史》同。《隋·經籍志》:《梁金紫光禄大夫江淹集》九卷,梁二十卷。

按《梁書·淹傳》曰:凡所著述百餘篇,自撰爲前後集。

江淹後集

江淹撰。見本傳,《南史》同。《隋·經籍志》:《江淹後集》十卷。

范雲集三十卷

范雲撰。見本傳,《南史》同。《隋·經籍志》:《梁尚書僕射范雲集》十一卷並録。

任昉集三十三卷

任昉撰。見本傳,《南史》同。《隋·經籍志》:《梁太常卿任昉集》三十四卷。

謝纂集十卷

謝纂撰。《隋·經籍志》注:梁有《晋安太守謝纂集》十卷,亡。

按《梁書·謝朓傳》曰:次子纂,頗有文才,仕至晋安太守。"纂"與"纂"通。

柳惲集

柳惲撰。見本傳,[①]《南史》同。《隋·經籍志》注:梁有《撫軍將軍柳憕集》二十卷,亡。

按《梁書·惲傳》曰:著《仁政傳》及諸詩賦,粗有辭義。《隋

---

① "本",原脱,據上下文意補。

志》"柳憺"當作"劉恢"。

柳惲集十二卷

柳惲撰。《隋·經籍志》注：梁有《中護軍柳惲集》十二卷，亡。

柳憕集六卷

柳憕撰。《隋·經籍志》注：梁有《豫州刺史柳憕集》六卷，亡。

按《梁書·柳恢傳》曰：恢第四弟憕亦有美譽，歷侍中、鎮西長史，天監十二年卒，贈寧遠將軍、豫州刺史。

柳忱集十三卷

柳忱撰。《隋·經籍志》注：梁有《尚書令柳忱集》十三卷，亡。

何佪集三卷

何佪撰。《隋·經籍志》注：梁有《義興郡丞何佪集》三卷，亡。

韋温集十卷

韋温撰。《隋·經籍志》注：梁有《撫軍中兵參軍韋温集》十卷，亡。

到洽集

到洽撰。見本傳，《南史》同。《隋·經籍志》注：梁有《鎮西錄事參軍到洽集》十一卷，亡。

劉苞集十卷

劉苞撰。《隋·經籍志》注：梁有《太子洗馬劉苞集》十卷，亡。

諸葛璩集二十卷

諸葛璩撰。見本傳，《南史》同。《隋·經籍志》注：梁有《南徐州秀才諸葛璩》集十卷，亡。

按《梁書·處士諸葛璩傳》曰：天監中舉秀才不就。所著文章二十卷，門人劉瞰集而錄之。

沈約集一百卷

沈約撰。見本傳，《南史》同。《隋·經籍志》：《沈約集》一百一卷並錄。

沈約集略三十卷

沈約撰。見《唐·經籍志》及《唐·藝文志》。《隋·經籍志》未收。

謝綽集十一卷

謝綽撰。《隋·經籍志》注：梁又有《謝綽集》十一卷,亡。

王僧儒集三十卷

王僧儒撰。見本傳,《南史》同。《隋·經籍志》同。

范縝集十卷

范縝撰。見本傳,《南史·縝傳》作十五卷。《隋·經籍志》：梁尚書左丞《范縝集》十一卷。

周捨集二十卷

周捨撰。見本傳,《南史》同。《隋·經籍志》同。

金河集六十卷

張熾撰。《隋·經籍志》注：梁有《秘書張熾金河集》六十卷,亡。

劉歊集八卷

劉歊撰。《隋·經籍志》注：梁有《劉歊集》八卷,亡。

按《梁書·歊傳》,歊著《革終論》,傳中録其文,長約千言。

劉訏集一卷

劉訏撰。《隋·經籍志》注：梁有《玄真處士劉許集》一卷,[①]亡。按,《隋志》"劉許"當作"劉訏"。據《梁書·處士劉訏傳》,訏字彦度,平原人也。善玄言,尤精釋典。天監十七年卒。宗人至友相與刊石立銘,謚曰玄真處士。

蕭洽集二十卷

蕭洽撰。見本傳。《南史》同。《隋·經籍志》：《蕭洽集》

---

① "士",原脱,據殿本《隋書·經籍志》補。

二卷。

陶弘景集三十卷

陶弘景撰。見《隋·經籍志》。

陶弘景内集十五卷

陶弘景撰。見《隋·經籍志》。

魏道微集三卷

魏道微撰。見《隋·經籍志》。

張率集三十卷

張率撰。見本傳,《南史·率傳》作四十卷。《隋·經籍志》:
《梁黄門郎張率集》三十八卷。

王冏集三卷

王冏撰。見《隋·經籍志》。

江革集二十卷

江革撰。見本傳,《南史》同。《隋·經籍志》:《梁都官尚書江
革集》六卷。

吳均集二十卷

吳均撰。見本傳,《南史》同。《隋·經籍志》同。

庾曇隆集十卷　並録

庾曇隆撰。見《隋·經籍志》。

徐勉前集

徐勉撰。見本傳,《南史》同。《隋·經籍志》:《梁儀同三司徐
勉前集》三十五卷。

按《梁書·勉傳》曰:凡所著前後二集四十五卷。《南史·勉
傳》曰,凡所著前後二集五十卷。

徐勉後集

徐勉撰。見本傳,《南史》同。《隋·經籍志》:《徐勉後集》十
六卷並序録。

王錫集七卷　並録

王錫撰。見《隋·經籍志》。

王暕集二十一卷

王暕撰。見《隋·經籍志》。

劉孝標集六卷

劉峻撰。見《隋·經籍志》。

按《梁書·峻傳》,劉峻字孝標。

裴子野集二十卷

裴子野撰。見本傳,《南史》同。《隋·經籍志》:《梁鴻臚裴子野集》十四卷。

司馬褧集十卷

司馬褧撰。見本傳,《南史》同。《隋·經籍志》:《梁仁威長史司馬褧集》九卷。

蕭子暉集九卷

蕭子暉撰。見《隋·經籍志》。

蕭子範前集

蕭子範撰。見本傳,《南史》同。《隋·經籍志》:《梁始興内史蕭子範集》十三卷。

按《梁書·子範傳》有前後文集三十卷。

蕭子範後集

蕭子範撰。見本傳,《南史》同。《隋·經籍志》:《梁始興内史蕭子範集》十三卷。

江洪集二卷

江洪撰。見《隋·經籍志》。

鮑畿集八卷

鮑畿撰。見《隋·經籍志》。

按,"鮑畿"或作"鮑機",又作"鮑幾"。其字爲景玄,古人名字相應，以作"幾"近是。《梁書‧鮑泉傳》曰：父機，湘東王諮議參軍。《南史‧鮑泉傳》曰：父幾，字景玄。《隋書‧鮑宏傳》曰：父機，以才學知名，仕梁，官至治書侍御史。又《舊唐志》有《鮑畿集》八卷，《新唐志》作《鮑幾集》八卷。

虞騭集十卷

虞騭撰。見《隋‧經籍志》。

費昶集三卷

費昶撰。見《隋‧經籍志》。

蕭幾集二卷

蕭幾撰。《隋‧經籍志》：梁《蕭機集》二卷。[①]

按，《隋志》"蕭機"當作"蕭幾"。據《梁書‧蕭絲傳》，幾字德玄，齊曲江公遥欣子也。十歲能屬文。年十五作《楊公則誄文》，沈約見而奇之，以爲不減希逸之作。末年爲新安太守，郡多山水，特其所好，適性游履，遂爲之記。又梁安成煬王名機，著詩賦數千言，元帝集而序之，見《梁書‧安成康王秀傳》。而《隋志》前已著録《安成煬王集》五卷，此不當重出。

謝瑱集八卷

謝瑱撰。見《隋‧經籍志》。

謝琛集五卷

謝琛撰。見《隋‧經籍志》。

何遜集八卷

何遜撰。見本傳，《南史》同。《隋‧經籍志》：《梁仁威記室何遜集》七卷。

按《梁書‧何遜傳》，東海王僧儒集其文爲八卷。

---

① "隋經籍志梁蕭機集二卷"，原作"隋經籍蕭志梁機二集卷"，據殿本《隋書‧經籍志》改。

劉緩集四卷

劉緩撰。《隋·經籍志》注：梁有《安西記室劉緩集》四卷,亡。
按,《隋志》"劉綏"當作"劉緩"。據《梁書·文學·劉昭傳》,
昭弟緩,少知名,歷官安西湘東王記室。時西府盛集文學,緩
居其首。又嚴可均氏《梁文編》曰：劉緩有集四卷。

釋智藏集五卷

釋智藏撰。《隋·經籍志》注：梁有《沙門釋智藏集》五卷,亡。
按嚴可均氏《全梁文編》,釋智藏本名淨藏,吳人。天監末居
鍾山開善寺。

陸倕集二十卷

陸倕撰。見本傳,《南史》同。《隋·經籍志》：《梁太常陸倕
集》十四卷。

劉孝綽集

劉孝綽撰,見本傳,《南史》同。《隋·經籍志》：《梁廷尉卿劉
孝綽集》十四卷。

劉潛集二十卷

劉潛撰。見本傳,《南史》同。《隋·經籍志》：《梁都官尚書劉
孝儀集》二十卷。
按,孝儀爲潛之字。

劉孝威集十卷

劉孝威撰。見《隋·經籍志》。

劉孝先集

劉孝先撰。見《劉潛傳》,《南史》見《劉勔傳》。《隋·經籍志》
未收。
按《梁書·劉潛傳》曰：潛第七弟孝先,承聖中與兄孝勝俱隨
紀武陵王紀。軍出峽口,兵敗,至江陵,世祖以爲黃門郎,遷
侍中。兄弟並善五言詩,見重於世。文集值亂,今不具存。

劉孝勝集

劉孝勝撰。見《劉潛傳》,《南史》見《劉勔傳》。《隋·經籍志》未收。

王揖集五卷

王揖撰。見《隋·經籍志》。

按《梁書·王筠傳》曰:"父楫,太中大夫。"嚴可均氏《全梁文編》曰:王揖,《梁書》作楫。齊司空僧虔子。仕齊。入梁,歷黃門侍郎,太中大夫,出爲東陽太守,有集五卷。

陸雲公集

陸雲公撰。見本傳,《南史》同。《隋·經籍志》:《梁黃門郎陸雲公集》十卷。

陸才子集

陸才子撰。見《陸雲公傳》,《南史》同。《隋·經籍志》未收。

蕭子雲集十九卷

蕭子雲撰。見《隋·經籍志》。

楊眺集十一卷　並録

楊眺撰。見《隋·經籍志》。

按《隋志》"楊眺"《梁書》作"楊眺",見《梁書·楊公則傳》。

洗馬集十卷

王筠撰。見本傳,《南史》同。《隋·經籍志》:《梁太子洗馬王筠集》十一卷並録。

按《梁書·筠傳》曰:"筠自撰其文章,以一官爲一集,自《洗馬》《中書》《中庶子》《吏部佐》《臨海》《太府》各十卷,《尚書》三十卷,凡一百卷,行於世。"《南史·筠傳》曰:"自撰其文章,以一官爲一集,自《洗馬》《中書》《中庶》《吏部》《左佐》《臨海》《太府》各十卷,《尚書》三十卷,凡一百卷,行於世。"今合校二書之文,知《梁書》"吏部"下當敓一"左"字。

中書集十卷

王筠撰。見本傳,《南史》同。《隋·經籍志》:《王筠中書集》十一卷並録。

中庶集十卷

王筠撰。見本傳,《南史》同。《隋·經籍志》未收。

吏部集十卷

王筠撰。見本傳,《南史》同。《隋·經籍志》未收。

左佐集十卷

王筠撰。見本傳,《南史》同。《隋·經籍志》:《王筠左佐集》十一卷並録。

臨海集十卷

王筠撰。見本傳,《南史》同。《隋·經籍志》:《王筠臨海集》十一卷並録。

太府集十卷

王筠撰。見本傳,《南史》同。《隋·經籍志》未收。

尚書集三十卷

王筠撰。見本傳,《南史》同。《隋·經籍志》:《王筠尚書集》九卷並録。

蕭淵藻集四卷　並録

蕭淵藻撰。《隋·經籍志》:《梁西昌侯蕭深藻集》四卷並録。按,《隋志》"蕭深藻"即"蕭淵藻",梁武帝兄長沙王懿之子。據《梁書·鄧元起傳》,元起爲益州刺史,以母老乞歸,詔以西昌侯蕭淵藻代之。唐人以避諱故,改爲"深藻"。

任孝恭集

任孝恭撰。見本傳,《南史》同。《隋·經籍志》:《梁中書郎任孝恭集》十卷。

鮑泉集一卷

鮑泉撰。見《隋·經籍志》。

鮑行卿集二十卷

鮑行卿撰。見《南史·鮑泉傳》。《隋·經籍志》未收。

張讚集二十卷

張讚撰。見本傳,《南史》同。《隋·經籍志》:《梁雍州刺史張
纘集十一卷並録。

張縞集十一卷　並録

張縞撰。見《隋·經籍志》。

庾肩吾集

庾肩吾撰。見本傳,《南史》同。《隋·經籍志》:《梁度支尚書
庾肩吾集》十卷。

庾於陵集十卷

庾於陵撰。見本傳,《南史》同。《隋·經籍志》未收。

劉之遴前集

劉之遴撰。見本傳,《南史》同。《隋·經籍志》:《梁太常卿劉
之遴前集》十一卷。

按《梁書·之遴傳》有前後文集五十卷。

劉之遴後集

劉之遴撰。見本傳,《南史》同。《隋·經籍志》:《劉之遴後
集》二十一卷。

謝郁集四卷

謝郁撰。見《隋·經籍志》。

蕭琛集

蕭琛撰。見《南史·蕭琛傳》。《隋·經籍志》未收。

按《南史·蕭琛傳》,所撰諸文集十餘萬言。

臧嚴集十卷

臧嚴撰。見本傳,《南史》同。《隋·經籍志》未收。

謝徵集二十卷

謝徵撰。見本傳。《南史》作謝微。傳同。《隋·經籍志》未收。

按,謝氏字玄度,古人名字相應,其名似以《南史》作微近是。

《梁書·徵傳》曰:友人王籍集其文爲二十卷。

謝舉集

謝舉撰。見本傳,《南史·舉傳》作文集二十卷。《隋·經籍志》未收。

按《梁書·舉傳》,文集亂中侯景之亂。並已亡逸。

謝嘏集

謝嘏撰。見《南史》本傳。《隋·經籍志》未收。

謝僑集十卷

謝僑撰。見《南史》本傳。《隋·經籍志》未收。

王籍集

王籍撰。見本傳,《南史·籍傳》作集十卷。《隋·經籍志》未收。

按《南史·籍傳》曰:湘東王集其文爲十卷。

王規集二十卷

王規撰。見本傳,《南史》同。《隋·經籍志》未收。

到溉集二十卷

到溉撰。見本傳,《南史》同。《隋·經籍志》未收。

到沆集

到沆撰。見本傳,《南史》同。《隋·經籍志》未收。

按《梁書·沆傳》,所著詩賦百餘篇。

謝幾卿集

謝幾卿撰。見本傳,《南史》同。《隋·經籍志》未收。

傅昭集十卷

傅昭撰。見《唐·經籍志》及《唐·藝文志》。《隋·經籍志》未收。

袁昂集二十卷

袁昂撰。見《南史·昂傳》。《隋·經籍志》未收。

張盾集

張盾撰。見《南史·盾傳》。《隋·經籍志》未收。

孔翁歸集

孔翁歸撰。見《何遜傳》，《南史》同。《隋·經籍志》未收。

江遜集

江遜撰。見《何遜傳》，《南史》同。《隋·經籍志》未收。

按，江氏之名，《梁書》及《南史·何遜傳》皆先作"避"後作"遜"，未詳孰是。惟傳中言江氏注《孝經》，而《隋志》著錄江遜注《孝經》一卷，是作"遜"之理較長，今從之。

庾仲容集二十卷

庾仲容撰。見本傳，《梁書》同。《隋·經籍志》未收。

顧憲之集

顧憲之撰。見本傳，《南史》同。《隋·經籍志》未收。

按《梁書·憲之傳》，所著詩賦銘讚並《衡陽郡記》數十篇。

沈顗集

沈顗撰。見本傳，《南史》同。《隋·經籍志》未收。

按《梁書·顗傳》曰：所著文章數十篇。

江蒨集十五卷

江蒨撰。見本傳，《南史》同。《隋·經籍志》未收。

劉孺集二十卷

劉孺撰。見本傳，《南史》同。《隋·經籍志》未收。

蕭子顯集二十卷

蕭子顯撰。見本傳，《南史》同。《隋·經籍志》未收。

蕭序集

蕭序撰。見《蕭子顯傳》。《隋·經籍志》未收。

按《梁書·蕭子顯傳》曰：二子序、愷，並少知名，愷才學譽望，時論以方其父，侯景寇亂，文集並亡佚。

蕭愷集

蕭愷撰。見《蕭子顯傳》。《隋·經籍志》未收。

劉霽集十卷

劉霽撰。見本傳，《南史》同。《隋·經籍志》未收。

劉杳集十五卷

劉杳撰。見《南史·杳傳》。《隋·經籍志》未收。

蕭業集

蕭業撰。見本傳，《南史》同。《隋·經籍志》未收。

張緬集五卷

張緬撰。見本傳，《南史》同。《隋·經籍志》未收。

范岫集

范岫撰。見本傳，《南史》同。《隋·經籍志》未收。

朱异集

朱异撰。見本傳，《南史》同。《隋·經籍志》未收。

按《梁書·异傳》，所撰《禮》《易講疏》及儀注、文集百餘篇，亂中侯景之亂。多亡逸。

許懋集十五卷

許懋撰。見本傳，《南史》同。《隋·經籍志》未收。

顧協集十卷

顧協撰。見《南史·協傳》。《隋·經籍志》未收。

范述曾集

范述曾撰。見本傳，《南史》同。《隋·經籍志》未收。

按《梁書·述曾傳》，著雜詩賦數十篇。

伏挺集二十卷

伏挺撰。見本傳,《南史》同。《隋·經籍志》未收。

劉昭集十卷

劉昭撰。見本傳,《南史》同。《隋·經籍志》未收。

周興嗣集十卷

周興嗣撰。見本傳,《南史》同。《隋·經籍志》未收。

何思澄集十五卷

何思澄撰。見本傳,《南史》同。《隋·經籍志》未收。

何朗集

何朗撰。見《何思澄傳》,《南史》同。《隋·經籍志》未收。

顔協集二十卷

顔協撰。見《南史·協傳》。《隋·經籍志》未收。

謝蘭集

謝蘭撰。見本傳,《南史》同。《隋·經籍志》未收。

按《梁書·蘭傳》曰:所製詩賦碑頌數十篇。

江子一集

江子一撰。見本傳,《南史》同。《隋·經籍志》未收。

按《梁書·子一傳》曰:辭賦文筆數十篇行於世。

庾曼倩集

庾曼倩撰。見《庾詵傳》,《南史》同。

《隋·經籍志》未收。

按《梁書·庾詵傳》,曼倩所著書及所製文章凡九十五卷。

陸倕集二十卷

陸倕撰。見本傳。撰《經籍志》未收。①

---

①　此條重復著録,且有訛字。前已著録“《陸倕集》二十卷,陸倕撰。見本傳,《南史》。《隋·經籍志》:《梁太常陸倕集》十四卷。”

江行敏集五卷

江行敏撰。見《江革傳》。《隋·經籍志》未收。

按，"江行敏"《南史》作"江敏"，不言有集。行敏爲江革長子，革次子名德藻，以其兄弟命名之意思之，《南史》"敏"上似敚"行"字。

何佟之集

何佟之撰。見本傳，《南史》同。《隋·經籍志》未收。

按《梁書·佟之傳》曰：所著文章禮義百許篇。

鍾嶸集

鍾嶸撰。見本傳。《隋·經籍志》未收。

按《梁書·嶸傳》：嶸與兄岏弟嶼並好學有思理，兄弟並有文集。

鍾岏集

鍾岏撰。見《鍾嶸傳》。《隋·經籍志》未收。

鍾嶼集

鍾嶼撰。見《鍾嶸傳》。《隋·經籍志》未收。

劉勰集

劉勰撰。見本傳。《隋·經籍志》未收。

高爽集

高爽撰。見吳均傳。《隋·經籍志》未收。

按《梁書·吳均傳》，廣陵高爽、濟陽江洪、會稽虞騫並工屬文，並有文集。

江洪集

江洪撰。見《吳均傳》。《隋·經籍志》未收。

虞騫集

虞騫撰。見《吳均傳》。《隋·經籍志》未收。

梁臨安恭公主集三卷

臨安公主撰。見《隋·經籍志》。

按《隋志》此集下注曰：武帝女。《南史·梁宗室·臨川王宏傳》曰：帝諸女、臨安、安吉、長城三主並有文才。

沈滿願集三卷

沈滿願撰。《隋·經籍志》：《梁征西記室范靖妻沈滿願集》三卷。

劉令嫻集三卷

劉令嫻撰《隋·經籍志》：《梁太子洗馬徐悱妻劉令嫻集》三卷。

按《梁書·孝綽傳》曰："孝綽兄弟及群從諸子姪，當時有七十人，並能屬文，近古未之有也。其三妹，適琅邪王叔英、吳郡張嵊、東海徐悱，並有才學；悱妻文尤清拔。悱，僕射徐勉子，爲晋安郡，卒喪還京師，妻爲祭文，辭甚悽愴。勉本欲爲哀文，既見此文，於是閣筆。"

　　右別集類八百一十部。前代所著而《隋志》注明"梁有"者六百六十部，其中戰國一部、西漢十六部、新三部、東漢六十一部、三國魏四十四部、蜀三部、吳十四部、西晋一百零八部、東晋二百一十三部、宋一百五十二部、齊五十二部。前代所著見於舊、新《唐志》者一部，梁人所著者一百四十九部；《隋志》著録者七百四十八部，其中尚存者一百二十五部，殘缺者一百四十九部，亡佚者四百七十四部。未收者六十二部；梁人所著見於《梁書》或《南史》者一百零一部，未見者四十八部。

總集類

文章流別集六十卷　志二卷　論二卷

晋摯虞撰。《隋·經籍志》：《文章流別集》四十卷，梁六十卷、志二卷、論二卷，摯虞撰。

集苑六十卷

撰人姓名未詳。《隋·經籍志》：《集苑》四十五卷，梁六十卷。

按《隋志》不著撰人，舊、新《唐志》皆有《集苑》六十卷，謝混撰。或即此書。

集林二百卷

宋劉義慶撰。《隋·經籍志》：《集林》一百八十一卷，宋臨川王劉義慶撰。梁二百卷。

零集三十六卷

撰人姓名未詳。《隋·經籍志》注：梁又有《零集》三十六卷，亡。

翰林論五十四卷

東晉李充撰。《隋·經籍志》：《翰林論》三卷，李充撰。梁五十四卷。

吳朝士文集十三卷

撰人姓名未詳。《隋·經籍志》：《吳朝士文集》十卷，梁十三卷。

文章志録雜文八卷

東晉謝沈撰。《隋·經籍志》注：梁有《文章志録雜文》八卷，謝沈撰。亡。

名士雜文八卷

撰人姓名未詳。《隋·經籍志》注：梁又有《名士雜文》八卷，亡。

婦人集三十卷

宋殷淳撰。《隋·經籍志》注：梁有《婦人集》三十卷，殷淳撰。亡。

四代文章記一卷

張防撰。《隋·經籍志》注：梁有《四代文章記》一卷，吳郡功曹張防撰。亡。

按，張防未詳何代人。

賦集五十卷

宋劉義宗撰。《隋·經籍志》注：梁又有《賦集》五十卷，宋新渝惠侯撰。亡。

按，宋長沙景王道憐子義宗封新渝侯，謚曰惠。

賦集四十卷

宋明帝撰。《隋·經籍志》注：梁又有《賦集》四十卷，宋明帝撰。亡。

樂器賦十卷

撰人姓名未詳。《隋·經籍志》注：梁又有《樂器賦》十卷，亡。

伎藝賦六卷

撰人姓名未詳。《隋·經籍志》注：梁又有《伎藝賦》六卷，亡。

皇德瑞應賦頌十六卷

撰人姓名未詳。《隋·經籍志》：《皇德瑞應賦頌》一卷，梁十六卷。

雜賦十六卷

撰人姓名未詳。《隋·經籍志》注：梁《雜賦》十六卷，亡。

東都賦一卷

齊孔逭撰。《隋·經籍志》注：梁又有《東都賦》一卷，孔逭撰。亡。

二京賦二卷

東晉李軌、綦母邃撰。《隋·經籍志》注：梁又有《二京賦》二卷，李軌、綦母邃撰。亡。

按，舊、新《唐志》皆有《三京賦音》一卷，綦母邃撰。李軌亦長於音者。《隋志》"二京賦"下疑敚"音"字。

齊都賦二卷　並音

晉左思撰。《隋·經籍志》注：梁又有《齊都賦》二卷並《音》，左思撰，亡。

相風賦七卷

晋傅玄等撰。《隋·經籍志》注：梁又有《相風賦》七卷，傅玄
等撰。亡。

迦維國賦二卷

晋虞干紀撰。《隋·經籍志》注：梁又有《迦維國賦》二卷，晋
右軍行恭軍虞干紀撰。亡。

遂志賦十卷

撰人姓名未詳。《隋·經籍志》注：梁又有《遂志賦》十卷，亡。

乘輿赭白馬一卷

撰人姓名未詳。《隋·經籍志》注：梁又有《乘輿赭白馬》一
卷，亡。

按《文選》嚴延年《赭白馬賦》曰："乃詔陪侍，奉述中旨，末臣
庸蔽，敢同獻賦。"是同時奉詔獻賦者不止一人，此殆裒爲一
帙者。《隋志》"乘輿赭白馬"下當敓"賦"字。

子虛上林賦注一卷

東晋郭璞撰。《隋·經籍志》注：梁有《郭璞注子虛上林賦》一
卷，亡。

張衡二京賦注二卷

三國吳薛綜撰。《隋·經籍志》注：梁有《薛綜注張衡二京賦》
二卷，亡。

二京賦注一卷

晁矯撰。《隋·經籍志》注：梁有《晁矯注二京賦》一卷，亡。

按，晁矯未詳何代人。

二京賦注二卷

武巽撰。《隋·經籍志》注：梁有《武巽注二京賦》二卷，亡。

按，《隋志》"武巽"疑當作"傅巽"。巽字公悌，黃初中爲侍中，
遷尚書。《隋志》別集類著録其文集二卷。《通志·藝文略》

有《張衡二京賦》二卷，傅巽注。

左思三都賦注三卷

晋張載、劉逵、衛瓘撰。《隋·經籍志》注：梁有張載及晋侍中劉逵、晋懷令衛瓘注《左思三都賦》三卷，亡。

按《晋書·文苑傳》：思賦三都成，皇甫謐爲其賦序，張載爲注魏都，劉逵注吳蜀，衛瓘又爲思賦作略解。《隋志》及《晋書》“衛瓘”皆當作“衛權”。據《魏志·衛臻傳》，臻子楷。楷子權，字伯興，作《左思吳都賦》叙及注，叙粗有文辭，至於爲注，了無所發明，直爲塵穢文墨，不合傳寫也。

三都賦注三卷

東晋綦母邃撰。《隋·經籍志》注：梁有《綦母邃注二都賦》三卷，亡。

幽通賦注

項氏撰。《隋·經籍志》注：梁有項氏注《幽通賦》，亡。

按，項氏未詳何代人，其名爲岱，《隋志》失著此書之卷數。舊、新《唐志》皆有《項岱注幽通賦》一卷。

木玄虛海賦注一卷

晋蕭廣濟撰。《隋·經籍志》注：梁有《蕭廣濟注木玄虛海賦》一卷，亡。

射雉賦注一卷

宋徐爰撰。《隋·經籍志》注：梁有《徐爰注射雉賦》一卷，亡。

賦音二卷

郭徵之撰。《隋·經籍志》注：梁有《賦音》二卷，郭徵之撰。亡。

按，郭徵之未詳何代人，或作郭微之。舊、新《唐志》皆有《郭微之賦音》二卷。

雜賦圖十七卷

撰人姓名未詳。《隋·經籍志》注：梁有《雜賦圖》十七卷，亡。

雜封禪文八卷

撰人姓名未詳。《隋·經籍志》注：梁有《雜封禪文》八卷，亡。

秦帝刻石文一卷

宋褚淡撰。《隋·經籍志》注：梁有《秦帝刻石文》一卷，宋會稽太守褚淡撰。亡。

頌集二十卷

宋王僧綽撰。《隋·經籍志》注：梁有《頌集》二十卷，王僧綽撰。亡。

木連理頌二卷

撰人姓名未詳。《隋·經籍志》注：梁有《木連理頌》二卷，太元十九年群臣上。亡。

按，太元爲晉孝武帝年號。

詩集五十一卷

宋謝靈運撰。《隋·經籍志》注：《詩集》五十卷，謝靈運撰。梁五十一卷。

補謝靈運詩集一百卷

宋張敷、袁淑撰。《隋·經籍志》注：梁又有《宋侍中張敷、袁淑補謝靈運詩集》一百卷，亡。

詩集一百卷例録二卷

宋顏峻撰。《隋·經籍志》注：梁又有《詩集》百卷並例録二卷，顏峻撰。

詩集四十卷

宋明帝撰。《隋·經籍志》注：梁又有《詩集》四十卷。宋明帝撰。亡。

雜詩七十九卷

宋江邃撰。《隋·經籍志》注：梁又有《雜詩》七十九卷，江邃撰。亡。

雜詩注二十卷

宋劉和撰。《隋·經籍志》注：梁又有《雜詩》二十卷，宋太子洗馬劉和注。

二晉雜詩二十卷

撰人姓名未詳。《隋·經籍志》注：梁又有《二晉雜詩》二十卷，亡。

古今五言詩美文五卷

嘗荀綽撰。《隋·經籍志》注：梁又有《古今五言詩美文》五卷，荀綽撰。亡。

詩鈔十卷

撰人姓名未詳。《隋·經籍志》注：梁又有《詩鈔》十卷，亡。

雜詩鈔十卷　錄一卷

宋謝靈運撰。《隋·經籍志》注：梁有《雜詩鈔》十卷，謝靈運撰。亡。

詩英十卷

宋謝靈運撰。《隋·經籍志》注：《詩英》九卷，謝靈運撰。梁十卷。

百志詩五卷

東晉干寶撰。《隋·經籍志》：《百志詩》九卷，干寶撰。梁五卷。

古游仙詩一卷

撰人姓名未詳。《隋·經籍志》注：梁《古游仙詩》一卷，亡。

應璩百一詩注八卷

晉應貞撰。《隋·經籍志》注：梁又有《應貞注應璩百一詩》八卷,亡。

百一詩二卷

晋李彪撰。《隋·經籍志》注：梁又有《百一詩》二卷,晋蜀郡
太守李彪撰。亡。

按,舊、新《唐志》皆作《李禮百一詩》二卷,《通志·藝文略》有《百
一詩》二卷,云李彪集。李彪、李禮史志記載不一,未詳孰是。

魏晋宋雜祖餞讌會詩集二十一部一百四十三卷

撰人姓名未詳。《隋·經籍志》注：梁有《魏晋宋雜祖餞讌會
詩集》二十一部,一百四十三卷,亡。今略其數。

雜詩圖一卷

撰人姓名未詳。《隋·經籍志》注：梁有《雜詩圖》一卷,亡。

晋歌章十卷

撰人姓名未詳。《隋·經籍志》：《晋歌章》八卷,梁十卷。

吳聲歌辭曲二卷

撰人姓名未詳。《隋·經籍志》：《吳聲歌辭曲》一卷,梁二卷。

樂府歌詩二十卷

秦伯文撰。《隋·經籍志》注：梁又有《樂府歌詩》二十卷,秦
伯文撰。亡。

按,秦伯文未詳何代人。

樂府歌詩十二卷

撰人姓名未詳。《隋·經籍志》注：梁又有《樂府歌詩》十二
卷,亡。

樂府三校歌詩十卷

撰人姓名未詳。《隋·經籍志》注：梁又有《樂府三校歌詩》十
卷,亡。

樂府歌辭九卷

撰人姓名未詳。《隋·經籍志》注：梁又有《樂府歌辭》九

卷,亡。

大樂歌詩八卷

撰人姓名未詳。《隋·經籍志》注：梁又有《大樂歌詩》八卷,亡。

歌辭四卷

宋張永記。《隋·經籍志》注：梁又有《歌辭》四卷,張永記。亡。

魏讌樂歌辭七卷

撰人姓名未詳。《隋·經籍志》注：梁又有《魏讌樂歌辭》七卷,亡。

晋歌章十卷

撰人姓名未詳。《隋·經籍志》注：梁又有《晋歌章》十卷,亡。

晋歌詩十八卷

撰人姓名未詳。《隋·經籍志》注：梁又有《晋歌詩》十八卷,亡。

晋讌樂歌辭十卷

晋荀勖撰。《隋·經籍志》注：梁又有《晋讌樂歌辭》十卷,荀勖撰。亡。

宋太始祭高禖歌辭十一卷

撰人姓名未詳。《隋·經籍志》注：梁又有《宋太始祭高禖歌辭》十一卷,亡。

齊三調雅辭五卷

撰人姓名未詳。《隋·經籍志》注：梁又有《齊三調雅辭》五卷,亡。

古今九代歌詩七卷

東晋張湛撰。《隋·經籍志》注：梁又《古今九代歌詩》七卷,張湛撰。

三調相和歌辭五卷

撰人姓名未詳。《隋·經籍志》注：梁又有《三調相和歌辭》五卷,亡。

三調詩吟録六卷

撰人姓名未詳。《隋·經籍志》注：梁又有《三調詩吟録》六卷,亡。

奏鞞鐸舞曲二卷

撰人姓名未詳。《隋·經籍志》注：梁又有《奏鞞鐸舞曲》二卷,亡。

管絃録一卷

撰人姓名未詳。《隋·經籍志》注：梁又有《管絃録》一卷,亡。

伎録一卷

撰人姓名未詳。《隋·經籍志》注：梁又有《伎録》一卷,亡。

太樂備問鍾鐸律奏舞歌四卷

郝生撰。《隋·經籍志》注：梁又有《太樂備問鍾鐸律奏舞歌》四卷,郝生撰。

按,郝生未詳何代人。

迴文集十卷

宋謝靈運撰。《隋·經籍志》注：梁又有《迴文集》十卷,謝靈運撰。亡。

迴文詩八卷

撰人姓名未詳。《隋·經籍志》注：梁又有《迴文詩》八卷,亡。

織錦迴文詩一卷

東晋蘇蕙撰。《隋·經籍志》注：梁又有《織錦迴文詩》一卷,符堅秦州刺史竇氏妻蘇氏撰。亡。

按《隋志》"竇氏"即"竇滔"、"蘇氏"即"蘇蕙"。據《晋書·列女傳》,竇滔妻蘇氏名蕙,字若蘭,善屬文。滔,符堅時爲秦州刺史，被徙流沙。蘇氏思之，織錦爲迴文旋圓詩，以贈滔，宛轉循環以讀之，詞甚悽惋。凡八百四十字。

鼓吹清商樂府讌樂高禖鞞鐸等欽辭舞録凡十部[①]

撰人姓名未詳。《隋·經籍志》注：梁又有《鼓吹清商樂府讌樂高禖鞞鐸等歌辭舞録》凡十部。

按，此亦《隋志》於亡佚之書略舉其數，如前《魏晋宋雜祖餞讌會詩集》二十一部之例。

箴集十六卷

撰人姓名未詳。《隋·經籍志》注：梁有《箴集》十六卷，亡。

雜誡箴二十四卷

撰人姓名未詳。《隋·經籍志》注：梁有《雜誡箴》二十四卷，亡。

女箴一卷

撰人姓名未詳。《隋·經籍志》注：梁有《女箴》一卷，亡。

女史箴圖一卷

撰人姓名未詳。《隋·經籍志》注：梁有《女史箴圖》一卷，亡。

銘集十一卷

撰人姓名未詳。《隋·經籍志》注：梁又有《銘集》十一卷，亡。

誡林三卷

綦母邃撰。《隋·經籍志》注：梁有《誡林》三卷，綦母邃撰。亡。

四帝誡三卷

東晋王誕撰。《隋·經籍志》注：梁有《四帝誡》三卷，王誕撰。亡。

---

① "欽"，殿本《隋書·經籍志》作"歌"。

雜家誡七卷

撰人姓名未詳。《隋·經籍志》注：梁有《雜家誡》七卷，亡。

諸家雜誡九卷

撰人姓名未詳。《隋·經籍志》注：梁有《諸家雜誡》九卷，亡。

集誡二十二卷

撰人姓名未詳。《隋·經籍志》注：梁有《集誡》二十二卷，亡。

女訓十六卷

撰人姓名未詳。《隋·經籍志》注：梁有《女訓》十六卷。

婦人訓誡集十卷

宋徐湛之撰。《隋·經籍志》：《婦人訓誡集》十一卷並録。梁十卷。宋司空徐湛之撰。

畫讚五十卷

三國魏曹植撰。《隋·經籍志》注：《畫讚》五卷，漢明帝殿閣畫，魏陳思王讚，梁五十卷。亡。

七林十二卷

卞景撰。《隋·經籍志》：《七林》十卷，梁十二卷、録二卷，卞景撰。亡。

按，卞景未詳何代人。

七林三十卷音一卷

撰人姓名未詳。《隋·經籍志》注：梁又有《七林》三十卷、音一卷，亡。

弔文集六卷　録一卷

撰人姓名未詳。《隋·經籍志》注：梁有《弔文集》六卷、録一卷，亡。

弔文二卷

撰人姓名未詳。《隋·經籍志》注：梁有《弔文》二卷，亡。

碑集十卷

宋謝莊撰。《隋·經籍志》注：梁有《碑集》十卷，謝莊撰。亡。

雜碑二十二卷

撰人姓名未詳。《隋·經籍志》注：梁有《雜碑》二十二卷，亡。

碑文十五卷

晉陳勰撰。《隋·經籍志》注：梁有《碑文》十五卷，晉將作大匠陳勰撰。亡。

碑文十卷

東晉車灌撰。《隋·經籍志》注：梁有《碑文》十卷，車灌撰。亡。

羊祜墮淚碑一卷

撰人姓名未詳。《隋·經籍志》注：梁又有《羊祜墮淚碑》一卷，亡。

桓宣武碑十卷

撰人姓名未詳。《隋·經籍志》注：梁又有《桓宣武碑》十卷，亡。

按，桓宣武即桓溫，見《晉書·叛逆傳》。

長沙景王碑文三卷

撰人姓名未詳。《隋·經籍志》注：梁又有《長沙景王碑文》三卷，亡。

按，長沙景王名道憐，宋武帝之弟。見《宋書·宗室傳》。

荊州雜碑三卷

撰人姓名未詳。《隋·經籍志》注：梁又有《荊州雜碑》三卷，亡。

雍州雜碑四卷

撰人姓名未詳。《隋·經籍志》注：梁有《雍州雜碑》四卷，亡。

廣州刺史碑十二卷

撰人姓名未詳。《隋·經籍志》注：梁有《廣州刺史碑》十二卷，亡。

義興周處碑一卷

撰人姓名未詳。《隋·經籍志》注：梁有《義興周許碑》一卷，亡。

按，《隋志》"周許"當作"周處"。嚴可均氏《全晉文編》闕名類曰：晉平西將軍周處碑在宜興孝侯廟，題陸機撰，王羲之書，唐元和六年義興縣令陳從諫重樹。[①] 據文有太興二年語，明非陸機撰。反覆觀之，其駢儷對偶當屬舊文，餘則唐人以新修《晉書》及他説補添。

太原王氏家碑誄頌贊銘集二十六卷

撰人姓名未詳。《隋·經籍志》注：梁又有《太原王氏家碑誄頌贊銘集》二十六卷，亡。

雜祭文六卷

撰人姓名未詳。《隋·經籍志》注：梁又有《雜祭文》六卷，亡。

設論集三卷

撰人姓名未詳。《隋·經籍志》注：梁有《設論集》三卷，東晉人撰。亡。

客難集二十卷

撰人姓名未詳。《隋·經籍志》注：梁有《客難集》二十卷，亡。

設論連珠十卷

撰人姓名未詳。《隋·經籍志》注：梁有《設論連珠》十卷，亡。

連珠集五卷

宋謝靈運撰。《隋·經籍志》注：梁有謝靈運撰《連珠集》五卷，亡。

連珠十五卷

陳證撰。《隋·經籍志》注：梁有陳證撰《連珠》十五卷，亡。

---

① "年"，原作"撰"，據清光緒二十年黃岡王氏刻本《全上古三代秦漢三國六朝文·全晉文》改。

按，陳證未詳何代人。

連珠一卷

晋陸機撰，宋何承天注。《隋·經籍志》注：梁有《連珠》一卷，陸機撰，何承天注。亡。

班固典引注一卷

東漢蔡邕撰。《隋·經籍志》注：梁又有《班固典引》一卷，蔡邕注。亡。

漢高祖手詔一卷

撰人姓名未詳。《隋·經籍志》注：梁有《漢高祖手詔》一卷，亡。

三國詔誥十卷

撰人姓名未詳。《隋·經籍志》注：梁有《三國詔誥》十卷，亡。

晋雜詔一百卷　錄一卷

撰人姓名未詳。《隋·經籍志》注：梁有《晋雜詔》一百卷、錄一卷，亡。

晋雜詔二十八卷　錄一卷

撰人姓名未詳。《隋·經籍志》注：梁又有《晋雜詔》二十八卷、錄一卷，亡。

晋詔六十卷

撰人姓名未詳。《隋·經籍志》注：梁又有《晋詔》六十卷，亡。

晋文王武帝雜詔十二卷

撰人姓名未詳。《隋·經籍志》注：梁又有《晋文王武帝雜詔》十二卷，亡。

晋武帝詔十二卷

撰人姓名未詳。《隋·經籍志》注：梁有《晋武帝詔》十二卷，亡。

成帝詔草十七卷

撰人姓名未詳。《隋·經籍志》注：梁有《成帝詔草》十七卷,亡。

康帝詔草十卷

撰人姓名未詳。《隋‧經籍志》注：梁有《康帝詔草》十卷,亡。

建元直詔三卷

撰人姓名未詳。《隋‧經籍志》注：梁有《建元直詔》三卷,亡。

按,"建元"爲東晋康帝年號。

永和副詔九卷

撰人姓名未詳。《隋‧經籍志》注：梁有《永和副詔》九卷,亡。

按,"永和"爲東晋穆帝年號。

升平隆和興寧副詔十卷

撰人姓名未詳。《隋‧經籍志》注：梁有《升平隆和興寧副詔》十卷,亡。

按,"升平"爲東晋穆帝年號,"隆和"及"興寧"爲東晋哀帝年號。

泰元咸寧寧康副詔二十二卷

撰人姓名未詳。《隋‧經籍志》注：梁有《泰元咸寧寧康副詔》二十二卷,亡。

按,"泰元"及"咸寧"爲東晋孝武帝年號,"寧康"爲西晋武帝年號。

隆安直詔五卷

撰人姓名未詳。《隋‧經籍志》注：梁有《隆安直詔》五卷,亡。

按,"隆安"爲東晋安帝年號。

元興太亨副詔三卷

撰人姓名未詳。《隋‧經籍志》注：梁有《元興太亨副詔》三卷,亡。

按,"元興"及"太亨"爲東晋安帝年號。

義熙副詔十卷

撰人姓名未詳。《隋‧經籍志》注：梁有《義熙副詔》十卷,亡。

按,"義熙"爲東晋安帝年號。

義熙以來至於大明詔三十卷

撰人姓名未詳。《隋·經籍志》注：梁有《義熙以來至於大明詔》三十卷，亡。

按，"大明"爲宋孝武帝年號。

晋宋雜詔四卷

撰人姓名未詳。《隋·經籍志》注：梁有《晋宋雜詔》四卷，亡。

晋宋雜詔八卷

宋王韶之撰。《隋·經籍志》注：梁又有《晋宋雜詔》八卷，王韶之撰，亡。

雜詔十四卷

撰人姓名未詳，《隋·經籍志》注：梁又有《雜詔》十四卷，亡。

班五條詔十卷

撰人姓名未詳。《隋·經籍志》注：梁又有《班五條詔》十卷，亡。

按《晋書·武帝本紀》：泰始四年十二月，《班五條詔書》於郡國。一曰正身，二曰勤百姓，三曰撫孤寡，四曰敦本息，五曰去人事。

詔集一百卷

撰人姓名未詳。《隋·經籍志》注：梁有《詔集》百卷，起漢，訖宋。亡。

武帝詔四卷

撰人姓名未詳。《隋·經籍志》注：梁有《武帝詔》四卷，亡。

宋元熙詔令五卷

撰人姓名未詳。《隋·經籍志》注：梁有《宋元熙詔令》五卷，亡。

按，"元熙"爲東晋恭帝年號。

宋永初二年三年詔三卷

撰人姓名未詳。《隋·經籍志》注：梁有《宋永初二年五年詔》

三卷,亡。

按,《隋志》"五年"當爲"三年"。宋武帝永初止三年,此云"五年"當係字誤。

永初以來中書雜詔二十卷

撰人姓名未詳。《隋·經籍志》注:梁有《永初以來中書雜詔》二十卷,亡。

宋景平詔三卷

撰人姓名未詳。《隋·經籍志》注:梁有《宋景平詔》三卷,亡。

按,"景平"爲宋少帝年號。

宋元嘉詔六十二卷

撰人姓名未詳。《隋·經籍志》注:梁有《宋元嘉詔》六十二卷,亡。

按,"元嘉"爲宋文帝年號。

宋孝武詔五卷

撰人姓名未詳。《隋·經籍志》注:梁又有《宋孝武詔》五卷,亡。

宋大明詔七十卷

撰人姓名未詳。《隋·經籍志》注:梁又有《宋大明詔》七十卷,亡。

宋永光景和詔五卷

撰人姓名未詳。《隋·經籍志》注:梁又有《宋永光景和詔》五卷,亡。

按,"永光"及"景和"爲宋前廢帝年號。

宋泰始泰豫詔二十二卷

撰人姓名未詳。《隋·經籍志》注:梁又有《宋泰始泰豫詔》二十二卷,亡。

按,"泰始"及"泰豫"爲宋明帝年號。

宋義嘉僞詔一卷

撰人姓名未詳。《隋·經籍志》注：梁又有《宋義嘉僞詔》一卷，亡。

按，"義嘉"爲宋晋安王子勛僞號，事在明帝泰始二年。

宋元徽詔十二卷

撰人姓名未詳。《隋·經籍志》注：梁又有《宋元徽詔》十二卷，亡。

按，"元徽"爲宋後廢帝年號。

齊建元詔五卷

撰人姓名未詳。《隋·經籍志》注：梁有《齊建元詔》五卷，亡。

按，"建元"爲齊高帝年號。

永明詔三卷

撰人姓名未詳。《隋·經籍志》注：梁有《永明詔》三卷，亡。

按，"永明"爲齊武帝年號。

武帝中詔十卷

撰人姓名未詳。《隋·經籍志》注：梁有《武帝中詔》十卷，亡。

齊隆昌延興建武詔九卷

撰人姓名未詳。《隋·經籍志》注：梁有《齊隆平延興建武詔》九卷，亡。

按，《隋志》"隆平"當爲"隆昌"，齊鬱林王即位年號。

"延興"爲海陵王即位年號，"建武"爲齊明帝年號。

齊建武二年副詔九卷

撰人姓名未詳。《隋·經籍志》注：梁有《齊建武二年副詔》九卷，亡。

雜九錫文四卷

撰人姓名未詳。《隋·經籍志》注：梁有《雜九錫文》四卷，亡。

漢名臣奏三十卷

撰人姓名未詳。《隋·經籍志》注：梁有《漢名臣奏》三十卷，亡。

按《隋志》史部刑法類有《漢名臣奏事》三十卷，不著撰人。舊、新《唐志》並云陳壽撰。

魏名臣奏三十卷

晋陳長壽撰。《隋·經籍志》注：梁有《魏名臣奏》三十卷，亡。

按，陳長壽即陳壽。《隋志》刑法類有《魏名臣奏事》四十卷，目一卷，陳壽撰。此云三十卷，蓋即一書，卷數稍異耳。

魏雜事七卷

撰人姓名未詳。《隋·經籍志》注：梁有《魏雜事》七卷，亡。

晋諸公奏十一卷

撰人姓名未詳。《隋·經籍志》注：梁有《晋諸公奏》十一卷，亡。

雜表奏駁三十五卷

撰人姓名未詳。《隋·經籍志》注：梁有《雜表奏駁》三十五卷，亡。

漢丞相匡衡大司馬王鳳奏五卷

漢匡衡、王鳳撰。《隋·經籍志》注：梁有《漢丞相匡衡大司馬王鳳奏》五卷，亡。

劉隗奏五卷

東晋劉隗撰。《隋·經籍志》注：梁有《劉隗奏》五卷，亡。

孔群二十二卷

東晋孔群撰。《隋·經籍志》注：梁有《孔群奏》二十二卷，亡。

周閔奏事四卷

東晋周閔撰。《隋·經籍志》注：梁有《晋金紫光禄大夫周閔奏事》四卷，亡。

劉邵奏事六卷

東晉劉邵撰。《隋·經籍志》注：梁有《晉中丞劉邵奏事》六卷,亡。

司馬無忌奏事十三卷

東晉司馬無忌撰。《隋·經籍志》注：梁有《中丞司馬無忌奏事》十三卷,亡。

虞谷奏事六卷

東晉虞谷撰。《隋·經籍志》注：梁有《中丞虞谷奏事》六卷,亡。

高崧奏事五卷

東晉高崧撰。《隋·經籍志》汪：梁有《中丞高崧奏事》五卷,亡。

諸彈事等十四部

撰人姓名未詳。《隋·經籍志》注：梁有《諸彈事》等十四部,亡。

按,此亦《隋志》於亡佚之書略其數之例。

雜檄文十七卷

撰人姓名未詳。《隋·經籍志》注：梁有《雜檄文》十七,亡。

魏武帝露布文九卷

三國魏武帝撰。《隋·經籍志》注：梁有《魏武帝露布文》九卷,亡。

范寧啓事十卷

東晉范寧撰。《隋·經籍志》：《范寧啓事》三卷,梁十卷,亡。

雜薦文十二卷

撰人姓名未詳。《隋·經籍志》注：梁有《雜薦文》十二卷,亡。

薦文集七卷

撰人姓名未詳。《隋·經籍志》注：梁有《薦文集》七卷,亡。

雜逸書二十二卷

宋徐爰撰。《隋・經籍志》:《雜逸書》六卷,梁二十二卷,徐爰撰。

應璩書林八卷

齊夏赤松撰。《隋・經籍志》注:梁有應璩《書林》八卷,夏赤松撰。亡。

抱朴君書一卷

東晋葛洪撰。《隋・經籍志》注:梁有《抱朴君書》一卷,葛洪撰。亡。

蔡司徒書三卷

東晋蔡謨撰。《隋・經籍志》注:梁有《蔡司徒書》三卷,蔡謨撰。亡。

前漢難筆七卷

撰人姓名未詳。《隋・經籍志》注:梁有《前漢難筆》七卷,亡。

吳晋難筆九卷

撰人姓名未詳。《隋・經籍志》注:梁有《吳晋難筆》九卷,亡。

吳朝文二十四卷

撰人姓名未詳。《隋・經籍志》注:梁有《吳朝文》二十四卷,亡。

李氏家書八卷

撰人姓名未詳。《隋・經籍志》注:梁有《李氏家書》八卷,亡。按《後漢書・五行志》注曰:《李氏家書》,司空李郃上書。又按,李郃字孟節,漢中南鄭人。子固,桓帝時太尉。小子燮,河南尹。此《李氏家書》,蓋即其家所傳。

晋左將軍王鎮惡與劉丹陽書一卷

東晋王鎮惡撰。《隋・經籍志》注:梁有《晋左將軍王鎮惡與劉丹陽書》一卷,亡。

按，王鎮惡爲王猛之孫，佐劉裕克長安。劉丹陽者當是劉穆之，亦宋武帝佐命功臣，曾爲丹陽尹總朝政。

孝秀對策十二卷

撰人姓名未詳。《隋·經籍志》注：梁有《孝秀對策》十二卷，亡。

按，《孝秀對策》當是舉孝廉，秀才對策。

續誹諧文集十卷

撰人姓名未詳。《隋·經籍志》注：梁有《續誹諧文集》十卷，亡。

誹諧文一卷

宋沈宗之撰。《隋·經籍志》注：梁又有《誹諧文》一卷，沈宗之撰。亡。

任子春秋一卷

晉杜嵩撰。《隋·經籍志》注：梁又有《任子春秋》一卷，杜嵩撰。亡。

博陽秋一卷

宋辛邕之撰。《隋·經籍志》注：梁又有《博陽秋》一卷，宋零陵令辛邕之撰。亡。

歷代賦

武帝撰。見《周興嗣傳》，《南史》同。《隋·經籍志》：《歷代賦》十卷，梁武帝撰。

按《梁書·周興嗣傳》曰："周捨奉敕注《高祖歷代賦》，啓興嗣助焉。"

歷代賦注

周捨、周興嗣撰。見《周興嗣傳》，《南史》同。《隋·經籍志》未收。

千文詩

武帝撰。見《南史·沈旋傳》。《隋·經籍志》未收。

按《南史·沈旋傳》：旋卒，子實嗣。實弟衆，仕梁爲太子舍人。時武帝製《千文詩》，而衆爲之注。

千文詩注

沈衆撰。見《南史·沈旋傳》。《隋·經籍志》未收。

圍棋賦十卷

武帝撰。見《隋·經籍志》。

連珠一卷

武帝撰。見《隋·經籍志》。

按梁元帝《金樓子·興王》篇：梁高祖武皇帝臺城内起至敬殿，又奉爲太祖於鍾山起大愛敬寺，又奉爲獻后起大智度寺，又作《連珠》五十首以明孝道云。

梁武連珠注一卷

沈約撰。見《隋·經籍志》。

梁武制旨連珠注十卷

邵陵王綸撰。見《隋·經籍志》。

梁武帝制旨連珠注十卷

陸緬撰。見《隋·經籍志》。

謝客文涇渭三卷

簡文帝撰。見《南史·簡文紀》。《隋·經籍》未收。

釋氏碑銘

元帝撰。見《南史·阮孝緒傳》。《隋·經籍志》注：梁有《釋氏碑文》三十卷，梁元帝撰。亡。

按《南史·隱逸·阮孝緒傳》：湘東王著《釋氏碑銘》，先簡孝緒而後施行。

正序十卷

昭明太子撰。見本傳，《南史》同。《隋·經籍志》未收。

按《梁書·昭明太子傳》曰："又撰古今典誥文言爲《正序》十卷。

文章英華二十卷

昭明太子撰。見本傳,《南史·昭明太子傳》作《英華集》二十卷。《隋·經籍志》注:梁又有《文章英華》三十卷,梁昭明太子撰。亡。又《隋·經籍志》:《古今詩苑英華》十九卷,梁昭明太子撰。

按《梁書·昭明太子傳》曰:又撰五言詩之善者爲《文章英華》二十卷。《南史·昭明太子傳》曰:又撰五言之善者爲《英華集》二十卷。《隋志》分別著録,以《文章英華》爲已亡佚,以《古今詩苑英華》爲見存者。竊謂二者似爲一書,而書名卷數稍異耳。

文選三十卷

昭明太子撰。見本傳,《南史》同。《隋·經籍志》同。

文心雕龍五十篇

劉勰撰。見本傳,《南史》同。《隋·經籍志》:《文心雕龍》十卷,劉勰撰。

文章始一卷

任昉撰。《隋·經籍志》注:梁有《文章始》一卷,任昉撰。亡。

西府新文十一卷

蕭淑撰。《隋·經籍志》:《西府新文》十一卷,梁蕭淑撰。

按,蕭淑見《梁書·蕭介傳》爲介之從弟。

擬古一卷

江淹撰。《隋·經籍志》:江淹《擬古》一卷,羅潛注。

按,羅潛未詳何代人。

婦人集十卷

徐勉撰。見本傳,《南史·勉傳》作《婦人章表集》十卷。《隋·經籍志》注:梁又有《婦人集》十一卷,亡。不著撰人。

太廟祝文二卷

徐勉撰。見本傳,《南史·勉傳》作《齊太廟祝文》三卷。

《隋·經籍志》未收。

漢書文府

蕭琛撰。見《南史》本傳。《隋·經籍志》注：梁又有《漢書文府》三卷,亡。

齊梁拾遺

蕭琛撰。見《南史》本傳。《隋·經籍志》未收。

江左集抄

張緬撰。見本傳,《南史》同。《隋·經籍志》未收。

按《梁書·緬傳》曰:"又抄《江左集》未及成。"

諸集抄三十卷

庾仲容撰。見《南史》本傳。《隋·經籍志》未收。

文衡十五卷

張率撰。見本傳,《南史》同。《隋·經籍志》未收。

七略藝文志詩賦補亡

張率撰。見本傳,《南史》同。《隋·經籍志》未收。

按《梁書·率傳》曰:"少好屬文,而《七略》及《藝文志》詩賦今亡其文者,並補作之。"

四部書抄

到洽撰。見本傳,《南史》同。張率撰。見本傳,《南史》同。《隋·經籍志》未收。

按《南史·洽傳》曰:遷司徒主簿,直待詔省,敕使抄甲部書爲十二卷。《梁書·率傳》曰:天監初,遷司徒謝朏掾,直文德待詔省,敕使抄乙部書。七年,有敕直壽光省,治景丁部書抄。又按,"景"當爲"丙",唐姚思廉撰史時避諱代用。《南史·率傳》正作"丙"。

詩評

鍾嶸撰。見本傳,《南史》同。《隋·經籍志》:《詩評》三卷,鍾嶸撰。或曰《詩品》。

按《梁書·嶸傳》曰："嶸嘗品古今五言詩，論其優劣，名爲《詩評》。"

雜言詩鈔五卷

謝朓撰。見《隋·經籍志》。

集鈔十卷

沈約撰。見《隋·經籍志》。

集鈔四十卷

丘遲撰。《隋·經籍志》注：梁有《集鈔》四十卷，丘遲撰。亡。

梁中表十一卷

蕭綸撰。《隋·經籍志》：《梁中表》十一卷，梁邵陵王撰。

中書表奏三十卷

王筠撰。見本傳，《南史》同。《隋·經籍志》未收。

圖像集要

陶弘景撰。見《南史》本傳。《隋·經籍志》未收。

佛像雜銘十三卷

陸少玄撰。《隋·經籍志》注：梁又有陸少玄撰《佛像雜銘》十三卷，亡。

按，陸少玄見《南史·張率傳》，《梁書·率傳》未載。

箴器雜銘五卷

釋僧祐撰。《隋·經籍志》注：梁又有釋僧祐《箴器雜銘》五卷，亡。

諸寺碑文四十六卷

釋僧祐撰。《隋·經籍志》注：梁又有《諸寺碑文》四十六卷，釋僧祐撰。亡。

衆僧行狀四十卷

釋僧祐撰。《隋·經籍志》注：梁又有《衆僧行狀》四十卷，釋僧祐撰。亡。

弘明集十四卷

釋僧祐撰。見《唐・藝文志》。《隋・經籍志》未收。

法苑十五卷

釋僧祐撰。見《唐・經籍志》及《唐・藝文志》。《隋・經籍志》未收。

法集一百零七卷

釋寶唱撰。《隋・經籍志》：《法集》百七卷，梁沙門釋寶唱撰。

幼訓

王褒撰。見《王規傳》，《南史・規傳》未載。《隋・經籍志》未收。

按，褒於魏尅江陵後入長安，其所著《幼訓》一書因見於《梁書》，故本《志》著錄之。

梁代雜文三卷

撰人姓名未詳。見《隋・經籍志》。

天監元年至七年詔十二卷

撰人姓名未詳。《隋・經籍志》注：梁有《天監元年至七年詔》十二卷，亡。

天監九年十年詔二卷

撰人姓名未詳。《隋・經籍志》注：梁有《天監九年十年詔》二卷，亡。

　　右總集類二百七十七部。前代或不詳朝代者。所著而《隋志》注明"梁有"者二百三十二部，梁人所著者四十五部；《隋志》著錄者二百六十部，其中尚存者十八部，殘缺者十四部，亡佚者二百二十八部。未收者十七部；梁人所著見於《梁書》或《南史》者二十三部，未見者二十二部。

　　凡集部三類一千零八十九部。前代或不詳朝代者。所著而《隋志》注明"梁有"者八百九十三部，前代所著見於舊、新《唐志》者一部，梁人所著者一百九十五部；《隋志》著錄者一千零一十部，其中尚存者一百四十四部，殘缺者一百六十三部，亡佚者七百零三部。未收者七十六部；梁人所著見於《梁書》或《南史》者一百二十五部，未見者七十部。

凡四部四十類二千五百零八部，前代或不詳朝代者。所著而《隋志》注明"梁有"者一千八百五十八部，梁人所著者六百四十八部；《隋志》著錄者二千二百三十部，其中尚存者三百三十二部，殘缺者二百四十九部，亡佚者一千六百四十九部。未收者二百七十三部；梁人所著見於《梁書》或《南史》者三百八十五部，未見者二百六十二部。

道經類

真誥十卷

陶弘景撰。見《唐·經籍志》及《唐·藝文志》。《隋·經籍志》未收。

登隱真訣二十五卷

陶弘景撰。見《唐·經籍志》及《唐·藝文志》。《隋·經籍志》未收。

右道經類二部。皆梁人所著，《梁書》及《南史》未見。《隋·經籍志》未著錄。

佛經類

涅槃般若金光明經講疏一百零三卷

武帝撰。見《南史》本紀。《隋·經籍志》未收。

涅槃大品淨名三慧諸經義數百卷

武帝撰。見《南史》本紀。《隋·經籍志》未收。

百法論注一卷

何胤撰。見本傳,《南史》同。《隋·經籍志》未收。

十二門論注一卷

何胤撰。見本傳,《南史》同。《隋·經籍志》未收。

淨名經注

謝舉撰。見本傳,《南史》同。《隋·經籍志》未收。

經證

劉勰撰。見本傳,《南史》同。《隋·經籍志》未收。

按《梁書·勰傳》曰:"有敕與慧震沙門於定林寺撰《經證》,功畢,遂啓求出家。"

定林寺經藏序録

劉勰撰。見本傳,《南史》同。《隋·經籍志》未收。

按《梁書·勰傳》曰:"早孤,篤志好學,家貧,不婚娶,依沙門僧祐,與之居處。積十餘年,遂博通經論,因區别部類而序之。今定林寺經藏,勰所定也。"

右佛經類七部。皆梁人所著,見於《梁書》或《南史》,而《隋志》未著録者。

大凡四部書及道經、佛經共二千五百一十七部,其中梁人所著者六百五十七部。《隋志》著録者二千二百三十部,未收者二百八十二部。梁人所著見於《梁書》或《南史》者三百九十二部,未見者二百六十四部。

補陳書藝文志

楊壽彭 撰　李學玲 整理

底本：《臺灣師範大學國文研究所集刊》創刊號，1957 年 6 月

　　史書之有藝文志，以《漢書》爲嚆矢，而《隋書·經籍志》繼
之。南北朝各史咸缺紀載，毋乃爲美中之不足。爰與同窗諸
友，各輯一代之史料補之，余則任補《陳書》之志。陳自高祖以
武功受禪，無暇於文治。世祖亦允文允武之君，東征西怨之后。
廢帝則爲時短暫。高宗又命將出師，克淮南之地，開拓土宇，靜
謐封疆。可覘南北征伐，無時或已。至後主雖深弘六藝，然不
崇教義之本，偏尚淫麗之文；徒扇澆僞之風，無救亂亡之禍，不
旋踵而被滅於隋。綜觀有陳一代，五帝三十二年，雖戰亂頻仍，
政局動蕩，而私家之著述，仍盛行於一時。如沈文阿、周弘正、
張譏、姚察、徐陵、顧野王輩，率皆儒林望重，著作等身，或專經
授業，以翊贊王道；或申紓性靈，以維繫人倫。今讀其傳，猶想
見其爲人，安可不輯其著述而述之乎！惟時隔千載，史料之搜
集匪易，僅能從《陳書》所涉及者蒐而輯之，間及他書所載，附以
小傳，兼及考證。固知掛一漏萬，在所不免，然於考鏡藝文者，
或亦略有所裨益云爾。

藝文一　經部

易類

周易講疏十六卷

周弘正撰。見本傳。《南史》同。《隋·經籍志》同。

周易疑義五十條

周弘正撰。見本傳。《隋·經籍志》未收。

《陳書·弘正傳》：弘正年十歲，通《老子》《周易》，年十五，召補國子生，於國學講《周易》，諸生傳習其義。後累遷國子博士，於城西立士林館，弘正居以講授，聽者傾朝野焉。弘正啓梁武帝《周易疑義》五十條。

周易義三十卷

張譏撰。見本傳。《南史》同。《隋·經籍志》作《周易講疏》三十卷，陳張譏撰。

右易類三部

書類

尚書義十五卷

張譏撰。見本傳。《南史》同。《隋·經籍志》未收。

右書類一部

詩類

毛詩義二十卷

張譏撰。見本傳。《南史·譏傳》《毛詩義》八卷。《隋·經籍志》未收。

《陳書・讖傳》：讖幼聰俊，有思理，年十四，通《孝經》《論語》，
篤好玄言，受學於汝南周弘正，每有新意，爲先輩推伏。弘正
嘗謂人曰：“吾每登座，見張讖在席，使人懍然。”讖所著書極
富，後主嘗敕人就其家寫入秘閣。

毛詩風雅比興義類十五卷

許懋撰。見《許亨傳》。《隋・經籍志》未收。

按《許亨傳》：父懋，梁始平、天門二郡守，太子中庶子，散騎常
侍，以學藝聞。許懋《陳書》無傳。

毛詩義疏

顧越撰。見《南史》。《隋・經籍志》未收。

按《陳書・越傳》未收此書。《陳書・越本傳》：越少孤，以勤
苦自立，聰慧有口辯，說毛氏詩。於義理精明，尤善持論。

右詩類三部

禮類

三禮義記

戚袞撰。見本傳。《南史》同。《隋・經籍志》未收。

禮記義四十卷

戚袞撰。見本傳。《南史》同。《隋・經籍志》未收。

《陳書・袞傳》：少聰慧，遊學京都，受三禮於國子助教劉文
紹，一二年中，大義略備。又從國子博士宋懷方質《儀禮》義。
曾撰《三禮義記》，值亂亡失，唯《禮記義》四十卷行於世。

儀禮八十餘卷

沈文阿撰。見本傳。《隋・經籍志》未收。

禮記義記

沈文阿撰。見《南史》。《隋・經籍志》未收。

按《陳書‧文阿傳》未收此書。文阿少習父業,精研章句。博採先儒異同,自爲義疏,治三禮三傳。後爲國子博士,領步兵校尉兼掌儀禮。自泰清之亂,臺閣故事,無有存者,文阿父峻,梁武世嘗掌朝儀,頗有遺稿,於是斟酌裁撰,禮度皆自之出。

喪服義疏

顧越撰。見《南史》。《隋‧經籍志》未收。

按《陳書‧顧越傳》未載此書。

禮記音二卷

王元規撰。見本傳。《南史》同。《隋‧經籍志》未收。

喪服文句義疏十卷

陳國子助教皇侃撰。見《隋‧經籍志》。

喪服義十卷

陳國子祭酒謝嶠撰。見《隋‧經籍志》。

按《陳書》謝嶠無傳。其兄謝岐有傳:岐,會稽山陰人也。弟嶠,篤學,爲世通儒。

右禮類八部

樂類

古今樂録十二卷

陳沙門智匠撰。見《隋‧經籍志》。

按,沙門智匠未詳何人。

右樂類一部

春秋類

春秋義記

沈文阿撰。見《南史》。《隋‧經籍志》作《春秋左氏經傳義略》二十五卷,陳國子博士沈文阿撰。

按《陳書·沈文阿傳》未載此書。

春秋發題辭及義記十一卷

王元規撰。見本傳。《南史》同。《隋·經籍志》未收。

按《隋·經籍志》有王元規《續沈文阿春秋左氏傳義略》十卷，未知即此書否？

左傳音三卷

王元規撰。見本傳。《隋·經籍志》未收。

《陳書·元規傳》：規八歲而孤，兄弟三人，隨母依舅氏而度活。少好學，從吳興沈文阿受業，十八通《左氏春秋》《孝經》《論語諸經》。後主在東宮，引爲學士，親受《禮記》《左傳》《喪服》等義，賞賜優厚。

按《南史·王元規傳》有《左氏音》一書，但未著卷數。

春秋義略三十卷

陳右將軍張冲撰。見《隋·經籍志》。

按《陳書》張冲無傳。

左氏疑義三十餘條

蕭濟撰。見本傳。《隋·經籍志》未收。

《陳書·蕭濟傳》：濟字孝康，東海蘭陵人也。少好學，博通經史，詰梁武帝《左氏》疑義三十餘條。

右春秋類五部

孝經類

孝經義八卷

張譏撰。見本傳。《隋·經籍志》未收。

按《南史·張譏傳》有《孝經義疏》一書，未著卷數。

孝經義記二卷

王元規撰。見本傳。《南史》同。《隋·經籍志》未收。

孝經疏二卷

周弘正撰。見本傳。《南史》同。《隋·經籍志》作《孝經私記》二卷，周弘正撰。

孝經義疏

顧越撰。見《南史》。《隋·經籍志》未收。

按《陳書·越傳》未載此書。

孝經義記

沈文阿撰。見《南史》。《隋·經籍志》未收。

按《陳書·文阿傳》未載此書。

右孝經類五部

論語類

論語疏十一卷

周弘正撰。見本傳。《南史》同。《隋·經籍志》未收。

論語義二十卷

張譏撰。見本傳。《隋·經籍志》未收。

按《南史·張譏傳》，《論語義》一書，未著卷數。而《補南北史藝文志》誤作"陳書譏傳論語義二卷"。

論語義記

沈文阿撰。見《南史》。《隋·經籍志》未收。

按《陳書·文阿傳》未載此書。

論語義疏

顧越撰。見《南史》。《隋·經籍志》未收。

按《陳書·顧越傳》未載此書。

右論語類四部

五經總義類

經典大義十八卷

沈文阿撰。見本傳。《隋·經籍志》作《經典大義》十二卷，沈文阿撰。

按《南史·文阿傳》,《經典大義》未著卷數。

續經典大義十四卷

王元規撰。見本傳。《南史》同。《隋·經籍志》未收。

經典玄儒大義序録二卷

沈文阿撰。見《隋·經志》。

按《陳書·文阿傳》未載此書。

右五經總義類三部

小學類

玉篇三十卷

顧野王撰。見本傳。《隋·經籍志》玉篇三十一卷,陳顧野
王撰。

《陳書·野王傳》:野王幼好學,七歲讀五經,略知大旨,九歲
能屬文,年十二隨父之建安,撰《建安地記》二篇,長而遍觀經
史,識天文、地理、蓍龜、占候、蟲篆奇字,無所不通。

按《南史·顧野王傳》有《玉篇》一書,未著卷數。

右小學類一部

右經部共三十四部

藝文二　史部

正史類

漢書訓纂三十卷

姚察撰。見本傳。《南史》同。《隋・經籍志》同。

漢書集解一卷

姚察撰。見《隋・經籍志》。

按《陳書・姚察傳》未載此書。

定漢書疑二卷

姚察撰。見《隋・經籍志》。

按《陳書・姚察傳》未載此書。

齊書並志五十卷

許亨撰。見本傳。《南史》同。《隋・經籍志》未收。

《陳書・亨傳》：亨初撰《齊書並志》五十卷，遇亂亡失。

梁史五十八卷

許亨撰。見本傳。《南史》同。《隋・經籍志》作《梁史》五十三卷，陳領軍大著作郎許亨撰。

梁史

杜之偉撰。見本傳。《南史》同。《隋・經籍志》未收。

《陳書・之偉傳》：之偉家世儒學，以三禮專門。幼精敏，有逸才，七歲受《尚書》，稍習《詩》《禮》，略通其學。十五遍觀文史及儀禮故事，時輩稱其早成。梁時任中書侍郎領大著作。及高祖受禪，除鴻臚卿，尋轉大匠卿，遷太中大夫，仍敕撰《梁史》。按，之偉本梁臣，領大著作，纂修梁國史，未竟而陳武帝受禪，但仍命之偉纂修如故，而之偉曾啓求解著作，武帝優敕不許，故曰："仍敕撰《梁史》。"

梁史

顧野王撰。見本傳。《南史》同。《隋·經籍志》未收。

《陳書·野王傳》：天嘉元年，敕補撰史學士，尋加招遠將軍。太建二年，遷國子博士，六年，領大著作，掌國史，知梁史事，兼東宮通事舍人，時宮僚有濟陽江總，吳國陸瓊，北地傅縡，吳興姚察，並以才學顯著，論者推重焉。

梁史

姚察撰。見本傳。《南史》同。《隋·經籍志》作《梁書帝紀》七卷，姚察撰。

《陳書·姚察傳》：察字伯審，吳興武康人也。幼有至性，事親以孝聞。六歲誦書萬餘言。勤苦屬精，以夜繼日，年十二便能屬文。中書侍郎領著作杜之偉，與察深相眷遇，表用察佐著作，仍撰史。後以丁內憂去職，俄起爲戎昭將軍，知撰梁史事，固辭不免，後主纂業，敕兼東宮通事舍人，知撰史如故。所撰梁陳史，雖未畢功，隋文帝開皇之時，遣內史舍人虞世基等完成之，故梁陳二史，本多是察之所撰。

按《隋·經籍志》作《梁書帝紀》七卷，姚察撰，蓋爲姚察所撰梁史中部分之作也。

通史要略一百卷

顧野王撰。見本傳。《南史》同。《隋·經籍志》未收。

國史紀傳二百卷

顧野王撰。見本傳。《南史》同。《隋·經籍志》未收。

《陳書·野王傳》：野王又撰《國史紀傳》二百卷，未就而卒。

陳國史

庾持撰。見本傳。《南史》同。《隋·經籍志》未收。

《陳書·庾持傳》：持少孤，性至孝，篤志好學，尤善書記，以才藝聞。每屬辭，好爲奇字，文士亦以此譏之。光大元年，遷秘書監，知國史事。

陳史

陸瓊撰。見本傳。《南史》同。《隋·經籍志》作《陳書》四十二卷，陳史部尚書陸瓊撰。

《陳書·陸瓊傳》：瓊幼聰惠，有思理，六歲爲五言詩，頗有詞采，年八歲，於客前覆局，由是京師號曰神童，天嘉元年，爲寧遠始興王府法曹行參軍。太建中，遷給事黃門侍郎，領羽林監，轉太子中庶子，領步兵校尉，又領大著作，撰國史。

陳史

姚察撰。見本傳。《南史》同。《隋·經籍志》未收。

按，今之《陳書》，爲散騎常侍姚思廉所撰，思廉即察之子也。

《陳書·姚察傳》：察撰梁陳史，其中序論及紀傳有所闕者，臨亡之時，仍以體例誡約子思廉，博訪撰續，思廉泣涕奉行。

陳史三卷

傅縡撰。見《隋經籍志考證》。

按《陳書·傅縡傳》未載此書。

《陳書·傅縡傳》：縡字宜事，北地靈州人也。幼聰敏，七歲誦古詩賦至十餘萬言，長好學，能屬文，博通群書，世祖使顏晃賜孫瑒雜物，瑒託縡啓謝，詞理優洽，文無加點，晃還言之世祖，尋召爲撰史學士，除司空府記室參軍，遷驃騎安成王中記室，撰史如故。縡篤信佛教，從興皇惠朗法師受三論，盡通其學。又按，傅縡雖精通佛學，然性木強，不持檢操，負才使氣，陵侮人物，終於因此獲罪，應引以爲戒。

陳史

許善心撰。見《南史》。《隋·經籍志》未收。

按《陳書》許善心無傳，其父許亨有傳曰：“子善心，早知名，官至尚書度支侍郎。”

續司馬遷史記

陸從典撰。見《陸瓊傳》。《南史》同。《隋·經籍志》未收。

按《陳書》陸從典無傳。唯其父《陸瓊傳》後附曰：“第三子從典字由儀，幼而聰慧，八歲讀沈約集，見回文研銘，從典援筆援之，便有佳致……後仕隋爲給事郎，兼東宮學士，又除著作佐郎，右僕射楊素奏從典續司馬遷《史記》，[①]迄于隋，其書未就，值隋末喪亂，寓居南陽郡，以疾卒。”

因《隋書》無陸從典傳，故附於此。

右正史類十六部

別史類

梁典三十卷

何之元撰。見本傳。《南史》同。《隋·經籍志》同。

《陳書·之元傳》：之元幼好學，有才思，爲梁司空袁昂所重。太建八年，除中衛府功曹參軍事，尋遷諮議參軍，及叔陵誅，之元乃屏絕人事，銳精著述，以爲梁氏，肇自武皇，終于敬帝，其興亡之運，盛衰之迹，足以垂鑒戒，完褒貶，究其始終，起齊永元元年，迄于王琳過獲，七十五年行事，草創爲三十卷，號曰《梁典》。

梁撮要三十卷

陳征南諮議陰僧仁撰。見《隋·經籍志》。

按《陳書》陰僧仁無傳。

---

①　“史”，原作“司”，據殿本《陳書》改。

梁後略十卷

姚最撰。見《隋·經籍志》。

按《陳書》姚最無傳，唯據嚴可均所輯之《全陳文》收姚最之文章甚多，並附簡介曰："最一作勖，吳興人。"故收其作於此。

右別史類三部

雜史類

陳王業曆一卷

陳中書郎趙齊旦撰。見《隋·經籍志》。

按《陳書·趙知禮傳》：知禮字齊旦，天水隴西人也。唯《知禮傳》內未言及此書。

右雜史類一部

起居注類

永定起居注十卷

劉師知撰。見本傳。《南史》同。《隋·經籍志》：《陳永定起居注》八卷，無撰人姓名。

《陳書·劉師知傳》：師知，沛國相人也。好學，有當世才，博涉書史，工文筆，善儀體，臺閣故事，多所詳悉。世祖敕師知撰《起居注》，自永定二年秋，至天嘉元年冬，爲十卷。

按《隋·經籍志》作八卷，今從《陳書》及《南史》，作十卷。

天嘉起居注二十三卷

無撰人姓名。見《隋·經籍志》。

天康光大起居注十卷

無撰人姓名。見《隋·經籍志》。

太建起居注五十六卷

無撰人姓名。見《隋·經籍志》。

至德起居注四卷

無撰人姓名。見《隋·經籍志》。

右起居注類五部

儀注類

五禮儀注

張崖撰。見本傳。《南史》同。《隋·經籍志》未收。

《陳書·崖傳》：天嘉元年，爲尚書儀曹郎，廣沈文阿《儀注》撰五禮。

五禮儀一百卷

沈不害撰。見本傳。《南史》同。《隋·經籍志》未收。

《陳書·不害傳》：幼年好學，十四召補國子生，舉明經，累遷梁太學博士。自梁季喪亂，國學未立，不害曾上書曰：“臣聞立人建國，莫尚於尊儒，成俗化民，必崇於教學。”天嘉五年，除瀟令，入爲尚書儀曹郎，遷國子博士，領羽林監，敕治五體，掌策文謚議。

陳尚書儀注五百五十卷

無撰人姓名。見《隋·經籍志》。

陳鹵簿圖一卷

無撰人姓名。見《隋·經籍志》。

陳五禮

周弘正撰。見本傳。《南史》同。《隋·經籍志》未收。

《陳書·弘正傳》：廢帝嗣位，領都官尚書，總知五禮事。

陳五禮

宗元饒撰。見本傳。《南史》同。《隋·經籍志》未收。

《陳書·元饒傳》：元饒，南郡江陵人也。少好學，以孝敬聞。高祖受禪，除晉陵令，入爲尚書功論郎，高宗即位，軍國重務，事無巨細,一以咨之。後遷御史中丞,知五禮事。

陳五禮

顧野王撰。見本傳。《南史》同。《隋·經籍志》未收。

《陳書·野王傳》:太建中,遷黃門侍郎,光禄卿,知五禮事。

陳五禮

蔡徵撰。見本傳。《南史》同。《隋·經籍志》未收。

《陳書·蔡徵傳》:徵字希祥,幼聰敏,精識強記,年六歲,詣吏部尚書河南褚翔,翔嗟其穎悟。徵本名覽,其父景歷以爲有王祥之性,故更名徵,字希祥。至德二年,遷廷尉卿,尋爲吏部郎,遷太子中庶子,中書舍人,掌詔誥,尋授左民尚書,與僕射江總知撰五禮事。

按《隋·經籍志》有《陳吉禮》一百七十卷,《陳賓禮》六十五卷,《陳軍禮》六卷,《陳嘉禮》一百二卷。均無撰人姓名。

武帝受禪儀注

劉師知撰。見本傳。《南史》同。《隋·經籍志》未收。

《陳書·師知傳》:因兵亂之後,朝儀多闕,高祖爲丞相,及加九錫,並受禪,其儀注多師知所定焉。

文帝即位謁廟儀注

沈文阿撰。見本傳。《南史》同。《隋·經籍志》未收。

《陳書·文阿傳》:文帝即位,剋日謁廟,尚書右丞庾持奉詔遣博士議其禮,文阿撰謁廟還升正寢,群臣陪薦儀注。

陳南北郊明堂儀注

無撰人姓名。見《通典》。《隋·經籍志》未收。

按《通典·樂》門,陳太建五年,詔定南北郊及明堂儀注。未著卷數。

陳雜儀注六卷

無撰人姓名。見《唐志》。《隋·經籍志》未收。

陳諸帝后崩儀注五卷

> 無撰人姓名。見《唐志》。《隋·經籍志》未收。

陳雜儀注凶儀十三卷

> 無撰人姓名。見《唐志》。《隋·經籍志》未收。

陳皇太后崩儀注四卷

> 儀曹撰。見《唐志》。《隋·經籍志》未收。
>
> 按，儀曹不知何人。

陳皇太子妃薨儀注五卷

> 儀曹撰。見《唐志》。《隋·經籍志》未收。

陳吉禮儀注五十卷

> 無撰人姓名。見《唐志》。《隋·經籍志》未收。

陳雜吉儀注三十卷

> 無撰人姓名。見《唐志》。《隋·經籍志》未收。

陳賓禮六卷

> 張彥撰。見《唐志》。《隋·經籍志》未收。
>
> 　右儀注類十九部

刑法類

陳律令

> 見《高祖紀》。《南史》同。《隋·經籍志》有《陳律》九卷，范泉
> 撰。《陳令》三十卷，范泉撰。《陳科》三十卷，范泉撰。
> 按《唐六典》，范泉、徐陵定律三十卷。《通典》曰："陳武帝令
> 徐陵等制科三十卷。"
> 《陳書·高祖紀》永定元年，立刊定郎刊定律令。[①]
> 又按《隋書·刑法志》：陳氏承梁喪亂，刑典疏闊，及武帝即

---

① 上"刊"字，殿本《陳書·高祖紀》作"刪"。

位,思革其弊,於是稍求得梁時明法吏令與尚書刑定郎范泉,
參定律令,又敕尚書僕射沈欽,吏部尚書徐陵,兼尚書左丞宗
元饒,兼尚書左丞賀朗,參預其事,制律三十卷,令科四十卷。
《陳書·王冲傳》:陳武帝受禪,領太子少傅,加特進左光禄大
夫丹陽尹,參撰律令。

陳新制六十卷

無撰人姓名。見《隋·經籍志》。

按《補南北史藝文志》,范泉所改律令,亦名"新制",《隋·經
籍志》"陳新制六十卷",當即此書。蓋其意即《陳律令》一
書也。

彈文四卷

孔奐撰。見本傳。《南史》同。《隋·經籍志》未收。

《陳書·孔奐傳》:奐字休文,會稽山陰人也。好學善屬文,經
史百家,莫不通涉。沛國劉顯,時稱學府,每共奐討論,深相
歎服,乃執奐手曰:"昔伯喈墳素,悉與仲宣,吾當希彼蔡君,
足下無愧王氏。"所保書籍,尋以相付,官至散騎常侍金紫光
禄大夫,領弘範宮衛尉。

　右刑法類三部

雜傳類

續嘉瑞記

陸瓊撰。見本傳。《南史》同。《隋·經籍志》:嘉瑞記三卷,
陸瓊撰。

《陳書·陸瓊傳》:瓊父雲公奉梁武帝敕撰《嘉瑞記》,瓊述其
旨而續焉,自永定迄於至德,勒成一家之言。

續洞冥記一卷

顧野王撰。見本傳。《南史》同。《隋·經籍志》未收。

玉璽記一卷

姚察撰。見本傳。《南史》同。《隋·經籍志》未收。

《陳書·姚察傳》：所著《西聘》《玉璽》《建康三鍾》等記，各一卷，悉窮該博，并文集二十卷，並行於世。

三鍾記一卷

姚察撰。見本傳。《南史》同。《隋·經籍志》未收。

續高士傳七卷

周弘讓撰。見《隋·經籍志》。

按，周弘讓《陳書》無傳，唯其兄《周弘正傳》内曰："弘正幼孤，及弟弘讓、弘直，俱爲叔父侍中護軍捨所養。"《弘正傳》末並附有數行曰："弘正二弟，弘讓、弘直。弘讓性簡素，博學多通，天嘉初，以白衣領太常卿光禄大夫，加金章紫綬。"

符瑞記十卷

許善心撰。見《隋·經籍志》。

按，許善心《陳書》無傳。

右雜傳類六部

地記類

輿地志三十卷

顧野王撰。見本傳。《南史》同。《隋·經籍志》同。

北征道里記三卷

江德操撰。見本傳。《南史》作江德藻撰。《隋·經籍志》作《聘北道里記》三卷，江德藻撰。

按《陳書·德操傳》：德操字德藻。故德操，德藻實即一人也。

《陳書·德操傳》：德藻好學，善屬文，美風儀，身長七尺四寸，性至孝，事親盡孝，與異産昆弟居，思惠甚篤。[①] 天嘉四年，兼

---

① "思"，殿本《陳書·江德藻傳》作"恩"。

散騎常侍,與中書郎劉師知使齊,著《北征道里記》三卷。

聘遊記三卷

劉師知撰。見《隋‧經籍志》。

按《陳書‧劉師知傳》未言及此書,然按《江德操傳》:德操與中書郎劉師知使齊,德操著《北征道里記》三卷。則《聘遊記》之作,概亦在使齊之後矣。

西聘道里記一卷

姚察撰。見本傳。《南史》同。《隋‧經籍志》未收。

《陳書‧姚察傳》:太建初,補宣明殿學士,尋爲通直散騎常侍,報聘於周,著《西聘道里記》一卷。

建康記一卷

姚察撰。見本傳。《南史》同。《隋‧經籍志》未收。

建安地記二篇

顧野王撰。見本傳。《南史》同。《隋‧經籍志》未收。

《陳書‧野王傳》:野王年十二,隨父之建安,撰《建安地記》二篇。

序行記十卷

姚最撰。見《隋‧經籍志》。

按《陳書》姚最無傳,而《全陳文》曰:"最一作勖。"並收其文章甚多,故附其作品於此。

方物志二十卷

許善心撰。見《隋‧經籍志》。

按,許善心即許亨之子,早知名,官至尚書度支侍郎。

右地記類八部

譜系類

述系傳一卷

姚最撰。見《隋‧經籍志》。

顧氏譜傳十卷

顧野王撰。見本傳。《南史》同。《隋・經籍志》未收。

按《補南北史藝文志》收此書於雜傳類内，今按其體例，應屬於譜系類，故歸併於此。

右譜系類二部

簿録類

陳秘閣圖書法書目録一卷

無撰人姓名。見《隋・經籍志》。

按《陳書》未載此書。

陳天嘉六年壽安殿四部目録四卷

無撰人姓名。見《隋・經籍志》。

按《陳書》未載此書。

陳德教殿四部目録四卷

無撰人姓名。見《隋・經籍志》。

按《陳書》未載此書。

陳承香殿五經史記目録二卷

無撰人姓名。見《隋・經籍志》。

按《陳書》未載此書。

右簿録類四部

右史部共六十七部

藝文三　子部

道家

老子疏五卷

周弘正撰。見本傳。《南史》同。《隋・經籍志》未收。

莊子疏八卷

周弘正撰。見本傳。《南史》同。《隋・經籍志》：《莊子内篇講疏》八卷，周弘正撰。

老子義疏

顧越撰。見《南史》。《隋・經籍志》未收。

按《陳書・越傳》未載此書。僅言顧越聰慧有口辯，治毛詩，精於義理，尤善持論。

老子義十一卷

張譏撰。見本傳。《南史》同。《隋・經籍志》未收。

按《陳書・譏傳》：譏性恬靜，不求榮利，常慕閑逸，所居宅營山池，植花果，講《周易》《老》《莊》而教授焉。故張譏所作有關老莊玄學之書籍頗夥。

莊子内篇義十二卷

張譏撰。見本傳。《南史》同。《隋・經籍志》未收。

莊子外篇義二十卷

張譏撰。見本傳。《南史》同。《隋・經籍志》未收。

莊子雜篇義十卷

張譏撰。見本傳。《南史》同。《隋・經籍志》未收。

玄部通義十二卷

張譏撰。見本傳。《南史》同。《隋·經籍志》未收。

遊玄桂林二十四卷

張譏撰。見本傳。《南史》同。《隋·經籍志》作《遊玄桂林》二十一卷,目一卷,張譏撰。

按《隋·經籍志》經部五經總義類有《游玄桂林》九卷,張譏撰,與此互見而卷各不同。

又按《補南北史藝文志》經部五經總義類亦重收此書,作《游玄桂林》二十四卷,張譏撰。今以其性質類乎道家之言,故併入子部。

右道家類九部

雜家類

子集抄

陸瑜撰。見本傳。《南史》同。《隋·經籍志》未收。

《陳書》瑜無傳。附見於其兄《陸琰傳》下。瑜字幹玉,少篤學,美詞藻,讀書晝夜不廢,聰敏強記,一覽無復遺失。太建中,遷太子洗馬中舍人,時皇太子好學,欲博覽群書,以子集繁多,命瑜抄撰,未就而卒,時年四十四。太子爲之流涕,手令舉哀,官給喪事,並親製祭文,遣使者弔祭。

道覺論二十卷

馬樞撰。見本傳。《南史·樞傳》未著卷數。《隋·經籍志》未收。

《陳書·馬樞傳》:樞字要理,扶風郿人也。樞數歲而父母俱喪,爲其姑所養。六歲能誦《孝經》《論語》《老子》,及長博極經史,尤善佛經,及《周易》《老子》義。樞曾隱於茅山,有終焉之志。天嘉元年,文帝徵爲度支尚書,辭不應命。及鄱陽王伯山爲南徐刺史，欽其高尚，乃卑辭厚意，令使者邀之，前後數反，樞固辭以疾。門人或進曰："鄱陽王待以師友，非關爵位，市朝之間，何妨靜默？"樞不得已乃行。王築別室以處之，樞惡其崇麗，乃於竹林間自營茅茨而居焉。曾撰《道覺論》二十卷，行於世。按，馬樞少屬離亂，故有感於蝶夢人生，興終老山林之志。

書圖泉海二十卷

陳張式撰。見《隋·經籍志》。

按，張式《陳書》無傳。

右雜家類三部

小説家類

説林十卷

姚察撰。見本傳。《南史》同。《隋·經籍志》未收。

右小説家類一部

兵家類

軍制十三條

毛喜撰。見本傳。《南史》同。《隋·經籍志》未收。

《陳書·毛喜傳》：喜字伯武，榮陽陽武人也。少好學，喜草隸。高宗即位，除給事黄門侍郎，兼中書舍人，典軍國機密，高宗將議北伐，敕喜撰《軍制》凡十三條，詔頒天下。

右兵家類一部

天文類

分野樞要一卷

顧野王撰。見本傳。《南史》同。《隋·經籍志》未收。

玄象表一卷

　　顧野王撰。見本傳。《南史》同。《隋·經籍志》未收。

　　　右天文類二部

曆數類

陳永定七曜曆四卷

　　無撰人姓名。見《隋·經籍志》。

陳天嘉七曜曆七卷

　　無撰人姓名。見《隋·經籍志》。

陳天康二年七曜曆一卷

　　無撰人姓名。見《隋·經籍志》。

陳光大二年七曜曆　卷

　　無撰人姓名。見《隋·經籍志》。

陳太建年七曜曆十三卷

　　無撰人姓名。見《隋·經籍志》。

陳至德七曜曆二卷

　　無撰人姓名。見《隋·經籍志》。

陳禎明年七曜曆二卷

　　無撰人姓名。見《隋·經籍志》。

　　按，以上七書，均不見於《陳書》。

漏刻經一卷

　　陳太史令宋景撰。見《隋·經籍志》。

　　按《陳書》宋景無傳，故其人未詳。

　　　右曆數類八部

五行類

符瑞圖十卷

　　顧野王撰。見本傳。《南史》同。《隋·經籍志》未收。

三元遁甲六卷

陳員外散騎常侍劉毗撰。見《隋·經籍志》。

按《陳書》劉毗無傳，故其人未詳。

右五行類二部

醫方類

本草音義三卷

姚最撰。見《隋·經籍志》。

按《全陳文》，"最"一作"勖"，吳興人。

右醫方類一部

右子部共二十七部

藝文四　集部

別集類

後主集三十九卷

　　陳後主撰。見《隋·經籍志》。

　　按《陳書·後主本紀》未言及此書。

後主沈后集十卷

　　陳後主沈皇后撰。見《隋·經籍志》。

　　按《陳書》沈皇后有二：一爲世祖沈皇后，諱妙容，吳興武康人也。一爲後主沈后，諱婺華。此即後主皇后也。

　　又按《陳書·沈皇后傳》未言及此書。

　　《陳書·沈皇后傳》：太建三年，納爲皇太子妃，後主即位，立爲皇后，后性端靜，寡嗜欲，聰敏強記，涉獵經史，工書翰。居處儉約，衣服無錦綉之飾，左右近侍，纔百許人，唯尋閱圖史，誦佛經爲事。陳亡與後主俱入長安，及後主薨，后自爲哀辭，文甚酸切。

袁樞集十卷

　　見《袁敬傳》。《南史·袁君正傳》同。《隋·經籍志》未收。

　　《陳書·袁敬傳》後附有兄子樞傳：樞字踐言，梁吳郡太守君正之子也。美容儀，性沈靜，好讀書，手不釋卷。有集十卷，行於世。

孔奐集十五卷

　　見本傳。《南史》同。《隋·經籍志》未收。

　　《陳書·孔奐傳》有集十五卷。

褚玠集

見本傳。《南史》同。《隋・經籍志》作《陳御史中丞褚玠集》十卷。

《陳書・褚玠傳》：玠字温理，河南陽翟人也。博學能文，詞義典實，不好豔靡。所製章奏雜文二百餘篇，皆切事理，由是見重於時。

張種集十四卷

見本傳。《南史》同。《隋・經籍志》未收。

《陳書・張種傳》有集十四卷。

周弘正集二十卷

見本傳。《南史》同。《隋・經籍志》：《陳尚書僕射周弘正集》二十卷。

《陳書・弘正傳》有集二十卷。

周弘直集二十卷

見本傳。《南史》同。《隋・經籍志》未收。

《陳書・弘直傳》：直字思方，幼而聰敏。有集二十卷。

周弘讓集九卷

《隋・經籍志》作陳金紫光禄大夫周弘讓撰。

按《陳書》弘讓無傳，其兄《弘正傳》後，附弘讓略歷，但並未言及此書。又按《全陳文》曰："弘讓，弘正弟，始仕，不得志，隱句曲之茅山，頻徵不出。侯景僭號，以爲中書侍郎，承聖初，授國子博士，進仁威將軍，陳受禪，爲太常卿。天嘉初，以白衣領太常卿，進金紫光禄大夫。有集九卷，後集十二卷。"

周弘讓後集十二卷

見《隋・經籍志》。

按《陳書》未載此書。

江總集三十卷

見本傳。《南史》同。《隋・經籍志》：《開府江總集》三十卷。

《陳書・江總傳》：有文集三十卷，並行於世。

江總後集二卷

見《隋·經籍志》。

按《陳書·江總傳》未言及此書。

陸瓊集二十卷

見本傳。《南史》同。《隋·經籍志》未收。

《陳書·陸瓊傳》：有集二十卷，行於世。

陸瑜集十卷

見本傳。《南史》同。《隋·經籍志》作《陸瑜集》十一卷，並錄。

《陳書·瑜傳》附見於其兄《陸琰傳》後，至德二年，追贈光禄卿，有集十卷。

陸琰集二卷

見本傳。《南史》同。《隋·經籍志》：《陳司農卿陸琰集》二卷。

《陳書·陸琰傳》：所製文筆，多不存本，後主求其遺文，撰成二卷。

陸玠集十卷

見本傳。《南史》同。《隋·經籍志》：《陳少府卿陸玢集》十卷。

按《陳書·陸玠傳》附見於《陸琰》後。琰有從父兄玠，從父弟琛。玠字潤玉，弘雅有識度，好學能屬文。至德二年，追贈少府卿，有集十卷。

又按《隋志》"玠"作"玢"，"玢"字恐誤。《南史》作"玠"，不誤。

江德操集十五卷

見本傳。《南史·江德藻傳》同。《隋·經籍志》未收。

《陳書·德操傳》：德操字德藻，補新渝令，政尚恩惠，頗有異績，卒於官，文帝贈散騎常侍。文筆十五卷。

按《全陳文》曰："德藻字德操，一云名德操。"

許亨集六卷

見本傳。《南史》同。《隋·經籍志》未收。

《陳書·許亨傳》：所製文字共六卷。

徐陵集三十卷

見本傳。《南史》同。《隋·經籍志》：《陳尚書左僕射徐陵集》三十卷。

《陳書·徐陵傳》：其文頗變舊體，緝裁巧密，多有新意，每一文出，好事者已傳寫成誦，遂被之華夷，家藏其本，後逢喪亂，多散失，存者三十卷。

按，嚴可均校輯之《全陳文》收徐陵之作最多。

陰鏗集三卷

見《阮卓傳》。《南史·陰鏗傳》同。《隋·經籍志》：《陳鎮南司馬陰鏗集》一卷。

按《陳書》陰鏗無傳，附見於《阮卓傳》後。陰鏗字子堅，幼聰慧，五歲能誦詩賦，及長，博涉史傳，尤善五言詩，爲當時所重。官至晉陵太守員外散騎常侍，有集三卷，行於世。

蔡景歷集三十卷

見本傳。《南史》同。《隋·經籍志》：《陳護軍將軍蔡景歷集》五卷。

《陳書·景歷傳》：景歷屬文，不尚雕靡，而長於叙事，應機敏達，爲當時所稱，有文集三十卷。

毛喜集十卷

見本傳。《南史》同。《隋·經籍志》未收。

《陳書·毛喜傳》有集十卷。

沈炯集二十卷

見本傳。《南史》同。《隋·經籍志》：《陳侍中沈炯前集》七卷，《後集》十三卷。

《陳書·沈炯傳》：炯字禮明,吳興武康人也。所製羽檄軍書,其文甚工,當時莫有逮者。有集二十卷,行於世。

虞寄集

見本傳。《南史》同。《隋·經籍志》未收。

《陳書·虞寄傳》：寄字次安,少聰敏,年數歲,客有造其父者,遇寄於門,因嘲之曰：“郎君姓虞,必當無智。”寄應聲答曰：“文字不辨,安得非愚。”客大慚,入謂其父曰：“此子非常人也。”及長,好學,善屬文,性冲靜,有栖遁之志。所製文筆,遭亂散失多不存。

傅縡集十卷

見本傳。《南史》同。《隋·經籍志》未收。

《陳書·傅縡傳》：有集十卷。

顧野王集二十卷

見本傳。《南史》同。《隋·經籍志》：《陳左衛將軍顧野王集》十九卷。

《陳書·野王傳》有文集二十卷。

姚察集二十卷

見本傳。《南史》同。《隋·經籍志》未收。

《陳書·察傳》有文集二十卷。

沈不害集十四卷

見本傳。《南史》同。《隋·經籍志》未收。

《陳書·不害傳》：有文集十四卷。

杜之偉集十七卷

見本傳。《南史》同。《隋·經籍志》：《陳大匠卿杜之偉集》十二卷。

《陳書·杜之偉傳》：有集十七卷。

岑之敬集十卷

見本傳。《南史》同。《隋·經籍志》未收。

《陳書·之敬傳》：之敬字思禮,南陽棘陽人也。年五歲,讀

《孝經》,每燒香正坐,親戚咸加歡服,之敬始以經業,進而博涉文史,雅有詞筆,不爲醇儒,性謙謹,未嘗以才學矜物,接引後進,恂恂如也。有集十卷,行於世。

顏晃集二十卷

見本傳。《南史》同。《隋‧經籍志》未收。

《陳書‧晃傳》:字元明,琅邪臨沂人也。少孤貧,好學有辭采。其章表詔誥,下筆立成,便得事理,而雅有氣質。有集二十卷。

張正見集十四卷

見本傳。《南史》同。《隋‧經籍志》同。

《陳書‧正見傳》:有集十四卷,其五言詩尤善。

庾持集十卷

見本傳。《南史》同。《隋‧經籍志》未收。

《陳書‧庾持傳》:有文集十卷。

司馬嵩集十卷

見本傳。《南史》同。《隋‧經籍志》未收。

《陳書‧嵩傳》:字文升,河內溫人也。幼聰警,有至性。事親至孝。官至通直散騎常侍,太中大夫司州大中正。有集十卷。

謝貞集

見本傳。《隋‧經籍志》未收。

《陳書‧謝貞傳》:有文集,值兵亂多不存。

按《南史》未載此書。

陳沙門釋標集二卷

見《隋‧經籍志》。

按,釋標不詳何人。

陳沙門釋洪偃集八卷

見《隋‧經籍志》。

按《陳書》未收此書。

陳沙門釋瑗集六卷

見《隋·經籍志》。

按《陳書》未載此書。

陳沙門釋靈裕集四卷

見《隋·經籍志》。

按《陳書》未收此書。

陳沙門策上人集五卷

見《隋·經籍志》。

按《陳書》未收此書。

陳右衛將軍張式集十四卷

見《隋·經籍志》。

按《陳書》張式無傳。

陳沙門釋曇集六卷

見《隋·經籍志》。

按《陳書》未收此書。

陳安右府諮議司馬君卿集二卷

見《隋·經籍志》。

按，司馬君卿不詳何人。

陳著作佐郎張仲簡集一卷

見《隋·經籍志》。

按《陳書》張仲簡無傳。

右別集類四十四部

總集類

中書表傳

姚察撰。見本傳。《南史》同。《隋·經籍志》未收。

玉臺新咏十卷

徐陵撰。見《隋·經籍志》。

按《陳書·徐陵傳》未言及此書。

陳郊廟歌詞三卷並録

徐陵撰。見《隋·經籍志》。

按《陳書·陵傳》未言及此書。

陳天嘉詔草三卷

無撰人姓名。見《隋·經籍志》。

陳皇朝聘使雜啓

無撰人姓名。見《隋·經籍志》。

右總集類五部

右集部共四十九部

佛經類

梁武帝同泰寺捨身儀注

杜之偉撰。見本傳。《南史》同。《隋·經籍志》未收。

《陳書·之偉傳》：大同元年，梁武帝幸同泰寺捨身，敕徐勉撰儀注，勉以先無此禮，召之偉草具其儀。

按，杜之偉撰儀注時，雖在梁代，但《梁書》無傳，傳在陳代，故收此書於此。

又按《補南北史藝文志》史部儀注類與此互見，今按其書名雖爲儀注，實則有關佛事之典禮也，故合併於此。

右佛經類一部

右經史子集四部及佛經類總計爲一百七十八部

補魏書藝文志

賴炎元　撰　李學玲　整理

底本:《臺灣師範大學國文研究所集刊》創刊號,1957 年 6 月

　　漢成之世，劉子駿博覽群籍，條分篇目，撮其指意，而作《七略》。班孟堅因之，作《漢書·藝文志》。藝文志者，特志中之一體，舉凡學術源流，文物變遷，風氣轉移，人才消長，於此可窺其梗概。孟堅之後，史家遞相祖述，雖取名或異，而爲用則一。觀夫二十五史，有藝文志者凡六，其餘諸史，皆付闕如。蓋史家修書，重於帝王之隆替，政教之興革；至若搜羅群籍，萃爲一篇，則以非當務之急而忽之。是以諸儒撰述，泯然無聞，斯乃前賢之失，實有待於後學之補苴者也。

　　晋室南遷，人文薈萃江左；而有魏一朝，據居中原，流風餘韻，亦頗可觀。劉芳、徐遵明以經述著，劉昞、崔浩以史學顯，張淵、信都芳長於曆數，常景、祖瑩善乎文辭，文風之盛，雖南朝亦莫能過之。酈道元所注《水經》，考訂之精，猶爲研習地志者所遵循；江式所撰《古今文字》，搜集之備，誠爲攻治小學者所法式。然則《魏書》已具十志，獨缺藝文，乃使一代著述，無由徵考，豈不大可惜乎！《隋書·經籍志》總集前代經籍，然所載魏人著述，略而不詳，張一鵬撰《隋經籍志補》，徐崇《補南北史藝文志》，於魏人所著，仍有遺漏。爰集諸見《魏書》紀傳者，參以《北史》，依《隋·經籍志》之分類，撰成此篇，每書之下，注明出自何傳，略加考訂。其間搜羅不備，勢所難免；拾遺補闕，仍有竢於博雅君子。

經部

易

周易解

崔浩撰。見本傳,《北史》同。

《魏書·浩傳》:著作令史太原閔湛、趙郡郄標素諂事浩,乃請立石銘,刊載國書,並勒所注五經,浩贊成之。又云:浩又上《五寅元曆表》曰:太宗即位元年,敕臣解《急就章》《孝經》《論語》《詩》《尚書》《春秋》《禮記》《周易》,三年成訖。

《隋書·經籍志》載:《周易》十卷,崔浩撰。

按,《周易解》即《五經注》之一。

周易注

盧景裕撰。見本傳,《北史》同。《隋·經籍志》未收。

《魏書·景裕傳》:先是景裕注《周易》《尚書》《孝經》《論語》《禮記》《老子》,其《毛詩》《春秋左氏》未訖。

易集解

游肇撰。見本傳,《北史》同。《隋·經籍志》未收。

《魏書·肇傳》:肇外寬柔,内剛直,耽好經傳,手不釋書,治《周易》《毛詩》,尤精三禮,爲《易集解》,撰《冠婚儀》《白珪論》,詩賦、表、啓凡七十五篇,皆傳於世,謙廉不兢,曾撰《儒棋》,以表其志焉。

周易注

劉昞撰。見本傳,《北史·劉延明傳》同。《隋·經籍志》未收。

《魏書·昞傳》：昞以三史文繁，著《略記》百三十篇八十四卷，《涼書》十卷，《敦煌實錄》二十卷，《方言》三卷，《靖恭堂銘》一卷，注《周易》《韓子》《人物志》，《黃石公三略》，並行于世。

按，劉昞字延明。

王郎易傳注[①]

闞駰撰。見本傳，《北史》同。《隋·經籍志》未收。

《魏書·駰傳》：駰博通經傳，聰敏過人，三史經群言，目則誦，[②]時人謂之宿讀，注王朗《易傳》，學者藉以通經，撰《十三州志》行於世。

右易五部

尚書

尚書解

崔浩撰。見本傳，《北史》同。《隋·經籍志》未收。

詳見前。

按，《魏書·浩傳》有《五經注》，《尚書解》即五注之一。

尚書注

盧景裕撰。見本傳，《北史》同。《隋·經籍志》未收。

詳見前。

王肅所注尚書音一卷

劉芳撰。見本傳，《北史》同。《隋·經籍志》未收。

《魏書·芳傳》：芳撰鄭玄所注《周官儀禮音》、干寶所注《周官音》、王肅所注《尚書音》、何休所注《公羊音》、范寧所注《穀梁音》、韋昭所注《國語音》、范曄《後漢書音》各一卷，《辨類》三

---

① “郎”，殿本《魏書·闞駰傳》作“朗”。

② “三史經群言目則誦”，殿本《魏書·闞駰傳》作“三史群言經目則誦”。

卷,《徐州人地録》二十卷,①《急就篇續注音義證》三卷,《毛詩箋音義證》十卷,《禮記義證》十卷,《周官》、《儀禮義證》各五卷。

右尚書三部

詩

詩禮別義

元延明撰。見本傳,《北史·安豐王猛傳》同。《隋·經籍志》未收。

《魏書·延明傳》：所著詩賦讚頌銘誄三百餘篇,又撰《五經宗略》《詩禮別義》《注帝王世紀》及《列仙傳》,又以河間信都芳工算術,引之在館。其撰《古今樂事》九章十二圖,②又集《器準》九篇,芳別爲之注,皆行於世。

詩解

崔浩撰。見本傳,《北史》同。《隋·經籍志》未收。

按,《魏書·浩傳》有《五經注》,《詩解》即《五經注》之一。

詳見前。

毛詩拾遺

高允撰。見本傳,《北史》同。《隋·經籍志》未收。

按《魏書·允傳》：允所製詩賦誄頌箴論表贊,《左氏公羊釋》《毛詩拾遺》《論雜解議》《何鄭膏肓》凡百餘篇,別有集行於世,允明算法,爲《算術》三卷。

毛詩箋音義證十卷

劉芳撰。見本傳,《北史》同。《隋·經籍志》未收。

詳見前。

---

① “二十”,殿本《魏書·劉芳傳》作“四十”。
② “古”,原作“在”,據殿本《魏書·文成五王傳》改。

毛詩章句疏三卷

　　劉獻之撰。見本傳。《北史·獻之傳》：《章句疏》二卷。《隋·經籍志》未收。

　　按《魏書·獻之傳》：獻之撰《三禮大義》四卷，《三傳略例》三卷，《注毛詩序義》一卷，今行於世，並《章句疏》三卷，《注涅槃經》未就，卒。

毛詩序義一卷

　　劉獻之撰。見本傳，《北史》同。《隋·經籍志》未收。

毛詩誼府十卷

　　元延明撰。《魏書》未載，《北史》無。《隋書·經籍志》載《毛詩誼府》十卷，後魏安豐王元延明撰。

　　按《唐書·經籍志》：《毛詩誼府》三卷，元延明撰。《唐書·藝文志》：元延明《毛詩誼府》三卷。

　　右詩七部

禮

詩禮別義

　　元延明撰。見本傳，《北史·安豐王猛傳》同。《隋·經籍志》未收。

禮記解

　　崔浩撰。見本傳，《北史》同。《隋·經籍志》未收。

　　按，《魏書·浩傳》有《五經注》，《禮解》即五注之一。

禮記注

　　盧景裕撰。見本傳，《北史》同。《隋·經籍志》未收。

喪服要記

　　索敞撰。見本傳，《北史》同。《隋·經籍志》未收。

喪服論

柳玄達撰。見《裴叔業傳》。《北史·叔業傳》未載。《隋·經
籍志》未收。

《魏書·叔業傳》：玄達曾著《大夫論》，備陳叔業背逆歸順、契
闊危難之旨，又著《喪服論》，約而易尋，文多不録。

難王儉喪服集記七十餘條

盧道虔撰。《魏書》本傳未載。《北史·盧玄傳》：道虔好禮
學，難齊尚書令王儉《喪服集記》七十餘條。

鄭玄所注周官儀禮音一卷

劉芳撰。見本傳，《北史》同。《隋·經籍志》未收。

詳見前。

干寶所注周官音一卷

劉芳撰。見本傳，《北史》同。《隋·經籍志》未收。

禮記義證十卷

劉芳撰。見本傳，《北史》同。《隋·經籍志》未收。

周官義證五卷

劉芳撰。見本傳，《北史》同。《隋·經籍志》未收。

儀禮義證五卷

劉芳撰。見本傳，《北史》同。《隋·經籍志》未收。

三禮大略四卷

劉獻之撰。見本傳，《北史》同。

按，《隋·經籍志》載《三禮大略》四卷，無撰人姓名。

明堂圖説六卷

封偉伯撰。見本傳，《北史·封軌傳》同。《隋·經籍志》未收。

《魏書·偉伯傳》：清河王懌親爲《孝經解詁》，命偉伯爲《難
例》九條，皆發起隱漏。偉伯又討論《禮》《傳》《詩》《易》數十
條，儒者咸稱之。尋將經始明堂，廣集儒學，議其制度九五之

論，久而不定。偉伯乃搜檢經緯，上《明堂圖說》十卷。

明堂制度論

李謐撰。見本傳，《北史》同。《隋·經籍志》未收。

《魏書·謐傳》：覽《考工記》，《大戴禮·盛德》篇，以明堂制度不同，遂著《明堂制度論》。

三禮宗略二十卷

元延明撰。《魏書》本傳未載，《北史·安豐王猛傳》無。《隋·經籍志》載：《三禮宗略》二十卷，安豐王元延明撰。

　右禮十五部

樂

樂書二卷

公孫崇撰。見本傳及《樂志》，《北史》無崇傳。《隋書·經籍志》載：《鐘磬志》二卷，公孫崇撰。

《魏書·樂志》：正始元年秋，詔曰：太樂令公孫崇，更調金石，變理音準，其書二卷並表，悉付尚書。

《魏書·律曆志》：近在鄴見崇，臣先以其聰敏精勤，有挈瓶之智，雖非經國之材，頗長推考之術，故臣舉之以教樂令，依臣先其所論樂事，自作《鐘磬志議》二卷，器數爲備，可謂世不乏賢。

樂書七卷

信都芳撰。見本傳，《北史》同。《隋·經籍志》載：《樂書》七卷，後魏丞相士曹參軍信都芳撰。

《魏書·信都芳傳》：安豐王延明，家有群書，欲抄集五經算術爲五經宗，及古今樂書。

按，《北史》《齊書》均有芳傳。唐《經籍志》載：《樂書》九卷，信都芳注删。

古今樂府九章十二圖

元延明撰。見本傳,《北史·安豐王猛傳》未載。《隋·經籍志》未收。

《魏書·延明傳》:又以河間人信都芳工算術,引之在館,其撰《古今樂府》九章十二圖,又集《器準》九篇,芳別爲之注,皆行於世。

古今樂府九章十二圖注

信都芳撰。見《元延明傳》。《北史·安豐王猛傳》未載。《隋·經籍志》未收。

古今雜曲條記

崔九龍撰。見本傳,《北史》無九龍傳。《隋·經籍志》未收。

右樂五部

春秋

春秋解

崔浩撰。見本傳,《北史》同。《隋·經籍志》未載。

按《魏書·浩傳》有《五經注》,《春秋解》即《五經注》之一。

左氏釋

高允撰。見本傳,《北史》同。《隋·經籍志》未收。

公羊釋

高允撰。見本傳,《北史》同。《隋·經籍志》未收。

詳見前。

春秋三傳述十卷

李彪撰。見本傳,《北史》同。《隋·經籍志》未收。

《魏書·彪傳》:彪在秘書歲餘,史業竟未及就,然區分書體,皆彪之功。述《春秋三傳》,合成十卷,其所著詩賦頌誄章奏雜筆百餘篇,別有集。

春秋叢林十二卷

李謐撰。見本傳,《北史》同。《隋・經籍志》載:《春秋叢林》十二卷,無撰人姓名。

《魏書・謐傳》:於是鳩集諸經,廣校同異,比三傳事例,名《春秋叢林》,十有二卷。

何休所注公羊音一卷

劉芳撰。見本傳,《北史》同。《隋・經籍志》未收。

詳見前。

范寧所注穀梁音一卷

劉芳撰。見本傳,《北史》同。《隋・經籍志》未收。

韋昭所注國語音一卷

劉芳撰。見本傳,《北史》同。《隋・經籍志》未收。

三傳略例

劉獻之撰。見本傳,《北史》同。《隋・經籍志》未收。

詳見前。

春秋義章三十卷

徐遵明撰。見本傳,《北史》同。《隋・經籍志》未收。

《魏書・遵明傳》:又知陽平館陶趙世業家有《服氏春秋》,是晉世永嘉舊本,遵明乃往讀之,復經數載,因手撰《春秋義章》爲三十卷。

杜氏春秋難駮十卷

賈思同撰。見本傳,《北史》同。《隋・經籍志》未收。

《魏書・思同傳》:思同之侍講也,國子博士遼西衛冀隆,爲服氏之學,上書難《杜氏春秋》六十三事,思同復駮冀隆乖錯者十一條。互相是非,積成十卷。詔下國學,集諸儒生考之,未竟,而思同卒。

三傳經説同異

辛子馥撰。見本傳,《北史》同。《隋書·經籍志》未收。

《魏書·子馥傳》:子馥以三傳經同説異,遂總爲一部,傳注並出,校比短長,會亡,未就。

何鄭膏肓

高允撰。見本傳,《北史》同。《隋·經籍志》未收。

右春秋十三部

孝經

孝經解詁

清河王懌撰。本傳未載,見《偉伯傳》,《北史·封軌傳》同。《隋·經籍志》未收。

《魏書·偉伯傳》:清河王懌辟參軍事,懌親爲《孝經》解詁,命偉伯撰難例九條,皆發起隱漏。

孝經解詁難例九例

封偉伯撰。見本傳,《北史·封軌傳》同。《隋·經籍志》未收。詳見前。

孝經解

崔浩撰。見本傳,《北史》同。《隋·經籍志》未收。

孝經注

陳奇撰。見本傳,《北史》同。《隋·經籍志》未收。

《魏書·奇傳》:志在著述五經,始注《孝經》《論語》,頗傳於世,爲搢紳所稱。

孝經注

盧景裕撰。見本傳,《北史》同。《隋·經籍志》未收。

國語孝經一卷

侯伏侯可悉陵撰。《魏書》未載,《北史》無。

《隋·經籍志》載:《國語孝經》一卷,後魏侯伏侯可悉陵撰。

按,《隋·經籍志》叙曰:魏氏遷洛,未達華語,孝文帝命侯伏侯可悉陵以夷語譯《孝經》之旨,教於國人,謂之《國語孝經》。

右孝經六部

論語 並五經總義

論語解

崔浩撰。見本傳,《北史》同。《隋·經籍志》未收。

論語注

陳奇撰。見本傳,《北史》同。《隋·經籍志》未收。

論語注

盧景裕撰。見本傳,《北史》同。

按,《隋·經籍志》載:《論語》七卷,盧氏撰。有姓無名,疑即爲此書。

五經宗略

元延明撰,見本傳,《北史》同。《隋·經籍志》載:《五經宗略》三十三卷,元延明撰。

《魏書·延明傳》:所著詩賦讚頌銘誄三百餘篇,又撰《五經宗略》《詩禮別義》《注帝王世紀》及《列仙傳》,又以河間信都芳工算術,引之在館,其撰《古今樂事》九章十二圖,又《器準》九篇,芳別爲之注,皆行於世。

五經異同評十卷

張鳳撰。見《北史·張湛傳》。《魏書·湛傳》未載。《隋·經籍志》未收。

《北史·湛傳》:鳳字孔鸞,位國子博士散騎常侍,著《五經異同評》十卷,爲儒者所稱。

五經辨疑十卷

王神貴撰。見《北史·房景伯傳》。《魏書·景伯傳》未載。《隋·經籍志》未收。

《北史·景伯傳》：景伯弟景先，作《論語疑問》百餘篇，[①]其言典核，[②]符璽郎王神貴益之，名爲《辨疑》，合成十卷，亦爲可觀。

《魏書·景先傳》：景先作《五經疑問》百餘篇。

六經注略

常爽撰。見本傳，《北史》同。《隋·經籍志》未收。

禮傳詩易疑事

封偉伯撰。見本傳，《北史·封軌傳》同。《隋·經籍志》未收。

方言三卷

劉昞撰。見本傳，《北史·劉延明傳》同。《隋·經籍志》未收。

按，劉昞字延明。

右論語並五經總義九部

小學

衆文經

道武帝敕撰。見本紀，《北史》同。《隋·經籍志》未收。

《魏書·道武帝紀》：天興四年冬十二月，集博士儒生比衆經文字，凡四萬餘字，號曰《衆文經》。

新字

太武帝撰。見本紀，《北史》同。《隋·經籍志》未收。

---

① “論語”，殿本《北史·房景伯傳》作“五經”。
② “其言典核”，殿本《北史·房景伯傳》作“其語典該”。

《魏書·太武帝紀》：始光二年三月，初造文字千餘。

急就章解

崔浩撰。見本傳，《北史》同。《隋·經籍志》載：《急就章》十二卷，崔浩撰。

急就篇續注音義證三卷

劉芳撰。見本傳，《北史》同。《隋·經籍志》未收。

字釋

袁式撰。見本傳，《北史》同。《隋·經籍志》未收。

《魏書·式傳》：式沈靜樂道，周覽書傳，至於訓詁《蒼》《雅》，偏所留懷，作《字釋》未就。

字統二十卷

陽承慶撰。見《魏書·陽尼傳》，《北史》同。《隋·經籍志》載：《字統》二十一卷，楊承慶撰。

《魏書·陽尼傳》：所造《字釋》數十篇。未就而卒，其從孫太學博士承慶，遂撰爲《字統》二十卷，行於世。

按《隋·經籍志》楊承慶撰《字統》二十一卷，“陽”作“楊”，二十卷作二十一卷。

悟蒙章

陸暐撰。見本傳，《北史·陸俟傳》同。《隋·經籍志》未收。

《魏書·暐傳》：暐擬《急就篇》爲《悟蒙章》，及《七誘》《十醉》，章表數十篇。

古今文字四十卷

江式撰。見本傳，《北史》同，《隋·經籍志》未收。

《魏書·式傳》：式於是撰集字書，號曰《古今文字》，凡四十卷，大體依許氏《説文》爲本。

國語物名四卷

侯伏侯可悉陵撰。本傳未載，《北史》無。《隋·經籍志》載：

《國語物名》四卷，侯伏侯可悉陵撰。

國語雜物品三卷

侯伏侯可悉陵撰。本傳未載，《北史》無。《隋·經籍志》載：
《國語雜物名》三卷，侯伏侯可悉陵撰。

右小學十部。

凡經類七十三部。

史　部

正史

國書三十卷

崔浩等撰。見《魏書·崔浩傳》,《北史》同。《隋·經籍志》未收。

《魏書·崔浩傳》:初太祖詔鄧淵撰《國記》十餘卷,編年次事,體例未成,逮于太宗,廢而不述。神䴥二年,詔集諸文人撰録《國書》,浩及弟覽、高讜、鄧穎、晁繼、范耳、[①]黄輔等,共參著作,叙成《國書》三十卷。

魏國記

鄧淵撰。見本傳,《北史·鄧彦海傳》同。《隋·經籍志》未收。

《魏書·鄧淵傳》:太祖詔淵撰《國記》,淵造十餘卷。

《北史·魏收傳》:魏初,鄧彦海撰《代記》十餘卷。

按,鄧淵字彦海。又按《鄧淵傳》別無《代記》,疑《國記》一名《代記》。

晋書

魏彦撰。見《北史·魏長賢傳》。《魏書》長賢無傳。《隋·經籍志》未收。

按《北史·長賢傳》:父博學善屬文,求爲著作郎,思樹不朽之業,以《晋書》作者多家,體製繁雜,欲正其紕繆,删其游辭,勒

---

① "耳",殿本《魏書·崔浩傳》作"亨"。

成一家之典，俄而彭城王聞李崇稱之，復請爲掾，兼知主客郎中，書遂不成，後長賢更撰《晋書》，欲還成父志，亦未果。

晋書

裴伯茂撰。見本傳，《北史·裴延俊傳》同。《隋·經籍志》未收。

《魏書·伯茂傳》：伯茂曾撰《晋書》，未竟成。

晋書

宋世景撰。見本傳，《北史》同。《隋·經籍志》未收。

《魏書·世景傳》：世景嘗撰《晋書》，竟未得就。

晋後書

崔浩撰。見《北史·浩傳》。《魏書·浩傳》未載。《隋·經籍志》未收。

《北史·浩傳》：著《晋後書》未就，傳世者五十餘卷。

魏志三十卷

張始均撰。見本傳，《北史·張彝傳》同。《隋·經籍志》未收。

《魏書·始均傳》：改陳壽《魏志》爲編年之體，廣參異聞爲三十卷。又著《冠帶録》，諸詩賦數十篇，並亡佚。

范曄後漢書音一卷

劉芳撰。見本傳，《北史》同。《隋·經籍志》同。

詳見前。

右正史八部

雜史

帝王世紀注

元延明撰。見本傳，《北史·安豐王猛傳》同。《隋·經籍志》未收。

詳見前。

帝録二十卷

元順撰。見本傳,《北史·任城王雲傳》同。《隋·經籍志》未收。

《魏書·順傳》:順帝撰《録》二卷,詩賦表頌數十篇,今多亡佚。

要略三十卷

彭城王勰傳。見本傳,《北史》同。《隋·經籍志》未收。

《魏書·彭城王勰傳》:撰自古帝王賢達,至於魏世子孫三十卷,名曰《要略》。

略注百餘篇

平恒撰。見本傳,《北史》同。《隋·經籍志》未收。

《魏書·平恒傳》:自周以降,暨於魏世,帝王傳代之由,貴臣升降之緒,皆撰録品第,商略是非,號曰《略注》,合百餘篇。

國統

梁祚撰。見本傳,《北史》同。《隋·經籍志》載:《魏國記》二十卷,梁祚撰。

《魏書·祚傳》:撰並陳壽《三國志》,名曰《國統》。

《新唐志》作《魏書國記》,《舊唐志》作《國記》,皆云十卷。《通志略》作《魏國記》,誤認爲後魏《國記》。

按,《新唐志》作《魏書國記》,"書"字疑衍,"記"字應作"統"。

三史略記八十四卷

劉昞撰。見本傳,《北史》同。《隋·經籍志》未收。

《魏書·昞傳》:昞以三史文繁,著《略記》百三十篇八十四卷,《涼書》十卷,《敦煌實録》二十卷,《方言》三卷,《靖恭堂銘》一卷,注《周易》《韓子》《人物志》《黃石公三略》,並行於世。

右雜史六部

霸史

燕記

崔逞撰。見本傳,《北史》同。《隋·經籍志》未收。

燕書

封懿撰。見本傳,《北史》同。《隋·經籍志》未收。

《魏書·懿傳》:懿撰《燕書》,頗行於世。

蒙遜記十卷

宗欽撰。見本傳,《北史》同。《隋·經籍志》未收。

《魏書·欽傳》:欽在河西撰《蒙遜記》十卷,無足可稱。

馮氏燕志十卷

韓顯宗撰。見本傳,《北史·韓麒麟傳》同。《隋·經籍志》載:《燕志》十卷,記馮跋事,魏高閭撰。

按《魏書·顯宗傳》:顯宗撰《馮氏燕志》《孝友傳》各十卷。而《高閭傳》未言撰志事,《北史》同,《隋志》誤。

敦煌實録二十卷

劉昞撰。見本傳,《北史·劉延明傳》同。《隋·經籍志》載:《敦煌實録》十卷,劉景撰。

按,劉昞字延明。《隋志》唐人撰,唐人諱昞,故以景代之。

又按,《唐志》引《敦煌實録》二十卷,與《魏書》《北史》同,《隋志》作十卷,疑誤。

涼書十卷

劉昞撰。見本傳,《北史·延明傳》未載。《隋·經籍志》載:《涼書》十卷,記張軌事,僞涼大將軍從事中郎劉景撰。

按,唐人諱"昞",故以"景"代"昞"。①

---

① "景"上,原衍"以"字,據上下文意删。

涼書十卷

高謙之撰。見本傳，《北史》同。《隋‧經籍志》載：《涼書》十卷，高道讓撰

按，高謙之字道讓。

十六國春秋一百卷序例一卷年表二卷

崔鴻撰。見本傳，《北史》同。《隋‧經籍志》載：《十六國春秋》一百卷，崔鴻撰。

《魏書‧鴻傳》：以劉淵、石勒、慕容俊、符健、慕容垂、姚萇、慕容德、赫連屈孑、張軌、李雄、呂光、乞伏國仁、禿髮烏孤、李暠、沮渠蒙遜、馮跋等，並因世故，跨僭一方，各有國書，未有統一，鴻乃撰爲《十六國春秋》，勒成百卷。

慕容氏書

酈惲撰。見《北史‧酈道元傳》。《魏書‧道元傳》未載。《隋‧經籍志》未收。

《北史‧道元傳》：惲撰《慕容氏書》，未成。

右霸史九部

起居注

孝文起居注

李伯尚撰。見本傳，《北史‧序傳》同。邢巒撰。見《北史‧魏收傳》，《齊書‧收傳》同。《隋‧經籍志》載：《後魏起居注》三百三十六卷，無撰人姓名。

《魏書‧孝文帝紀》：太和十四年初詔定起居注制。

《魏書‧伯尚傳》：伯尚受敕撰《太和起居》，在宣武前。

《北史‧魏收傳》：宣武時命邢巒追撰《孝文起居注》。①

---

① “孝文”，原作“孝武”，據殿本《北史‧魏收傳》改。

按《隋·經籍志》所載:《後魏起居注》三百三十六卷,係包括凡魏帝起居注之總卷數。

宣武起居注

房景先撰。見《景伯傳》,《北史·景伯傳》同。《隋·經籍志》説見上。

《魏書·景伯傳》:侍中穆紹啓景先修《宣武起居注》。

續修孝文宣武起居注

崔鴻撰。見本傳,《北史》同。王遵業撰,見本傳,《北史·王慧龍傳》同。《隋·經籍志》,説見上

《魏書·鴻傳》:正光元年修高祖、世宗《起居注》。

《魏書·遵業傳》:與司徒左長史同撰《起居注》。

孝明起居注

崔鴻撰。見《北史·魏收傳》。《魏書》收無傳。《隋·經籍志》説見上。

《北史·魏收傳》:命崔鴻、王遵業補續《起居注》,下迄孝明事甚委悉。

李莊起居注

李神俊等撰。見《北史·陽休之傳》。《魏書·神俊傳》未載。《隋·經籍志》説見上。

《北史·休之傳》:莊帝立,李神俊監《起居注》,啓休之與裴伯茂、盧元明、邢子才俱入撰次。

節閔帝起居注

羊深撰。見本傳,《北史》同。魏收撰,見《北史·收傳》。《魏書》收無傳。《隋·經籍志》説見上。

《魏書·深傳》:普泰初監《起居注》。

《北史·收傳》:節閔立,遷散騎侍郎,尋敕監典《起居注》。

孝武帝起居注

張軌撰。見《北史·軌傳》。《魏書》未載。李彥撰,見《北史·彥傳》。《魏書·彥傳》未載。《隋·經籍志》説見上。

《北史‧軌傳》：孝武西遷，軌兼著作佐郎，修《起居注》。

《北史‧彥傳》：孝武入關，彥兼著作佐郎，修《起居注》。

　　右起居注七部

職官

職官令二十一卷

　　見《孝文帝本紀》，《北史》同。《隋‧經籍志》未收。

　　《北史孝文帝紀》：作《職官令》二十一卷。

品令

　　見《孝文帝本紀》，《北史》同。《隋‧經籍志》未收。

　　《北史‧孝文帝紀》：太和十九年，宣下品令，為大選之始。

停年格

　　崔亮撰。見本傳，《北史》同。《隋‧經籍志》未收。

吏部勳部並抄目

　　見《盧同傳》，《北史》同。《隋‧經籍志》未收。

　　《魏書‧同傳》：同乃表言，竊見吏部勳簿，多皆改換，乃校中兵奏按，並復乖舛，請遣一都令史與令僕省事各一人，總集吏部、中兵二局勳簿，對勾奏按。又云：然後付曹郎中，別作抄目。

　　右職官四部

儀注

道武朝儀

　　崔玄伯等撰，見《道武本紀》及本傳，《北史》同。《隋‧經籍志》未收。

　　《魏書‧道武本紀》：天興元年，命儀曹郎中董謐，撰郊廟社稷朝覲饗宴之儀，吏部尚書崔玄伯總而裁之。

孝文朝儀

劉昶等撰。見本傳,《北史》同。《隋·經籍志》未收。

《魏書·昶傳》:太和時,改革朝儀,詔昶與蔣少游專主其事。

宣武朝儀

劉芳等撰。見本傳,《北史》同。《隋·經籍志》未收。

《魏書·芳傳》:世宗以朝儀多闕,其一切諸議,悉委芳修正。

太和以後施行朝儀

常景撰。見本傳,《北史》同。《隋·經籍志》載:《後魏儀注》五十五卷,無撰人姓名。

《魏書·景傳》:又敕撰太和之後朝儀已施行者,凡五十餘卷。

按,《隋·經籍志》所載《後魏儀注》五十五卷,旋即此書。

孝明朝儀

李瑾等撰。見本傳,《北史》同。《隋·經籍志》未收。

《魏書·瑾傳》:頗有才學,特爲韶所鐘愛,清河王懌知賞之,懌爲司徒辟參軍,轉著作佐郎加龍驤將軍,稍遷通直散騎侍郎,與結事黃門侍郎王遵業,尚書郎盧觀典領《儀注》。

《魏書·遵業傳》:遵業在孝明帝時爲黃門郎,監典《儀注》。

孝武朝儀

邢昕等撰。見本傳,《北史》同。《隋·經籍志》未收。

《魏書·昕傳》:太昌初受詔與秘書監常景典《儀注》。

孝文喪事儀注

劉芳撰。見本傳,《北史》同。《隋·經籍志》未收。

緒制

陽固撰。見本傳,《北史·固傳》作《終制》。《隋·經籍志》未收。

《魏書·固傳》:初固著《緒制》一篇,務從儉約,臨終又敕諸子,一遵先制。按,"緒"疑作"終",《魏書》誤。

冠婚儀

游肇撰。見本傳，《北史》同。《隋·經籍志》未收。

家祭法

崔浩撰。見本傳，《北史》同。《隋·經籍志》未收。

馮熙書儀

孝文帝敕撰。見《馮熙傳》，《北史》同。《隋·經籍志》未收。

《魏書·熙傳》：《書儀》爲孝文納熙女爲后，尊崇后父事。

王盧婚儀

崔浩撰。見《王慧龍傳》，《北史》同。《隋·經籍志》未收。

　右儀注十二部

刑法

天興律令

見《道武本紀》。崔玄伯等撰，《北史》作崔宏。《隋·經籍志》未收。

《魏書·道武本紀》：天興元年，命三公郎中王德定律令，申科禁，吏部尚書崔玄伯總而裁之。

按，玄伯，崔宏字。

神䴥律令

崔浩撰。見《太武帝本紀》，《北史》同。《隋·經籍志》未收。

《魏書·太武紀》：神䴥四年冬十月，詔司徒崔浩改定律令。

正平律令

游雅等撰。見《太武帝本紀》，《北史》同。《隋·經籍志》未收。

《魏書·太武本紀》：正平元年，詔太子少傅游雅、中書侍郎胡方回等改定律令。

太和新律令

高閭等撰。見《孝文帝本紀》及本傳，《北史》同。《隋·經籍志》未收。

《魏書·孝文帝本紀》：太和十五年五月，議改律令。八月，議律令事。十六年四月頒新律令。十七年二月，賜議律令之臣各有差。

《魏書·高閭傳》：以參定律令之勤，賜布帛千匹，粟一千斛，牛馬各三。

《魏書·高遵傳》：與中書令高閭增改律令，又與游明根、高閭、李沖等人議律令。

太和律令

高允撰。見本傳，《北史》同。《隋·經籍志》未收。

《魏書·孝文帝紀》：太和元年九月乙酉，詔群臣定律令於太華殿。

《魏書·允傳》：太和三年，詔允議定律令。

按，於元年詔群臣定律令，復於三年詔高允議定也。

正始律令

彭城王勰等撰。見本傳，《宣武帝紀》及《袁翻傳》。《北史》同，《隋·經籍志》載：《魏律》二十卷，無撰人姓名。

《魏書·宣武帝本紀》：正始元年己卯，詔群臣議定律令。

《魏書·彭城王勰傳》：時議律令，與高陽王雍，八坐有才學者，五日一集，參論軌制應否之宜。

《魏書·袁翻傳》：正始初，詔尚書門下於金墉中書外省，考論律令，翻與門下錄事常景、孫紹、廷尉監張虎、律博士侯堅固、治書侍御史高綽、前將軍邢苗、奉車都尉程靈虬、羽林監王元龜、尚書郎祖瑩、宋世景、員外郎李恢之、太樂令公孫崇等並在議限。又詔太師彭城王勰、司州牧高陽王雍、中書監京兆王愉、前青州刺史劉芳、左衛將軍元麗、兼將作大匠李韶、國子祭酒鄭道昭、廷尉少卿王顯等入預其事。

右刑法六部

雜傳

歷帝圖五卷

張彝撰。見本傳,《北史》同。《隋·經籍志》未收。

《魏書·彝傳》:起元庖犧,終於晋末,凡十六代,百二十八帝,歷三千二百七十年,雜事五百八十九,合成五卷,名曰《歷帝圖》。

顯忠録二十卷

清河王懌撰。見本傳,《韓麒麟傳》,《北史》同。《隋·經籍志》未收。

《魏書·懌傳》:清河王懌以忠而獲謗,乃鳩集古昔忠烈之士,爲《顯忠録》二十卷,以見意焉。

《魏書·韓麒麟傳》:子子熙,與劉定興、[①]傅靈摋、張子慎伏闕上書曰:清河王忠誠款篤,節義純貞,非但蘊藏胸襟,實乃形於文翰,搜括史傳,撰《顯忠録》,區目十篇,分二十卷。

《北史·李先傳》:先子孫皎,爲清河王懌撰《輿地圖》及《顯忠録》。

封氏本録六卷

封偉伯撰。見本傳,《北史》同。《隋·經籍志》未收。

詳見前。

儒林傳

常景撰。見本傳,《北史》同。《隋·經籍志》未收。

《魏書·景傳》:景所著述數百篇,見行於世,删正晋司空張華《博物志》,及撰《儒林》、《列女傳》各數十篇云。

---

① "輿",原脱,據殿本《魏書·韓麒麟傳》補。

列女傳

常景撰。見本傳,《北史》同。《隋·經籍志》未收。

古今明妃賢后四卷

元孚撰。見本傳。《北史·臨淮王譚傳》同。《隋·經籍志》未收。

《魏書·孚傳》: 孚乃總括古今賢后,凡爲四卷,奏之。

列仙傳注

元延明撰。見本傳,《北史·安豐王猛傳》同。《隋·經籍志》未收。

宋氏別録十卷

宋世良撰。見本傳,《北史》同。《隋·經籍志》未收。

冠帶録

張始均撰。見本傳,《北史·張彝傳》同。《隋·經籍志》未收。

孝友傳十卷

韓顯宗撰。見本傳,《北史·韓麒麟傳》同,《隋·經籍志》未收。

《唐書·經籍志》載:《孝友傳》八卷,梁元帝撰。

《唐書·藝文志》載: 申秀《孝友傳》八卷。

按,《唐志》及《新唐志》所載誤。

　右雜傳十部

地記

三晉記十卷

王遵業撰。見本傳,《北史》同。《隋·經籍志》未收。

十三州志

闞駰撰。見本傳,《北史》同。《隋·經籍志》載《十三州志》十卷，魏闡駟撰。

徐州人地録二十卷

劉芳撰。見本傳，《北史》同。《隋·經籍志》未收。

水經注四十卷本志十三篇

酈道元撰。見本傳，《北史》同。《隋·經籍》載：《水經注》四十卷，酈善長撰。

《唐書·經籍志》：《水經注》四十卷，酈道元撰。

《唐書·藝文志》：酈道元注《水經》四十卷。

《魏書·道元傳》：道元好學，歷覽奇書，注《水經》四十卷，本志十三篇，又爲《七聘》及諸文，皆行於世。

按，善長，道元字。

輿地圖

清河王懌撰。見《北史·李先傳》。《魏書》未載。《隋·經籍志》未收。

《北史·李先傳》：先子孫皎，爲清河王懌撰《輿地圖》及《顯宗録》。[1]

永安記三卷

温子升撰。見本傳，《北史》同。《隋·經籍志》同。

李諧行記一卷

李諧撰。《魏書·本傳》及《北史》均未載。《隋·經籍志》載：《李諧行記》一卷。

按，《魏書·諧传》：蕭衍求通和好，朝廷盛選行人，以諧兼散騎常侍，爲聘使主。

《魏書·孝靜帝紀》：天平四年，先是蕭衍因益州刺史傅和請通好，秋七月甲辰，遣兼散騎常侍李諧，兼吏部郎中盧元明，

---

① "宗"，殿本《北史·李先傳》作"忠"。

兼通直散騎常侍李鄴,使于蕭衍。按,《李諧行記》一書,疑即記出使蕭衍事。

嵩山記

盧元明撰。《魏書》《北史》及《隋·經籍志》均未載。

按《太平寰宇記》:"河南道盧元明《嵩山記》曰:'漢有王彥者,隱於侯山,復學道得成,至今指所住爲王彥嶺。'"

右地記八部

譜系

辨宗録四十卷

元暉業撰。見本傳,《北史》同。《隋·經籍志》載:《辯宗録》二卷,元曄業撰。

《魏書·暉業傳》:暉業之在晋陽也,無所交通,居常閒暇,乃撰魏藩王家世,號爲《辨宗譜》,四十卷,行於世。

《北史·魏收傳》:濟陰王暉業撰《辯宗譜》三十卷。

按,《隋志》載《辯宗録》二卷,元曄業撰。所載卷數既不同,而暉作曄,疑《隋志》有闕誤。

親表譜録四十餘卷

高諒撰。見本傳,《北史》同。《隋·經籍志》未收。

《魏書·諒傳》:諒造《親表譜録》四十許卷,自五世已下,内外曲盡,覽者服其博記。

中表實録二十卷

盧懷仁撰。見《北史·盧玄傳》。《魏書·玄傳》未載。《隋·經籍志》未收。

《北史·玄傳》:懷仁著詩賦銘頌二萬餘言,撰《中表實録》二十卷。

礫四聲姓族廢興會通緇素三論

甄琛撰,見本傳,《北史》同。《隋·經籍志》未收。

後魏皇帝宗族譜四卷

　　見《隋・經籍志》，下無撰人姓名。

魏孝文列姓族牒一卷

　　見《隋・經籍志》，下無撰人姓名。

　　　右譜系六部

簿録

甲乙新録

　　盧昶撰。見本傳，《北史》同。《隋・經籍志》未收。

魏秘書圖籍典書湘素總集帳目

　　高道穆傳。見本傳，《北史・高恭之傳》同。《隋・經籍志》
　　未收。

　　按，道穆，高恭之字。

　　　右簿録二部

　　　凡史類七十八部

子部

道家

老子注

　　盧景裕撰。見本傳,《北史》同。《隋·經籍志》載:《老子道德經》二卷,盧景裕撰。

　　右道家一部

法家

韓子注

　　劉昞撰。見本傳,《北史·劉延明傳》同。《隋·經籍志》未收。

　　按,劉昞字延明。

　　右法家一部

名家

人物志注

　　劉昞撰。見本傳,《北史·劉延明傳》同。《隋·經籍志》未收。

　　右名家一部

雜家

科録二百七十卷

　　元暉撰。見本傳,《北史·常山王遵傳》同。①《隋·經籍志》

---

　　①　"常",原作"當",據殿本《北史》卷十五改。

載:《科録》七十卷,元暉撰。

《魏書·暉傳》:暉頗愛文學,招集儒士崔鴻等撰百家要事,以類相從,名爲《科録》,凡二百七十卷,上起伏羲,迄於晋末,凡十四代。

皇誥十八篇

文成文明皇后馮氏撰。見本傳,《北史》同。《隋·經籍志》未收。

《魏書·皇后列傳》:文明皇后馮氏,承明元年尊爲太皇太后,太和時,以高祖富於春秋,作《勸誡歌》二百餘章,又作《皇誥》十八篇

皇誥宗訓並訓詁一卷

元澄撰。見本傳,《北史·任城王雲傳》同。《隋·經籍志》未收。

皇誥譯注

吕文祖撰。見本傳,《北史·吕洛拔傳》同。《隋·經籍志》未收。

國典十八篇

王慧龍撰。見本傳,《北史》同。《隋·經籍志》未收。

《魏書·慧龍傳》:撰帝王制度十八篇,號曰《國典》。

治典二十餘篇

崔浩撰。見本傳,《北史》同。《隋·經籍志》未收。

《魏書·浩傳》:天師寇謙之因謂浩曰:“吾行道隱居,不營世務,忽受神中之訣,①當兼修儒教,輔助泰平真君,繼千載之絕統,而學不稽古,臨事闇昧,卿爲吾撰列者治典,並論其大要。”浩乃著書二十餘篇,上推太初,下盡秦漢變弊之迹大旨,

---

① “訣”,原作“誤”,據殿本《魏書·崔浩傳》改。

先以復五等爲本。

教誡二十餘篇

刁雍撰。見本傳,《北史》同。《隋·經籍志》未收。

《魏書·刁雍傳》:又泛施愛士,恬靜寡欲,篤信佛道,著《教誡》二十餘篇,以訓導子孫。

行孝論

刁雍撰。見《刁冲傳》,《北史》同。《隋·經籍志》未收。

《魏書·冲傳》:先是冲曾祖雍作《行孝論》,以誡子孫。

酒訓

高允撰。見本傳,《北史》同。《隋·經籍志》未收。

《魏書·允傳》:太和二年,被敕論集往世酒之敗德,以爲《酒訓》。

家誨二十篇

甄琛撰。見本傳,《北史》同。《隋·經籍志》未收。

《魏書·琛傳》:琛所著文章,鄙碎無大體,時有理詣,《磔四聲》《姓族廢興》《會通緇素三論》及《家誨》二十篇,《篤學文》一卷。

家誡

張烈撰。見本傳,《北史》同。《隋·經籍志》未收。

《魏書·烈傳》:烈先爲《家誡》千餘言,並自叙志行,及所歷之官,臨終敕子姪,不聽求贈,但勒《家誡》而已,其子賢奉行焉。

忠誥一篇

李籍之撰。見本傳,《北史》同。《隋·經籍志》未收。

《魏書·籍之傳》:著《忠誥》一篇,文多不載。

物祖十五篇

劉懋撰。見本傳,《北史》同。《隋·經籍志》未收。

《魏書·懋傳》:懋撰諸品物造作之始十五卷,名曰《物祖》。

删正博物志

常景撰。見本傳,《北史》同。《隋·經籍志》未收。

《魏書·景傳》:删正晉司空張華《博物志》,及撰《儒林》《列女傳》各數十篇。

四部要略

裴景融撰。見本傳,《北史·裴延俊傳》未載。《隋·經籍志》未收。

《魏書·景融傳》:時詔撰《四部要略》,令景融專典,竟無所成。

右雜家十五部

小説家

器準九篇

元延明撰。見本傳,《北史·安豐王猛傳》同。《隋·經籍志》未收。

《魏書·延明傳》:其撰《古今樂事》九章十二圖,又集《器準》九篇,芳別爲之注。

器準九篇注

信都芳撰。見《元延明傳》及《樂志》,《北史》同。《隋·經籍志》未收。

《魏書·樂志》:芳乃撰延明所集樂説,並諸器物準圖二十餘事而注之。

器準圖

信都芳撰。見本傳,《北史》同,《齊書》同。《隋·經籍志》載:《器準圖》三卷,後魏丞相士曹參軍信都芳撰。

《魏書·芳傳》:又聚渾天敬器,地動銅烏,漏刻候風諸巧事,並圖畫爲《器準》,並令芳算之,會延明南奔,芳乃自撰注。

右小説家三部

兵家

十二陣圖

源賀撰。見本傳,《北史》同。《隋・經籍志》載:《陣圖》一卷,無撰人姓名。

《魏書・賀傳》:賀依古今兵法及先儒耆舊之説,略採至要爲《十二陣圖》,上之,顯祖覽而嘉焉。

黄石公三略注

劉昞撰。見本傳:《北史・延明傳》同。《隋・經籍志》未收。

按,劉昞字延明。

兵法

孫僧化撰。見本傳,《北史・張深傳》同。《隋・經籍志》未收。

《魏書・僧化傳》:永熙中,出帝召僧化與中散大夫孫安都共撰《兵法》,未就。而帝入關,遂罷。

按,《魏書》"張淵",《北史》避唐諱而作"張深"。

兵家三部

天文

諸家雜占七十五卷

孫僧化等撰。見《張淵傳》,《北史・張深傳》同。《隋・經籍志》載:《星占》二十八卷,孫僧化等撰。

《魏書・淵傳》:永熙中,詔通直散騎常侍孫僧化,與太史令胡世榮、張龍、趙洪慶,及中書舍人孫子良等,在門下外省校比天文書,集甘、石二家《星經》,及漢魏以来二十三家經占,集爲五十五卷。後集諸家撮要,前後所上《雜占》,以類相從,日月五星二十八宿中外官圖,合爲七十五卷。

天文災異八篇

高允撰。見本傳,《北史》同。《隋·經籍志》未收。

《魏書·允傳》:敕允傳《天文災異》,使事類相從,約而可觀,允依《洪範傳》《天文志》,撮其事要,略其文解,凡爲八篇。

四術周髀宗二篇

信都芳撰。見《北史·芳傳》。《魏書·芳傳》未載。《隋·經籍志》未收。

《北史·芳傳》:芳以渾算精微,[①]術機萬首,故約本爲之省要,凡述二篇,合六法名《四術周髀宗》。

五星要訣

陸旭撰。見《北史·陸俟傳》。《魏書·俟傳》未載。《隋·經籍志》未收。

《北史·俟傳》:珍子旭性雅澹,好易諱候之學,撰《五星要訣》及《兩儀真圖》,頗得其指要。

兩儀真圖

陸旭撰。見《北史·陸俟傳》。《魏書·俟傳》未載。《隋·經籍志》未收。

右天文五部

曆數

五寅元曆

崔浩撰。見本傳,《北史》同。《隋·經籍志》:《曆術》一卷,崔浩撰。

《魏書·浩傳》:浩又上《五寅元曆》表曰:"太宗即位元年,敕

---

① "芳"字原在"算"字之下,據殿本《北史·信都芳傳》乙正。

臣解《急就章》《孝經》《論語》《詩》《尚書》《春秋》《禮記》《周易》，三年成訖，復詔臣學天文、星曆、易式、九宮，無不盡看，至今三十九年，晝夜無廢。

正光律

李業興撰。見《明帝本紀》，《北史》同。《隋·經籍志》載：《壬子元曆》一卷，後魏校書郎李業興撰。

《魏書·明帝紀》：今天正斯始，陽熙將開，品物初萌，宜變耳目，所謂魏雖舊邦，其曆維新者也，便可班宣内外，號曰《正光律》。

《魏書·業興傳》：世宗詔令共爲一曆，洪等後遂共推業興爲主，成《戊子曆》，正光三年，奏行之，事在《律曆志》。

《魏書·律曆志》：總合九家，共成一曆，元起壬子，律始黄鐘，考古合今，謂爲最密。又云：壬子北方，水之正位；龜为水畜，實符魏德，修母子應義當麟趾，请定名为《神龜》。又云：肅宗以《曆》就，大赦改元，因名《正光曆》，班於天下。其九家共修，以龍祥、業興爲主。

九家新曆

張洪等撰。見《李業興傳》，《北史》同。《隋·經籍志》未收。

《魏書·業興傳》：於時屯騎校尉張洪，蕩寇將軍張龍祥等九家，各獻新曆，世宗詔令共爲一曆，洪等後遂共推業興爲主，成《戊子曆》。

按《魏書·律曆志》：以張洪、張明豫、張龍祥、盧道虔、衛洪顯、胡榮、統道融、樊仲遵、张僧豫爲九家。

高氏曆法

高謙之撰。見《北史·謙之傳》。《魏書·謙之傳》未載，《隋·經籍志》未收。

戊子元曆

李業興撰。見本傳，《北史》同。《隋·經籍志》未收。

《魏書·業興傳》：延昌中，業興乃爲《戊子元曆》，上之。

殷甲寅曆一卷

李業興撰。見本傳，《北史》同。《隋·經籍志》未收。

《魏書·業興傳》：業興以殷曆甲寅，黃帝辛卯，徒有積元，術數亡缺，業興又修之，各爲一卷，傳於世。

黃帝辛卯曆一卷

李業興撰。見本傳，《北史》同。《隋·經籍志》未收。

九宮行棋历

李業興撰。見本傳，《北史》同。《隋·經籍志》未收。

《魏書·業興傳》：業興乃造《九宮行棋曆》，以五百爲章，四千四十爲部，九百八十七爲斗分。

甲子元曆

李業興撰。見本傳，《北史》同。《隋·經籍志》載：《甲子元曆》一卷，李業興撰。

《魏書·業興傳》：興和初，又爲《甲子元曆》。

《魏書·律曆志》：復命李業興今其改正，立《甲子元曆》。

神龜壬子元曆一卷

祖瑩撰。《魏書》《北史》本傳未載。《隋·經籍志》載：《神龜壬子元曆》一卷，後魏護軍將軍祖瑩撰。

按，《魏書·律曆志》：於是洪等與前鎮東府長史祖瑩等，研窮其事，爾來三年，再歷寒暑，積勤構思，大功獲成。又云：總合九家，共成一曆，元起壬子，又云：請定名爲《神龜》。

七曜曆疏一卷

李業興撰。《魏書》《北史》本傳皆未載。《隋·經籍志》載：《七曜曆疏》一卷，李業興撰。

七曜義疏一卷

李業興撰。《魏書》《北史》本傳未載。《隋·經籍志》載：《七曜義疏》一卷,李業興撰。

靈憲曆

信都芳撰。見《北史·芳傳》《魏書·芳傳》未載。《隋·經籍志》未收。

《北史·芳傳》:又私撰曆書,名曰《靈憲曆》,算月頻大頻小,食必以朔,証據甚甄明。

算術三卷

高允撰。見本傳,《北史》同。《隋·經籍志》未收。

《魏書·允傳》:允明算法,爲《算術》三卷。

五經宗

信都芳撰。見本傳,《北史》同。《隋·經籍志》未收。

《魏書·芳傳》:抄集《五經算術》爲《五經宗》。

重差勾股注

信都芳撰。見本傳,《北史》同。《隋·經籍志》未收。

《魏書·芳傳》:注《重差勾股》,復撰《史宗》,仍自注之,合數十卷。

史宗

信都芳撰。見本傳,《北史》同。《隋·經籍志》未收。

景明曆

公孫崇撰。見《律曆志》,《北史》未載。《隋·經籍志》未收。

《魏書·律曆志》:正始四年冬,崇表曰:"臣輒鳩集異同,研其損益,更造新曆,以甲寅爲元考,其盈縮晷象周密,又從約省,起自景明,因名《景明曆》。"

貞靜處士曆法

李謐撰。見《魏書·律曆志》,《北史》未載。《隋·經籍志》未收。

《魏書·律曆志》:三家之術,並未申用,故貞靜處士李謐,私立《曆法》。

右曆數十九部

五行

遁甲經

信都芳撰。見《北史·芳傳》。《魏書·芳傳》未載。《隋·經籍志》載：《遁甲》三十三卷，後魏信都芳撰。

兵法孤虛立成圖三百六十

王宜弟撰。見《道武帝本紀》，《北史》同。《隋·經籍志》未收。

林占

耿玄撰。見本傳，《北史》同。《隋·經籍志》未收。

《魏書·玄傳》：別有《林占》，世或傳之。

六甲周天曆一卷

孫僧化撰。《魏書》《北史》均未載。《隋·經籍志》載：《六甲周天曆》一卷，孫僧化撰。

按《魏書·僧化傳》：僧化者，東莞人，識星分，按天占，以言災異，時有所中。

四序堪輿一卷

殷紹撰。見本傳，《北史》同。《隋·經籍志》：《四序堪輿》二卷，殷紹撰。

《魏書·紹傳》：太安四年夏，上《四序堪輿》表曰："臣以姚氏之世，行學伊川時，遇游遁大儒成公興，從求《九章要術》。"又云："景穆皇帝聖詔敕臣撰録，集其要最，仰奉明旨，謹審先所見四序經文，抄撮要略，當世所須，吉凶舉動，集成一卷。"

右五行五部

醫方

藥方百餘卷

李修撰。見本傳,《北史》同。《隋·經籍志》未收。

《魏書·修傳》：集諸學士及工書者百餘人,在東宮撰《諸藥方》百餘卷,皆行於世。

藥方三十五卷

王顯撰。見本傳,《北史》同。《隋·經籍志》未收。

《魏書·顯傳》：後世宗詔顯撰《藥方》三十五卷,班布天下,以療諸疾。

醫方精要三十卷

宣武帝敕撰。見本紀,《北史》同。《隋·經籍志》未收。

《魏書·宣武紀》：永平三年,更令有司集諸醫工,尋篇推簡,務存精要,取三十卷,以班九股。

食經

崔浩撰。見本傳,《北史》同。《隋·經籍志》：《崔氏食經》四卷,有姓無名。

右醫方四部

凡子類五十七部

集部

別集

孝文帝集三十九卷

孝文帝撰。見本紀,《北史》同。《隋・經籍志》:後魏《孝文帝集》三十九卷。

《魏書・孝文紀》:好爲文章,詩賦銘頌任興而作,有大文筆,馬上口授,凡及其成也,不改一字,自太和十年以後,詔册皆帝之文也,自作文章百有餘篇。

《魏書・劉昶傳》:高祖以其文集一部賜昶。

元光録集

元順撰。見本傳,《北史・任城王雲傳》同。《隋・經籍志》未收。

《魏書・順傳》:撰《帝録》,詩賦表頌數十篇,多亡佚。

安豐王集

元延明撰。見本傳,《北史》同。《隋・經籍志》未收。

《魏書・延明傳》:所著詩賦讚頌銘誄三百餘篇。

封博士集

封偉伯撰。見本傳,《北史・偉伯傳》未載。《隋・經籍志》未收。

《魏書・偉伯傳》:偉伯撰《封氏本録》六卷,並詩賦碑誄雜文數十篇。

李黄門集

李騫撰。見本傳,《北史・李順傳》同。《隋・經籍志》未收。

《魏書·騫傳》：所著詩賦碑誄，別有集録。

刁特進集

刁雍撰。見本傳，《北史》同。《隋·經籍志》未收。

《魏書·雍傳》：所著詩賦論頌並雜文百餘篇。

盧太常集

盧元明撰。見本傳，《北史》同。《隋·經籍志》：《後魏太常卿盧元明集》十七卷。①

《魏書·元明傳》：作史子新論數十篇，文筆別有集録。

盧司徒集

盧道將撰。見本傳，《北史·盧玄傳》同。《隋·經籍志》未收。

《魏書·道將傳》：所爲文筆數十篇。

高刺史集三十卷

高閭撰。見本傳，《北史》同。《隋·經籍志》未收。

《魏書·閭傳》：閭好爲文章，軍國書檄詔令碑頌銘贊百餘篇，集爲三十卷。

按，《北史》作四十卷。

游僕射集

游肇撰。見本傳，《北史·游明根傳》同。《隋·經籍志》未收。

鄭秘書集

鄭道昭撰。見本傳，《北史·鄭羲傳》同。《隋·經籍志》未收。

《魏書·道昭傳》：道昭好爲詩賦，凡數十篇。

---

① “常”，原作“帝”，據殿本《隋書·經籍志》改。

陸尚書集

陸暐撰。見本傳,《北史・陸俟傳》同。《隋・經籍志》未收。

《魏書・暐傳》:擬《急就篇》爲《悟蒙章》及《七誘》《十醉》數十篇。

崔吏部集

崔孝芬撰。見本傳,《北史》同。《隋・經籍志》未收。

《魏書・孝芬傳》:所著文章數十篇。

韓長史集

韓顯宗撰。見本傳,《北史・韓麒麟傳》未載。《隋・經籍志》:後魏著作佐郎《韓顯宗集》十卷。

《魏・顯宗傳》:顯宗撰《馮氏燕志》《孝友傳》各十卷,所作文章,頗傳於世。

程兗州集

程駿撰。見本傳,《北史》同。《隋・經籍志》未收。

《魏書・駿傳》:所制文章,自有集録。

李中尉集

李彪撰。見本傳,《北史》同。《隋・經籍志》未收。

《魏書・彪傳》:所著詩賦誄章奏雜筆百餘篇,別有集。

崔郎中集

崔纂撰。見本傳,《北史・崔挺傳》未載。《隋・經籍志》未收。

《魏書・纂傳》:凡所製文,多行於世。

張郎中集

張始均撰。見本傳,《北史・張彝傳》同。《隋・經籍志》未收。

《魏書・始鈞傳》:又著《冠帶録》及諸賦數十篇,今並亡失。

邢光禄集

邢虬撰。見本傳,《北史》同。《隋・經籍志》未收。

《魏書·虬傳》：所作碑頌雜筆三十餘篇。

按，《北史》"邢虬"作"邢糾"。

李僕射集

李平撰。見本傳，《北史》同。《隋·經籍志》未收。

《魏書·平傳》：所著詩賦箴諫詠頌，別有集録。

李司農集

李諧撰。見本傳，《北史》同。《隋·經籍志》：後魏司農卿《李諧集》十卷。

《魏書·諧傳》：所著文集，別有集録，行於世。

崔太保集五十餘卷

崔光撰。見本傳，《北史》同。《隋·經籍志》未收。

《魏書·光傳》：所爲詩賦銘贊誄頌表啓數百篇，五十餘卷，別有集。

高光禄集二十卷

高聰撰。見本傳，《北史》同。《隋·經籍志》未收。

《魏書·聰傳》：聰所作文筆二十卷，別有集。

袁尚書集

袁飜撰。見本傳，《北史》同。《隋·經籍志》未收。

《魏書·飜傳》：文筆百餘篇，行於世。

按，《北史》"袁飜"作"袁翻"。

裴參軍集

裴景融撰。見本傳，《北史·裴延俊傳》同。《隋·經籍志》未收。

《魏書·延俊傳》：所著文章別有集録，又造《鄴都賦》《晋都賦》云。

高博士集

高謙之撰。見本傳，《北史》同。《隋·經籍志》未收。

《魏書·謙之傳》：所著文章百餘篇，別有集録。

祖秘書集

祖瑩撰。見本傳，《北史》同。《隋·經籍志》未收。

《魏書·瑩傳》：瑩以文章見重，常語人云：文章須出機抒，[①]成一家風骨，何能共人生活也，文集行於世。今本傳有《彭城賦》一篇。

常秘書集

常景撰。見本傳，《北史》同。《隋·經籍志》未收。

《魏書·景傳》：景所著述數百篇，見行於世。

袁司空集

袁躍撰。見本傳，《北史》同。《隋·經籍志》：《後魏司空祭酒袁躍集》十三卷。

《魏書·躍傳》：所制文集行於世。

封郎中集

封肅撰。見本傳，《北史》同。《隋·經籍志》未收。

《魏書·肅傳》：所製文章多亡失，存者十餘卷。

邢太守集

邢臧撰。見本傳，《北史》同。《隋·經籍志》未收。

《魏書·臧傳》：撰古來文章並叙作者氏族，號曰《文譜》，未就病卒，時賢悼失之，其文筆凡百餘篇。

邢常侍集

邢昕撰。見本傳，《北史》同。《隋·經籍志》未收。

《魏書·昕傳》：所著文章，自有集録。

温光禄集三十五卷

温子升撰。見本傳，《北史》同。《隋·經籍志》：《後魏散騎常

---

① "抒"，殿本《魏書·祖瑩傳》作"杼"。

侍温子升集》三十九卷。

《魏書·温子升傳》：又爲集其文筆三十五卷。

陸侍郎集

陸恭之撰。見本傳，《北史·陸俟傳》同。《隋·經籍志》未收。

《魏書·恭之傳》：恭之爲詩賦文千餘篇。

趙寧朔集

趙逸撰。見本傳，《北史》同。《隋·經籍志》未收。

《魏書·逸傳》：著詩賦銘頌五十餘篇。

馮光禄集

馮元興撰。見本傳，《北史》同。《隋·經籍》未收。

《魏書·元興傳》：頗有文才，文集百餘篇。

蔣都水集

蔣少游撰。見本傳，《北史》同。《隋·經籍志》未收。

盧太尉集

盧仲宣撰。見《北史·仲宣傳》。《魏書·仲宣傳》未載。《隋·經籍志》未收。

《北史仲宣傳》：文集莫有撰次，罕有存者。

高司空集二十一卷

高允撰。見本傳，《北史》同。《隋·經籍志》：後魏司空《高允集》二十一卷。

《魏書·允傳》：允所製詩賦誄頌箴論表讚，《左氏公羊釋》《毛詩拾遺》《論雜解議》《何鄭膏肓》凡百餘篇，別有集行於世。

陽太常集

陽固撰。《魏書》、《北史·陽固傳》未載。《隋·經籍志》：《後魏太常卿陽固集》三卷。

按《魏書》載有陽固《南北二都賦》《演賾賦》《刺讒疾嬖幸詩》二首。

盧紀室集

盧懷仁撰。見《北史·盧玄傳》。《魏書·盧玄傳》未載。
《隋·經籍志》未收。

《北史·懷仁傳》：著詩賦銘頌二萬餘言。

柳太守集

柳崇撰。見本傳，《北史》同。《隋·經籍志》未收。

《魏書·崇傳》：所製文章，寇亂遺失。

酈行臺集

酈惲撰。見本傳，《北史·酈道元傳》同。

《魏書·惲傳》：所作文章，頗行於世。

劉郎中集

劉懋撰。見本傳，《北史》同。《隋·經籍志》未收。

《魏書·懋傳》：懋詩誄賦頌及諸文筆，見稱於時。

薛太守集

薛孝道撰。見《北史》本傳，《魏書·孝通傳》未載。《隋·經
籍志》未收。

《北史·孝通傳》：《文集》八十卷，行於時。

右別集四十五部

總集

靖恭堂序頌圖讚

李暠等撰。見《北史·序傳》。《魏書·暠傳》未載。《隋·經
籍志》：《靖恭堂頌》一卷。

《北史·序傳》：暠立靖恭堂，以議朝政，閱武事圖讚，自古聖
帝明王忠臣孝子烈士貞女，親爲《序頌》，以明鑒戒之意，當時
文武群公寮佐，亦皆《圖讚》所志。

靖恭堂銘一卷

劉昞撰。見本傳,《北史·劉延明傳》同。《隋·經籍志》
未收。

按,劉昞字延明。

勸誡歌

文成文明皇后馮氏撰。見本傳,《北史》同。《隋·經籍志》
未收。

《魏書·皇后傳》:以孝文富於春秋,乃作《勸誡歌》三百餘章。

百三郡國詩一百三卷

崔光撰。見本傳,《北史》同。《隋·經籍志》未收。

《魏書·光傳》:光,太和中,依宮商角徵羽本音而爲《五韻
詩》,以贈李彪,彪爲《十二次詩》以報光,光又爲《百三郡國
詩》以答之,國別爲卷,爲百三卷焉。

觀象賦

張淵撰。見本傳,《北史·張深傳》同。《隋·經籍志》:《觀象
賦》一卷,無撰人姓名。按,《北史》避唐諱,"淵"作"深"。

中古婦人文章録

崔光撰。見本傳,《北史》同。《隋·經籍志》:《婦人集鈔》二
卷,無撰人姓名。

《魏書·光傳》:光乃表上中古婦人文章,因以致諫。

門下詔書四十卷

當景撰。見本傳,《北史》同。《隋·經籍志》:《後魏詔集》十
六卷,無撰人姓名。

《魏書·景傳》:其年受敕撰《門下詔書》,凡四十卷。

文筆駮論數十卷

徐紇撰。見本傳,《北史》同。《隋·經籍志》未收。

《魏書·紇傳》:《文筆駮論》數十卷,多有遺落,時或存於世焉。

文譜

邢臧撰。見本傳,《北史》同。《隋·經籍志》未收。

《魏書·臧傳》: 撰古來文章氏族,號曰《文譜》,未就而卒。

篤學文一卷

甄琛撰。見本傳,《北史》同。《隋·經籍志》未收。

《魏書·琛傳》: 所著文章鄙碎無大體,時有理詣,《碎四聲》
《姓族廢興》《會通緇素三論》,及《家誨》二十篇,《篤學文》
一卷。

史子新論

盧元明撰。見本傳,《北史》同。《隋·經籍志》未收。

《魏書·元明傳》: 性好玄理,作《史子新論》數十篇,文筆別有
集録。

按《北史·元明傳》: 作《史子雜論》數十篇。

新集三十篇

明元帝撰。見本傳,《北史》同。《隋·經籍志》未收。

《魏書·明元帝紀》: 帝禮愛儒生,好覽史傳,以劉向所撰《新
序》《説苑》,於經典正義,多有所闕,乃撰《新集》三十篇,採諸
經史,該洽古義,兼資文武焉。

魏代風詩七卷

張彝撰。見本傳,《北史·彝傳》未載。《隋·經籍志》未收。

弔比干文

孝文帝撰,劉芳注。見《魏書·劉芳傳》,《北史》同。《隋·經
籍志》未收。

《魏書·芳傳》: 高祖遷洛,路由朝歌,見殷比干墓,愴然悼懷,
爲文以弔之,芳爲注解,表上之。詔曰:"覽卿注,殊爲富博,
但文非屈宋,理漸張賈,既有雅致,便可付之集書。"

賦集八十六卷

崔浩撰。《魏書》《北史》均未載。《隋·籍志》：《賦集》八十六卷，後魏秘書丞崔浩撰。

續賦集十九卷

崔浩撰。《魏書》《北史》皆未載。《隋·經籍志》：《續賦集》十九卷，下注殘缺。

梁魏周齊陳皇朝聘使雜啓九卷

《魏書》《北史》均未載。《隋·經籍志》：《梁魏周齊陳皇朝聘使雜啓》九卷，下無撰人姓名。

辨類三卷

劉芳撰。見本傳，《北史》同。《隋·經籍志》未收。

論雜解議

高允撰。見本傳，《北史》作《雜解議》。《隋·經籍志》未收。

按《魏書·允傳》：允所製詩賦誄頌箴論表讚，《左氏公羊釋》，《毛詩拾遺》，《論雜解議》，《何鄭膏肓》，凡百餘篇，別有集，行於世。而《北史》作《雜解議》，疑《魏書》衍一"論"字。

右總集十九部

凡集類六十四部

以上四部經傳都二百七十二部

道經

神中録圖新經

寇謙之撰。見《崔浩傳》，《北史》同。《隋·經籍志》未收。

《魏書·浩傳》：因欲修服食養性之術，而寇謙之有《神中録圖新經》，浩因師之。

右道經一部

佛經

祇洹精舍圖偈六卷

源賀撰。見《趙柔傳》，《北史》同。《隋·經籍志》未收。

《魏書·柔傳》：隴西王源賀，採佛經幽旨，作《祇洹精舍圖偈》六卷，柔爲之注解，咸得理衷，爲當時俊僧所欽味焉。

祇洹精舍圖偈六卷注

趙柔撰。見本傳，《北史》同。《隋·經籍志》未收。

維摩十地二經義疏三十餘卷

崔光撰。見本傳，《北史》同。《隋·經籍志》未收。

《魏書·光傳》：每爲沙門朝貴請講《維摩十地經》，聽者常數百人，即爲《二經義疏》三十餘卷。

涅槃經注

劉獻之撰。見本傳，《北史》同。《隋·經籍志》未收。

《魏書·獻之傳》：注《涅槃經》，未就而卒。

高王觀世音經

盧景裕撰。見本傳，《北史》同。《隋·經籍志》未收。

《魏書·景裕傳》：景裕之敗也，繫晉陽獄，至心誦經，枷鎖自脫，是時又有人負罪當死，夢沙門教講經，覺時如所夢嘿誦千遍，[1]臨刑刀折，主者以聞，赦之，此經遂行於世，號曰《高王觀世音》。

右佛經五部

以上四部經傳及道佛經部二百七十八部

---

① "嘿"，殿本《魏書·盧景裕傳》作"默"。

補北齊書藝文志

蒙傳銘　撰

李學玲　整理

底本：《臺灣師範大學國文研究所集刊》創刊號，1957 年 6 月

　　史之有藝文志始班《書》，後代史家仿作，或曰藝文，或曰經籍，名異而實同，其闕漏者，後人又爲之補撰，如姚氏振宗之《後漢書》《三國志藝文志》，吳氏士鑑、文氏廷式之《晉書藝文志》，錢氏大昕之《元史藝文志》，均能踵武前賢，彪炳後世。惟徐氏崇《補南北史藝文志》，糅雜謬誤，簡脱不完，斯亦士林之憾事也！

　　四十五年冬，余承高郵高師之命，補作《北齊書藝文志》。竊謂北齊自遷鄴以後，頗從事於圖籍之搜聚，至於天統、武平，校寫不輟。所藏前代著述，當必甚富，然以年代久遠，文獻不足，考知匪易，於是仿前人斷代補志之例，獨取北齊人之著述而輯之，或則訂正舊志，或則考校篇目，補苴闕漏，都爲一編，而北齊一代之文獻，於是乎在。

　　北齊高氏，僻處北土，自文宣受禪至滅於周，凡三十有八年。雖戰禍相尋，國祚不永，而儒林翰苑倜儻非常之人，如李鉉、魏收、邢邵、顔之推等，莫不天才豔發，多可稱述。然則此篇之作，正將以觀其學術之源流，人才之聚散，非徒存其篇目而已。

　　此編所録，以見於本史者爲主，亦旁及他書，凡本史所載，而人存代革，不爲北齊之典籍，亦收入而附説明焉。至其部目分類，則一依《隋志》，凡得經史子集佛經一百一十六部。

經部

易

易注

權會撰。見本傳,《北史》同。《隋書·經籍志》未收。

《北齊書·會傳》:"會志尚沈雅,動遵禮則。少受鄭《易》,探頤索隱,妙盡幽徵。《詩》、《書》、三禮,文義該洽。兼明風角,妙識玄象。注《易》一部,行於世。"

周易義例

李鉉撰。見本傳,《北史》同。《隋書·經籍志》未收。

《北齊書·鉉傳》:"鉉九歲入學,書《急就篇》,月餘便通。家素貧苦,當春夏務農,冬乃入學。年十六,從浮陽李周仁受《毛詩》《尚書》,章武劉子猛受《禮記》,常山房虬受《周官》《儀禮》,漁陽鮮于靈馥受《左氏春秋》。鉉以鄉里無可師者,遂與州里楊元懿、河間宗惠振等結侶,詣大儒徐遵明受業。居徐門下五年,常稱高第。二十三,便自潛居,討論是非。撰定《孝經》《論語》《毛詩》《三禮義疏》,及《三傳異同》《周易義例》,合三十餘卷,用心精苦。會三冬不畜枕,每至睡時,假寐而已。"

易上下繫辭注

杜弼撰。見本傳,《北史》同。《隋書·經籍志》未收。

《北齊書·弼傳》:"弼儒雅寬恕,尤曉吏職。所在清潔,爲吏民所懷。耽好玄理,老而愈篤。又注《莊子·惠施》篇、《易·上下繫》,名《新注義苑》,並行於世。"

按，此即《新注義苑》之一。

　　右易三部

詩

毛詩義疏

　　李鉉撰。見本傳，《北史》同。《隋書·經籍志》未收。

毛詩章句

　　張思伯撰。見本傳，《北史》同。《隋書·經籍志》未收。

　　《北齊書·思伯傳》："張思伯，河間樂城人也。善説《左氏傳》，爲馬敬德之次。撰《刊例》十卷，行於時。亦治《毛詩章句》。以二經教齊安王廓。武平初，國子博士。"

　　右詩二部

禮

喪服章句一卷

　　李公緒撰。見本傳，《北史》同。《隋書·經籍志》未收。

　　《北齊書·公緒傳》："公緒性聰敏，博通經傳，潛居自待，雅好著書。撰《典言》十卷，又撰《質疑》五卷、《喪服章句》一卷、《古今略記》二十卷、《玄子》五卷、《趙語》十三卷，並行於世。"

禮質疑五卷

　　李公緒撰。見本傳，《北史》同。《隋書·經籍志》未收。

　　《北史·公緒傳》："公緒雅好著書，撰《典言》十卷、《禮質疑》五卷、《喪服章句》一卷、《古今略記》二十卷、《玄子》五卷、《趙記》八卷、《趙語》十二卷，並行於世。"

　　按，《北齊書》本傳作《質疑》五卷，"質"上當奪"禮"字，今從《北史》。

三禮義疏

　　李鉉撰。見本傳，《北史》同。《隋書·經籍志》未收。

　　右禮三部

樂

樂書

李神威撰，見《李義深傳》，《北史》見《李之良傳》。《隋書·經籍志》未收。

《北齊書·義深傳》："義深族弟神威，幼有風裁，傳其家業。學《禮》粗通義訓，又好音樂，撰集《樂書》，近於百卷。"

樂書

信都芳撰，見本傳，《北史》同，《魏書》同。

《隋書·經籍志》："《樂書》七卷，後魏丞相士曹行參軍信都芳撰。"

《北齊書·都芳傳》：信都芳，河間人。少明算術，爲州里所稱。有巧思，每精研究，忘寢與食，或墜坑坎。嘗語人云：算之妙，機巧精微，我每一沈思，不聞雷霆之聲也。其用心如此。以術數干高祖，爲館客，授參軍丞相倉曹。祖珽謂芳曰：律管吹灰，術甚微妙，絕來既久，吾思所不至，卿試思之。芳遂留意，十餘日，便云：吾得之矣。芳又撰次古來渾天、地動、欹器、漏刻諸巧事並畫圖，名曰《器準》。又著《樂書》《遁甲經》《四術周髀宗》。

《舊唐書·經籍志》：《樂書》九卷，信都芳删注。

《新唐書·藝文志》：信都芳删注《樂書》九卷。

馬國翰《玉函山房輯佚書》曰："信都芳《樂書》，《隋志》七卷，《唐志》云：删注《樂書》九卷。今佚。從《御覽》輯得十節，説古樂器形製最詳。"

按，芳好學巧思，善天文算數，甚爲魏安豐王延明所知，召入賓館。延明家有群書，欲抄集五經算事爲《五經宗》，及古今樂事爲《樂書》，又聚渾天、欹器、地動、銅鳥、漏刻、候風諸巧

事，並畫圖爲《器準》，並令芳算之。會延明南奔，芳乃自撰
注。後入齊，爲神武館客，授中外府田曹參軍。又按，《魏書》
《北史》《北齊書》芳均有傳。

龍吟十弄

鄭祖述撰。見本傳，《北史》同。《隋書・經籍志》未收。

《北齊書・祖述傳》："祖述能鼓琴，自造龍吟十弄。云：嘗夢
人彈琴，寐而寫得。當時以爲絶妙。"

　　右樂三部

春秋

左傳服氏解駁妄

姚文安撰，見《北史・李崇祖傳》，《北齊書》文安、崇祖均無
傳。《隋書・經籍志》未收。

左傳服氏解釋謬

李崇祖撰，見《北史》本傳。《隋書・經籍志》未收。

《北史・崇祖傳》："姚文安難服氏《左傳解》七十七條，名曰
《駁妄》。崇祖申明服氏，名曰《釋謬》。"

按，皮錫瑞《春秋通論》曰："南北分立時代，江南《左傳》則杜
元凱，河洛則服子慎。當時有'寧道孔孟誤，諱言鄭服非'之
語，則服注盛行可知。據《世説新語》云：'鄭君作《左氏傳
注》，未成，以與子慎。'則鄭服之學，本是一家。北方諸儒，徐
遵明傳服注。傳其業者，有張買奴、馬敬德、邢峙諸人。衛冀
隆申服難杜；劉炫作《春秋述義》，攻昧規過，以規杜氏；惟姚
文安排斥服注。南方則崔靈恩申服難杜；虞僧誕誕又申杜難
服，以答靈恩；秦道靜亦申杜，以答衛冀隆。杜預元孫坦與弟
驥，爲青州刺史，故齊地多習杜義。蓋服杜之爭，二百餘年，
至唐始專宗杜。杜作《集解》，別異先儒，自成一家之學，唐作

《正義》,掃棄異説,如駁劉炫以申杜,又專用杜氏一家之學。自是之後,治春秋者,既非孔子之學,亦非左氏之學,又非賈服諸儒之學;止是杜預一家。"又按,崇祖,上黨長子人,亦傳服注者,故作《釋謬》,以答文安。

左氏傳刊例十卷

張思伯撰。見本傳,《北史》同。《隋書·經籍志》未收。

三傳異同

李鉉撰。見本傳,《北史》同。《隋書·經籍志》未收。

右春秋四部

孝經

孝經義疏

李鉉撰。見本傳,《北史》同。《隋書·經籍志》未收。

右孝經一部

論語

論語義疏

李鉉撰。見本傳,《北史》同。《隋書·經籍志》未收。

右論語一部

小學

字辨

李鉉撰。見本傳,《北史》同。《隋書·經籍志》未收。

《北齊書·鉉傳》:"鉉以去聖久遠,文字多有乖謬,感孔子必也正名之言,乃喟然有刊正之意。於講授之暇,遂覽説文,爰及《蒼》《雅》。删正六藝經注中謬字,名曰《字辨》。"

字略五篇

宋世良撰。見本傳,《北史》同。《隋書·經籍志》未收。

《北齊書·世良傳》：“世良強學，好屬文。撰《字略》五篇，《宋氏別録》十卷。與弟世軌，俱有孝友之譽。”

急就章注一卷

顏之推撰，見《唐書·藝文志》，《北齊書》《北史》本傳未載，《隋書·經籍志》未收。

《新唐書·藝文志》：“史游《急就章》一卷，顏之推注一卷。”

訓俗文字略一卷

顏之推撰，見《隋書·經籍志》，《北齊書》《北史》本傳均未載。

《隋書·經籍志》：《訓俗文字略》一卷，後齊黃門侍郎顏之推撰。

音譜四卷

李概撰，見《北史·李公緒傳》，《北齊書·公緒傳》未載，

《隋書·經籍志》：“《音譜》四卷，李概撰。”

《北史·公緒傳》：公緒弟概，字季節，少好學，撰《戰國春秋》及《音譜》，並行於世。

按，此書《隋志》作四卷，《北史·公緒傳》未著卷數，陸法言《切韻叙》稱李季節《音譜》，亦無卷數，與《北史》同，疑省略，今從《隋志》。

韻略一卷

陽休之撰，見《隋書·經籍志》。《北齊書》本傳未載。

《隋書·經籍志》：“《韻略》一卷，楊林之撰。”

《顏氏家訓·音辭》篇：“陽休之造《切韻》，殊爲疏野。”

按《北齊書》，顏之推稱陽休之《切韻》，當以爲據。隋陸法言《切韻序》稱陽休之《韻略》，與《隋志》同，即《切韻》之異名也。然自《隋志》而後，均稱《韻略》，今仍之。又按，陽休之當作陽，《隋志》誤作楊，《唐·經籍志》亦作楊，似襲《隋志》而誤也。

修續音韻決疑十四卷

李概撰，見《隋·經籍志》，《北齊書》《北史·李公緒傳》均
未載。

《隋書·經籍志》："《修續音韻決疑》十四卷，李概撰。"

《顏氏家訓·音辭》篇："李季節著《音韻決疑》，時有錯失。"

《唐日本國見在書目》："《音譜決疑》十卷，齊太子舍人李節
撰。"又曰："《音譜決疑》二卷，李概撰。"

按，李概字季節，仕齊爲太子舍人。北齊無李節爲太子舍人
者。《唐日本書目》齊太子舍人李下當奪季字。又按，姚振宗
《隋書經籍志考證》曰："按此即所修所續音譜之識疑，故《日
本書目》亦稱《音譜決疑》，猶今之考異也。舊本附於《音譜》
之後，爲一家言。本志雜置於此，殊爲不倫。"

辨嫌音二卷

陽休之撰，見《唐書·經籍志》及《藝文志》，《北齊書》《北史》
本傳均未載。《隋書·經籍志》未收。

《舊唐書·經籍志》："《辯嫌音》二卷，楊休之撰。"

《新唐書·藝文志》："陽休之《辨嫌音》二卷。"

筆墨法一卷

顏之推撰，見《唐書·藝文志》，《北齊書》本傳未載，《隋書·
經籍志》未收。

《新唐書·藝文志》："顏之推《筆墨法》一卷。"

　　右小學九部

　　右經部都二十六部

史部

正史

魏書一百三十卷

魏收撰。見本傳,《北史》同。《隋書‧經籍志》同。
《北齊書‧收傳》:"天保元年,除收。中書令,仍兼著作郎,封
富平縣子。二年,詔撰《魏史》。四年,除魏尹,故優以禄;力
專在史閣,不知部事。初,帝令群臣各言爾志。收曰:'臣願
得直筆東觀,早成《魏書》。'故帝使收專其任。又詔平原王高
隆之總監之,署名而已。收於是部通直常侍延祐、司空司馬
辛元植、國子博士刁柔、裴昂之、尚書郎高孝幹,專總斟酌,以
成《魏書》。辨定名稱,隨條甄舉。又搜採亡遺,綴續後事,備
一代史册,表而上聞之,勒成一代大典。凡十二紀、九十二列
傳,合一百一十卷,五年三月表上之。秋,除梁州刺史。收以
志未成,奏請終業,許之。十一月復奏十志:《天象》四卷,《地
形》三卷,《律曆》二卷,《禮樂》四卷,《食貨》一卷,《刑罰》一
卷,《靈徵》二卷,《官氏》二卷,《釋老》一卷。凡二十卷,續於
紀傳:合一百三十卷,分爲十二帙。其史三十五例,二十五
序,九十四論,前後二表一啓焉。"

東魏國史

魏收撰,見本傳,《北史》同。李廣撰,見本傳,《北史》同。李
概撰,見《北史‧李公緒傳》,《北齊書‧公緒傳》未載。宇文
忠之撰,見《北史》本傳,《魏書》同。房謨撰,見《北史》本傳,
《北齊書》《魏書》謨均無傳。《隋書‧經籍志》未收。

《北齊書·收傳》：“收本以文才，必欲穎脫見知。位既不遂，求修國史。崔暹爲言於文襄曰‘國史事重，公家父子，霸王功業，皆須具載；非修不可。’文襄啓收兼散騎常侍，修國史。武定二年，除正常侍，領兼中書侍郎，仍修史。”

《北齊書·廣傳》：“崔暹精選御史，皆是世胄。廣獨以才學兼御史，脩國史。”

《北史·公緒傳》：概爲齊文襄大將軍府行參軍。閑緩不任事，每被譏訶，除殿中侍御史，修國史。

《北史·忠之傳》：天平初，除中書侍郎。後敕修國史。武定初，爲尚書右丞，仍修史。

《北史·謨傳》：神武時，徵拜侍中，監國史。

齊國史

高隆之撰，見本傳，《北史》同。崔劼撰，見本傳，《北史》同。趙隱撰，見《趙彥深傳》，《北史·彥深傳》同。陽休之撰，見本傳，《北史》同。劉逖撰，見本傳，《北史》同。祖珽撰，見本傳，《北史》同。權會撰，見本傳，《北史》同。崔季舒撰，見本傳，《北史》同。魏收撰，見《北史》本傳，《北齊書》本傳未載。李德林撰，見《北史》本傳，《隋書·德林傳》同，《北齊書》德林無傳。魏澹撰，見《北史》本傳，《隋書·澹傳》同，《北齊書·魏蘭根傳》未載。張雕撰，見本傳，《北史·張彫武傳》同。《隋書·經籍志》未收。

《北齊書·隆之傳》：“齊受禪，進爵爲王。尋以本官録尚書事，領大宗正卿，監國史。”

《北齊書·劼傳》：“皇建中，入爲秘書監，齊州大中正。轉鴻臚卿，遷並省度支尚書。俄授京省，尋轉五兵尚書，監國史。”

《北齊書·彥深傳》：“河清元年，進爵安樂公，累遷尚書左僕射、齊州大中正，監國史。”按，趙彥深原名隱。

《北齊書·休之傳》："普泰中，兼通直散騎侍郎，加鎮遠將軍。尋爲太保長孫稚府屬。尋敕與魏收、李同軌等修國史。"又："天統初，徵爲光禄卿，監國史。"

《北齊書·遜傳》："肅宗崩，從世祖赴晋陽，除散騎侍郎，兼儀曹郎中。久之，兼中書侍郎，和士開寵要，遜附之，正授中書侍郎，入典機密。兼散騎常侍，聘陳使主，還，除通直散騎常侍。尋遷給部黃門侍郎，修國史。"

《北齊書·珽傳》：後主時，拜尚書左僕射，監國史。

《北齊書·會傳》："魏定初，本郡貢孝廉，策居上第，①解褐四門博士……尋被尚書符，追著作，修國史。監知太史局事。"

《北齊書·季舒傳》：武成崩，久之，除膠州刺史，還侍中開府，食新安河陰二郡，幹加左光禄大夫，待詔文林館，監撰御覽，加特進，監國史。

《北史·收傳》："天保八年夏，除太子少傅，監國史。"又："皇建元年，除兼侍中右光禄大夫，仍儀同監史。"

《北史·德林傳》："魏收與陽休之論《齊書》起元事，百官會議；收與德林致書往復，詞多不載。後除中書侍郎，仍詔收國史。"

《北史·澹傳》："仕齊殿中侍御史，預修五禮；及撰《御覽》，除殿中郎中書舍人，與李德林修國史。"

《北齊書·雕傳》："洪珍又奏雕監國史。"按，"張雕"，《北史》作"張彤武"。

王隱及中興書注

宋繪撰。見《宋顯傳》，《北史·顯傳》未載。《隋·經籍志》未收。

---

① "第"，原脱，據殿本《北齊書·儒林傳》補。

《北齊書・顯傳》：“顯從祖弟繪，少勤學，多所博覽，好撰述。魏時張緬《晋書》未入國，繪依准裴松之注《國志》體，注王隱及《中興書》。”

　　右正史四部

古史

戰國春秋二十卷

　　李概撰。見《北史・李公緒傳》，《北齊書・公緒傳》未載。

　　《隋・經籍志》：“《戰國春秋》二十卷。李概撰。”

　　按，此書《北史・公緒傳》未著卷數，疑省略。今依《隋志》。

左史六卷

　　李概撰。見《隋・經籍志》。《北齊書》《北史・李公緒傳》均未載。

　　《隋・經籍志》：“《左史》六卷。李概撰。”

　　右古史二部

雜史

平西策一卷

　　盧叔武撰。見本傳，《北史》見《盧叔彪傳》。《隋・經籍志》未收。

　　《北齊書・叔武傳》：“上令元文遙與叔武參謀，撰《平西策》一卷。未幾，帝崩。事遂廢。”

中朝多士傳十卷

　　宋繪撰，見《宋顯傳》，《北史・顯傳》未載，《隋書・經籍志》未收。

　　《北齊書・顯傳》：繪注《王隱及中興書》，又撰《中朝多士傳》十卷，《姓系譜録》五十卷。

　　右雜史二部

霸史

趙語十三卷

李公緒撰，見本傳，《隋書·經籍志》未收。

按，此書《北齊書》本傳作十三卷，《北史》本傳作十二卷，未知孰是，今從《北齊書》。

右霸史一部

起居注

東魏孝靜帝起居注

山偉撰，見《北史》本傳，《魏書》同。李希禮撰，見《北史·李順傳》，《魏書·希禮傳》未載。崔㥄撰，見《北史·崔儦傳》，《北齊書·崔瞻傳》《隋書·㥄傳》均未載。崔肇師撰，見《崔瞻傳》，《北史·瞻傳》未載。崔劼撰，見本傳，《北史·劼傳》未載。

《隋·經籍志》：《後魏起居注》三百三十六卷。無撰人姓名。

《北史·偉傳》：“孝靜初，除衛大將軍中書令，監起居。”

《北史·順傳》：“希禮起家著作佐郎，脩起居注。”

《北史·儦傳》：“㥄[①]晚頗以酒爲損，遷司徒司議，修起居注。”

《北齊書·瞻傳》：“肇師元象中，數以中舍人接梁使；武定中，復兼中正員郎，送梁使徐州，還，敕修起居注。”

《北齊書·劼傳》：“魏末自開府行參軍，歷尚書儀郎秘書丞，修起居注。”

---

① “㥄”，原作“儦”，據殿本《北史·崔儦傳》及上下文意改。

齊文宣起居注

陽休之撰。見本傳,《北史》同。崔悛撰,見本傳,《北史》同。陳元康撰,見本傳,《北史・元康傳》未載。《隋書・經籍志》未收。

《北齊書・休之傳》:"齊受禪,除散騎常侍,修起居注。"

《北齊書・悛傳》:"天保初,除侍中,監起居。"

《北齊書・元康傳》:"天保元年,脩起居注。"

後主起居注

王晞撰,見本傳,《北史》同。崔子發撰,見《北史・崔鑒傳》,《魏書・鑒傳》未載。《隋書・經籍志》未收。

《北齊書・晞傳》:"武平初,遷大鴻臚,加儀同三司,監脩起居注。"

《北史・鑒傳》:"子發有文才,武平末秘書郎,脩起居注。"按,子發,崔鑒字。

右起居注三部

舊事

魏獻文禪子故事

祖珽撰,見本傳,《北史》同。《隋書・經籍志》未收。

《北齊書・珽傳》:"皇后愛少子東平王儼,願以爲嗣。武成以後主體正居長,難於移易……因有彗星出,太史奏云:'除舊布新之象。'珽於是上書言:'陛下雖爲天子,未是極貴。按《春秋元命苞》云:"乙酉之歲,除舊革政。"今年太歲乙酉,宜傳位東宮,令君臣之分早定;且以上應天道。'並上《魏獻文禪子故事》。帝從之。"

魏帝皇太后故事

祖珽撰,見本傳,《北史》同。《隋書・經籍志》未收。

《北齊書·珽傳》：“太后之被幽也，珽欲以陸媪爲太后。撰《魏帝皇太后故事》，爲太姬言之。”

右舊事二部

儀注

東魏孝靜朝儀

李同軌撰，見《北史·李義深傳》，《魏書·同軌傳》同，《北齊書·義深傳》未載。李繪撰，見《北史·李渾傳》，《北齊書·繪傳》未載。《隋書·經籍志》未收。

《北史·義深傳》：“義深弟同軌……年二十，舉秀才，再遷著作郎，典儀注，脩當爲轉字。國子博士。興和中，兼通直散騎常侍。”

《北史·渾傳》：“繪掌儀注。武定初，兼散騎常侍，爲聘梁使。”

齊禪禮儀注

楊愔撰，見《高德政傳》，《北史》同。邢邵撰，見《高德政傳》，《北史》同。崔㥄撰，見《高德政傳》並本傳，《北史》同。陽休之撰，見《高德政傳》並本傳，《北史》同。裴讓之撰，見《高德政傳》並本傳，《北史》見《高德政傳》及《裴佗傳》。陸操撰，見《高德政傳》，《北史》同。王昕撰，見《高德政傳》，《北史》本傳及《高德政傳》同，《北齊書》本傳未載。李渾撰，見本傳，《北史》同。皇甫亮撰，見《北史·皇甫和傳》，《北齊書·和傳》未載。崔肇師撰，見《崔瞻傳》，《北史》見《崔亮傳》。《隋·經籍志》未收。

《北齊書·高德政傳》：“帝發晉陽，德政又録在鄴諸事條進於帝。帝令陳山提馳驛齎事條，並密書與楊愔大略，令撰儀注，防察魏室諸王。提以五月至鄴，楊愔即召太常卿邢邵、七兵

尚書崔悛、度支尚書陸操、詹事王昕、黄門侍郎陽休之、中書
侍郎裴讓之等議撰儀注。"

《北齊書·悛傳》："天保初,除侍中,監起居。以禪代之際,參
掌儀禮。"

《北齊書·休之傳》："以禪代之際,參定禮儀。"

《北齊書·讓之傳》："齊受禪,靜帝遜居別宮,與諸臣別,讓之
流涕歔欷。以參掌儀注,封寧都縣男。"

《北齊書·渾傳》："天保初,除太子少保,邢邵爲少師,楊愔爲
少傅,論者爲榮。以參禪代儀注,賜涇陽男。"

《北史·和傳》:和弟亮,字君翼,九歲喪父,哀毀有若成人。
齊神武起義,爲行臺郎中。以參撰禪代儀注,封榆中南。

《北齊書·瞻傳》:"肇師天保中,參定禪代禮儀。"

齊國初禮式

崔昂撰,見本傳,《北史》同。邢邵撰,見《崔昂傳》,《北史》同。
薛琡撰,見《崔昂傳》,《北史》同。李鉉撰,見本傳,《北史》同。
魏收撰,見《李鉉傳》,《北史》同。李希禮撰,見《北史·李順
傳》,《魏書·希禮傳》未載,《北齊書》希禮無傳。《隋書·經
籍志》未收。

《北齊書·昂傳》:"與太子少師邢邵議定國初禮,仍封華陽
男。又詔刪定律令,損益禮樂,令尚書右僕射薛琡等三人,在
領軍府議定。"

《北齊書·鉉傳》:"天保初,詔鉉與殿中尚書邢邵、中書令魏
收等參議禮律。"

《北史·順傳》:"希禮與邢邵等議定禮律,卒於信州刺史。"

齊五禮

趙郡王叡撰,見本傳,《北史》同。馮子琮撰,見《北史》本傳,
《北齊書》本傳未載。胡長粲撰,見《胡長仁傳》,《北史》見《胡

國珍傳》。袁聿修撰，見本傳，《北史》同。魏收撰，見本傳，《北史》同。和士開撰，見《魏收傳》，《北史》同。徐之才撰，見《魏收傳》，《北史》同。趙彥深撰，見《魏收傳》，《北史》同。馬敬德撰，見《魏收傳》，《北史》同。熊安生撰，見《魏收傳》，《北史》同。權會撰，見《魏收傳》，《北史》同。崔儦撰，見《崔瞻傳》，《北史·崔儦傳》同。崔子樞撰，見《北史·崔鑒傳》，《魏書·鑒傳》未載，《北齊書》崔子樞無傳。薛道衡撰，見《北史·薛孝通傳》，《隋書·道衡傳》同，《北齊書》薛孝通、道衡均無傳。魏澹撰，見《北史》本傳，《隋書》同，《北齊書》魏澹無傳。

《北齊書·趙郡王叡傳》：天統中，帝親御戎，六軍進止，皆令取叡節度。以功復封宣城郡公，攝宗正卿，進拜太尉，監議五禮。

《北史·子琮傳》：天統中，詔子琮監議五禮。與趙郡王叡分爭異同，略無降下。

《北齊書·長仁傳》：“後主踐祚，長粲被敕與黃門馮子琮出入禁中，專典敷奏。”《北史·國珍傳》：“後主踐祚，長粲被敕與黃門馮子琮出入禁中，專典敷奏。武成遷鄴，後主在晉陽，長粲仍受委留後，後主從武成遷鄴，仍敕在京省判度支尚書，監議五禮。”

《北齊書·聿修傳》：“天統中，詔與趙郡王叡等議定五禮。”按，“聿修”，《北史》作“聿脩”。

《北齊書·收傳》：“後主即位，除尚書右僕射，總議監五禮事，位特進。收奏請趙彥深、和士開、徐之才共監。先以告士開，士開驚辭以不學。收曰：‘天下事皆由王，五禮非王不決。’士開謝而許之。多引文士，令執筆。儒者馬敬德、熊安生、權會實主之。”

《北齊書·瞻傳》:"儦學識有才思,風調甚高,武平琅邪王大司馬中兵參軍。參定五禮,待詔文林館。"按,崔儦,《北史》《隋書》均作儦。

《北史·鑒傳》:"子樞學涉好文詞,強辯有才幹。仕齊,位考功郎中,參議五禮。"

《北史·孝通傳》:"武平初,詔道衡與諸儒脩定五禮。"

《北史·澹傳》:"仕齊殿中侍御史,預修五禮。"

按,《隋·經籍志》:《後齊儀注》二百九十卷,無撰人姓名,當即此書。而《舊唐書·經籍志》載:《北齊吉禮》七十二卷,趙彥深撰;《北齊王太子喪禮》十卷,趙彥深撰。又《新唐書·藝文志》載:趙彥深撰《北齊吉禮》七十二卷,《北齊皇太后喪禮》十卷。此吉禮與喪禮,當各爲五禮中之一也。

北齊吉禮七十二卷

趙彥深撰,見《舊唐書·經籍志》,《新唐書·藝文志》同。《北齊書》《北史·彥深傳》均未載,《隋書·經籍志》未收。

《舊唐書·經籍志》:"《北齊吉禮》七十二卷,趙彥深撰。"

《新唐書·藝文志》:"趙彥《北齊吉禮》七十二卷,《北齊皇太后喪禮》十卷。"

孝昭太子婚禮儀注

崔瞻撰,見本傳,《北史·崔瞻傳》同。崔劼撰,見《崔瞻傳》,《北史》同,《北齊書》《北史·崔劼傳》均未載。《隋書·經籍志》未收。

《北齊書·瞻傳》:"肅宗踐祚,皇太子就傅受業。詔除太子中庶子,徵赴晉陽,敕專在東宮。調護講讀及進退禮度,皆歸委焉。太子納妃斛律氏,敕瞻與鴻臚崔劼撰定《婚禮儀注》。"

按,崔瞻《北史》作崔瞻,嚴可均《全北齊文》作瞻,疑瞻爲瞻之誤。又按,此亦當爲《齊五禮》中吉禮之一。

北齊皇太后喪禮十卷

趙彥深撰，見《新唐書·藝文志》，《北齊書》本傳未載。《隋書·經籍志》未收。

《新唐書·藝文志》："趙彥深《北齊皇太后喪禮》十卷。"

北齊王太子喪禮十卷

趙彥深撰，見《舊唐書·經籍志》。《北齊書》本傳未載，《隋書·經籍志》未收。

《舊唐書·經籍志》："《北齊王太子喪禮》十卷，趙彥深撰。"

按，此二書説見上《五禮》下。惟《舊志》云王太子，《新志》云皇太后，《舊志》早成，《新志》後出，豈所據不同歟？抑原係一書，而有訛誤耶？文獻不足，未知孰是。待考。

右儀注八部

刑法

東魏麟趾新制

孝靜帝敕撰，見《北史·孝靜帝本紀》，《魏書》同。封隆之撰，見本傳，《北史》同。封述撰，見本傳，《北史》同。《隋書·經籍志》未收。

《北史·孝靜紀》：興和三年，詔群官於麟趾閣，議定新制。冬十月甲寅，班於天下。

《北齊書·隆之傳》：高祖詔隆之參議麟趾閣，以定新制。

《北齊書·述傳》："天平中，增損舊事，爲《麟趾新格》。其名法科條，皆述刪定。"

齊天保刊定麟趾格

文宣帝敕撰，見《文宣帝本紀》，《北史》同。李渾撰，見本傳，《北史》同。邢邵撰，見《北史·李渾傳》，《北齊書·渾傳》未載。崔悛撰，見《北史·李渾傳》，《北齊書·渾傳》未載。魏

收撰,見《北史·李渾傳》,《北齊書·渾傳》未載。王昕撰,見
《北史·李渾傳》,《北齊書·渾傳》未載。李伯倫撰,見《北
史·李渾傳》,《北齊書·渾傳》未載。崔暹撰,見本傳,《北
史》同。《隋書·經籍志》未收。

《北齊書·文宣紀》:"詔曰:魏世議定《麟趾格》,遂爲通制。
官司施用,猶未盡善。可令群官更加論究,適治之方,先盡要
切,引綱理目,必使無遺。"

《北齊書·渾傳》:"天保初,以參禪代儀注,賜涇陽縣男,删定
《麟趾格》。"

《北史·渾傳》:"文宣以魏麟格未精,詔渾與邢邵、崔㥄、魏
收、王昕、李伯倫等修撰。"

《北齊書·暹傳》:"遷左丞吏部郎,主議《麟趾格》。"

麟趾格四卷

趙郡王叡撰,見《新唐書·藝文志》,《北齊書》《北史·叡傳》
均未載。《隋書·經籍志》未收。

《新唐書·藝文志》:"趙郡王叡《麟趾格》四卷。文襄帝時撰。"
按,此書至爲可疑:高祖卒於武定五年,文襄嗣事,至七年八
月爲梁降人蘭京所殺,時年二十有九,先後纔二年餘耳。其
間戎馬倥傯,戰禍相尋,文襄或亦無暇敕撰此書,一也。叡爲
北齊宗室,《麟趾格》爲國家重要法典,倘叡果撰《麟趾格》,當
載在《文襄紀》及《叡傳》中,今皆闕如,二也。叡性至孝,生三
旬而孤,高祖養於宮中,恩同諸子。十歲喪母,高祖爲之發
喪,叡舉聲殞絶,哀感左右,及至婚冠,常深膝下之痛。武定
末,除太子庶子,顯祖受禪,進封爵爲趙郡王,倘《麟趾格》作
於文襄時,不得云趙郡王叡撰,三也。文宣受禪之後,詔曰:
"魏世議定《麟趾格》,遂爲通制,官司施用,猶未盡善。可令
群官更加論究,適治之方,先盡要切,引綱理目,必使無遺。"

又《北史·李渾傳》：“文宣以魏《麟趾格》未精，詔渾與邢邵、崔悛、魏收、王昕、李伯倫等修撰。”又《隋書·刑法志》云：“齊神武文襄，並由魏相，尚用舊法，及文宣天保元年，始命群官刊定魏朝《麟趾格》。”以此釋之，則東魏《麟趾新制》之後，即爲齊天保《刊定麟趾格》，中間當無叡撰《麟趾格》事，四也。疑此書即天保刊定《麟趾格》之佚出者，淺者不察，遂署文襄時趙郡王叡撰，以誤傳誤，《唐志》因以爲據也。

北齊律十二卷　目一卷

見《武成帝本紀》，《北史》同。崔昂撰，見本傳，《北史》同。薛琡撰，見《崔昂傳》，《北史》同。李鉉撰，見本傳，《北史》同。邢邵撰，見《李鉉傳》，《北史》同。魏收撰，見《李鉉傳》並本傳，《北史》同。辛術撰，見本傳，《北史》同。刁柔撰，見本傳，《北史》同。李希禮撰，見《北史·李順傳》，《魏書·希禮傳》未載，《北齊書》希禮無傳。封述撰，見本傳，《北史》同。趙彥深撰，見《封述傳》，《北史》同。陽休之撰，見《封述傳》，《北史》同。馬敬德撰，見《封述傳》，《北史》同。王松年撰，見本傳，《北史》同。崔儦撰，見《北史·崔儦傳》，《隋書·崔儦傳》同，熊安生撰，見《北史·崔儦傳》，《隋書·崔儦傳》同，《北齊書》安生無傳。

《隋書·經籍志》：“《北齊律》十二卷，目一卷。”

《北齊書·武成紀》：河清三年三月辛酉，以律令班下，大赦。

《北齊書·昂傳》：齊受禪，遷散騎常侍，兼太府卿大司農卿。其年與太子少師邢邵議定國初禮，仍封華陽男。又詔刪定律令，損益禮樂，令尚書右僕射薛琡等三人在領軍府議定。[1]

---

① “三”，殿本《北齊書·崔昂傳》作“四十三”。

《北齊書·鉉傳》：“天保初，詔鉉與殿中尚書邢邵、中書令魏收等參議禮律，仍兼國子博士。”

《北齊書·收傳》：天保八年夏，除太子少傅，監國史，復參議律令。

《北齊書·術傳》：“徵爲殿中尚書，領太常卿，仍與朝賢議定律令。”

《北齊書·柔傳》：天保初，除國子博士，參定律令。

《北史·順傳》：希禮與邢邵等議定禮律。

《北齊書·述傳》：“河清三年，敕與錄尚書趙彦深、僕射魏收、尚書陽休之、國子祭酒馬敬德等議定律令。”

《北齊書·松年傳》：“武成雖忿松年，戀舊情切，亦雅重之，以本官加散騎常侍，食高邑侯，參定律令，前後大事多委焉。”

《北史·儦傳》：與熊安生、馬敬德等議五禮，兼修律令。

按，《隋書·刑法志》：張老上書稱：大齊受命以來，律令未改，非所以創制垂法，革人視聽。於是始命群官，議造齊律，積年不成，其決獄猶依魏舊。迨武成即位，大寧元年，以律令不成，頻加催督。河清三年，尚書令趙郡王叡等奏上《齊律》十二篇，又上《新令》四十卷。是後法令明審，科條簡要。又敕仕門之子弟，常講習之。齊人多曉法律，蓋由此也。其不可爲定法者，別制《權令》二卷，與之並行。然則文宣天保初議定律令，至武成時始告竣也。

又按《唐書·藝文志》：“趙郡王叡《北齊律》二十卷。”《唐書·經籍志》：“《北齊書》二十卷，趙郡王獻撰。”趙郡王叡監議律令，見本傳，並非自撰，然則《唐志》作趙郡王叡撰者，蓋襲《隋書·刑法志》“趙郡王叡等奏上《齊律》十二篇”之語而誤，《唐·經籍志》又誤作趙郡王獻也。又此書卷數，《隋·經籍志》作十二卷，與《刑法志》作十二篇同，惟篇卷二字互異，未知孰是，今從《經籍志》。《唐志》作二十卷，疑即十二卷之誤倒也。又《齊律序》，陸瑈撰，見《北史·陸俟傳》。

北齊令五十卷

見《武成帝本紀》，《北史》同。崔昂撰，見本傳，《北史》同。薛琡撰，見《崔昂傳》，《北史》同。李鉉撰，見本傳，《北史》同。邢邵撰，見《李鉉傳》，《北史》同。魏收撰，見《李鉉傳》並本傳，《北史》同。辛術撰，見本傳，《北史》同。刁柔撰，見本傳，《北史》同。李希禮撰，見《北史·李順傳》，《北齊書》希禮無傳，《魏書·希禮傳》未載。封述撰，見本傳，《北史》同。趙彥深撰，見《封述傳》，《北史》同。陽休之撰，見《封述傳》，《北史》同。馬敬德撰，見《封述傳》，《北史》同。王松年撰，見本傳，《北史》同。崔儦撰，見《北史·崔儦傳》，《隋書·崔儦傳》同。熊安生撰，見《北史·崔儦傳》，《隋書·崔儦傳》同，《北齊書》安生無傳。

《隋書·經籍志》：“《北齊令》五十卷。”

《舊唐書·經籍志》：“《北齊令》八卷。”

《新唐書·藝文志》：“趙郡王叡《北齊令》八卷。”

按，此書《隋書·刑法志》作四十卷，與《隋書·經籍志》不同，未知孰是，今從《經籍志》。《唐志》作八卷，疑爲此書之佚出者，故《唐書·經籍志》未著撰人姓名，而淺者不察，據《隋書·刑法志》“趙郡王叡等奏上《齊律》十二篇，又上《新令》四十卷”之語，誤題爲趙郡王叡撰，《唐書·藝文志》因以爲據，蓋非叡撰也。詳見前。

北齊權二卷

見《隋書·經籍志》，《北齊書·武成帝本紀》未載。

《隋書·經籍志》：“《北齊權》二卷”

《隋書·刑法志》：武成即位，大寧元年，以律令不成，頻加催督。河清三年，尚書令趙郡王叡等奏上《齊律》十二篇，又上《新令》四十卷。其不可爲定法者，別制《權令》二卷，與之並行。

按，此書《經籍志》未著撰人，然合《隋書·刑法志》及《北齊律》《令》二書並觀之，蓋亦爲武成敕撰也。詳見前。

右刑法六部

雜傳

要言

趙郡王叡撰，見本傳，《北史》同。《隋書·經籍志》未收。

《北齊書·叡傳》：叡久典朝政，清貞自守，譽望日隆，漸被疏忌，乃撰古之忠臣義士，號曰《要言》，以致其意。

關東風俗傳三十卷

宋孝王撰，見《宋世軌傳》，《北史》見《宋世景傳》，《隋書·經籍志》未收。

《唐書·經籍志》："《關東風俗傳》六十三卷，宋孝王撰。"

《北齊書·世軌傳》：孝王學深亦好，[①]緝綴文藻，形貌短陋，而好臧否人物，時論甚疾之，爲北平王文學，求入文林館不遂，因非毁朝士，撰《別録》二十卷。會平齊，改爲《關東風俗傳》，更廣見聞，勒成三十卷以上之。言多妄謬，篇第冗雜，無著述體。

按，宋孝王《周書》無傳。周武平齊，大象末，孝王以尉迥事被誅。其撰《朝士別録》時仍在北齊，改爲《關東風俗傳》，勒成三十卷時，當已屬後周矣。

高才不遇傳四卷

劉晝撰，見本傳，《北史》同。

① "深"，殿本《北齊書·宋世軌傳》作"涉"。

《隋·經籍志》："《高才不遇傳》四卷，後齊劉晝撰。"

《北齊書·晝傳》：河清初，還冀州，舉秀才。入京，考策不第。[①]乃恨不學屬文，方復緝綴詞藻，言甚古拙。制一首賦，以六合爲名。自謂絶倫，吟諷不輟。乃歎曰："儒者勞而少工，見於斯矣，我讀儒書二十餘年，而答策不第，始學作文，便得如是。"曾以此賦呈魏收，收謂人曰："賦名《六合》，其愚已甚；及見其賦，又愚於名。"晝又撰《高才不遇傳》三篇。在皇建太寧之朝，又頻上書，言亦切直；多非世要，終不見收采。自謂博物奇才，言好矜大，每云："使我數十卷書，行於後世，不易齊景之千駟也。"

按，此書《隋志》作四卷，本傳未著卷數，疑省略，今從《隋志》。

集靈記二十卷

顏之推撰，見《隋書·經籍志》，《北齊書》《北史》本傳均未載。

《隋書·經籍志》："《集靈記》二十卷，顏之推撰。"

《舊唐書·經籍志》："《集靈記》十卷，顏之推撰。"

《新唐書·藝文志》："顏之推《集靈記》十卷。"

按，此書《隋志》作二十卷，《唐志》作十卷，疑唐時已亡佚殆半矣，今從《隋志》。

冤魂志三卷

顏之推撰，見《隋·經籍志》，《北齊書》《北史》本傳均未載。

《隋書·經籍志》："《冤魂志》三卷，顏之推撰。"

《舊唐書·經籍志》："《冤魂志》三卷，顏之推撰。"

《新唐書·藝文志》："顏之推《冤魂志》三卷。"

《宋史·藝文志》："《還冤志》三卷，顏之推撰。"

《法苑珠林·傳記》篇："《承天達性論》，《冤魂志》一卷，《誡殺

---

① "策"，原作"第"，據殿本《北齊書·儒林傳》改。

訓》一卷。右三部齊光禄大夫顏之推撰。"

《四庫提要》小説家："《還魂志》三卷。此書《隋志》不著録，《文獻通考》作《北齊冤魂志》。考書所記，上始周宣王杜伯之事，不得目以北齊；即之推亦始本梁人，後終隋代，更不得目以北齊：殆因舊本之首，題北齊黃門侍郎顏之推撰，遂誤以冠書名上歟？自梁武以後，佛教彌昌，士大夫率皈禮能仁，盛談因果。之推《家訓》有《歸心篇》，於罪福尤爲篤信。故此書所述，皆釋家報應之説，強魂毅魄，憑厲氣而爲變，理固有之，尚非天堂地獄幻杳不可稽者比也。其文字亦頗古雅，殊異小説之冗濫。"

按，《還魂志》《還冤志》似皆《冤魂志》之異名。其内容：疑爲書首《承天達性論》一卷，次《冤魂志》一卷，《誡殺訓》一卷，合爲三卷。《誡殺訓》略見顏氏《家訓・歸心》篇，此蓋別爲一卷也。

右雜傳五部

地記

趙記八卷

李公緒撰，見《北史・公緒傳》，《北齊書》本傳未載。

《北史・公緒傳》："撰《趙記》八卷。"

按《隋書・經籍志》：《趙記》十卷，無撰人姓名，當即此書，惟其卷數與《北史》不同，未知孰是，今從《北史》。

幽州人物志

陽休之撰，見本傳，《北史》同。《隋書・經籍志》未收。

《北齊書・休之傳》："所著文集三十卷，又撰《幽州人物志》，並行於世。"

按，此書《休之傳》未著卷數，《唐書・經籍志》作十三卷，《唐書・藝文志》作三十卷，必有訛誤，待考。

封君義行記一卷

李繪撰，見《隋書・經籍志》,《北齊書》《北史・李渾傳》均未載。

《隋書・經籍志》："《封君義行記》一卷，李繪撰。"

按《北齊書・封述傳》：述字君義，渤海蓨人也，梁散騎常侍陸晏子、沈警來聘，以述兼通直郎使梁。又《李渾傳》：渾，趙郡柏人人也。弟繪，字敬文，魏靜帝天平初，世宗<small>即北齊文襄帝。</small>用爲丞相司馬。武定初，兼常侍，爲聘梁使主。然則此書當爲《李繪行記》，而題爲封君義也。

又按，此書所記，當不專主地理，似應列入雜傳類，然自《隋志》已誤入地記類，今仍之。

　右地記三部

譜系

後齊宗譜一卷

無撰人姓名。見《隋書・經籍志》。

《隋書・經籍志》："《後齊宗譜》一卷。"

《新唐書・藝文志》：《齊高氏譜》六卷。

《北齊書・神武本紀》：齊高祖神武皇帝，姓高名歡，字賀六渾，渤海蓨人也。六世祖隱，晋玄菟太守。隱生慶，慶生泰，泰生湖，三世仕慕容氏。及慕容寶敗，國亂，湖率衆歸魏，爲右將軍。湖生四子，第三子謐，仕魏，位至侍御史，坐法徙居懷朔鎮。謐生皇考樹，及神武生，而皇妣韓氏殂，養於同産姊壻鎮獄隊尉景家。神武既累世北邊，故習其俗，遂同鮮卑。

按，唐世系高氏表與本紀所載合，而《藝文志》《齊高氏譜》六卷，或即唐時所續修者。

姓氏譜録五十篇

宋繪撰，見《宋顯傳》，《北史·顯傳》未載，《隋書·經籍志》未收。

中表實録二十卷

盧懷仁撰，見《盧潛傳》，《北史·潛傳》未載，《隋書·經籍志》未收。

《北齊書·潛傳》：潛從兄懷仁，卜居陳留界，所著詩賦銘頌二萬餘言，又撰《中表實録》二十卷。

宋氏別録十卷

宋世良撰，見本傳，《北史》同。《隋書·經籍志》未收。

辯宗録四十卷

元暉業撰，見本傳，《北史·濟陰王暉業傳》同，《魏書》同。

《隋書·經籍志》：後魏《辯宗録》二卷，元暉業撰。

《北齊書·暉業傳》：暉業之在晉陽也，無所交通，居常閒暇，乃撰魏藩王家世，號爲《辯宗録》四十卷，行於世。

按，此書《北史·濟陰王暉業傳》稱爲《辨宗録》；《魏書·暉業傳》稱爲《辨宗室録》，《北齊書》《北史·魏收傳》同，未知孰是。又此書《北齊書》《北史》及《魏書》本傳均作四十卷，《北齊書》《北史·魏收傳》均作三十卷，《隋志》稱《後魏辯録》二卷，與本傳過相懸殊，必有訛誤，待考。

又按，《北齊書》《魏書》《北史》暉業均有傳。

　右譜系五部

　右史部都三十九部

子部

儒家

楊雄蜀都賦注

司馬膺之撰,見《司馬子如傳》,《北史·司馬膺之傳》同。《隋書·經籍志》未收。

《北齊書·子如傳》:膺之少好學,美風儀。好讀《太玄經》,注揚雄《蜀都賦》。每云:"我欲與揚子雲周旋。"齊亡歲,以利疾終,時年七十一。

右儒家一部

道家

老子道德經注二卷

杜弼撰,見本傳,《北史》同。《隋書·經籍志》未收。

《北齊書·弼傳》:"弼性好明理,探味玄宗。自在軍旅,帶經從役。注《老子道德經》二卷。"

莊子惠施篇注

杜弼撰,見本傳,《北史》同。《隋書·經籍志》未收。

按,此即新注《義苑》之一。詳見經部易類。

玄子五卷

李公緒,見本傳,《北史》同。

《隋·經籍志》:"《玄子》五卷。"

按《隋·經籍志》"《玄子》五卷",不著撰人姓名,即此書也。詳見經部禮類。

右道家三部

雜家

鑒誡二十四篇

王紘撰,見本傳,《北史》同。《隋書·經籍志》未收。

《北齊書·紘傳》:"紘好著述,作《鑒誡》二十四篇,頗有文義。"

典言十卷

李公緒撰,見本傳,《北史》同。

《隋·經籍志》:"《典言》四卷,後魏人李穆叔撰。"

按,《北齊書·公緒傳》:公緒字穆叔,魏末爲冀州司馬。與《隋志》合。惟《隋志》此書卷數與《公緒傳》不同,未知孰是,今從《北齊書》。詳見經部禮類。

古今略記二十卷

李公緒撰,見本傳,《北史》同。《隋書·經籍》未收。

典言四卷

荀士遜撰,見本傳,《北史》同。

《隋書·經籍志》:"《典言》四卷,後齊中書郎荀士遜撰。"

《北齊書·士遜傳》:"與李若等撰《典言》,行於世。"

按,此書本傳未著卷數,疑省略,今從《隋志》。

顏氏家訓二十篇

顏之推撰,見本傳,《北史》同。《隋書·經籍志》未收。

《北齊書·之推傳》:"有文集三十卷,撰《家訓》二十篇,並行於世。曾撰《觀我生賦》,文致清遠。"

要言

趙郡王叡撰,見本傳,《北史》同。《隋書·經籍志》未收。

《北齊書·叡傳》:"叡久典朝政,清貞自守,譽望日隆,漸被疏忌。乃撰古之忠臣義士,號曰《要言》,以致其意。"

金箱璧言

劉晝撰，見《北史》本傳，《北齊書·晝傳》未載。《隋書·經籍志》未收。

《北史·晝傳》：河清中，著《金箱璧言》，蓋以指機政之不良。

石子十卷

石曜撰，見《孫靈暉傳》，《北史》同，《隋書·經籍志》未收。

《北齊書·靈暉傳》：石曜著《石子》十卷，言甚淺俗。

聖壽堂御覽

後主敕撰，見本紀，《北史》同。

《隋書·經籍志》：“《聖壽堂御覽》三百六十卷。”

《北齊書·後主本紀》：武平三年二月庚寅，以左僕射唐邕爲尚書令，侍中祖珽爲左僕射。是月，敕撰《玄洲苑御覽》，後改名《聖壽堂御覽》。八月，《聖壽堂御覽》成，敕付史閣，後改爲《脩文殿御覽》。

《北齊書·文苑傳》序：祖珽輔政，説後主屬意斯文。三年，祖珽奏立文林館。於是更召引文學士，謂之待詔文林館焉。珽又奏撰《御覽》。詔珽及特進魏收、太子太師徐之才、中書令崔劼、散騎常侍張雕、中書監陽休之監撰。珽等奏追通直散騎常侍郎韋道孫、陸乂、太子舍人王劭、衛尉丞李孝基、殿中侍御史魏澹、中散大夫劉仲威、袁奭、國子博士朱才、奉車都尉眭道閑、考功郎中崔子樞、左外兵郎薛道衡、並省主客郎中盧思道、司空東閣祭酒崔德、太學博士諸葛漢、奉朝請鄭公超、殿中侍御史鄭子信等，入館撰書。並敕放愍之推等，同入撰例。復令散騎常侍封孝琰、前樂陵太守鄭元禮、衛尉少卿杜臺卿、通直散騎常侍王訓、前兗州長羊肅、通直散騎常侍馬元熙、並省三公郎中劉珉、開府行參軍李師正、溫君悠入館，亦令撰書。復命特進崔季舒、前仁州刺史劉逖、散騎常侍李孝貞、中書侍郎李德林，續入待詔。又詔諸人，各舉所知，又有前濟州長史李翦①、前廣武太守魏騫、前西兗州司馬蕭溉、前幽州長史陸仁惠、鄭州司馬江旰、前通直散騎侍郎辛德源、陸開明、通直郎封孝謇、太尉掾張德沖、並省右民郎高行恭、司徒户曹參軍古道子、前司空功曹參軍劉顗、獲嘉令崔德儒、給事中李元楷、晉州治中陽師孝、太尉中兵參軍劉儒行、司空祭酒陽辟疆、司空士曹參軍盧公順、司徒中兵參軍周子深、開府參軍王友伯、崔君洽、魏師謇，並入館待詔。又敕右僕射段孝言亦入焉。

《新唐書·藝文志》："祖孝徵等《修文殿御覽》三百六十卷。"按，祖珽字孝徵。

姚振宗《隋書經籍志考證》曰："《玉海·藝文承詔撰述》篇：北齊祖孝徵等《脩文殿御覽》三百六十卷，《崇文總目》同，《中興書目》有之，采摭群書，分二百四十部以集之。又曰：太平興國二年三月，詔翰林學士李昉、扈蒙等十四人，以前代《修文_{文下疑奪殿字}御覽》、《藝文類聚》、《文思博要》及諸書，分門輯爲一千卷，名《太平總類》，後改名《太平御覽》。"

按，此書題曰"聖壽"者，以後主所居名之也。

　右雜家九卷

小説家

器準九篇注

信都芳撰，見《北史》本傳，《魏書》同，《北齊書·芳傳》未載。

---

① "翦"，殿本《北齊書·文苑傳》作"壽"。

《隋書·經籍志》未收。

器準圖

信都芳撰，見本傳，《北史》同，《魏書》同。

《隋書·經籍志》："《器準圖》三卷，後魏丞相士曹參軍信都芳撰。"

按，《魏書》《北史》《北齊書》芳均有傳，詳見經部樂類。

　右小說二部

天文

四術周髀宗

信都芳撰，見本傳，《魏書》同，《北史》同。《隋書·經籍志》未收。

按，《魏書》《北齊書》《北史》芳均有傳。

　右天文一部

曆數

靈憲曆

信都芳撰，見本傳，《北史》同，《魏書·芳傳》未載。《隋書·經籍志》未收。

《北齊書·芳傳》："芳又私撰歷書，名爲《靈憲歷》。算月有頻大頻小，食必以朔，證據甚爲甄明。每云：何承天亦爲此法，不能精；《靈憲》若成，必當百代無異議。書未就而卒。"

按，《魏書》《北齊書》《北史》芳均有傳。

五經宗

信都芳撰，見《北史》本傳，《魏書》同，《北齊書·芳傳》未載。《隋書·經籍志》未收。

史宗

信都芳撰，見《北史》本傳，《魏書》同，《北齊書·芳傳》未載。

《隋書·經籍志》未收。

《北史·芳傳》:“注《重差勾股》,復撰《史宗》。”

《魏書·芳傳》:“注《重差勾股》,復撰《史宗》,仍自注之,合數十卷。”

按,此二書内容未詳,據《芳傳》“抄集五經算事爲《五經宗》”之語,蓋當爲曆數書也。暫入此類。

又按,此二書《北齊書·芳傳》未載,《魏書》《北史》《北齊書》芳均有傳,因據補。

天保曆

宋景業撰,見《北史》本傳,《北齊書·李鉉傳》同,《北齊書·景業傳》未載。

《隋書·經籍志》:“《宋景業曆》一卷。景業,後齊散騎常侍。”

《舊唐書·經籍志》:“北齊《天保曆》一卷,宋景業撰。”

《新唐書·藝文志》:“宋景業北齊《天保曆》一卷。”

《北史·景業傳》:“天保初,封長城縣子,受詔撰《天保曆》,李廣爲之序。”

《北齊書·鉉傳》:“天保初,詔北平太守宋景業,西河太守綦毋懷文等,草定新曆。録尚書事平原王高隆之,令鉉與通直常侍房延祐、國子博士刁柔,參考得失。”

《隋書·律曆志》:“後齊文宣受禪,命散騎常侍宋景業叶圖讖,造《天保曆》,景業奏依《握誠圖》及《元命包》,言齊受禪之期,當魏終之紀,得乘三十五以爲蔀應,六百七十六以爲章。文宣大悦,乃施用之。”

按,景業魏宋爲北平太守,天保初授散騎常侍,封長城縣子,故《傳》《志》引稱不一。

又按,據《鉉傳》,則撰《天保曆》者,不止景業一人,《北齊書·懷文》《柔傳》均未載,延祐無傳,《北史》各傳同。《舊志》作景業撰者，蓋以景業概之也。

齊甲子元曆一卷

宋氏撰，見《隋書·經籍志》。

《隋書·經籍志》："《齊甲子元曆》一卷，宋氏撰。"

《舊唐書·經籍志》："《齊甲子元曆》一卷。"

《新唐書·藝文志》："宋景業北齊《天保歷》一卷。"

按，此書撰人，《隋志》作宋氏，蓋即宋景業也。又按，姚振宗《隋書經籍志考證》曰："按此宋氏《甲子元曆》與宋景業《天保曆》分爲二，《唐志》亦然，其實止一書，因標目互異，遂以爲二書耳。"

甲寅元曆

董峻、鄭元偉撰，見《隋書·律曆志》。《北齊書》峻及元偉無傳，《隋書·經籍志》未收。

《隋書·律曆志》：齊後主武平七年，董峻、鄭元偉上《甲寅元曆》。並以六百五十七爲率，二萬二千三百三十八爲蔀，五千四百六十一爲斗分，甲寅歲甲子日爲元紀。

張孟賓曆法

張孟賓撰，見《隋書·律曆志》，《北齊書》《北史》孟賓均無傳。《隋書·經籍志》未收。

《隋書·律曆志》：廣平人張孟賓，受業於張子信，並棄舊事，更制新法。

劉孝孫曆法

劉孝孫撰，見《隋書·律曆志》，《北齊書》《北史》孝孫均無傳。《隋書·經籍志》未收。

《隋書·律曆志》：廣平人劉孝孫，以百一十九爲章，八千四十七爲紀，九百六十六爲歲餘，甲子爲上元，命日度起虛中。齊亡入隋，直太史，累年不調，寓宿觀臺，乃抱其書，弟子輿櫬，來詣闕下,伏而慟哭。執法拘以奏之。高祖異焉,以問國子祭酒何妥。妥言其善,即日擢授大都督,遣與《賓曆》比校短長。

趙道嚴曆法

趙道嚴撰,見《隋書‧律曆志》,《北齊書》《北史》道嚴均無傳。《隋書‧經籍志》未收。

《隋書‧律曆志》:"趙道嚴,準晷影之長短,定日行之進退,更造盈縮,以求虧食之期。"

年譜錄

宋繪撰,見《宋顯傳》,《北史‧顯傳》未載。《隋書‧經籍志》未收。

《北齊書‧顯傳》:繪以諸家年歷不同,多有紕繆,乃刊正異同,撰《年譜錄》,未成。河清五年,並遭水漂失。繪雖博聞強記,而天性恍惚,晚又遇風疾,言論遲緩,及失所撰之書,乃撫膺慟哭曰:"可謂天喪予也。"天統中卒。

右曆數十部

五行

遁甲經

信都芳撰,見《北史》本傳,《北齊書‧芳傳》未載,《魏書》同。《隋書‧經籍志》未收。

按《北齊書》《北史》《魏書》芳均有傳,詳見經部樂類。

易林雜占百餘卷

吳遵世撰,見《北史》本傳,《北齊書‧遵世傳》未載。《隋書‧經籍志》未收。

《北史‧遵世傳》:少學《易》,入恒山,忽見一老翁,授之開心符,遵世跪水吞之,遂明占卜。著《易林雜占》百餘卷。

婦人産法

許遵撰，見《北史》本傳，《北齊書・遵傳》未載。

《北史・遵傳》：許遵，高陽新城人，明易善筮，兼曉天文風角，占相逆刺，其驗若神。子暉，亦學術數。遵謂曰："汝聰明不及我，不勞多學。"唯授之以婦人産法，豫言男女，及産日，無不中。武成時，以此數獲賞焉。

按，《隋志》載《推産法》一卷，無撰人姓名，疑即此書，其詳待考。

　右五行三部

醫方

藥方五十七卷

李思祖撰，見《隋書・經籍志》，《北史》《魏書・李脩傳》同，《北齊書》思祖無傳。

《隋書・經籍志》："《藥方》五十七卷，後齊李思祖撰，本百一十卷。"

《北史・脩傳》：李脩，字思祖，本陽平館陶人也。父亮，少學醫術，未能精究；太武時，奔宋，又就沙門僧坦，略盡其術。針灸授藥，罔不有効。徐、兖間多所救恤，亮大爲聽《魏書》作廳。事，以舍病人，死者則就而棺殯，親往弔視，其仁厚若此。脩兄元孫，隨畢衆敬赴平陽，亦遵父業而不及，以功拜奉朝請。修略與兄同，晚入代京，歷位中散令，以功賜爵下蔡子，遷給事中。太和中，常在禁内，文明太后時有不豫，脩侍針藥多効，賞賜累加，車服第宅，號爲鮮麗。集諸學士及工書者百餘人，在東宫撰《諸藥方》百卷，皆行於世。

按，《魏書・脩傳》云："撰《諸藥方》百餘卷。"與《隋志》"本百一十卷"合，疑隋時已散失殆半，故云《藥方》五十七卷也。

又按，《魏書·修傳》傳末云：遷洛陽爲前將軍，領太醫令，後數年卒。考孝文遷洛在太和十九年，其後數年，仍當在孝文、宣武之時，遠在北齊之前也。此書應列入魏藝文志中，《隋志》題曰後齊，誤。謹附志之。

右醫方一部

右子部都三十部

集部

別集

崔瞻集二十卷

見《北史》本傳,《北齊書·瞻傳》未載。《隋書·經籍志》未收。
《北史·崔瞻傳》:瞻性簡傲,以才地自矜,所與周旋,皆一時
名望。有文集二十卷。

王昕集二十卷

見本傳,《北史》同。《隋書·經籍志》未收。
《北齊書·昕傳》:王昕字元景,北海劇人。六世祖猛,秦符堅
丞相,家於華山之鄜城。父雲,仕魏朝,有名望。昕少篤學讀
書,雅好清言,詞無淺俗。有文集二十卷。

陸卬集十四卷

見本傳,《北史》同。《隋書·經籍志》未收。
《北齊書·卬傳》:陸卬字雲駒,少機悟,美風神,好學不倦,博
覽群書,五經多通大義,善屬文,甚爲河間邢邵所賞。所著文
章十四卷,行於世。齊之郊廟諸歌,多卬所制。

盧懷仁集

見《盧潛傳》,《北史》見《盧玄傳》。《隋書·經籍志》未收。
《北齊書·潛傳》:潛從祖兄懷仁,涉學有文辭,情性恬靖,常
蕭然有閑放之致。歷太尉記室、弘農郡守,不之任,卜居陳留
界,所著詩賦銘頌二萬餘言。

楊愔集

見本傳,《北史》同。《隋書·經籍志》未收。

《北齊書·愔傳》：愔所著詩賦表奏書論甚多，誅後散失，門生鳩集，所得者萬餘言。

李概撰題富春公主側集

見《北史·李公緒傳》，《北齊書·公緒傳》未載。《隋書·經籍志》未收。

《北史·公緒傳》：概少好學，然性倨傲，每對諸兄弟，露髻披服，略無少長之禮。爲齊文襄大將軍府行參軍，進側集，題云：富春公主撰。

李概達生丈人集

見《北史·李公緒傳》，《北齊書·公緒傳》未載。《隋書·經籍志》未收。

《北史·公緒傳》：概自簡詩賦二十四首，謂之《達生丈人集》。其序曰：“達生丈人者，生於戰國之世，爵里姓名無聞焉，爾時人揆其行，己強爲之號，頗好屬文，成輒棄稿。常持論文云：古人有言性情生於欲。又曰：人之性靜，欲實泪之。然則性也者，所受於天，神識是也，故爲形骸之主；情也者，所受於性，嗜欲是也，故爲形骸之役。由此言之，性情之辨，斷焉殊異，故其身泰，則均齊生死，塵垢名利，縱酒恣色，所以養情；否則屏除愛著，擯落枝體，收視反聽，所以養識。是以遇榮樂而無染，遭厄竊而不悶；或出人間，或栖物表，逍遥寄託，莫知所終。”

劉逖集三十卷

見本傳，《北史》同。

《隋書·經籍志》：“《劉逖集》二十六卷。”

《北齊書·逖傳》：“所制詩賦及雜文文筆三十卷。”

按，此書本傳作三十卷，《隋志》作二十六卷，《唐志》作四十卷，當有訛誤，今從本傳。

邢邵集三十卷

見本傳,《北史》同。

《隋書·經籍志》:"《邢子才集》三十一卷。"

《北齊書·劭傳》:"有集三十卷,見行於世。"

按,邢邵字子才。此書本傳作三十卷,《隋志》三十一卷,今從本傳。

陽休之集三十卷

見本傳,《隋書·經籍志》未收。

《北史·休之傳》:"所著文集四十卷。"

《北齊書·休之傳》:所著文集三十卷,又撰《幽州人物志》,並行於世。

按,此書《北齊書》本傳作三十卷,《北史》本傳作四十卷,未知孰是,今從《北齊書》。

陽俊之集十卷

見《北史·陽休之傳》,《北齊書·休之傳》未載,《隋書·經籍志》未收。

《北史·休之傳》:"弟俊之,待詔文林館,自言有集十卷。"

陽昭集十卷

見《北史·陽斐傳》,《北齊書·斐傳》未載,《隋書·經籍志》未收。

《北史·斐傳》:昭字元景,學涉史傳,尤閑按牘,有文集十卷。

李廣集十卷

見本傳,《隋書·經籍志》未收。

《北史·廣傳》:廣卒後,義雲集其文筆七卷。

《北齊書·廣傳》:崔暹精選御史,皆是世冑,廣獨以才學兼御史,脩國史。南臺文奏,多其辭也。曾薦畢義雲於崔暹。廣卒後,義雲集其文筆十卷,託魏收爲之叙。

按,此書《北齊書》本傳作十卷,《北史》本傳作七卷,未知孰是,今依《北齊書》。

魏收集七十卷

見本傳,《北史》同。

《隋書·經籍志》:"《魏收集》六十八卷。"

《北齊書·收傳》:"有集七十卷。"

按,此書本傳作七十卷,《隋志》作六十八卷,未知孰是,今從本傳。

又按,《北齊書·收傳》附有《枕中篇》。

魏季景集

見《北史》本傳,《北齊書》季景無傳。《隋書·經籍志》未收。

《北史·季景傳》:"撰有文筆凡二百餘篇。"

顏之推集三十卷

見本傳,《北史》同。《隋書·經籍志》未收。

《北齊書·之推傳》:"有文三十卷。"

按,《北齊書·之推傳》附有《觀我生賦》一首。

盧詢祖集十卷

見《盧文偉傳》,《北史》同。《隋書·經籍志》未收。

《北齊書·文偉傳》:詢祖有文集十卷,皆致遺逸。嘗爲趙郡王妃鄭氏製挽歌詞,其一篇云:"君王盛海內,伉儷盡寰中;女儀掩鄭國,嬪容映趙宮;春豔桃花水,秋度桂枝風。遂使叢臺夜,明月滿床空。"

右別集十七部

總集

七悟一卷

顏之推撰,見《隋書·經籍志》,《北齊書》《北史·之推傳》均未載。

《隋書・經籍志》：“《七悟》一卷，顏之推撰。”

《舊唐書・經籍志》：“《七悟集》一卷，顏延之撰。”

《新唐書・藝文志》：“顏之推《七悟集》一卷。”

按，據《隋志》，此書當是顏之推撰。《舊唐志》作顏延之撰者，延之當是之推之訛。

續文章流別

顏之推撰，見本傳《觀我生賦》注，《北史》本傳未載。《隋書・經籍志》未收。

《北齊書・之推傳》：《觀我生賦》注云，齊武平中，署文林館待詔者：僕射陽休之，祖孝徵以下三十餘人。之推專掌。其撰《修文殿御覽》《續文章流別》等，皆詣進賢門奏之。

按《觀我生賦》云：“纂書盛化之旁，待詔崇文之裏。”今並注文觀之，則此亦爲敕撰書也。詳見子部雜家《聖壽堂御覽》下。

文林館詩府八卷

後齊文林館作，見《隋書・經籍志》。

《隋書・經籍志》：“《文林館詩府》八卷，後齊文林館作。”

《北齊書・後主本紀》：武平四年二月景午，置文林館。

《北齊書・文苑傳序》：祖珽輔政，説後主屬意斯文。三年，祖珽奏立文林館。於是更招引文學士，謂之待詔文林館焉。

《舊唐書・經籍志》：“《文林詩府》六卷，北齊後主作。”

《新唐書・藝文志》：“《文林詩府》六卷，北齊後主作。”

按，此書似爲後主與文林館文學士唱和之作之總集，故《隋志》署文林館作。《唐志》署後主作者，以後主概之也。

又按，此書《隋志》作八卷，《唐志》作六卷，疑唐時已亡佚二卷矣。今從《隋志》。

　　右總集類三部

　　右集部都二十部

佛經

突厥語翻涅槃經

　　劉世清撰，見《斛律羌舉傳》,《北史·羌舉傳》未載,《隋書·
經籍志》未收。

　　《北齊書·羌舉傳》：代人劉世清,武平末,侍中開府,儀同三
司。能通四夷語,爲當時第一。後主命世清作《突厥語翻涅
槃經》,以遺突厥可汗；敕中書侍郎李德林爲其序。世清,隋
開皇中卒於開府親衛驃騎將軍。

　　右佛經一部,

　　合計經史子集佛經一百一十六部。

補周書藝文志

王忠林　撰　李學玲　整理

底本：《臺灣師範大學國文研究所集刊》創刊號，1957 年 6 月

　　史之有志，所以綜述一代典章制度，其重要不下於紀、傳。而藝文志者，乃一代文化菁華之匯集，上自帝王公卿，下至匹夫匹婦，畢生精力之所寄，盡在其篇目之中。修史者苟遺而不爲，非但前賢述作之功盡廢，亦使吾先代文化之光采有所晦隱，其爲損失，不亦多乎！史之有藝文志始於班《書》，隋唐宋明諸史亦均有之，其餘則闕漏不完矣，又幸得後人爲之補撰，已漸完備。唯《周書》本無藝文志，迄亦無人補作。宇文周氏，僻居北土，雖國祚不長，然儒林藝苑之士亦不無傑出者，如熊安生、沈重、樊深之經學，王褒、庾信之文學，皆名重當時，而聲聞後世。惜乎歷時既久，典籍散亡，今若得其目而存之，亦庶可發潛德之幽光，慰作者於地下乎！

　　《隋書·經籍志》總唐以前所存書目，雖收羅已詳，然於後周諸家撰著多所遺漏，後有清張氏《隋書經籍志補》及徐氏《補南北史藝文志》，亦或缺而不備，載而不周。今除依本史外，更旁搜博求，考校異同，綴爲一篇，以補本史藝文志之闕。至所錄各家書目，除見於本史紀傳者外，見於他史志及其他典籍者，有可徵據，悉爲補錄。本史無傳，其所撰書目確爲後周之典籍，成書於周代者，亦並收入。部目分類則依《隋志》，計得經史子集佛經總爲一百三十九部。

經部

易

周易義記

蕭巋撰。見本傳，《北史》同。《隋書·經籍志》未收。

本傳：巋字仁遠，詧之第三子也。繼詧嗣位爲梁主。所著文集及《孝經》《周易義記》及《大》《小乘幽微》，並行於世。

按，《隋書·經籍志》著録《梁岳陽王詧集》十卷、《梁王蕭巋集》十卷，並繫梁人集下，查蕭詧自據襄陽稱制，後稱藩於周，太祖立詧爲梁主，巋嗣位爲梁主仍稱藩於周，《周書》有傳，《北史》列入僭僞附庸傳，是蕭詧、蕭巋不當屬梁，今依《周書》列傳補録其書。

右易一部

書

尚書義疏三十卷

蔡大寶撰。見本傳，《北史》同。

《隋書·經籍志》：《尚書義疏》三十卷，蕭詧司徒蔡大寶撰。

《唐書·經籍志》：《尚書義疏》三十卷，蔡大寶撰。

《唐書·藝文志》：蔡大寶《尚書義疏》三十卷。

本傳：大寶字敬位，濟陽考城人。事蕭詧爲侍中尚書令，進位柱國將軍，領太子少傅。巋册授司空中書監中權大將軍，領吏部尚書，固讓司空，許之，加特進。所著文集三十卷及《尚書義疏》，並行於世。

按，《周書》及《北史・蔡大寶傳》中《尚書義疏》未言卷數，《隋志》並新、舊《唐志》均作三十卷，今據定之。

又按，張鵬一《隋書經籍志補》著録《尚書義疏》後周蕭瓛撰，並著録《蕭中丞文集》三十卷蕭瓛撰，查《周書》及《北史・蕭瓛傳》均未收録，且瓛亦未歷位中丞，瓛仕蕭巋位至荆州刺史，入陳爲吳州刺史，陳亡，吳人推爲主以禦隋師，戰敗伏誅。《瓛傳》附《蕭巋傳》後，《大寶傳》又其後，疑或張氏誤取《大寶傳》中著録之書爲瓛撰，今據實正之。

右書一部

詩

毛詩義二十八卷

沈重撰。見本傳，《北史》同。

毛詩音二卷

沈重撰。見本傳，《北史》同。《隋書・經籍志》未收。

《隋書・經籍志》：《毛詩義疏》二十八卷，蕭巋散騎常侍沈重撰。

本傳：沈重字德厚，吳興武康人也。梁武帝除爲五經博士。仕蕭詧爲散騎常侍。入周爲露門學博士。仕蕭巋爲散騎常侍、太常卿。重學業該博，爲當世儒宗，至於陰陽圖緯道經釋典，靡不畢綜，又多所撰述，咸得其指要。其行世者有《周禮義》三十一卷，《儀禮義》三十五卷，《禮記義》三十卷，《毛詩義》二十八卷，《喪服經義》五卷，《周禮音》一卷，《儀禮音》一卷，《禮記音》二卷，《毛詩音》二卷。

馬氏《玉函山房輯佚書》序云："本傳載其著《毛詩音》二卷，《隋書・經籍志》不載，而別有《毛詩義疏》二十八卷，題蕭巋散騎常侍沈重撰，似二卷之《音》亦併入《義疏》二十八卷之內，《唐志》，《義疏》不著録，而有《鄭玄等諸家音》十五卷，似沈音亦在其中,故陸氏《釋文》及引之,今佚,採音釋合訂二卷,依《隋志》題"義疏"。至《藝文類聚》諸書有引《毛詩義疏》而不著名者,朱氏《經義考》並以爲沈疏,考《隋志》於舒瑗、沈重《義疏》外,題《毛詩義疏》者凡五部,皆不著名,諸家引述當在五部,故未敢採入也。"

按,沈氏除有《毛詩義疏》外,當有《毛詩音》,馬氏《輯佚書》尚有收輯,其考述亦詳,今補録。

右詩二部

禮

周禮義三十一卷

沈重撰。見本傳,《北史》同。

周禮音一卷

沈重撰。見本傳,《北史》同。《隋書·經籍志》未收。

《隋書·經籍志》:《周官義疏》四十卷,沈重撰。

《唐日本國見在書目》:《周官禮義疏》四十卷,沈重撰。

《唐書·經籍志》:《周官義疏》四十卷,沈重撰。

《唐書·藝文志》:沈重《周禮義疏》四十卷。

馬氏《玉函山房輯佚書》序云:"此書《隋》《唐志》並四十卷,今佚,從陸德明《釋文》參《集韵》爲一帙,書以義疏名,而僅詳字音,與《毛詩義疏》同意。其書以音附疏,引者略取爾。董逌謂賈公彥疏據陳邵異同,評及沈重義爲之,則其疏故散見於賈疏,特無以區別爲憾也。"

按,馬氏輯沈重《周禮義疏》訂爲一卷,所輯僅詳字音,是沈氏除《周禮義疏》外,別當有《音》,今補録。

周禮義疏二十卷

熊安生撰。見本傳,《北史》同。《隋書·經籍志》未收。

本傳：熊安生字植之，長樂阜城人也。初從陳達受三傳，又從房虬受《周禮》，並通大義。後事徐遵明，服膺歷年。東魏天平中受《禮》於李寶鼎，遂博通五經，然專以三禮教授弟子，自遠方至者千餘人，乃討論圖緯，捃摭異聞，先儒所未悟者皆發明之。宣政元年拜露門學博士下大夫。所撰《周禮義疏》二十卷，《禮記義疏》四十卷，《孝經義疏》一卷，並行於世。

儀禮義三十五卷

沈重撰。見本傳，《北史》同。《隋書·經籍志》未收。

儀禮音一卷

沈重撰。見本傳，《北史》同。《隋書·經籍志》未收。

士喪儀注五卷　要訣二卷

蕭大圜撰，見本傳，《北史》同。《隋書·經籍志》未收。

本傳：蕭大圜字仁顯，梁簡文帝之子也。入周，保定二年封始寧縣公，尋加車騎大將軍儀同三司。旋開麟趾殿召集學士，大圜預焉。撰《梁舊事》三十卷，《寓記》三卷，《士喪儀注》五卷，《要訣》二卷，並文集二十卷。

喪服經義五卷

沈重撰。見本傳，《北史》同。《隋書·經籍志》未收。

喪服問疑一卷

樊深撰。見本傳，《北史》同。《隋書·經籍志》未收。

本傳：樊深字文深，河東猗氏人也。仕周，拜太學助教，遷博士，加車騎大將軍儀同三司。天和二年遷縣伯仲大夫加開府儀同三司。深既專經，又讀諸史及《倉》《雅》、篆、籀、陰陽、卜筮之書，學雖博贍，訥於辭辯，故不爲當時所稱。撰《孝經》《喪服問疑》各一卷，撰《七經異同說》三卷，《義經略論》並《月錄》三十一卷，並行於世。

大戴禮注

盧辯撰。見本傳,《北史》同。《隋書·經籍志》未收。

本傳：盧辯字景宣,范陽琢人。累世儒學,父靖太常丞。辯少好學,博通經籍,舉秀才,後爲太學博士。以《大戴禮》未有解詁,辯乃注之。其兄景裕爲當時碩儒,謂辯曰："昔侍中注小戴,今爾注大戴,庶纂前修矣。"

禮記義三十卷

沈重撰。見本傳,《北史》同。

禮記音二卷

沈重撰。見本傳,《北史》同。《隋書·經籍志》未收。

《隋書·經籍志》：《禮記義疏》四十卷,沈重撰。

《唐書·經籍志》：《禮記義疏》四十卷,沈重撰。

《唐書·藝文志》：沈重《禮記義疏》四十卷。

馬氏《玉函山房輯佚書》序云："《周書·儒林傳》稱其作《禮記音》二卷,《隋》《唐志》並有《禮記義疏》四十卷,而無《禮記音》之目,蓋二卷之《音》即在《義疏》中,與所謂《毛詩義疏》同也。今佚,茲從《釋文》《正義》採輯音釋合爲一卷録之,與賀、黃、熊諸家《義疏》相比次。"

按,《隋》《唐志》均著録《義疏》四十卷,未録《禮記音》,馬氏輯佚並得音釋合爲一卷,是當有《音》,今補録。

禮記義疏四十卷

熊安生撰。見本傳,《北史》作三十卷。《隋書·經籍志》未收。

《唐書·藝文志》：熊安生《禮記義疏》四十卷。

馬氏《玉函山房輯佚書》序云："《北史》作三十卷,《隋志》不著録,《唐書·藝文志》云四十卷,今佚,輯爲四卷。"

右禮十三部

樂

樂典十卷

斛斯徵撰。見本傳，《北史》同。《隋書·經籍志》未收。

本傳：斛斯徵字士亮，河南洛陽人。博涉群書，尤精三禮，兼解音律。以父勳累遷太常卿，六官建，拜司樂中大夫。自魏孝武西遷，雅樂廢缺，徵博採遺逸，稽諸典故，創新改舊，方始備焉。撰《樂典》十卷。

樂律義四卷

沈重撰，《周書》及《北史》本傳未收。

《隋書·經籍志》：《樂律義》四卷，沈重撰。

《唐書·經籍志》：《鍾律》五卷，沈重撰。

《唐書·藝文志》：沈重《鍾律》五卷。

馬氏《玉函山房輯佚書》序云："宋錢樂之衍京房六十律更增爲三百六十，重爲梁博士，時述其名數。《隋書·經籍志》：《樂律義》四卷。《唐書·藝文志》作《鍾律》五卷，原書久佚，《隋書·律曆志》載其《鍾律》一篇及三百六十律名目。"

按，沈氏《樂律義》，本傳不載，《隋志》載之，今據補。《唐志》作《鍾律》五卷，當係《樂律義》之異名。

右樂二部

春秋

春秋序義

樂遜撰。見本傳，《北史》同。《隋書·經籍志》未收。

本傳：樂遜字遵賢，河東猗氏人也。聞碩儒徐遵明領徒趙魏，乃就學《孝經》《喪服》《論語》《詩》《書》《禮》《易》《左氏春秋》大義。魏廢帝二年，太祖召遜教授諸子。魏恭帝二年，授太學助教。孝閔帝踐祚，以遜有理務材，除秋官府上士，其年治太學博士，轉治小師氏下大夫。所著《孝經》《論語》《毛詩》《左氏春秋序論》十餘篇，又著《春秋序義》。

右春秋一部

孝經

孝經問疑一卷

樊深撰。見本傳，《北史》同。《隋書‧經籍志》未收。

孝經義疏一卷

熊安生撰。見本傳，《北史》同。《隋書‧經籍志》未收。

孝經義記

蕭歸撰。見本傳，《北史》同。《隋書‧經籍志》未收。

右孝經三部

總經

孝經論語毛詩左氏春秋序論

樂遜撰。見本傳，《北史》同。《隋書‧經籍志》未收。

五經大義十卷

樊深撰。《周書》及《北史》本傳未收。

《隋書‧經籍志》：《五經大義》十卷，後周縣伯仲大夫樊文深撰。

七經義綱二十九卷

樊深撰。

七經論三卷　質疑五卷

樊深撰。

《隋書‧經籍志》：《七經義綱》二十九卷，樊文深撰。《七經論》三卷，樊文深撰。《質疑》五卷，樊文深撰。

《唐書·經籍志》：《七經義綱略論》三十卷，樊文深撰。《質疑》五卷，樊文深撰。

《唐書·藝文志》：樊文深《七經義綱略論》三十卷。又《質疑》五卷。

按，《周書》及《北史·文深傳》不載《五經大義》《七經義綱》《七經論》《質疑》等目，別載《七經異同説》三卷，《義經略論》並《月録》三十一卷，此二書總卷數三十四，當即爲《隋志》之《七經義綱》《七經論》及《質疑》，而《唐志》又別稱《七經義綱略論》及《質疑》，書名及卷數相互舛異，今姑依《隋志》補録。

又按，馬氏《玉函山房輯佚書》輯樊氏《七經義綱》四條。又《太平御覽》卷三百三十九“車上五兵”節引樊文深《七經義綱·格論》，《格論》係樊氏《義綱》篇目之一。又《初學記》卷二十七、贊寧《物類相感應志》卷十八並引樊深《七經義綱》。是知樊氏確有《七經義綱》不誤。

七經論

蘇綽撰。見本傳，《北史》同。《隋書·經籍志》未收。

本傳：蘇綽字令綽，武功人。綽少好學，博覽群書，尤善算術。太祖召爲行臺郎中，尋除佐著作郎，位至尚書。著《佛性論》《七經論》，並行於世。

右總經六部

小學

刊定六書體

趙文深、黎景熙、沈遐等撰。見《趙文深傳》，《北史》同。

《趙文深傳》：文深字德本，南陽宛人。事周太祖爲縣伯下大夫。文深少學楷隸，雅有鍾、王之則，筆勢可觀。太祖以隸書紕繆，命文深與黎季明、沈遐等依《説文》及《字林》刊定六體，成一萬餘言，行於世。

《黎景熙傳》：黎景熙字季明，河間鄭人也。少以字行於世。太祖召入關，令正定古今文字於東閣。

按，刊定六書體當爲趙文深、黎景熙、沈遐等受命合撰。沈遐，《周書》及《北史》均無傳，始末未詳。

鮮卑號令一卷

武帝撰。《周書》及《北史·武帝紀》未收。

《隋書·經籍志》：《鮮卑號令》一卷，周武帝撰。

按，今據《隋志》補録。

右小學二部

右經部都三十一部

史部

正史

梁史一百卷

蕭欣撰。見本傳,《北史》無傳。《隋書・經籍志》未收。

本傳:蕭欣,梁武帝弟安成王秀之孫,煬王機之子也。事蕭詧歷位侍中中書令、尚書僕射、尚書令。有集三十卷。又著《梁史》百卷,遭亂失本。

按,蕭欣《梁史》,遭亂失本,今姑録之,以存其目。

西魏國史

李昶撰,見本傳,《北史》同。又檀翥撰,見《李昶傳》,《北史》本傳同。又婁寶撰,見《北史・婁伏連傳》。又蘇亮撰,見本傳,《北史》同。又柳虯撰,見本傳,《北史》同。又薛寘撰,見本傳,《北史》同。《隋書・經籍志》未收。

《李昶傳》:昶雖處郎官,太祖恒欲以書記委之,於是以昶爲丞相府記室參軍著作郎,修國史。

《昶傳》後附《檀翥傳》:魏孝武西遷,賜爵高唐縣子,兼中書舍人,修國史。

《北史・婁伏連傳》:大統元年詔寶領著作郎,監修國史。

《蘇亮傳》:大統八年遷都官尚書,使持節行北華州刺史,封臨涇縣子,邑三百户,除中書監領著作,修國史。

《柳虯傳》:大統十四年除秘書丞,秘書雖領著作,不參史事,自虯爲丞,始令兼掌焉。

《薛寘傳》:魏廢帝元年領著作佐郎,修國史。

按，以上各家修國史皆在周受禪之前，所修國史當爲《西魏國史》。

周國史

柳敏撰，見本傳，《北史》同。又鄭譯撰，見《北史》本傳，《隋書》同。《隋書・經籍志》未收。

《柳敏傳》：孝閔帝踐祚，遷小宗伯，監修國史。

《北史・鄭譯傳》：宣帝時，監國史。

按，柳敏與鄭譯監修國史均在周孝閔踐祚後，所修當爲《周國史》。

右正史三部

古史

梁典三十卷

劉璠撰。見本傳，《北史》同。

《隋書・經籍志》：《梁典》三十卷，劉璠撰。

《唐書・經籍志》：《梁典》三十卷，劉璠撰。

《唐書・藝文志》：劉璠《梁典》三十卷。

本傳：劉璠字寶義，沛國沛人也。太祖以璠爲中外府記室，尋遷黃門侍郎儀同三司。陳公純作鎮隴右引爲總管府司録。著《梁典》三十卷，有集二十卷，行於世。

梁後略十卷

姚最撰。見本傳。《北史》同。

《隋書・經籍志》：《梁後略》十卷，姚最撰。

《唐日本國見在書目》：《梁後略》十卷，姚最撰。

《唐書・經籍志》：《梁昭後略》十卷，姚最撰。

《唐書・藝文志》：姚最《梁昭後略》十卷。

本傳：最字士會，僧垣次子。博通經史，尤好著述。世宗盛聚學徒校書於麟趾殿，最亦預爲學士。又援齊王憲府水曹參軍，掌記室事。撰《梁後略》十卷行於世。

淮海亂離志四卷

蕭圓肅撰。見本傳，《北史》同。

《隋書・經籍志》：《淮海亂離志》四卷，蕭世怡撰。叙梁末侯景之亂。

《唐書・經籍志》：《淮海亂離志》四卷，蕭大圜撰。

《唐書・藝文志》：蕭大圜《淮海亂離志》四卷。

本傳：蕭圓肅字明恭，梁武帝之孫，武陵王紀之子也。世宗初封棘城郡公，大象末進位大將軍。有文集十卷，又撰時人詩筆爲《文海》四十卷，《廣堪》十卷，《淮海亂離志》四卷，行於世。

按，《淮海亂離志》，《周書》及《北史》並入《蕭圓肅傳》，《隋志》作蕭世怡，新、舊《唐志》又蕭大圜，各自乖異，今姑依《周書》傳補録。

　右古史三部

雜史

諫苑四十一卷

樂運撰。見本傳，《北史》同。《隋書・經籍志》未收。

本傳：運字承業，南陽淯陽人。初唐瑾薦爲露門學士，前後犯顏屢諫。運常願處一諫官，從容諷議而性訐直，爲人所排抵，遂不被任用，乃發憤録夏殷以來諫静事集而部之，凡六百三十九條合四十一卷，名曰《諫苑》。

帝王世録一卷

甄鸞撰

《隋書・經籍志》：《帝王世録》一卷，甄鸞撰。

按,甄鸞,《周書》及《北史》無傳,嚴可均輯《後周文》編目云：
"甄鸞天和中爲司隸大夫。"阮氏《疇人傳》云："甄鸞後周司隸
校尉也,武帝時造《天和曆》。"《隋志》著錄《天和曆》一卷甄鸞
撰,是知甄鸞仕於周武帝,今據以補錄。

右雜史二部

起居注

太祖號令三卷

周太祖撰,見《文帝紀》,《北史》同。

《隋書·經籍志》：《後周太祖號令》三卷。

《文帝紀》：大統七年太祖奏行十二條制,恐百官不勉於職事,
又下令申明之。

按,"太祖號令"《隋志》列爲起居注,章宗源《隋志考證》言應
列爲律令,今姑依《隋志》錄於此。

西魏文帝起居注

申徽撰,見本傳,《北史》同。又柳虯撰,見本傳,《北史》同。
又盧柔撰,見本傳,《北史》同。《隋書·經籍志》未收。

《申徽傳》：大統初進爵爲侯,四年,拜中書舍人,修起居注。

《柳虯傳》：大統十六年,遷中書侍郎,修起居注。

《盧柔傳》：大統二年,除中書舍人,遷司農少卿,轉郎兼著作,
撰起居注。

按,大統爲西魏文帝年號,三家所修起居注當屬《西魏文帝起
居注》。

西魏廢帝起居注

薛寘撰,見本傳,《北史》同。又王述撰,見《北史》本傳,《隋
書·王長述傳》同。《隋書·經籍志》未收。

《薛寘傳》：魏廢帝元年領著作,修國史,尋拜中書侍郎,修起

居注。

《北史·王述傳》：除中書舍人，修起居注，改封龍門郡公。

《隋書·王長述傳》：改封龍門郡公，從于謹平江陵有功，增邑五百户。

按，長述爲王述字。據《周書》本紀，謹平江陵乃西魏恭帝元年事，述修起居注既出其前，當在西魏廢帝時。

周武帝起居注

劉行本撰，見《北史》本傳，《隋書》同。又牛弘撰，見《北史》本傳，《隋書》同。《隋書·經籍志》未收。

《北史·劉行本傳》：武帝親總萬機，行本轉御正中士，領起居注。

《北史·牛弘傳》：仕周歷位中外府記室，内史上士，納言上士，專掌文翰，修起居注。

按，劉行本《周書》無傳，然武帝時曾修起居注。牛弘《周書》無傳，而仕周掌文翰修起居注，所修是否爲《周武起居注》，尚不敢定，今姑録此，俟考。

右起居注四部

舊事

梁舊事三十卷

蕭大圜撰。見本傳，《北史》同。

《隋書·經籍志》：《梁舊事》三十卷，内史侍郎蕭大環撰。

《唐書·藝文志》：蕭大圜《梁魏舊事》三十卷。

按，《隋志》作蕭大環撰，依《周書》及《北史》傳"環"當爲"圜"之誤。又《新唐志》作《梁魏舊事》當爲異名耳。

右舊事一部

職官

六官

盧辯撰，見本傳，《北史》同。又蘇綽撰，見《盧辯傳》，《北史·辯傳》同。又薛寘撰，見本傳，《北史》同。《隋書·經籍志》未收。

《盧辯傳》：太祖欲行周官，命蘇綽專掌其事，未幾綽卒，乃令辯成之，於是依周禮建六官，置公卿大夫士，並撰次朝儀，車服器用，多依古禮，革漢魏之法式，並施行。

《薛寘傳》：朝廷方改物創制，欲行周禮，乃令寘與小宗伯盧辯斟酌古今，共詳定之。

按，六官當係蘇綽首爲起草，而盧辯與薛寘又共爲詳定以成之也。

九命典

魏廢帝敕撰。見《周文帝本紀》，《北史》同。《隋書·經籍志》未收。

《文帝紀》：魏廢帝三年春正月，始作九命之典，以叙內外官爵

按，修九命之典在周受禪前，當係有所爲而作。

右職官二部

儀注

新儀十卷

唐瑾撰。見本傳，《北史》同

《隋書·經籍志》：《書儀》十卷，唐瑾撰。

《唐書·經籍志》：《婦人新儀》八卷，唐瑾撰。

《唐書·藝文志》：唐瑾《婦人新儀》八卷。

按，《周書》及《北史·唐瑾傳》並著錄《新儀》十卷，《隋志》作

《書儀》十卷，今定爲《新儀》十卷録之。又新、舊《唐志》有唐瑾《婦人新儀》八卷，考《隋志》別有《婦人新儀》八卷，無撰人姓名，疑或《唐志》誤合爲唐瑾所撰。又姚氏《隋志考證》於《婦人新儀》云："唐瑾有《書儀》十卷見前，《唐志》題唐瑾必非無因，或即此前十卷之殘本，或十卷之外別有是書，均未可知也。本《志》不知何人作，故不注姓名，唐毋煚等撰《四部書録》因續考知爲唐瑾撰耳。"今姑録此，俟考。

西魏文帝朝儀

薛憕撰，見本傳，《北史》同。又盧辯撰，見本傳，《北史》同。又唐瑾撰，見本傳，《北史》同。又周惠達撰，見本傳，《北史》同。又李昶撰，見本傳，《北史》同。又徐招撰，見本傳，《北史》同。又檀翥撰，見本傳，《北史》同。又辛彦之撰，見《北史》本傳，《隋書》同。《隋書·經籍志》未收。

《薛憕傳》：大統初儀制多闕，太祖令憕與盧辯、檀翥等參定之。

《盧辯傳》：自魏末離亂，孝武西遷，朝章體度湮没咸盡，辯因時制宜，皆合軌度。

《唐瑾傳》：魏世播遷，庶務草創，朝章國典瑾並參之。

《周惠達傳》：自關右草創，禮樂缺然，惠達與禮官損益舊章，至是儀軌稍備。魏文帝因朝奏樂，顧謂惠達曰：此卿之功也。

《李昶傳》：魏文時，又兼二千石，郎中典儀注。

《徐招傳》：孝武入關，爲給事黄門侍郎尚書右丞，時朝廷播遷，典章有闕，至於臺閣軌儀多招所參定。

《北史·辛彦之傳》：彦之博涉經史，周文引爲中外府禮曹，時國家草創，朝貴多出武士，修定儀注，唯彦之而已。

按，以上各家均在西魏文帝初遷時修儀注，故録西魏文帝下。

周朝儀

盧辯撰，見本傳，《北史》同。又裴政撰，見《北史》本傳，《隋書》同。《隋書·經籍志》未收。

《盧辯傳》：太祖欲行周官，命蘇綽專掌其事，未幾而綽卒，乃命辯成之，於是依周禮建六官，置公卿大夫士，并撰次朝儀，車服器用多依古禮，革漢魏之法式，並施行。

《北史·裴政傳》：周文帝命與盧辯依周禮建六官，並撰朝儀，車服器用多遵古禮，革漢魏之法，事並施行。

按，《周文本紀》："西魏恭帝三年正月，初行周禮，建六官。"則辯與政等所撰朝儀自必於此施行，迨十月周文帝薨，十二月周閔帝受禪，是行朝儀於恭帝時，未及一載而入周，入周後即仍用此朝儀，今補録。

周五禮

熊安生撰，見本傳，《北史》同。又盧昌衡撰，見《北史》本傳，《隋書》同。又斛斯徵撰，見《北史·盧昌衡傳》，《隋書》同。又崔仲方撰，見《北史》本傳，《隋書》同。又柳敏撰，見《北史·崔仲方傳》，《隋書》同。《隋書·經籍志》未收。

《熊安生傳》：高祖敕令於大乘佛寺參議五禮。

《北史·盧昌衡傳》：周武平齊，授司玉中士，與大宗伯斛斯徵修禮令。

《北史·崔仲方傳》：與斛斯徵、柳敏等同修禮律。

按，徐崇《補南北史藝文志》云："蓋周武平齊後，命徵等修定五禮，又命安生參議之也。至靜帝初隋文作相，楊瓚拜大宗伯典修禮律，典修之禮即此書，事見《北史·隋滕穆王傳》。"今據補録。

祀典五卷

盧辯撰。本傳未收，《隋書·經籍志》未收。

《唐書·經籍志》：《祀典》五卷，盧辯撰。

按，盧辯《祀典》《辯傳》中未著録，今依《唐志》補。

右儀注五部

刑法

西魏中興永式

蘇綽撰，見本傳，《北史》同。又柳敏撰，見本傳，《北史》同。

《隋書‧經籍志》：《大統式》三卷。《序》云：後周太祖又命蘇綽撰《大統式》。

《蘇綽傳》：大統十年授大行臺度支尚書，領著作，兼司農卿，太祖方欲革易時政，務弘強富民之道，故綽得盡其智能，贊成其事，減官員，置二長，並置屯田，以資軍國，又爲六條，詔書奏施行之。

《文帝本紀》：大統十年七月，魏帝以太祖前後所上二十四條及十二條新制方爲《中興永式》，乃命尚書蘇綽更損之，總爲五卷，班行於天下。

《柳敏傳》：又與蘇綽等修撰新制爲朝廷政典。

按，《隋志》著錄《大統式》三卷，乃周太祖命蘇綽撰，大統爲西魏帝年號，依《周文帝紀》及《綽》《敏傳》，則綽與敏所參修《中興永式》正此書也，今依《周書》補。

保定新律

趙肅撰，見本傳，《北史》同。又柳敏撰，見本傳，《北史》同。又裴政撰，見《北史》本傳，《隋書》同。又崔仲方撰，見《北史》本傳，《隋書》同。又斛斯徵撰，見《北史‧崔仲方傳》，《隋書》同。又盧昌衡撰，見《北史》本傳，《隋書》同。又隋滕王瓚撰，見《北史》本傳，《隋書》同。《隋書‧經籍志》未收。

《趙肅傳》：先是太祖命肅撰定新律，肅積思累年，遂感心疾去職。

《柳敏傳》：轉小司馬，又監修律令。

《北史·裴政傳》:參定周律。

《北史·崔仲方傳》:爲晉公宇文護參軍,轉記室,遷司正大夫,與斛斯徵、柳敏等同修禮律,逮武帝時復與少史趙芬删定格式。

《北史·盧昌衡傳》:周武平齊,授司玉中士,與大宗伯斛斯徵修禮令。

《北史·隋滕穆王瓚傳》:宣帝崩,隋文作相,拜大宗伯,典修禮律。

《武帝本紀》:保定三年二月初頒新律。

按,以上各家典修律令均在周文帝與武帝時,周律創於文帝時而頒行於武帝時。又徐崇《補南北史藝文志》云:“《隋書·刑法志》:河南趙肅爲廷尉卿,撰定法律,肅積思累年,遂感心疾而死,乃命司憲大夫拓拔迪掌之,至武帝保定三年乃就,謂之大律。蓋周律創始於周文,頒行於周武,其後删定格式,直至靜帝初隋文作相時楊瓚拜大宗伯典修禮律,典修之律,亦即此書。”徐氏考引甚詳,今據録。

刑書要制

武帝敕撰。見《武帝本紀》。《隋書·經籍志》未收。

《武帝本紀》:建德六年,初行刑書要制。

按,《隋書·刑法志》:建德六年以齊之舊俗未改,盜賊奸宄頗乖憲章。又爲刑書要制以督之。此制頒行後迄宣帝時,以高祖所立刑書要制用法深重,大象元年詔廢除之,今據録。

宣政九條制

宣帝敕撰。見《宣帝本紀》。《隋書·經籍志》未收。

《宣帝本紀》:宣政元年,詔制九條宣下州郡。

按,《隋書·刑法志》云:“帝欲行寬法以取衆心,宣政元年八月詔制九條頒下州郡。”今據録。

刑經聖制

宣帝敕撰。見《宣帝本紀》。《隋書・經籍志》未收。

《宣帝本紀》：初高祖作《刑書要制》，用法嚴重，及帝即位，以海內初平，恐物情未附，乃除之。至是大醮於正武殿，告天而行焉。

按，《隋書・刑法志》云：帝又廣《刑書要制》而更峻其法，謂之《刑經聖制》。是宣帝除《刑書要制》後，告天而行者即《刑經聖制》，今據錄。

右刑法五部

雜傳

王氏江左世家傳二十卷

王褒撰。《周書》及《北史》本傳未收。

《隋書・經籍志》：《王氏江左世家傳》二十卷，王褒撰。

按，《周書》及《北史・王褒傳》中未著錄所撰書，並《王褒集》均依《隋志》補。

周齊王家傳一卷

姚最撰。見本傳，《北史》同。

《隋書・經籍志》：《周齊王家傳》一卷，姚最撰。

本傳：最爲齊王憲參軍，掌記室事。宣帝嗣位，憲以嫌疑被誅，隋文帝作相追復官爵，最以陪遊積歲，恩顧過隆，乃錄憲功績爲傳，送上史局。

按，最錄憲功績爲傳，當係《隋志》之《周齊王家傳》，今據錄。

裴貞侯傳

裴俠撰。見本傳。《隋書・經籍志》未收。

本傳：俠又撰九世伯祖《貞侯傳》，以爲裴氏清公自此始也，欲使後生奉而行之，宗室中知名者咸付一通。

關東風俗傳三十卷

宋孝王撰。見《北史·宋世景傳》,《齊書·宋世軌傳》同。《隋書·經籍志》未收。

《唐書·經籍志》:《關東風俗傳》六十三卷,宋孝王撰。

《北史·宋世景傳》:孝王以求入文林館不遂,因非毀朝士,撰《朝士別錄》二十卷,會周武滅齊,改爲《關東風俗傳》,更廣聞見,勒成爲三十卷。

按,宋孝王《周書》無傳,孝王爲宋世景弟道璵從孫,入周大象末以尉迥事誅死,其書當周時勒成,故入錄。

右雜傳四部

地理

西京記三卷

薛寘撰。見本傳,《北史》同。《隋書·經籍志》未收。

本傳:又撰《西京記》三卷,引據該洽,世稱其博聞焉。

行記三卷

姚僧垣撰。見本傳,《北史》同。《隋書·經籍志》未收。

本傳:姚僧垣字法衛,吳興武康人。大象二年除太醫下大夫,及靜帝即位遷上開府儀同大將軍。撰《行記》三卷。

序行記十卷

姚最撰。《周書》及《北史》本傳未收。

《隋書·經籍志》:《序行記》十卷,姚最撰。

《唐書·經籍志》:《述行記》二卷,姚最撰。

《唐書·藝文志》:姚最《述行記》二卷。

按,《周書》及《北史·姚僧垣傳》有《行記》三卷,其子《最傳》中無《序行記》一目,然《隋志》並二《唐志》均著錄。又《元和郡縣志·河東道》:"周建德五年從行討齊師,次洪洞,百雉相臨,四周重複,控據要險,城主張元靜率其所部肉袒軍門。"以下又兩條並引姚最《序行記》,三事又見《寰宇記·河東道》。是姚最確有《序行記》一書,今據録。

國都城記九卷

周明帝撰。《周書》及《北史》本紀未收。《隋書·經籍志》未收。

《唐書·藝文志》:周明帝《國都城記》九卷。

中岳穎州志五卷

樊文深撰。《周書》及《北史》本傳未收。《隋書·經籍志》未收。

《唐書·藝文志》:樊文深《中岳穎州志》五卷。

荆楚歲時記一卷

宗懍撰。《周書》及《北史》本傳未收。《隋書·經籍志》未收。

《書目答問》:《荆楚歲時記》一卷,梁宗懍撰。

按,宗懍仕梁元帝爲記室,後入周位至將軍,《周書》有傳,應屬周人。

　　右地理六部

譜系

述系傳一卷

姚最撰。《周書》及《北史》本傳未收。

《隋書·經籍志》:《述系傳》一卷,姚最撰。

皇室譜

鮑宏撰。見《北史》本傳,《隋書》同。

《北史》本傳:初周武帝敕宏修皇室譜一部,分爲《帝緒》《疏屬》《賜姓》三篇。

按,鮑宏,《周書》無傳,《北史·宏傳》言周明帝曾引宏爲麟趾殿學士,後賜爵縣伯加儀同,《皇室譜》乃周武帝敕撰,故今補録。

周宇文氏譜一卷

撰人失名,《周書》及《北史》未收。《隋書·經籍志》未收。

《唐書·經籍志》:《周宇文氏譜》一卷。

世譜五百卷

蕭撝等撰。見《明帝本紀》及《蕭撝傳》,《北史》作百卷。《隋書·經籍志》未收。

《明帝紀》:及即位集公卿已下有文學者八十餘人於麟趾殿,刊校經史,又捃採衆書,自羲農以來,訖于魏末,述爲《世譜》凡五百卷。

《蕭撝傳》:武成中,世宗令諸儒於麟趾殿校定經史,仍撰《世譜》,撝亦與焉。

按,《世譜》一書爲周明帝敕撰,而蕭撝等八十餘人預其事。

右譜系四部

右史部都三十九部

子部

道家

道德經章句

盧光撰。見本傳,《北史》同。《隋書·經籍志》未收。

本傳:盧光字景仁,范陽公辯之弟也。博覽群書,精三禮,善陰陽,解鍾律,又好玄言。高祖嘗受業於光。撰《道德經章句》行於世。

右道家一部

雜家

寓記三卷

蕭大圜撰。見本傳,《北史》同。《隋書·經籍志》未收。

詳見前。

稱謂五卷

盧辯撰,《周書》及《北史》本傳未收。

《隋書·經籍志》:《稱謂》五卷,後周大將軍盧辯撰。

《唐書·藝文志》:盧辯《稱謂》五卷。

墳典三十卷

盧辯撰。《周書》及《北史》本傳未收。

《隋書·經籍志》:《墳典》三十卷,盧辯撰。

《唐書·經籍志》:《墳典》三十卷,盧辯撰。

《唐書·藝文志》:盧辯《墳典》三十卷。

按,盧辯《墳典》三十卷,本傳未收,《隋志》及新、舊《唐志》均著録。又《隋書·辛彥之傳》云彥之撰《墳典》一部,《六官》一部。查《六官》亦爲盧辯所主撰,見於《辯傳》,而彥之於周閔受禪時正與辯同掌儀制,故二人撰著有所紛亂,今依《隋志》及新、舊《唐志》補録。

三教序

韋夐撰。見本傳,《北史》同。《隋書·經籍志》未收。

本傳:韋夐字敬遠。志尚夷簡,澹於榮利,前後十見徵辟,皆不應命。武帝以佛道儒三教不同,詔夐辯其優劣,夐以三教雖殊,同歸於善,其迹似有深淺,其致理如無等級,乃著《三教序》奏之,帝覽而稱善。

右雜家四部

小説

瓊林二十卷

陰顥撰。見《梁書·陰子春傳》。

《隋書·經籍志》:《瓊林》七卷,周獸門學士陰顥撰。

《梁書·陰子春傳》:孫顥少知名,釋褐,奉朝請歷尚書金部郎,復入周,撰《瓊林》二十卷。

按,陰顥,《周書》及《北史》無傳。《瓊林》,《隋志》作七卷,今依《梁書》補,作二十卷。

右小説一部

兵家

兵書要略五卷

齊王宇文憲撰。見本傳,《北史》同。

《隋書·經籍志》:《兵書要略》五卷,後周齊王宇文憲撰。

《唐書·經籍志》:《兵書要略》十卷,宇文憲撰。

《唐書·藝文志》：後周齊王憲撰《兵書要略》十卷。

本傳：憲字毗賀，太祖第五子，封齊煬王。憲常以兵書繁廣，難求指要，乃自刊定爲《要略》五篇，至是表陳之，高祖覽而稱善。

象經一卷

武帝撰。見本紀，《北史》同。

《隋書·經籍志》《象經》一卷，周武帝撰。

《唐書·經籍志》《象經》一卷，周武帝撰。

《唐書·藝文志》周武帝《象經》一卷。

本紀：天和四年五月己丑帝制《象經》成集，百僚講説。

象經注一卷

王褒撰。見本傳，《北史》同。

《隋書·經籍志》《象經》一卷，王褒撰。

《唐書·藝文志》：王褒《象經》一卷。

本傳：高祖作《象經》，令褒注之，引據該洽，甚見稱賞。

按，《隋志》及《新唐志》並著録王褒《象經》一卷。《太平御覽·工藝部》、《藝文類聚》七十四，及嚴可均輯《全周文》並引王褒《象經序》，然王褒本傳云高祖作《象經》而褒爲之注，是褒所爲《象經》即注武帝之《象經》也。

右兵家三部

曆數

武成曆

明帝敕撰。見《明帝本紀》。《隋書·經籍志》未收。

《明帝本紀》：明帝詔曰：可命有司傍稽六曆，仰觀七曜，博推古今，造我周曆，量定以聞。

天和曆

甄鸞撰。《周書》及《北史》甄鸞無傳。

《隋書・經籍志》:《周天和曆》一卷,甄鸞撰。

《唐書・經籍志》:《曆術》一卷,甄鸞撰。

《唐書・藝文志》:甄鸞《曆術》一卷。

按,甄鸞《周書》及《北史》均無傳,然甄曾仕周爲司隸校尉,已考定見前。又《隋書・律曆志》云:"逮周武帝乃有甄鸞造《甲寅元曆》,遂參用推步焉。"又云:"武帝時甄鸞造《天和曆》。"《甲寅元曆》當即《天和曆》。而新、舊《唐志》"甄鸞曆術一卷",應亦爲《天和曆》,今據補。

景寅元曆

馬顯撰。見《北史・張胄玄》傳,《隋書》同。《隋書・經籍志》未收。

《北史・張胄玄傳》:周馬顯造《景寅元曆》,有陰陽轉法加減,章分進退蝕餘,乃推定日創開此數,當時術者多不能曉,張賓因而用之,莫能考正。

按,馬顯,《周書》及《北史》均無傳,然據《隋志・律曆志》云:"大象元年太史上士馬顯等上《景寅元曆》。"又嚴可均輯《全周文》收馬顯《奏上景寅元曆表》,表云:"孝宣皇帝乃詔臣等監考疏密,更令同造,謹按史曹舊簿及諸家法數,棄短取長,共定今術,開元發統,肇自景寅。"知馬顯在周爲太史上士而造《景寅元曆》,今據補。

大象年曆一卷

王深撰。《周書》及《北史》王深無傳。

《隋書・經籍志》:《周大象年曆》一卷,王深撰。

《唐書・經籍志》:《周大象年曆》二卷,王深撰。

《唐書・藝文志》:王深《周大象曆》二卷。

按,王深,《周書》及《北史》均無傳,始末未詳,所撰《大象年曆》當成書於大象間,今補録。

曆術一卷

王深撰。《周書》及《北史》王深無傳。

《隋書·經籍志》:《曆術》一卷,王深撰。

按,王深始末未詳,《隋志》著錄《曆術》一卷繫《大象年曆》下,今姑錄之,俟考。

漏刻經

馬顯撰。《周書》及《北史》馬顯無傳。《隋書·經籍志》未收。

按,《隋書·天文志》云:"周朝尹公正馬顯所造漏經。"今據補。

周髀注一卷

甄鸞撰。《周書》及《北史》甄鸞無傳。《隋書·經籍志》未收。

《唐書·經籍志》.《周髀》　卷,甄鸞注。

《唐書·藝文志》:甄鸞注《周髀》一卷。

按,甄鸞始末考定見前。阮氏《疇人傳》云:"武帝時造《天和曆》,又注《周髀》一卷。"今據補。

七曜術算二卷

甄鸞撰。《周書》及《北史》甄鸞無傳。

《隋書·經籍志》:《七曜術算》二卷,甄鸞撰。

《唐書·經籍志》:《七曜術算》二卷,甄鸞撰。

《唐書·藝文志》:甄鸞《七曜術算》二卷。

按,甄鸞考定見前。今據《隋志》及新、舊《唐志》補。

九章算術二卷

甄鸞重述。《周書》及《北史》甄鸞無傳。

《隋書·經籍志》:《九章算術》二卷,徐岳、甄鸞重述。

按,嚴可均輯《全周文·甄鸞傳》中云撰《五經算術》一卷,疑或即鸞與徐岳重述之《九章算術》,今姑補錄。

九章算經九卷

甄鸞撰。《周書》及《北史》甄鸞無傳。

《隋書・經籍志》：《九章算經》二十九卷，徐岳、甄鸞等撰。

《唐書・經籍志》：《九章算經》九卷，甄鸞撰。

《唐書・藝文志》：甄鸞《九章算經》九卷。

按，《隋志》著錄《九章算經》二十九卷，云徐岳、甄鸞等合撰，而新、舊《唐志》並云甄鸞《九章算經》九卷，是《隋志》二十九卷中當有甄鸞九卷在內，今姑定爲九卷補錄。

數術記遺注一卷

甄鸞注。《周書》及《北史》甄鸞無傳。《隋書・經籍志》未收。

《唐書・經籍志》：《數術記遺》一卷，徐岳撰，甄鸞注。

《唐書・藝文志》：《數術記遺》一卷，甄鸞注。

按，阮氏《疇人傳》云："甄鸞又注《數術記遺》一卷。"今據新、舊《唐志》補。

張丘建算經注一卷

甄鸞注。《周書》及《北史》甄鸞無傳。《隋書・經籍志》未收。

《唐書・經籍志》：《張丘建算經》一卷，甄鸞撰。

《唐書・藝文志》：《張丘建算經》一卷，甄鸞注。

按，阮氏《疇人傳》云："甄鸞又注《張丘建算經》一卷。"今據新、舊《唐志》補。

夏侯陽算經注一卷

甄鸞注。《周書》及《北史》甄鸞無傳。《隋書・經籍志》未收。

《唐書・經籍志》：《夏侯陽算經》三卷，甄鸞注。

《唐書・藝文志》：《夏侯陽算經》一卷，甄鸞注。

按，阮氏《疇人傳》云："甄鸞又注《夏侯陽算經》一卷。"今補錄，定爲一卷。

五曹算經五卷

甄鸞撰。《周書》及《北史》甄鸞無傳。《隋書・經籍志》未收。

《唐書・經籍志》：《五曹算經》五卷，甄鸞撰。

《唐書·藝文志》：甄鸞《五曹算經》五卷。

按，阮氏《疇人傳》云"甄鸞撰《五曹算經》五卷"，今補録。

孫子算經注三卷

甄鸞注。《周書》及《北史》甄鸞無傳。《隋書·經籍志》未收。

《唐書·經籍志》：《孫子算經》三卷，甄鸞注。

按，甄鸞《孫子算經》祇見《舊唐志》，今姑補録。

董泉三等數注一卷

甄鸞撰。《周書》及《北史》甄鸞無傳。《隋書·經籍志》未收。

《唐書·經籍志》：《三等數》一卷，董泉撰，甄氏注。

《唐書·藝文志》：董泉《三等數》一卷，甄鸞注。

按，阮氏《疇人傳》云："甄鸞又注董泉《三等數》一卷。"今補録。

七曜本起曆五卷

甄鸞撰。《周書》及《北史》甄鸞無傳。《隋書·經籍志》未收。

《唐書·藝文志》：甄鸞《七曜本起曆》五卷。

按，阮氏《疇人傳》云："甄鸞撰《七曜本起曆》五卷。"今補録。

七曜曆算二卷

甄鸞撰。《周書》及《北史》無傳。《隋書·經籍志》未收。

《唐書·經籍志》：《七曜曆算》二卷，甄鸞撰。

《唐書·藝文志》：甄鸞《七曜曆算》二卷。

按，阮氏《疇人傳》云："甄鸞撰《七曜曆算》二卷。"今補録。

曆術一卷

甄鸞撰。《周書》及《北史》甄鸞無傳。《隋書·經籍志》未收。

《唐書·經籍志》：《曆術》一卷，甄鸞撰。

《唐書·藝文志》：甄鸞《曆術》一卷。

按，阮氏《疇人傳》云："甄鸞撰《曆術》二卷。"今補録。

甄鸞著述甚多，然各史籍收録或多乖異，今凡見於一史者即收錄之，俾不使遺漏，至考校異同，或不免疏漏，有待後考。

右曆數十九部

五行

廣堪十卷

蕭圓肅撰。見本傳，《北史》同。《隋書·經籍志》未收。

詳見前。

元包數五卷

衛元嵩撰。《周書》及《北史》衛元嵩無傳。《隋書·經籍志》未收。

按，嚴可均輯《全周文》收輯釋元嵩文，傳云："元嵩俗姓衛，河東人。梁末出家，居成都野安寺，周平蜀入關，師事亡名。天和二年上書，賜爵蜀郡公，後竟廢佛還俗，有《元包數》五卷。"今據補。

右五行二部

醫方

集驗方十二卷

姚僧垣撰。見本傳，《北史》同。

《隋書·經籍志》：《集驗方》十卷，姚僧垣撰。又《集驗方》十二卷，無撰人姓名。

《唐書·經籍志》：《集驗方》十卷，姚僧垣撰。

《唐書·藝文志》：姚僧垣《集驗方》十卷。

按，姚振宗《隋書經籍志考證》云："姚氏《集驗方》隋唐時相傳有兩本，其一十二卷，上篇所載者是。其一十卷，與舊、新《唐志》著錄同。"是姚氏《集驗方》爲一書而有二版本，今據補。

本草音義三卷

姚最撰。《周書》及《北史》本傳未收。

《隋書·經籍志》：《本草音義》三卷，姚最撰。

按，最爲僧垣字，亦得家傳醫術，《隋志》著録《本草音義》或係承家學而成，今補録。

　右醫方二部

　右子部都三十二部

集部

別集

明帝文集十卷

明帝撰。見本紀,《北史》同。

《隋書·經籍志》:《周明帝集》九卷。

《唐書·經籍志》:《後周明帝集》十卷。

《唐書·藝文志》:《後周明帝集》五十卷。

本紀:帝幼好學,博覽群書,善屬文,詞彩温麗,所著文章十卷。

按,明帝集卷數,各志著録不同,今依本紀。

趙僣王集

趙僣王招撰。見本傳,《北史》同。

《隋書·經籍志》:《後周趙王集》八卷。

《唐日本國見在書目》:《趙王集》十卷。

《唐書·經籍志》:《後周趙王集》十卷。

《唐書·藝文志》:《趙平王集》十卷。

本傳:趙僣王招字豆盧突,幼聰穎,博涉群書,好屬文,學庾信體,詞多輕艷。所著文集十卷行於世。

按,《新唐志》作《趙平王集》,當即《趙僣王集》。《隋志》作八卷,今依本傳。

滕簡王集

滕簡王逌撰。見本傳。《北史》同。

《隋書·經籍志》:《後周滕簡王集》八卷。

《唐書‧經籍志》：《後周滕王集》十二卷。

《唐書‧藝文志》：《後周滕簡王集》十二卷。

本傳：逌字爾固突，少好經史，所著文章頗行於世。

按，"滕簡王集"《隋志》作八卷，新、舊《唐志》作十二卷，本傳未著卷數，今付闕疑。

盧開府集

盧柔撰。見本傳，《北史》同。《隋書‧經籍志》未收。

本傳：盧柔字子剛，孝閔踐祚，拜小内史，遷内史大夫，進位開府，卒於位。所作詩頌碑銘檄表啓行於世者數十篇。

唐内史集

唐瑾撰。見本傳。《北史》同。《隋書‧經籍志》未收。

本傳：所著賦頌碑誄二十餘萬言。

薛刺史慎文集

薛慎撰。見本傳。《北史》同。《隋書‧經籍志》未收。

本傳：慎字佛護，好學能屬文，善草書。保定初出爲湖州刺史。尋入爲蕃部中大夫，以疾去職，卒於家。有文集頗爲世所傳。

蘇侍中集

蘇亮撰。見本傳。《北史》同。《隋書‧經籍志》未收。

本傳：亮少通敏，博學好屬文，善章奏。徵拜侍中，卒於位。所著文筆數十篇頗行於世。

柳秘書集

柳虯撰。見本傳，《北史》同。《隋書‧經籍志》未收。

本傳：虯雅好屬文。太祖十四年除秘書。有文章數十篇行於世。

呂思禮集

呂思禮撰。見本傳，《北史》同。《隋書‧經籍志》未收。

本傳：呂思禮東平壽張人也。年十四受學於徐遵明。所爲碑誄表頌並傳於世。

薛刺史實集二十餘卷

薛實撰。見本傳,《北史》作二千餘卷。《隋書·經籍志》未收。

按,《北史》作二千餘卷,"二千"當爲"二十"之誤。

庾開府文集二十卷

庾信撰。《周書》本傳未收,見《北史·庾信傳》。

《隋書·經籍志》:《庾信集》二十一卷並録。

《唐日本國見在書目》:《庾信集》二十卷。

《唐書·經籍志》:《庾信集》二十卷。

《唐書·艺文志》:《庾信集》二十卷。

《北史》本傳:庾信字子山,南陽新野人也。徐陵及信並爲抄撰學士,文並綺艷,故號徐庾體焉。有文集二十卷。

按,嚴可均輯《全周文》收簡王逌"庾信集序"一篇,《序》云:"昔在揚都有集十四卷;值太清罹亂,百不一存;及到江陵,又有三卷;即重遭軍火,一字無遺;今之所撰,止入魏以來爰洎皇代凡所著合二十卷,分成兩帙付之。"是《信集》尚有十四卷及三卷均遭亂亡佚,所傳止入魏後二十卷耳。

王司空集

王褒撰。《周書》及《北史》本傳未收。

《隋書·經籍志》:《後周小司空王褒集》二十一卷。

《唐書·經籍志》:《王褒集》三十卷。

《唐書·藝文志》:《王褒集》二十卷。

按,《周書》及《北史》本傳均不著録,《隋志》及新、舊《唐志》著録卷數又各乖異,今卷數付闕。

顔刺史集十卷

顔之儀撰。見本傳。《北史》同。《隋書·經籍志》未收。

本傳：顏之儀字子升，琅邪臨沂人也。博涉群書，好爲詞賦，嘗献《神州頌》，辭致雅贍。高祖初建儲宮，盛選師傅，以之儀爲侍讀太子。開皇五年拜荆州刺史。有文集十卷行於世。

蕭少傅集十卷

蕭撝撰。見本傳。《北史》同。

《隋書‧經籍志》：《後周蕭少傅撝集》十卷。

《唐書‧經籍志》：《蕭撝集》十卷。

《唐書‧藝文志》：《蕭撝集》十卷。

本傳：蕭撝字智遐，蘭陵人也，梁武帝弟安成王秀之子也。天和六年授少保，建德元年轉少傅。所著詩賦雜文數萬言，頗行於世。

蕭將軍集十卷

蕭圓肅撰。見本傳。《北史》同。《隋書‧經籍志》未收。

詳見前。

蕭太守文集二十卷

蕭大圜撰。見本傳。《北史》同。《隋書‧經籍志》未收。

詳見前。

宗將軍集二十卷

宗懍撰。見本傳。《北史》同。

《隋書‧經籍志》：《後周儀同宗懍集》十二卷並録。

《唐書‧經籍志》：《後周宗懍集》三十卷。

《唐書‧藝文志》：《宗懍集》十卷。

本傳：宗懍字元懍，南陽涅陽人也。及江陵平，與王褒等入關，太祖以懍名重南土，甚禮之。孝閔帝踐祚，拜車騎大將軍儀同三司。世宗即位，又與王褒等在麟趾殿刊定群書。有集二十卷行於世。

按，各《志》著録《宗懍集》卷數乖異，今依本傳。

劉司録集二十卷

劉璠撰。見本傳。《北史》同。《隋書·經籍志》未收。

詳見前。

梁主蕭詧集十五卷

梁主蕭詧撰。見本傳。《北史》同。

《隋書·經籍志》：《梁岳陽王詧集》十卷。

本傳：蕭詧字理孫。蘭陵人，昭明太子統之第三子，事梁武帝
爲刺史，元帝時據襄陽抗拒朝廷。周太祖平江陵後，立詧爲
梁主。詧篤好文義，所著文集十五卷，内典《華嚴》《般若》《法
華》《金光明義疏》四十六卷並行於世。

按，《隋志》著録《梁岳陽王詧集》十卷繫梁人集下，詧爲周藩
屬，《周書》有傳，今依本傳補録。

梁主蕭巋文集十卷

梁主蕭巋撰。見本傳。《北史》同。

《隋書·經籍志》：《梁王蕭巋集》十卷。

詳見前。

蔡特進集三十卷

蔡大寶撰。見本傳。《北史》同。《隋書·經籍志》未收。

按，張鵬一《隋書經籍志補》著録《蔡司空文集》後周濟陽蔡大
寶撰。又著録《蕭特進集》三十卷後周蕭大寶撰，查《周書》及
《北史》未見蕭大寶其人，而《蔡大寶傳》云："巋嗣位，册授司
空中書監中權大將軍，領吏部尚書，固讓司空，許之，加特
進。"大寶讓司空而又加特進，是《大寶集》當爲《蔡特進集》，
疑張氏誤出兩書，當正。

甄吏部文集二十卷

甄玄成撰。見本傳。《北史》同。

《隋書·經籍志》：《梁護軍將軍甄玄成集》十卷。

本傳：玄成字敬平，中山人。事蕭詧歷位中書侍郎、御史中丞、祠部尚書、吏部尚書。卒贈侍中護軍將軍。有文集二十卷。

按，《隋志》著錄《梁護軍將軍甄玄成集》，玄成仕詧位至尚書，卒贈護軍將軍，而詧爲周藩，應爲周臣，今補錄其集。

岑尚書文集十卷

岑善方撰。見本傳。《北史》同。《隋書·經籍志》未收。

本傳：善方字思義，南陽棘陽人。事蕭詧爲起部尚書。所著文集十卷。

傅太常集二十卷

傅准撰。見本傳。《北史》無傳。《隋書·經籍志》未收。

本傳：准，北地人，事蕭詧爲度支尚書，卒贈太常卿。准有文才，善詞賦。所著文集二十卷。

蕭僕射集三十卷

蕭欣撰。見本傳，《北史》無傳。

《隋書·經籍志》：《梁安成蕃王蕭欣集》十卷。

《唐書·經籍志》：《蕭欣集》十卷。

范常侍文集十卷

范廸撰。見本傳。《北史》無傳。《隋書·經籍志》未收。

本傳：范廸順陽人，仕蕭巋爲尚書右丞、散騎常侍。少機辯，善屬文，有文集十卷。

沈常侍文集十卷

沈君游撰。見本傳。《北史》無傳。

《隋書·經籍志》：《梁散騎常侍沈君攸集》十三卷。

《唐書·經籍志》：《沈君攸集》十二卷。

《唐書·藝文志》：《沈君攸集》十二卷。

本傳：君游吳興人。事蕭巋位至散騎常侍。君游博學有詞采。有文集十卷。

按,《隋志》著録《沈君攸集》十三卷繫《甄玄成集》下,新、舊《唐志》亦並作《沈君攸集》,"攸"當係"游"之誤。今依本傳補録。

柳晉州文集

柳弘撰。見本傳,《北史》同。《隋書·經籍志》未收。

本傳:柳弘字匡道,解人。事高祖位至御正下大夫,卒贈晉州刺史。有文集行於世。

後周沙門釋忘名集十卷

釋忘名撰。《周書》及《北史》不載。

《隋書·經籍志》:《後周沙門釋忘名集》十卷。

按,沙門釋忘名集,《隋志》著録,不知係撰者忘其名,抑係其法號爲忘名,待考。

右別集二十九部

總集

文海四十卷

蕭圓肅撰。見本傳。《北史》同。

《隋書·經籍志》:《文海》五十卷。無撰人姓名。

《唐書·經籍志》:《文海集》三十六卷,蕭圓撰。

《唐書·藝文志》:蕭圓《文海》三十六卷。

按,《隋志》著録《文海》五十卷,無撰人姓名,疑或即圓肅之書。新、舊《唐志》作蕭圓撰,疑敚肅字。今依本傳補。

詔集區分四十一卷

宗幹撰。《周書》及《北史》宗幹無傳。

《隋書·經籍志》:《詔集區分》四十一卷,後周獸門學士宗幹撰。

按，宗幹，《周書》及《北史》均無傳，《隋志》著録其《詔集區分》，今據補。

後周雜詔八卷

《隋書‧經籍志》：《後周雜詔》八卷。

按，當係周各帝詔令集成，今補録。

後周與齊軍國書二卷

《隋書‧經籍志》：《後周與齊軍國書》二卷。

按，當係周齊兩國交往書札，今補録。

皇朝聘使雜啓

《隋書‧經籍志》：《梁魏周齊陳皇朝聘使雜啓》。

按，《隋志》著録《梁魏周齊陳皇朝聘使雜啓》，周聘使雜啓當在內，今據以補録。

　　右總集五部

　　右集部都三十四部

佛經

佛性論

蘇綽撰。見本傳。《北史》同。《隋書‧經籍志》未收。

詳見前。

內典華嚴般若法華金光明義疏四十六卷

蕭詧撰。見本傳。《北史》同。《隋書‧經籍志》未收。

詳見前。

大小乘幽微

蕭巋撰。見本傳。《北史》同。《隋書‧經籍志》未收。

詳見前。

　　右佛經三部

　　合計經史子集佛經一百三十九部

北朝藝文志簡編

劉　琳　著　李學玲　整理

底本：《中古泥鴻——劉琳史學論文自選集》，
巴蜀書社，1999 年版

　　此編乃正編纂中之《北朝會要》之一部分。北朝文化在我國文化史上占有重要地位,北朝著作,爲數可觀。惜乎此期諸史,不志藝文,逮唐初修《隋書·經籍志》,始予採録。然所收之書,十才二三,又多未注時代與撰人,致一代典籍,知者寥寥。近代以來,學者曾爲之補志,拾佚鉤沉,有功學術。第就余所見,尚有可補,爰更輯録,以備一家。限于篇幅,未能詳加徵引考證,兹但舉其書名、卷數與著者,并略注出處,名曰"簡編"。糾謬補闕,有俟通人。編者謹記于四川大學古籍整理研究所。

一、經部

周易注 10 卷　北魏崔浩撰　《魏書》35 本傳、又 52《張湛傳》、《隋志》、兩《唐志》。

易集解卷缺　北魏游肇撰　《魏書》55 附傳。

周易注 10 卷　北魏盧景裕撰　《魏書》84 本傳。《隋志》、兩《唐志》題"盧氏注"。

周易注 13 卷　北魏崔覲撰　《隋志》、兩《唐志》。即《北史·儒林傳序》清河崔瑾。

周易統例 10 卷　北魏崔覲撰　《隋志》。

周易注卷缺　北齊權會撰　《北齊書》44 本傳。

周易義例卷缺　北齊李鉉撰　《北齊書》44 本傳。

周易義記卷缺　北周蕭巋撰　《隋書》79 本傳。

周易注卷缺　北周韋節撰　《正統道藏》川字號下元朱象先《終南山説經臺歷代真仙碑記》。

元包 10 卷　北周衛元嵩撰　《新唐志》。宋《中興書目》、《宋史·藝文志》題《周易元包》。

　　　　——以上易類

尚書注卷缺　北魏崔浩撰　《魏書》35 本傳。

王肅注尚書音 1 卷　北魏劉芳撰　《魏書》55 本傳。

尚書注卷缺　北魏盧景裕撰　《魏書》84 本傳。

尚書義疏 30 卷　北周蔡大寶撰　《隋志》、兩《唐志》。

　　　　——以上書類

毛詩注卷缺　北魏崔浩撰　《魏書》35 本傳、又 48《高允傳》。

毛詩箋音義證 10 卷　北魏劉芳撰　《魏書》55 本傳、《隋志》。

毛詩章句疏 3 卷　北魏劉獻之撰　《魏書》84 本傳。

毛詩序義注 1 卷　北魏劉獻之撰　《魏書》84 本傳。

毛詩誼府 3 卷　北魏元延明撰　《隋志》、兩《唐志》。

毛詩義疏卷缺　北齊李鉉撰　《北齊書》44 本傳。

毛詩章句卷缺　北齊張思伯撰　《北史》81 本傳。按，似未成書，見《北齊書》本傳。

毛詩義疏 28 卷　北周沈重撰　《隋志》、《周書》45 本傳。

毛詩音 2 卷　北周沈重撰　《周書》45 本傳。

毛詩序論卷缺　北周樂遜撰　《周書》45 本傳。

　　——以上詩類

周官義證 5 卷　北魏劉芳撰　《魏書》55 本傳。

鄭玄注周官音 1 卷　北魏劉芳撰　《魏書》55 本傳。

干寶注周官音 1 卷　北魏劉芳撰　《魏書》55 本傳。

周禮義疏 20 卷　北周熊安生撰　《周書》45 本傳。

周禮義疏 40 卷　北周沈重撰　《隋志》、兩《唐志》。《周書》45 本傳作 31 卷。

周禮音 1 卷　北周沈重撰　《周書》45 本傳。

儀禮義證 5 卷　北魏劉芳撰　《魏書》55 本傳。

鄭玄注儀禮音 1 卷　北魏劉芳撰　《魏書》55 本傳。

儀禮義 35 卷　北周沈重撰　《周書》45 本傳。

儀禮音 1 卷　北周沈重撰　《周書》45 本傳。

禮記注卷缺　北魏崔浩撰　《魏書》35 本傳。

禮記義證 10 卷　北魏劉芳撰　《魏書》55 本傳、《隋志》、兩《唐志》。

禮記音卷缺　北魏劉芳撰　《史通·雜說下》。

禮記注卷缺　北魏盧景裕撰　《魏書》84 本傳。

禮記義疏 40 卷　北周熊安生撰　《周書》45 本傳。

禮記義疏 40 卷　北周沈重撰　《隋志》、兩《唐志》。《周書》45 本傳作 30 卷。

禮記音 2 卷　北周沈重撰　《周書》45 本傳。

三禮大義 4 卷　北魏劉獻之撰　《魏書》84 本傳。《隋志》未題撰人。

禮質疑 5 卷　東魏李公緒撰　《北史》33 附傳。

三禮義疏卷缺　北齊李鉉撰　《北齊書》44 本傳。

明堂圖說 6 卷　北魏封偉伯撰　《魏書》32 附傳。

喪服要記卷缺　北魏索敞撰　《魏書》52 本傳。

喪服圖 1 卷　北魏崔逸撰　《隋志》。崔逸見《魏書》56《崔辯傳》。

喪服章句 1 卷　東魏李公緒撰　《北齊書》29 本傳。

喪服經義 5 卷　北周沈重撰　《周書》45 本傳。

喪服問疑 1 卷　北周樊深撰　《周書》45 本傳、《隋志》。

士喪儀注 5 卷　北周蕭大圜撰　《周書》42 本傳。《冊府元龜》606 作《喪服儀注》。

大戴禮注 13 卷　北魏盧辯撰　《北史》30 本傳。今存。

　　　　——以上禮類

春秋注卷缺　北魏崔浩撰　《魏書》35 本傳。

春秋義章 30 卷　北魏徐遵明撰　《魏書》84 本傳。

春秋服杜義駁難 10 卷　東魏衛冀隆難杜氏義，賈思同駁　《魏書》72 附《賈思同傳》。

服虔左傳解駁妄卷缺　東魏姚文安撰　《北史》81 附《李崇祖傳》。

姚氏《駁妄》釋謬卷缺　東魏李崇祖撰　《北史》81 附傳。

春秋左氏傳刊例 10 卷　北齊張思伯撰　《北齊書》44 本傳。

左氏春秋序論卷缺　北周樂遜撰　《周書》45 本傳。

春秋義序卷缺　北周樂遜撰　《周書》45 本傳。

何休注公羊音 1 卷　北魏劉芳撰　《魏書》55 本傳。

范寧注穀梁音 1 卷　北魏劉芳撰　《魏書》55 本傳。

春秋三傳述 10 卷　北魏李彪撰　《魏書》62 本傳。

春秋三傳略例 3 卷　北魏劉獻之撰　《魏書》84 本傳。

春秋叢林 12 卷　北魏李謐撰　《魏書》90 本傳、《隋志》、兩《唐志》。

春秋三傳校異　未成。東魏辛子馥撰　《北史》26 附傳。

春秋三傳異同 12 卷　北齊李鉉撰　《北齊書》44 本傳、兩《唐志》。又《通志·藝文略》《宋紹興四庫闕書目》有《春秋先儒異同》3 卷，當是此書之一部分。

春秋經合三傳 10 卷　北齊潘叔度撰　《隋志》。兩《唐志》作《春秋合三傳
通論》。潘叔度見《北齊書·儒林傳序》。

春秋成奪 10 卷　北齊潘叔度撰　《隋志》。兩《唐志》作"成集"。

韋注國語音 1 卷　北魏劉芳撰　《魏書》55 本傳。

　　　——以上春秋類

論語注卷缺　北魏崔浩撰　《魏書》35 本傳。

論語注卷缺　北魏陳奇撰　《魏書》84 本傳。

論語注 7 卷　北魏盧景裕撰　《魏書》84 本傳。《隋志》題"盧氏注"。

論語義疏卷缺　北齊李鉉撰　《北齊書》44 本傳。

論語序論卷缺　北周樂遜撰　《周書》45 本傳。

孝經注卷缺　北魏崔浩撰　《魏書》35 本傳。

孝經注卷缺　北魏陳奇撰　《魏書》84 本傳。

孝經注卷缺　北魏盧景裕撰　《魏書》84 本傳。

孝經解詁卷缺　北魏元懌撰　《魏書》32 附《封偉伯傳》。

孝經義疏卷缺　北齊李鉉　《北齊書》44 本傳。

孝經義疏 1 卷　北周熊安生撰　《周書》45 本傳。

孝經序論卷缺　北周樂遜撰　《周書》45 本傳。

孝經問疑 1 卷　北周樊深撰　《周書》45 本傳。

孝經義記卷缺　北周蕭歸撰　《隋書》79 本傳。

國語孝經 1 卷　北魏侯伏侯可悉陵譯　《隋志》。

　　　——以上論語、孝經類

六經略注卷缺　北魏常爽撰　《魏書》84 本傳。

五經異同評 10 卷　北魏張鳳撰　《北史》34 附傳。

五經疑問與辨疑合 10 卷　北魏房景先問、王神貴答　《魏書》43 附
《房景先傳》。

詩禮別義卷缺　北魏元延明撰　《北史》19 本傳。

七經義綱略論 30 卷　北周樊深撰　《周書》45 本傳、《隋志》、兩《唐志》。

七經異同說 3 卷　北周樊深撰　《周書》45 本傳。《隋志》題《七經論》。

五經大義 10 卷　北周樊深撰　《隋志》。

質疑 5 卷　北周樊深撰　《隋志》、兩《唐志》。

　　　　——以上經解類

急就章注 2 卷　北魏崔浩撰　《魏書》35 本傳、《隋志》。

急就篇續注音義證 3 卷　北魏劉芳撰　《魏書》55 本傳。

急就章注 1 卷　北齊顏之推撰兩　《唐志》。

急就章注 3 卷　豆盧氏撰　《隋志》。列崔浩《急就章注》後，當是北朝或隋朝人。

悟蒙章卷缺　北魏陸暐撰　《魏書》40 附傳。

衆文經卷缺　北魏道武帝敕撰　《魏書》2《太祖紀》。

新字卷缺　北魏太武帝敕撰　《魏書》4 上《世祖紀上》。

字釋　未成。北魏袁式撰　《魏書》38 本傳。

字釋　未成。北魏陽尼撰　《魏書》72 本傳。

字統 20 卷　北魏陽承慶撰　《魏書》72《陽尼傳》、《隋志》、兩《唐志》、《封氏聞見記》2。

古今文字　未成。**40 卷**　北魏江式撰　《魏書》91 本傳。

字辨卷缺　北齊李鉉撰　《北齊書》44 本傳。

字略 5 篇　北齊宋世良撰　《北史》26 本傳。

證俗音字 5 卷　北齊顏之推撰顏真卿　《顏氏家廟碑》。《隋志》作 6 卷。

訓俗文字略 1 卷　北齊顏之推撰　《隋志》。

字始 3 卷　北齊顏之推撰　《宋史·藝文志》。

文字六體卷缺　西魏趙文淵等撰　《周書》47《趙文深傳》。

音譜 4 卷　東魏李槩撰　《隋志》、《北史》33 附傳。

修續音韵決疑 14 卷　東魏李槩撰　《隋志》。

韵略 1 卷　北齊陽休之撰　《隋志》、兩《唐志》。

辨嫌音 2 卷　北齊陽休之撰兩　《唐志》。

河洛語音 1 卷　北魏？王長孫撰　《隋志》。

國語 15 卷　《隋志》。

國語 10 卷　《隋志》。

國語物名 4 卷　北魏侯伏侯可悉陵撰　《隋志》。

國語雜物名 3 卷　北魏侯伏侯可悉陵撰　《隋志》。

國語十八傳 1 卷　《隋志》。

鮮卑語 5 卷　《隋志》。

鮮卑語 10 卷　《隋志》。

　　——以上小學類

二、史部

漢書音義 2 卷　北魏崔浩撰　《新唐志》。

范曄後漢書音 1 卷　北魏劉芳撰　《魏書》55 本傳、《隋志》、《新唐志》。

王隱晉書注卷缺　東魏宋繪撰　《北齊書》20 附傳。

晉中興書注卷缺　東魏宋繪撰　《北齊書》20 附傳。

晉後書 未成。存 50 餘卷　北魏崔浩撰《北史》21 本傳。

晉書 未成。北魏宋世景撰　《魏書》88 本傳。

晉書 未成。北魏裴伯茂撰　《魏書》85 本傳。

魏書 130 卷　北齊魏收撰　《魏書》104《自序》、《隋志》、兩《唐志》。今存。

魏中興書卷缺　北周? 平繪撰　《隋書》58《魏澹傳》。

梁史 100 卷　北周蕭欣撰　《周書》48 附傳。

　　　　——以上紀傳類

漢紀音義 3 卷　北魏崔浩撰兩　《唐志》、《漢書》宋景祐本附余靖表。

魏國統 20 卷　北魏梁祚撰　《魏書》84 本傳、《隋志》。撰并《三國志》爲《編年》。

魏志 30 卷　北魏張始均撰　《魏書》64 本傳。改陳壽《魏志》爲編年。

代記 10 餘卷　北魏鄧淵撰　《魏書》24《鄧淵傳》、又 35《崔浩傳》、又 104 魏收《自序》。

魏國書 30 卷　北魏崔浩、高允等撰　《魏書》35《崔浩傳》、又 48《高允傳》。

梁典 30 卷　北周劉璠撰　《周書》42 本傳、《隋志》、兩《唐志》。

梁後略 10 卷　北周姚最撰　《周書》47 附傳、《隋志》。兩《唐志》作《梁昭後略》。

齊紀 30 卷　北周榮建緒撰　《隋書》66 附傳。記北齊史。

　　　　——以上編年類

太和起居注卷缺　北魏李伯尚撰　《魏書》39 附傳、《北史》100《序傳》。

後魏起居注 336 卷 北魏邢巒、崔鴻、王遵業等撰 《魏書》104《自序》、《隋志》。兩《唐志》作 276 卷。

東魏起居注卷缺 東魏陳元康、陽斐等撰 《北齊書》24、42 陳元康、陽斐等傳。

齊文宣皇帝實錄卷缺 北齊陸元規撰 《史通・古今正史》。

北齊起居注卷缺 北齊陽休之等撰 《史通・古今正史》。

西魏起居注卷缺 西魏申徽、盧柔等撰 《周書》32、37、38 等卷。

　　——以上起居注類

燕記卷缺 北魏崔逞撰 《魏書》32 本傳。記前燕事。

燕書 20 卷 北魏范亨撰 《隋志》、《史通・古今正史》。合前後燕事。范亨參《魏書・崔浩傳》。

燕書卷缺 北魏封懿撰 《北史》24 本傳。記後燕事。

燕書 未成。 北魏酈惲撰 《魏書》42 附傳。記慕容氏。

燕志 10 卷 北魏高閭撰 《隋志》、兩《唐志》。記馮氏北燕。

燕志 10 卷 北魏韓顯宗撰 《魏書》60 本傳、《史通・古今正史》。亦記馮氏。

秦記 10 卷 北魏姚和都撰 《隋志》、《史通・古今正史》。記後秦事。

涼書 10 卷 北魏高謙之撰 《魏書》77 附傳、《隋志》。記沮渠北涼。

托跋涼錄 10 卷 失名撰 《隋志》、《史通・古今正史》。

十六國春秋 102 卷 含《序例》1 卷《年表》1 卷。北魏崔鴻撰 《魏書》67 本傳、《隋志》、《史通・古今正史》。

戰國春秋 20 卷 東魏李概撰 《北史》33 附傳、《隋志》、兩《唐志》。

　　——以上載記類

帝王世紀注卷缺 北魏元延明撰 《北史》19 本傳。

帝錄 20 卷 北魏元順撰 《魏書》19 中本傳。

帝紀 10 卷 北齊陽玠松撰唐 《日本國見在書目》雜史家。

世譜 500 卷 周明帝宇文毓敕撰 《周書》4《明帝紀》。《北史》9、29 誤作 100 卷。兩《唐志》避唐諱作《代譜》，誤題"周武帝敕撰"。《舊唐志》480 卷，《新唐志》訛作 48 卷。

帝王世錄 1 卷　北周甄鸞撰　《隋志》。

國典 18 篇　北魏王慧龍撰　《魏書》38 本傳。撰帝王制度。

要略 30 卷　北魏元颺撰　《魏書》21 下本傳。記自古君臣賢達，至于魏氏子孫。

略注卷缺　北魏平恒撰　《魏書》84 本傳。商略古今君臣品第。

古今略記 20 卷　東魏李公緒撰　《北齊書》29 附傳。

左史 6 卷　東魏李概撰　《隋志》《新唐志》。

永安記　又名《永安故事》。3 卷　北魏温子升撰　《魏書》85 本傳、《隋志》、《史通・雜說下》、《新唐志》。永安，魏孝莊帝年號。

趙語 13 卷　東魏李公緒撰　《北齊書》29 附傳。

黃初傳天錄卷缺　北齊祖珽撰　《史通・古今正史》。記高歡事。

關東風俗傳 30 卷　北齊宋孝王撰　《北齊書》46 附傳、《史通・書志》及《直書》、《補注》等篇、兩《唐志》。

梁太清實錄 8 卷　北周裴政撰　《隋志》、兩《唐志》、《史通・雜說》。

承聖實錄 10 卷　北周裴政撰　《魏書》66、《北史》77 本傳。

梁舊事 30 卷　北周蕭大圜撰　《周書》42 本傳、《隋志》、《新唐志》。

淮海亂離志 4 卷　北周蕭圓肅撰　《周書》42 本傳、《史通・補注》、兩《唐志》。《史通》、兩《唐志》作蕭大圜撰，《隋志》又作蕭士怡撰。

天正舊事 3 卷　北周釋亡名撰　《隋志》《新唐志》。天正，梁末武陵王蕭紀年號。釋亡名生平見隋費長房《歷代三寶記》卷 11。

　　——以上雜史類

顯忠錄 20 卷　北魏元懌撰　《魏書》22 本傳、《北史》27《李義徽傳》、兩《唐志》。《隋志》誤題"梁元帝撰"。

孝友傳 10 卷　北魏韓顯宗撰　《魏書》60 本傳。

科錄 270 卷　北魏元暉撰　《北史》15 本傳、《隋志》、兩《唐志》、《史通・六家》。

儒林傳數十篇　北魏常景撰　《魏書》82 本傳。

冠帶錄卷缺　北魏張始均撰　《魏書》64 本傳。

七賢傳 5 卷　北齊孟仲暉撰　《隋志》。兩《唐志》作 7 卷。孟仲暉參《洛陽伽藍記》卷 4。

中朝多士傳 10 卷　北齊宋繪撰　《北齊書》20 附傳。

高才不遇傳 4 卷　北齊劉晝撰　《北史》81 本傳、《隋志》、兩《唐志》。

知己傳 1 卷　北齊盧思道撰　《隋志》、兩《唐志》、《史通·雜述》。

列女傳數十篇　北魏常景撰　《魏書》82 本傳。

古今名妃賢后傳 4 卷　北魏元孚撰　《魏書》18 本傳。

列仙傳注卷缺　北魏元延明撰　《北史》19 本傳。

幽州古今人物志 13 卷　北齊陽休之撰　《北齊書》42 本傳、兩《唐志》。

崔氏世傳 7 卷　北魏崔鴻撰　《新唐志》。

崔氏五門家傳 2 卷　崔氏撰　《隋志》。

封氏本録 6 卷　北魏封偉伯撰　《魏書》32 附傳。

宋雲家紀卷缺　北魏宋雲撰　《洛陽伽藍記》5。

中表實録 20 卷　北齊盧懷仁撰　《北齊書》42 附傳。

宋氏別録 10 卷　北齊宋世良撰　《北齊書》46 本傳。

王氏江左世家傳 20 卷　北周王褒撰　《隋志》。

周齊王家傳 1 卷　北周姚最撰　《隋志》、《周書》46 附傳。

　　　　——以上雜傳類

後魏皇帝宗族譜 4 卷　《隋志》《新唐志》。

後魏譜 2 卷　兩《唐志》。《通志·藝文略》作 10 卷。

魏孝文列姓族諜 1 卷　《隋志》。

親表譜録 40 餘卷　北魏高諒撰　《魏書》57、《北史》31 附傳。

辨宗録 40 卷　東魏元暉業撰　《北史》17 本傳。《魏書·自序》作 30 卷。
《隋志》、兩《唐志》著録 2 卷。

後齊宗譜 1 卷　《隋志》。

姓系譜録 50 篇　北齊宋繪撰　《北齊書》20 附傳。

齊高氏譜 6 卷　《新唐志》。

北周皇室譜 3 篇　北周鮑宏撰　《隋書》66 本傳。

周宇文氏譜 1 卷　《新唐志》。

述系傳 1 卷 北周姚最撰 《隋志》。

年譜錄 未成。北齊宋繪撰 《北齊書》20 附傳。

  ——以上譜錄類

道武科令 北魏王德等撰 《魏書》2《太祖紀》,又 111《刑罰志》。

神䴥律令 北魏崔浩改定 《魏書》4 上《世祖紀上》、又 111《刑罰志》、《唐六典注》。

正平律制 北魏游雅、胡方回等改定 《魏書》4 下《世祖紀下》、又 111《刑罰志》、《通典》167、《唐六典注》。

太和律令 北魏高閭等改定 《魏書》111《刑罰志》、《通典》164、《唐六典注》。太和五年改定。

太和新律令 北魏孝文帝元宏撰定 《魏書》7 下《高祖紀下》,又李冲等傳。太和十五年頒行。

後魏律 正始律。**20 卷** 北魏常景等撰《洛陽伽藍記》1、《隋志》、《續高僧傳》1。

正始別格 《魏書》58《楊椿傳》。

職員令 又稱《官品令》。**21 卷** 北魏孝文帝敕撰 《魏書》7 下《高祖紀下》。太和十九年頒行,《魏書·官氏志》節載。

職令卷缺 《魏書·官氏志》。太和二十三年制,世宗初頒。

後魏方司格 1 卷 《史通·書志》、《新唐書·柳冲傳》、兩《唐志》。

麟趾格 4 卷 東魏封述等刪定、北齊李渾等重修 《魏書》12《孝靜帝紀》、《洛陽伽藍記》3、《北齊書》43《封述傳》、《北史》33《李渾傳》、《隋志》、《新唐志》。

北齊律 13 卷 含目 1 卷。北齊高叡等撰 《隋志》《隋書·刑法志》。兩《唐志》訛作 20 卷。

北齊令 50 卷 北齊高叡等撰 《隋志》《隋書·刑法志》《唐六典注》。《通典》作 30 卷,兩《唐志》8 卷。

北齊權令 2 卷 《隋志》《隋書·刑法志》。

北齊別條權格卷缺 《隋書·刑法志》。

西魏大統式 5 卷 《周書·文帝紀下》《隋書·刑法志》《唐六典注》。《隋志》作 3 卷。

周大律 25 卷 北周趙肅等撰 《隋書·刑法志》、《隋志》、兩《唐志》。

刑書要制　周武帝制　《周書·武帝紀下》《隋書·刑法志》。

刑經聖制　周宣帝制　《周書·武帝紀下》《隋書·刑法志》。

刑書要制　周靜帝制　《隋書·刑法志》。

周令卷缺　北周趙肅等定　《唐六典注》。

六官卷缺　北周辛彦之撰　《隋書》75本傳。

　　　　——以上律令類

後魏儀注 50 卷　北魏常景撰　《魏書》82本傳、《隋志》、兩《唐志》。《新唐志》作 32 卷。

婚儀祭儀 2 卷　北魏崔浩撰　《新唐志》《通志·藝文略》。

冠婚儀卷缺　北魏游肇撰　《魏書》55附傳。

北齊儀注 290 卷　《隋書·禮儀志一》《隋志》。

北齊吉禮 72 卷　北齊趙彦深撰兩　《唐志》。

北齊皇太后喪禮 10 卷　《新唐志》《通志·藝文略》。

北齊皇太子喪禮 10 卷　北齊趙彦深撰　《舊唐志》。

北周儀注　北周蘇綽、盧辯等撰　《隋書·禮儀志一》。

新儀 10 篇　北周唐瑾撰　《北史》67附傳。

書儀 10 卷　北周唐瑾撰　《隋志》。疑與《新儀》爲一書。

婦人書儀 8 卷　北周唐瑾撰　《隋志》、兩《唐志》。

祀典 5 卷　北周盧辯撰　《新唐志》、《通志·藝文略》。

祝文卷缺　北周辛彦之撰　《隋書》75本傳。

禮令卷缺　北周斛斯瀓等撰　《北史》30附《盧昌衡傳》。

家祭法卷缺　北周崔浩撰　《魏書》35本傳。

趙李家儀 10 卷　錄 1 卷　東魏李公緒撰　《隋志》。

　　　　——以上禮儀類

門下詔書 40 卷　北魏常景撰　《魏書》82本傳。

後魏詔集 16 卷　《隋志》。

西魏六條詔書 1 卷　西魏蘇綽撰　《周書》23本傳、《通志·藝文略》。

詔集區分 41 卷　北周宗幹撰　《隋志》。《舊唐志》作《詔集圖別》,《新唐志》

作《詔集區別》,俱 27 卷。又"宗幹"兩《唐志》作"宋幹"。

後周雜詔 8 卷 《隋志》。

後周太祖號令 3 卷 《隋志》。

國語號令 4 卷 《隋志》。

鮮卑號令 1 卷 周武帝撰 《隋志》。

雜號令 1 卷 《隋志》。鮮卑語。

　　　　——以上詔令類

水經注 40 卷 北魏酈道元撰 《魏書》89 本傳、《隋志》、兩《唐志》。今存。

大魏諸州記 21 卷 《隋志》、兩《唐志》。

魏土地記卷缺 《水經注》《史記正義》等屢引。

輿地圖卷缺 北魏李義徽撰 《北史》27 附傳。

後魏州地圖記卷缺 《太平寰宇記》142 引。

後魏輿地風土記卷缺 北魏陸恭之撰 《初學記》《元和志》《太平御覽》
《太平寰宇記》等書引。

代都略記 3 卷 失名撰 《隋志》。

周地圖記 109 卷 北周宇文護等撰 《隋志》。《舊唐志》作 90 卷,《新唐
志》130 卷。《路史》羅苹注引云宇文護造。

冀州圖經 1 卷 《隋志》。

齊州記 4 卷 李叔布撰 《隋志》、兩《唐志》。

齊州圖經 1 卷 《隋志》。以上四書姚振宗《隋書經籍志考證》認爲北朝人著。

徐州人地録 40 卷 北魏劉芳撰 《魏書》55 本傳。《北史》42 本傳作 20 卷,
兩《唐志》作《徐地録》1 卷。

三晉記 10 卷 北魏王遵業撰 《魏書》38 附傳。

趙記 8 卷 東魏李公緒撰 《北史》33 附傳。《隋志》作 10 卷。

後魏洛陽記 5 卷 《新唐志》《通志·藝文略》。

鄴故事卷缺 北齊楊楞伽撰 《太平御覽》225 引。

國都城記 9 卷 周明帝撰 兩《唐志》。《隋志》作 2 卷。

西京記 3 卷 北周薛寘撰 《周書》38 本傳、《隋志》、兩《唐志》。

雲陽記卷缺　北周王褒撰　《太平御覽》197引。

洛陽伽藍記5卷　北魏楊衒之撰　《隋志》、兩《唐志》。今存。

晋祠記2卷？　東魏祖鴻勲撰　《北齊書》45本傳、《史通·雜説下》。

中岳潁州志5卷　北周樊深撰　兩《唐志》。

嵩山記卷缺　北魏盧元明撰　《太平寰宇記》河南道引。

魏聘使行記6卷　《隋志》、兩《唐志》。

李諧行記1卷　《隋志》。李諧東魏人,《魏書》65有傳。

封君義行記1卷　北齊李繪撰　《隋志》。封君義,封述。

西征記卷缺　北周盧思道撰　《廣弘明集》7、《封氏聞見記》6、《太平寰宇記》河北道等引。

行記3卷　北周姚僧垣撰　《周書》47本傳。

序行記10卷　北周姚最撰　《隋志》。兩《唐志》作《述行記》2卷。

道榮行傳1卷　《洛陽伽藍記》5、《釋迦方志·游履篇》。道榮于魏太武末年由疏勒道至僧迦施國。

慧生行傳1卷　《隋志》。《洛陽伽藍記》5作《惠生行記》。魏明帝時與宋雲等使西域。

魏國以西十一國事1卷　北魏宋雲撰　兩《唐志》。

　　——以上地理類

甲乙新録卷缺　北魏盧昶撰　《魏書》84《孫惠蔚傳》。

魏闕書目録1卷　《隋志》。

　　——以上目録類

三、子部

帝王集要 30 卷　北魏崔宏撰　《隋志》《新唐志》。《隋志》作崔安，疑誤。

新集 30 篇　北魏明元帝拓跋嗣撰　《魏書》3《太宗紀》。

帝王治要 20 余篇　北魏崔浩撰　《魏書》35《崔浩傳》。

皇誥 18 篇　北魏文成帝馮后撰、李冲注　《魏書》7 上《高祖紀上》、又 13
　　《皇后傳》、又 48《高允傳》、《南齊書》57《魏虜傳》。

皇誥譯注　北魏呂文祖撰　《魏書》30《呂洛拔傳》。譯爲鮮卑語。

皇誥宗制 1 卷　北魏元澄撰　《北史》18 本傳。

皇誥訓詁 1 卷　北魏元澄撰　《北史》18 本傳。

教誡 20 餘篇　北魏刁雍撰　《魏書》38 本傳。

家誨 20 篇　北魏甄琛撰　《魏書》68 本傳。

篤學文 1 卷　北魏甄琛撰　《魏書》68 本傳。

辨類 3 卷　北魏劉芳撰　《魏書》55 本傳。

儒棋卷缺　北魏游肇撰　《魏書》55 本傳。

本志 13 篇　北魏酈道元撰　《魏書》89 本傳。

話林數卷　北魏鄭羲撰　《八瓊室金石補正》14《滎陽文公下碑》。按鄭羲《魏
　　書》56 有傳。

御覽 3 卷　東魏宋士素撰　《太平御覽》文部著書篇引《三國典略》。

典言 10 卷　東魏李公緒撰　《北史》33 附傳。《隋志》《新唐志》。

史子新論數十篇　東魏盧元明撰　《魏書》47 附傳。

典言 4 卷　北齊荀士遜、李若等撰　《北齊書》45《荀士遜傳》、《隋志》、《舊
　　唐志》。李若見《北齊書》《隋書・文苑傳》。

帝道卷缺　北齊劉晝撰　《北史》81 本傳。

金箱壁言卷缺　北齊劉晝撰　《北史》81 本傳。

要言卷缺　北齊高叡撰　《北齊書》13 附傳。

新略 10 卷　北齊韋道孫撰　兩《唐志》。即《北齊書·文苑傳》之韋道遜。

鑒戒 24 篇　北齊王綏撰　《北齊書》25 本傳。

劉子 10 卷　北齊劉晝撰　兩《唐志》題劉勰撰，10 卷；《郡齋讀書志》《直齋書
　　錄解題》《中興書目》《宋史·藝文志》等均題劉晝撰，或題 3 卷，或題 5 卷。余嘉錫
　　《四庫提要辯證》考定爲劉晝撰。今存。

石子 10 卷　北齊石曜撰　《北齊書》44 本傳。

墳典 30 卷　北周盧辯撰　《隋志》、兩《唐志》。

稱謂 5 卷　北周盧辯撰　《隋志》《新唐志》。

要決 2 卷　北周蕭大圜撰　《周書》42 本傳。

寓記 3 卷　北周蕭大圜撰　《周書》42 本傳。

廣堪 10 卷　北周蕭圓肅撰　《周書》42 本傳。

　　　　——以上儒家、雜家類

老子注 2 卷　北魏盧景裕撰　《魏書》84 本傳、《隋志》、《新唐志》。

老子注 2 卷　後魏劉仁會撰　《道藏》才字號上《唐玄宗道德真經疏外傳》。

道德經注 2 卷　東魏杜弼撰　《北齊書》24 本傳。

老子道德經品 4 卷　北周梁曠撰　《隋志》、兩《唐志》。梁曠見《周書》35《薛
　　慎傳》。

道德經章句卷缺　西魏盧光撰　《周書》45 本傳。

老子義疏 4 卷　北周韋節處玄撰　《隋志》。按，韋節，北周道士，見《道藏》
　　川字號下元朱象先《終南山說經臺歷代真仙碑記》。

南華仙人莊子論 30 卷　北周梁曠撰　《隋志》、兩《唐志》。

新注義苑卷缺　東魏杜弼撰　《北史》55 本傳。注《莊子·惠施篇》并《易》上
　　下《繫》。

玄子 5 卷　東魏李公緒撰　《北齊書》29 附傳、《隋志》。

道言 6 卷　北周張羨叱羅羨撰　《隋書》46《張羨傳》、《隋志》、《道藏》當字號
　　上張天雨《玄品錄》4。

　　　　——以上道家類

兵法孤虛立成圖　北魏道武帝拓跋珪撰　《魏書》2《太祖紀》。

十二陣圖　北魏源賀撰　《魏書》41 本傳。

平西策 1 卷　北齊盧叔虎撰　《北齊書》42 本傳。

兵書要略 5 卷　北周宇文憲撰　《北史》58 本傳、《隋志》。兩《唐志》作 10 卷。

　　——以上兵書類

博物志删正卷缺　北魏常景撰　《魏書》82 本傳。

集靈記 20 卷　北齊顏之推撰　《隋志》、兩《唐志》。

冤魂志 3 卷　北齊顏之推撰　《隋志》、兩《唐志》。自宋《崇文總目》以下改稱 《還冤志》，今存。

瓊林 20 卷　北周陰顯撰　《梁書》46《陰子春傳》。《隋志》作 7 卷。

　　——以上雜記類

兩儀真圖卷缺　北魏陸旭撰　《北史》28 附傳。

五星要訣卷缺　北魏陸旭撰　《北史》28 附傳。

靈臺秘苑 120 卷　北周庾季才撰　《隋書》78 本傳、又 20《天文志中》、《隋 志》、兩《唐志》。

婆羅門天文 20 卷　北周達磨流支譯費長房　《歷代三寶記》11。

五寅元曆　又名《魏曆》。卷缺　北魏崔浩撰　《魏書》35《崔浩傳》、又 4《高 允傳》、又 107《律曆志上》。

曆術 1 卷　北魏崔浩撰　《隋志》、兩《唐志》。

延興曆卷缺　北魏龍宜弟撰　《隋書》17《律曆志中》。

景明曆卷缺　北魏公孫崇撰　《魏書》107 上《律曆志上》。

甲午元曆卷缺　北魏張洪撰　《魏書》107 上《律曆志上》。

甲戌元曆卷缺　北魏張洪撰　《魏書》107 上《律曆志上》。

甲子元曆卷缺　北魏張洪撰　《魏書》107 上《律曆志上》。

乙亥元曆卷缺　北魏張洪撰　《魏書》107 上《律曆志上》。

甲子元曆卷缺　北魏張龍祥撰　《魏書》107 上《律曆志上》。

戊子元曆卷缺　北魏李業興撰　《魏書》107 上《律曆志上》。

盧道虔曆卷缺　北魏盧道虔撰　《魏書》107 上《律曆志上》。

衛洪顯曆卷缺　北魏衛洪顯撰　《魏書》107 上《律曆志上》。

胡榮曆卷缺　北魏胡榮撰　《魏書》107 上《律曆志上》。

釋道融曆卷缺　北魏釋道融撰　《魏書》107 上《律曆志上》。

樊仲遵曆卷缺　北魏樊仲遵撰　《魏書》107 上《律曆志上》。

張僧豫曆卷缺　北魏張僧豫撰　《魏書》107 上《律曆志上》。

正光壬子曆 1 卷　北魏李業興、祖瑩等撰　《魏書》107 上《律曆志上》，又 9《肅宗紀》、84《李業興傳》。《隋志》題《神龜壬子曆》。

高謙之曆卷缺　北魏高謙之撰　《魏書》77 附傳。

後魏永安曆 1 卷　北魏孫僧化撰　兩《唐志》。

後魏甲子曆 1 卷　東魏李業興撰　《魏書》107 下《律曆志下》、《新唐志》。《隋志》題《魏後元年甲子曆》，疑字誤。

興和曆疏 2 卷　東魏李業興撰　《隋志》。

魏武定曆 1 卷　《隋志》、兩《唐志》。

北齊天保曆 1 卷　北齊宋景業等撰　《隋書》17《律曆志中》、《北史》89《宋景業傳》，又 81《李鉉傳》、兩《唐志》。《隋志》題《宋景業曆》。

齊甲子元曆 1 卷　北齊宋氏撰　《隋志》、兩《唐志》。

甲寅元曆卷缺　北齊董峻、鄭元偉撰　《隋書》17《律曆志中》。

甲子元曆卷缺　北齊劉孝孫撰　《隋書》17《律曆志中》。

張孟賓曆卷缺　北齊張孟賓撰　《隋書》17《律曆志中》。

周天和年曆　又名《甲寅元曆》。**1 卷**　北周甄鸞撰　《隋書》17《律曆志中》、《隋志》。

曆術 1 卷　北周甄鸞撰　兩《唐志》。疑即《天和年曆》之曆術。

八家曆 1 卷　《隋志》。

周甲子元曆 1 卷　兩《唐志》。

周丙寅元曆卷缺　北周馬顯等撰　《隋書》17《律曆志中》，又 78《張胄玄傳》。

周甲寅元曆 1 卷　北周馬顯撰　《新唐志》。"甲寅"疑爲"丙寅"之誤。

周大象年曆 1 卷　北周王琛撰　《隋志》。兩《唐志》"《周天(大)象曆》"一卷王琛撰"，當包括大象曆及曆術。

黃帝辛卯術 1 卷　北魏李業興撰　《魏書》84 本傳。

殷甲寅曆術 1 卷　北魏李業興撰　《魏書》84 本傳。

九宮行棋曆　東魏李業興撰　《魏書》84 本傳。

六甲周天曆 1 卷　北魏孫僧化撰　《隋志》、兩《唐志》。

靈憲曆　未成。　東魏信都芳撰　《北史》89 本傳。

甲午紀曆術 1 卷　《隋志》。列于北朝與隋諸曆間。

七曜本起曆 3 卷　後魏甄鸞叔遵撰　《隋志》、兩《唐志》。

七曜術算 2 卷　北周甄鸞撰　《隋志》。兩《唐志》作《七曜曆算》。

七曜義疏 1 卷　北魏李業興撰　《隋志》。

七曜曆疏 1 卷　北魏李業興撰　《隋志》。

七曜雜術 2 卷　北齊劉孝孫撰　兩《唐志》。

　　——以上天文曆法類

算術 3 卷　北魏高允撰　《魏書》48 本傳。

五經宗略 40 卷　北魏元延明、信都芳撰　《魏書》20《元延明傳》、又 91《信都芳傳》、《隋志》、兩《唐志》。輯注五經中算事。

三禮宗略 20 卷　北魏元延明撰　《隋志》、兩《唐志》。

史宗數十卷　東魏信都芳撰　《魏書》91 附傳。釋史書中算事。

四術周髀宗 2 篇　東魏信都芳撰　《北史》89 本傳。

周髀注 1 卷　北周甄鸞撰　《隋志》、兩《唐志》。

九章算術 2 卷　北周甄鸞重述　《隋志》。按，《隋志》別有《九章算經》29 卷，徐岳、甄鸞等撰。又兩《唐志》：《九章算經》9 卷，甄鸞撰。蓋隋唐間人抄合甄鸞等諸家注述，故卷數不同。

孫子算經注 3 卷　北周甄鸞撰　兩《唐志》。

五曹算經注 5 卷　北周甄鸞撰　兩《唐志》。《宋志》作 2 卷。

夏侯陽算經注 2 卷　北周甄鸞撰　《隋志》。《舊唐志》3 卷，《新唐志》1 卷。

張丘建算經注 2 卷　北周甄鸞撰　《隋志》。兩《唐志》作 1 卷。今存。

徐岳大衍算術法注 1 卷　北周甄鸞撰　《宋史·藝文志》。

數術記遺注 1 卷　北周甄鸞撰　兩《唐志》。今存。

董泉三等數注 1 卷　北周甄鸞撰　兩《唐志》。

五經算術 1 卷　北周甄鸞撰　《隋志》。《新唐志》《中興書目》作 2 卷。今存。

　　——以上算術類

齊民要術 10 卷　東魏賈思勰撰　《隋志》、兩《唐志》。今存。

食經 9 卷　北魏崔浩撰　《魏書》35 本傳、兩《唐志》。《隋志》作《崔氏食經》4 卷。《齊民要術》引《食經》多條，當即此書。

　　——以上農家類

藥方 110 卷　北魏李修思祖等撰　《魏書》91 本傳、《隋志》。兩《唐志》題《雜湯丸散方》，又“李思祖”訛作“孝思”。

藥方 35 卷　北魏王顯等撰　《魏書》91 本傳。

王世榮單方 1 卷　北魏王顯世榮撰　《隋志》。或是自 35 卷中分出。

調氣治療方 1 卷　北魏釋曇鸞撰　《隋志》。“調”原誤“論”。兩《唐志》作《調氣方》。又《續高僧傳》6 本傳謂曇鸞作《調氣論》1 卷，《雲笈七籤》59 有“曇鸞法師服氣法”，卷 70 言曇鸞作《氣術論》行於世，《宋紹興闕書目》《宋史·藝文志》又有釋曇鸞《服氣要訣》1 卷，并應是一書。

療百病雜丸方 3 卷　北魏釋曇鸞撰　《隋志》。

藥錄 2 卷　東魏李密撰　《隋志》。李密見《北齊書》22 附傳。

雜藥方 10 卷　東魏陳山提撰　《隋志》、兩《唐志》。陳山提見《北史》92《恩倖傳》。

徐王八世家傳效驗方 10 卷　北齊徐之才撰　《隋志》、兩《唐志》。之才仕北齊封西陽王，故曰“徐王”。

徐氏家傳秘方 2 卷　北齊徐之才撰　《隋志》、兩《唐志》。

徐王方 5 卷　北齊徐之才撰　《隋志》。

雷公藥對 2 卷　北齊徐之才撰　兩《唐志》、《本草綱目·序例》。

集驗方 12 卷　北周姚僧垣撰　《北史》90 本傳。《隋志》有《姚大夫集驗方》12 卷，又有《集驗方》10 卷，兩《唐志》同，實爲一書之兩本。

雜藥方 1 卷　北周姚僧垣撰　《日本國見在書目》。疑自《集驗方》中分出。

本草音義 3 卷　北周姚最撰　《隋志》。

龍樹菩薩和香法 2 卷　北魏勒那摩提譯　《歷代三寶記》9、《隋志》。

　　　——以上醫藥類

物祖 15 卷　北魏劉懋撰　《魏書》55 附傳。

器準 3 卷　東魏信都芳撰　《魏書》91 附傳、《隋志》、《新唐志》。

漏經卷缺　北周尹公正、馬顯撰　《隋書》19《天文志上》。

　　　——以上技巧類

鍾磬志議 2 卷　北魏公孫崇撰　《魏書》107 上《律曆志上》、《隋志》、
兩《唐志》。

今古雜曲近 500 曲　北魏崔九龍録　《魏書》109《樂志》。

樂書　又名《樂説》。**9 卷**　東魏信都芳撰　《魏書》109《樂志》、又 20《元延明
傳》、91《信都芳傳》、《隋志》、兩《唐志》。

樂書近 100 卷　東魏李神威撰集　《北史》33 附傳。

樂略 4 卷　元懌撰　《隋志》、兩《唐志》。《隋志》列于沈重前。

聲律指歸 1 卷　元懌撰　兩《唐志》。

鍾律 5 卷　北周沈重撰　兩《唐志》。

樂律義 4 卷　北周沈重撰　《隋志》。

春官樂部 5 卷　《隋志》。

　　　——以上音樂類

述畫記卷缺　北魏孫暢之撰張彦遠　《歷代名畫記》1、郭若虚《圖畫見聞
志》1。後書題“後魏孫暢之”，而《隋志》經部詩類有“宋奉朝請孫暢之”，或是自南朝
入北朝。

述書卷缺　北魏孫暢之撰　《水經注·漸江水》。

伎術録 1 卷　北魏孫暢之撰　《通志·藝文略》。

藝術略序 5 卷　北魏孫暢之撰　《通志·藝文略》。

歷帝圖 5 卷　北魏張彝編　《魏書》64 本傳。

筆墨法 1 卷　北齊顔之推撰　《新唐志》《通志·藝文略》。

續畫品 1 卷　北周姚最撰　《新唐志》《通志·藝文略》。

　　　——以上書畫類

象經 1 卷　周武帝宇文邕撰　<small>《周書》5《武帝紀》、《隋志》、兩《唐志》。</small>

象經注 1 卷　北周王褒撰　<small>《周書》41 本傳、《隋志》、《新唐志》。</small>

象經注 1 卷　北周王裕撰　<small>《隋志》、兩《唐志》。</small>

象經注 1 卷　北周何妥撰　<small>《隋志》。</small>

象經發題義 1 卷　<small>《隋志》。</small>

　　　──以上雜藝類

天文災異事要 8 篇　北魏高允撰　<small>《魏書》48 本傳。</small>

星占 55 卷　北魏孫僧化等撰　<small>《魏書》91《張淵傳》。</small>

雜星占 75 卷　北魏孫僧化等撰　<small>《魏書》91《張淵傳》。</small>

黃帝四序經 36 卷　北魏和公注　<small>《魏書》91《殷紹傳》。</small>

四序堪輿 2 卷　北魏殷紹撰　<small>《魏書》91《殷紹傳》、《隋志》、兩《唐志》。</small>

太史堪輿曆 1 卷　北魏殷紹撰　<small>《通志·藝文略》《宋志》。</small>

易林雜占百餘卷　東魏吳遵世撰　<small>《北史》89 本傳。</small>

遁甲經 33 卷　東魏信都芳撰　<small>《北史》89 本傳、《隋志》。</small>

遁甲開山圖 1 卷　北周王琛撰　<small>《隋志》、兩《唐志》。</small>

黃帝九元遁甲 1 卷　北周王琛撰　<small>《隋志》。</small>

太一飛鳥曆 1 卷　北周王琛撰　<small>《隋志》、兩《唐志》。</small>

九宮行棋立成法 1 卷　北周王琛撰　<small>《隋志》、兩《唐志》。</small>

風角六情訣 1 卷　北周王琛撰　<small>《隋志》、兩《唐志》。</small>

祿命書 2 卷　北周王琛撰　<small>兩《唐志》。</small>

推產婦何時產法 1 卷　北周王琛撰　<small>《隋志》、兩《唐志》。</small>

　　　──以上術數類

修文殿御覽 360 卷　北齊祖珽等撰　<small>《北齊書》8《後主紀》、又 45《文苑傳》、《隋志》、兩《唐志》。</small>

　　　──以上類書類

四、集部

刁雍集　百餘篇　《魏書》38 本傳。

趙逸集　五十餘篇　《魏書》52 本傳。

胡方回文　《魏書》52 本傳。

宗欽集 2 卷　《隋志》、兩《唐志》。宗欽見《魏書》52 附傳。

程駿集　《魏書》60 本傳。

北魏孝文帝集 40 卷　《魏書》7 下《高祖紀下》、《隋志》、兩《唐志》。

高允集 21 卷　《魏書》48 本傳、《隋志》、兩《唐志》。

高閭集 30 卷　《魏書》54 本傳。《北史》本傳作 40 卷。

李彪集百餘篇　《魏書》62 本傳。

韓顯宗集 10 卷　《魏書》60 附傳、《隋志》、兩《唐志》。

蔣少游集 10 卷　《魏書》91 本傳。

邢虬集 30 餘篇　《魏書》65 本傳。

盧道將集數十篇　《北史》30 附傳。

鄭羲文　《鄭文公碑》。

鄭道昭集　《北史》35 附傳。

李平集　《魏書》65 本傳。

游肇集 75 篇　《魏書》55 本傳。

甄琛文　《魏書》68 本傳。

崔光集 50 餘卷　《魏書》67 本傳。

高聰集 20 卷　《魏書》68 本傳。

北魏孝明帝集 1 卷　《舊唐志》。《新唐志》訛作“後梁明帝”。

元順集數十篇　《魏書》19 中本傳。

常景集數百篇　《魏書》82 本傳、《洛陽伽藍記》1、《續高僧傳》1《菩提流支傳》。

陽固集 3 卷　《隋志》、兩《唐志》。

陸暐集數十篇　《魏書》40 附傳。

劉懋集　《魏書》55 附傳。

袁翻集百餘篇　《魏書》69 本傳。

袁躍集 13 卷　《魏書》85 本傳、《隋志》、兩《唐志》。

崔纂集　《魏書》89 本傳。

酈道元集　《魏書》89 本傳。

封肅集　《魏書》85 本傳，云存十餘卷。

封偉伯集數十篇　《魏書》32 附傳。

徐紇集數十卷　《魏書》93 本傳。《北史》92 作 10 卷。

崔孝芬集數十篇　《魏書》57 附傳。

盧觀文　《北史》30 附傳。

盧仲宣文　《北史》30《盧觀傳》。

邢臧集百餘篇　《魏書》85 本傳。

酈惲集　《魏書》42 附傳。

裴敬憲文　《北史》38 附傳。

裴莊伯文　《北史》38 附傳。

張始均集　《魏書》64 本傳。

高謙之集　《魏書》77 附傳。

元彧文　《魏書》18《臨淮王彧傳》。

元延明集 300 餘篇　《魏書》20《安豐王延明傳》。

陸恭之集千餘篇　《魏書》40 附傳。

李騫集　《魏書》36 附傳。

祖瑩集　《魏書》82 本傳。

馮元興集　《魏書》79 本傳。

盧元明集 17 卷　《魏書》47 附傳、《隋志》、兩《唐志》。

李翼妻崔氏詩文數十首　《魏書》56《崔巨倫傳》。

薛孝通集 80 卷　《北史》36 附傳。兩《唐志》作 6 卷。

李諧集 10 卷　《魏書》65 本傳、《隋志》、兩《唐志》。

温子升集 35 卷　《魏書》85 本傳、《隋志》、兩《唐志》。

　　　　——以上北魏別集類

魏季景集 200 餘篇　《北史》56 本傳。兩《唐志》訛作"孝景"。

裴景融集　《魏書》69 附傳。

達生丈人集　東魏李概自編　《北史》33 附傳。

李概側集　《北史》33 附傳。云"進側集,題云'富春公主撰'"。

陽昭集 10 卷　《北史》47 附傳。

李廣集 10 卷　《北齊書》45 本傳。

邢邵集 30 卷　《洛陽伽藍記》3、《北齊書》36 本傳、《隋志》、兩《唐志》。

邢昕集　《魏書》85 本傳。

王昕集 20 卷　《北齊書》31 本傳。

盧詢祖集 10 卷　《北齊書》22 附傳。

崔瞻集 20 卷　《北史》24 附傳。

魏收集 70 卷　《北史》56 本傳、《隋志》、兩《唐志》。

劉逖集 30 卷　《北齊書》45 本傳、《隋志》、兩《唐志》。

楊愔集　《北齊書》34 本傳。

陸卬集 14 卷　《北齊書》35 本傳。

陽休之集 30 卷　《北史》47 本傳、兩《唐志》。

陽俊之集 10 卷　《北史》47 附傳。

盧懷仁集 2 萬餘言　《北史》30 附傳。

蕭慤集 9 卷　《隋志》、兩《唐志》。《北齊書》45 有傳。

　　　　——以上東魏、北齊別集類

唐瑾集 20 萬餘言　《北史》67 附傳。

蘇亮集數十篇　《周書》38 本傳。

吕思禮集　《周書》38 本傳。

柳虯集數十篇　《周書》38 本傳。

盧柔集數十篇　《周書》32 本傳。

薛寘集 20 餘卷　《周書》38 本傳。

後周明帝集 10 卷　《周書》4《明帝紀》、《隋志》、兩《唐志》。

薛慎集　《周書》35 附傳。

柳弘集　《周書》22 附傳。

韋敻集數十萬言　《周書》31 本傳。

王褒集 20 卷　《隋志》、兩《唐志》。

庾信集 20 卷　《北史》83 本傳、《隋志》、兩《唐志》。

周趙王宇文招集 10 卷　《北史》58 本傳、《隋志》、兩《唐志》。

周滕王宇文逌集 12 卷　《北史》58 本傳、《隋志》、兩《唐志》。

宇文順文集　庾信有《宇文順文集序》見宋郭知達《新刊校定集注杜詩》卷 17、卷
22 引。

劉璠集 20 卷　《周書》42 本傳。

宗懍集 20 卷　《周書》42 本傳、《隋志》、兩《唐志》。

蕭詧集 15 卷　《周書》48 本傳。《隋志》作 10 卷。

蕭歸集 10 卷　《周書》48 附傳、《隋志》。

蕭撝集 10 卷　《周書》42 本傳、《隋志》、兩《唐志》。

蕭大圜集 20 卷　《周書》42 本傳。

蕭圓肅集 10 卷　《周書》42 本傳。

蕭欣集 30 卷　《周書》48 附傳、《隋志》、兩《唐志》。

蔡大寶集 30 卷　《周書》48 附傳。

范迪集 10 卷　《周書》48 附傳。

沈君游集 13 卷　《周書》48 附傳，作 10 卷，《隋志》、兩《唐志》作沈君攸，《隋志》13
卷，兩《唐志》12 卷。

傅准集 20 卷　《周書》48 附傳。

岑善方集 10 卷　《周書》48 附傳。

甄玄成集 20 卷　《周書》48 附傳。《隋志》、兩《唐志》作 10 卷。

王衡集 3 卷　兩《唐志》。後梁尚書令王操子，見《周書》48《王操傳》。

釋亡名集 10 卷　《隋志》、兩《唐志》、《大唐内典錄》10、《續高僧傳》7 本傳、《法苑珠林・傳記篇》。

　　　——以上西魏、北周別集

賦集 86 卷　北魏崔浩集　《隋志》。

續賦集 19 卷　《隋志》。

採詩錄 7 卷　北魏張彝集　《魏書》64 本傳。

婦人文章錄 1 帙　北魏崔光集　《魏書》67 本傳。

文譜　未成。北魏邢臧撰　《魏書》85 本傳。

文林館詩府 8 卷　《隋志》、兩《唐志》。

續文章流別卷缺　北齊顏之推等撰　《北齊書》45《顏之推傳》。

後周與齊軍國書 2 卷　《隋志》。

文海 40 卷　北周蕭圓肅撰　《周書》42 本傳、《隋志》、兩《唐志》。

國語真歌 10 卷　《隋志》。

國語御歌 11 卷　《隋志》。

國語雜文 15 卷　《隋志》。

　　　——以上總集類

觀象賦 1 卷　北魏張淵撰　《魏書》91 本傳、《隋志》。

勸戒歌 300 餘章　北魏文成帝馮后撰　《魏書・皇后列傳》。

百國詩 103 卷　北魏崔光撰　《魏書》67 本傳、《隋志》、兩《唐志》。

高祖頌 12 篇　北魏甄楷撰　《魏書》68 附傳。

高澄與侯景書 1 卷　東魏高澄撰　《隋志》。

七悟 1 卷　北齊顏之推撰　《隋志》、兩《唐志》。

稽聖賦 3 卷　北齊顏之推撰　《直齋錄書錄解題》。

　　　——以上單行詩文類

五、釋道部

（一）佛教

辯意長者子所問經 1 卷　北魏釋法場譯　宣武帝時出　隋費長房
《歷代三寶記》9、唐智升《開元釋教錄》6。按，梁僧祐《出三藏記集》原題失譯。今存。

入楞伽經 10 卷　北魏菩提流支譯　延昌二年出　《三寶記》9、《開元
錄》6。今存。

深密解脫經 5 卷　北魏菩提流支譯　延昌四年出　《三寶記》9、《開
元錄》6。今存。

法集經 8 卷　北魏菩提流支譯　延昌四年出　《三寶記》9、《開元錄》6。
今存。

勝思惟梵天所問經 6 卷　北魏菩提流支譯　神龜元年出　《三寶
記》9、《開元錄》6。今存。

大薩遮尼乾子受記經 10 卷　北魏菩提流支譯　正光元年出
《三寶記》9、《開元錄》6。今存。

差摩波帝受記經 1 卷　北魏菩提流支譯　正光年出　《三寶記》9、
《開元錄》6。今存。

不增不減經 1 卷　北魏菩提流支譯　正光年出　《三寶記》9、《開元
錄》6。今存。

如來獅子吼經 1 卷　北魏佛陀扇多譯　正光六年出　《三寶記》9、
《開元錄》6。今存。

彌勒菩薩所問經 1 卷　北魏菩提流支譯　《三寶記》9、《開元錄》6。
今存。

文殊師利巡行經 1 卷　北魏菩提流支譯　《三寶記》9、《開元錄》6。
今存。

伽耶山頂經 1 卷　北魏菩提流支譯　《三寶記》9、《開元錄》6。今存。

佛語經 1 卷　北魏菩提流支譯　《三寶記》9、《開元錄》6。今存。

無字寶篋經 1 卷　北魏菩提流支譯　《三寶記》9、《開元録》6。今存。

大方等修多羅王經 1 卷　北魏菩提流支譯　《三寶記》9、《開元録》6。今存。

十法經 1 卷　東魏佛陀扇多譯　元象二年出　《三寶記》9、《開元録》6。今存。

無畏德女經 1 卷　東魏佛陀扇多譯　元象二年出　《三寶記》9、《開元録》6。今存。

轉有經 1 卷　東魏佛陀扇多譯　元象二年出　《三寶記》9、《開元録》6。今存。

無字寶篋經 1 卷　東魏佛陀扇多譯　元象二年出　《三寶記》9、《開元録》6。

僧伽吒經 4 卷　東魏月婆首那譯　元象元年出　《三寶記》9、《開元録》6。今存。

摩訶迦葉經 2 卷　東魏月婆首那譯　興和三年出　《三寶記》9、《開元録》6。今存。

得無垢女經 1 卷　東魏瞿曇般若流支譯　興和三年出　《三寶記》9、《開元録》6。今存。

聖善住意天子所問經 3 卷　東魏瞿曇般若流支譯　興和三年出　《三寶記》9、《開元録》6。今存。

一切法高王經 1 卷　東魏瞿曇般若流支譯　興和四年出　《開元録》6。今存。

毗耶娑問經 2 卷　東魏瞿曇般若流支譯　興和四年出　《開元録》6。今存。

奮迅王問經 2 卷　東魏瞿曇般若流支譯　興和四年出　《開元録》6。今存。

第一義法勝經 1 卷　東魏瞿曇般若流支譯　興和四年出　《開元録》6。今存。

不必定入定入印經 1 卷　東魏瞿曇般若流支譯　興和四年出　《開元録》6。今存。

菩薩四法經 1 卷　東魏瞿曇般若流支譯　《三寶記》9、《開元録》6。

須彌藏經 2 卷　北齊那連提黎耶舍譯　天保九年出　《三寶記》9、《開元録》6。今存。

施燈功德經　又名《然燈經》。**1 卷**　北齊那連提黎耶舍譯　天保九年出　《三寶記》9、《開元録》6。今存。

月藏經 12 卷　北齊那連提黎耶舍譯　天統二年出　《三寶記》9、《開元録》6。今存。

菩薩見實三昧經 14 卷　北齊那連提黎耶舍譯　天統四年出　《三寶記》9、《開元録》6。今存。

大乘同性經 4 卷　北周闍那耶舍等譯　天和五年出　《三寶記》11、《開元録》7。今存。

定意天子所問經 5 卷　北周闍那耶舍等譯　天和六年出　《三寶記》11、《開元録》7。

寶積經 3 卷　北周闍那耶舍等譯　天和六年出　《三寶記》11、《開元録》7。

佛語經 1 卷　北周闍那耶舍譯　《三寶記》11、《開元録》7。

金剛般若波羅密經 1 卷　北魏菩提流支譯　永平 2 年出　《三寶記》9、《開元録》6。今存。

謗佛經 1 卷　北魏菩提流支譯　《三寶記》9、《開元録》6。今存。

金剛上味陀羅尼經 1 卷　北魏佛陀扇多譯　正光六年出　《三寶記》9、《開元録》6。今存。

阿難多目佉尼訶離陀羅尼經 1 卷　北魏佛陀扇多譯　《三寶記》9、《開元録》6。今存。

月燈三昧經 11 卷　北齊那連提黎耶舍譯　天保八年出　《三寶記》9、《開元録》6。今存。

尊勝菩薩所問經 1 卷　北齊萬天懿譯　河清年出　《三寶記》9、《開元録》6。今存。

稱揚諸佛功德經 3 卷　北魏吉伽夜譯　《三寶記》9、《開元録》6。梁僧祐《出三藏記集》題失譯。今存。

大方廣菩薩十地經 1 卷　北魏吉伽夜譯　《三寶記》9、《開元録》6。梁僧祐《出三藏記集》題失譯。今存。

如來入一切佛境界經 2 卷　北魏曇摩流支譯　景明二年出　《三
寶記》9、《開元録》6。今存。

信力入印法門經 5 卷　北魏曇摩流支譯　正始元年出　《三寶記》
9、《開元録》6。今存。

佛名經 12 卷　北魏菩提流支譯　正光年出　《三寶記》9、《開元録》6。
今存。

入如來智不思議經 3 卷　北魏闍那耶舍等譯　建德元年出　《三
寶記》11 作天和三年出，從《開元録》7。

大悲經 5 卷　北齊那連提黎耶舍譯　天保九年出　《三寶記》9、《開
元録》6。今存。

涅槃經　突厥語譯本。北齊劉世清譯　《北齊書》20《斛律羌舉傳》。

金光明經更廣壽量大辯陀羅尼品 5 卷　北周耶舍崛多、闍那崛
多譯　《三寶記》11、《開元録》7。此是于北涼曇無讖譯《金光明》四卷中續《壽量》
《大辯》二品。

妙法蓮華經普門品重誦偈 1 卷　北周闍那崛多譯　《三寶記》11、《開
元録》7。

頻婆娑羅王問佛供養經 1 卷　東魏月婆首那譯　興和三年出
《三寶記》9、《開元録》6。

正法念處經 70 卷　東魏瞿曇般若流支譯　興和元年出　《三寶
記》9、《開元録》6。今存。

無垢優婆夷問經 1 卷　東魏瞿曇般若流支譯　興和四年出　《三
寶記》9、《開元録》6。今存。

净度三昧經 1 卷　北魏釋曇曜等譯　和平三年出　《三寶記》9、《開
元録》6。

寶車菩薩經 1 卷　北魏釋曇辨譯　太和中出　《三寶記》9。疑偽。

寶意猫兒經 1 卷　東魏瞿曇般若流支譯　《三寶記》9、《開元録》6。

金色仙人問經 2 卷　北周闍那崛多譯　《三寶記》11、《開元録》7。
　　　　——以上經藏類

雜寶藏經 13 卷　北魏吉迦夜譯　延興二年出　《三寶記》9、《開元録》

6。今存爲 10 卷。

銀色女經 1 卷　東魏佛陀扇多譯　　元象二年出　《三寶記》9、《開元錄》6。今存。

正法恭敬經 1 卷　東魏佛陀扇多譯　　元象二年出　《三寶記》9、《開元錄》6。今存。

金色王經 1 卷　東魏瞿曇般若流支譯　　興和四年出　《三寶記》9、《開元錄》6。今存。

解脱戒本 1 卷　東魏瞿曇般若流支譯　　武定元年出　《開元錄》6。今存。

　　　　——以上律藏類

妙法蓮華經論 1 卷　北魏勒那摩提譯　　正始五年出　《三寶記》9、《開元錄》6。今存。

寶積經論 4 卷　北魏勒那摩提譯　　正始五年出　《三寶記》9、《開元錄》6。

金剛般若波羅密經論 3 卷　北魏菩提流支等譯　　永平元年出　《三寶記》9、《開元錄》6。今存。

十地經論 12 卷　北魏菩提流支等譯　　永平四年出　《三寶記》9、《開元錄》6。今存。

無量壽優波提舍經論 1 卷　北魏菩提流支譯　　永平 2 年出　《三寶記》9、《開元錄》6。今存。

勝思惟經論 4 卷　北魏菩提流支譯　　普泰元年出　《三寶記》9、《開元錄》6。今存。

彌勒菩薩所問經論 10 卷　北魏菩提流支譯　《三寶記》9、《開元錄》6。今存。

妙法蓮華經論 2 卷　北魏菩提流支譯　《三寶記》9、《開元錄》6。今存。

寶積經論 4 卷　北魏菩提流支譯　《三寶記》9、《開元錄》6。今存。

文殊師利菩薩問菩提經論　一名《伽耶頂經論》。2 卷　東魏菩提流支譯　天平二年出　《三寶記》9、《開元錄》6。今存。

金剛仙論 10 卷　北魏菩提流支譯　今見《大正藏》第 25 卷、《續藏經》第 1 編第 2 套第 3 冊。

轉法輪經論 1 卷　東魏毗目智仙譯　　興和三年出　《開元錄》6。
今存。

寶髻菩薩四法論 1 卷　東魏毗目智仙譯　　興和三年出　《開元錄》
6。今存。

三具足經論 1 卷　東魏毗目智仙譯　　興和三年出　《開元錄》6。
今存。

付法藏傳 4 卷　北魏釋曇曜等譯　　和平三年出　《三寶記》9、《開元
錄》6。

付法藏因緣傳 6 卷　北魏吉迦夜譯　　延興二年出　《三寶記》9、《開
元錄》6。疑偽。今存。

方便心論 2 卷　北魏吉迦夜譯　　延興二年出　《三寶記》9、《開元錄》6。
今存。

究竟一乘寶性論 4 卷　北魏勒那摩提譯　　正始五年出　《三寶記》
9、《開元錄》6。今存。

寶性論 4 卷　北魏菩提流支譯　　《三寶記》9、《開元錄》6。

十二因緣論 1 卷　北魏菩提流支譯　　《三寶記》9、《開元錄》6。今存。

百字論 1 卷　北魏菩提流支譯　　《三寶記》9、《開元錄》6。今存。

破外道四宗論 1 卷　北魏菩提流支譯　　《三寶記》9、《開元錄》6。今存。

破外道涅盤論 1 卷　北魏菩提流支譯　　《三寶記》9、《開元錄》6。今存。

攝大乘論 2 卷　北魏佛陀扇多譯　　普泰元年出　《三寶記》9、《開元
錄》6。今存。

迴諍論 1 卷　東魏毗目智仙、瞿曇流支譯　　興和三年出　《三寶
記》9、《開元錄》6。今存。

業成就論 1 卷　東魏毗目智仙、瞿曇流支譯　　興和三年出　《三
寶記》9、《開元錄》6。今存。

順中論 2 卷　東魏瞿曇般若流支譯　　武定元年出　《開元錄》6。
今存。

唯識論 1 卷　東魏瞿曇般若流支譯　　《三寶記》9、《開元錄》6。今存。

壹輸盧迦論 1 卷　東魏瞿曇般若流支譯　　《三寶記》9、《開元錄》6。

今存。

犢子道人問論 1 卷　東魏瞿曇般若流支譯　《三寶記》9、《開元録》6。

涅槃論　1 卷　達摩菩提譯　《開元録》6。

法勝阿毗曇論 7 卷　北齊那連提黎耶舍譯　河清二年出　《三寶記》9、《開元録》6。今存。

大世三十論 1 卷　北齊那連提黎耶舍譯　《三寶記》9。注云"竺本無此論"。

須跋陀羅因緣論 2 卷　北周耶舍崛多等譯　《三寶記》11、《開元録》7。

　　　——以上論藏類

大吉義神咒經 2 卷　北魏釋曇曜等譯　文成帝和平三年出　《開元録》6。今爲 4 卷。

八部佛名經 1 卷　東魏瞿曇般若流支譯　興和四年出　《三寶記》9、《開元録》6。

護諸童子陀羅尼咒經 1 卷　北魏菩提流支譯　《三寶記》9、《開元録》6。今存。

佛頂咒經並功能 1 卷　北周闍那耶舍等譯　保定四年出　《三寶記》11、《開元録》7。

大云請雨經 1 卷　北周闍那耶舍等譯　《三寶記》11、《開元録》7。今存。

十一面觀世音咒并功能經 1 卷　北周耶舍崛多等譯　《三寶記》11、《開元録》7。今存。

種種雜咒經 1 卷　北周闍那崛多譯　《三寶記》11、《開元録》7。今存。

五明論 1 卷　北周攘那跋陀羅等譯　《三寶記》11、《開元録》7。一聲、二醫方、三工巧、四咒術、五符印。

　　　——以上密藏類

成實論大義疏 8 卷　北魏釋曇度撰　《高僧傳》7 本傳。

無量壽優婆提舍願生偈注 2 卷　北魏釋曇鸞撰迦才　《净土論》下。今存。

大乘義章卷缺　北魏曇謨最撰　《洛陽伽藍記》4、《續高僧傳》23《曇無最傳》。

成實論刪要注釋 2 卷　北魏釋靈詢撰　《續高僧傳》8 本傳。

維摩經疏卷缺　北魏釋靈詢撰　《續高僧傳》8 本傳。

四分律疏 6 卷　北魏釋道覆撰　《續高僧傳》21《釋慧光傳》。

維摩經義疏卷缺　北魏崔光撰　《魏書》67 本傳。

十地經義疏卷缺　北魏崔光撰　《魏書》67 本傳。

華嚴經疏卷缺　北齊釋慧光撰　《續高僧傳》21 本傳。

華嚴經義記卷第一 1 卷　北齊釋慧光撰　今見《大正藏》第 85 卷，疑即
上書之殘存者。

涅槃經疏卷缺　北齊釋慧光撰　《續高僧傳》21 本傳。

維摩經疏卷缺　北齊釋慧光撰　《續高僧傳》21 本傳。

十地經疏卷缺　北齊釋慧光撰　《續高僧傳》21 本傳。

地持經疏卷缺　北齊釋慧光撰　《續高僧傳》21 本傳。

勝鬘經注卷缺　北齊釋慧光撰　《續高僧傳》21 本傳。

遺教經注卷缺　北齊釋慧光撰　《續高僧傳》21 本傳。

般若經注卷缺　北齊釋慧光撰　《續高僧傳》21 本傳。

溫室經注卷缺　北齊釋慧光撰　《續高僧傳》21 本傳。

仁王經注卷缺　北齊釋慧光撰　《續高僧傳》21 本傳。

四分律疏卷缺　北齊釋慧光撰　《續高僧傳》21 本傳。

大乘義卷缺　北齊釋慧光撰　《續高僧傳》21 本傳。

律義章卷缺　北齊釋慧光撰　《續高僧傳》21 本傳。

羯磨戒卷缺　北齊釋慧光刪定　《續高僧傳》21 本傳。

華嚴義疏卷缺　北齊釋慧藏撰　《續高僧傳》9 本傳。

四分律鈔 4 卷　北齊釋曇隱撰　《續高僧傳》21 本傳。

四分律疏 9 卷　北齊釋道雲撰　《續高僧傳》21《釋慧光傳》。

四分律疏 7 卷　北齊釋道暉撰　《續高僧傳》21《釋慧光傳》。

四分律鈔 2 卷　又 4 卷 北齊釋洪理撰《續高僧傳》21《釋曇隱傳》。

十地論義疏 10 卷　北齊釋法上撰　今存 1、2 卷，見《大正藏》卷 85。

大乘義章 6 卷　北齊釋法上撰　《續高僧傳》8 本傳。

四分律義疏卷缺 唐存 10 卷 北齊釋法願撰《續高僧傳》21 本傳。

是非鈔 2 卷 北齊釋法願撰 《續高僧傳》21 本傳。

涅槃義疏 15 卷 西魏釋曇延撰 《續高僧傳》8 本傳。

寶性論疏卷缺 西魏釋曇延撰 《續高僧傳》8 本傳。

勝鬘經疏卷缺 西魏釋曇延撰 《續高僧傳》8 本傳。

仁王經疏卷缺 西魏釋曇延撰 《續高僧傳》8 本傳。

涅槃經疏卷缺 西魏釋寶象撰 《續高僧傳》8 本傳。

法華經疏卷缺 西魏釋寶象撰 《續高僧傳》8 本傳。

人象經疏卷缺 西魏釋寶象撰 《續高僧傳》8 本傳。

大智度論疏卷缺 北周釋慧影撰 今《續藏經》存 7 卷。

華嚴經義疏卷缺 北周蕭詧撰 《周書》48 本傳。

般若經義疏卷缺 北周蕭詧撰 《周書》48 本傳。

法華經義疏卷缺 北周蕭詧撰 《周書》48 本傳。

金光明經義疏卷缺 北周蕭詧撰 《周書》48 本傳。

　　——以上章疏類

略說安樂淨土義 1 卷 北魏釋曇鸞撰 今存。

無量壽經問答 1 卷 北魏釋曇鸞撰 迦才《淨土論》下。

釋典論卷缺 北魏孫紹撰 《魏書》78 本傳。

華嚴經論 1 卷 北魏釋靈辨撰 今存《續藏經》。

玄宗論卷缺 北齊釋慧光撰 《續高僧傳》21 本傳。

佛性論卷缺 北齊釋明藏撰 《北齊書》30《崔暹傳》。

佛性論 2 卷 北齊釋法上撰 《三寶記》12、《續高僧傳》8 本傳。

散華論 8 卷 北周釋慧善撰 《三寶記》11。

王道論 1 卷 北周釋亡名撰 《三寶記》11。

諄德論 1 卷 北周釋亡名撰 《三寶記》11。

遣執論 1 卷 北周釋亡名撰 《三寶記》11。

不雜論 1 卷 北周釋亡名撰 《三寶記》11。

去是非論 **1 卷**　北周釋亡名撰　《三寶記》11。

修空論 **1 卷**　北周釋亡名撰　《三寶記》11。

影喻論 **1 卷**　北周釋亡名撰　《三寶記》11。

大小乘幽微 **14 卷**　北周蕭薈撰　《北史》93 附傳、《隋書》79 本傳。

笑道論 **3 卷**　北周甄鸞撰　兩《唐志》、《廣弘明集》9。今存。

二教論 **1 卷**　北周釋道安撰　《三寶記》11、《廣弘明集》8。今存。

釋老子化胡傳 **1 卷**　北周釋僧勔撰　《三寶記》11。

十八條難道章 **1 卷**　北周釋僧勔撰　《三寶記》11。

　　　　——以上論著類

安樂集 **2 卷**　北魏釋曇鸞撰　《續高僧傳》6 本傳。

金藏論 **7 卷**　北齊釋道紀撰　《續高僧傳》30 本傳。

增壹數法　又名《增數法門》。**40 卷**　北齊釋法上撰《三寶記》12、《大唐内典錄》10、《續高僧傳》8 本傳。

菩薩藏衆經要 **22 卷**　西魏釋曇顯等撰　《三寶記》11。

一百二十法門 **1 卷**　西魏釋曇顯等撰　《三寶記》11。

三寶集 **11 卷**　北周釋净靄撰　《三寶記》11。

僧制卷缺　魏孝文帝敕製　《魏書·釋老志》。

僧制卷缺　北齊釋慧光撰　《續高僧傳》21 本傳。

仁王七戒卷缺　北齊釋慧光撰　《續高僧傳》21 本傳。

贊阿彌陀佛偈　又名《無量壽佛經奉贊》。　**1 卷**　北魏釋曇鸞撰　今存。

伐魔文 **1 卷**　北魏釋僧懿撰　文見《廣弘明集》38。

厭食想文 **1 卷**　北周釋亡名撰　《三寶記》11。

法界寶人銘 **1 卷**　北周釋亡名撰　《三寶記》11。

祇洹精舍圖偈 **6 卷**　北魏源賀撰、趙柔注　《魏書》52《趙柔傳》。

内起居卷缺　《魏書·釋老志》。魏宣武帝集僧講經、沙門條錄。

僧崖菩薩經卷缺　北周釋寶象撰　《續高僧傳》8 本傳。

僧崖菩薩傳 **1 卷**　北周釋亡名撰　《三寶記》11。

韶法師傳 **1 卷**　北周釋亡名撰　《三寶記》11。

驗善知識傳 1 卷　北周釋亡名撰　《三寶記》11。

提謂波利經 2 卷　北魏釋曇靖撰　《三寶記》9、《續高僧傳》1《釋曇曜傳》。偽經。

高王觀世音卷缺　北魏佚名撰　《魏書》84《盧景裕傳》、《釋迦方志·通局篇》。

————以上雜著類

衆經論目録 1 卷　北魏菩提流支譯　《三寶記》9、《開元録》6。又《三寶記》15 別有《菩提流支録》1 卷,當是一書。

衆經録目 1 卷　北魏李廓撰　《三寶記》9,又 15。

釋道憑録 1 卷　北齊釋道憑撰　《二寶記》16、《大唐內典録》10。

衆經録目 1 卷　北齊釋法上撰　《三寶記》12,又 15。

————以上目録類

(二) 道教

雲中音誦新科之誡 20 卷　北魏寇謙之撰　《魏書·釋老志》。《正統道藏》力字號上存 1 卷,題《老君音誦誡經》。

録圖真經 60 餘卷　北魏寇謙之撰　《魏書·釋老志》。

方等經 2 卷　後魏張達撰釋法琳　《辯正論》8。

西升經注 2 卷　後魏劉仁會撰　《通志·藝文略》5、《道藏》維字號上碧虛子《西升經集注》。

老子西升經集解 2 卷　北周韋節處玄撰　《新唐志》、《通志·藝文略》。

齗邪論卷缺　北周梁曠撰元釋祥邁　《至元辨偽録》2。

辨仙論卷缺　北周梁曠撰釋祥邁　《至元辨偽録》2。

齊三教論 7 卷　北周衛元嵩撰　兩《唐志》。

樓觀內傳 3 卷　北周韋節處玄等撰　《通志·藝文略》、《道藏》川字號下朱象先《終南山説經臺歷代真仙碑記》跋。

華陽子自序 1 卷　北周韋節處玄撰　《隋志》、兩《唐志》、宋陳葆元《三洞群仙録》13。兩《唐志》誤作"茅處玄"。

無上秘要 100 卷　周武帝宇文邕敕纂　《續高僧傳》2《釋彥琮傳》。兩《唐志》、《宋志》著録 72 卷。今《道藏》中存 67 卷。此是道教類書。

玄都觀經目卷缺　北周長安玄都觀道士撰　唐釋法琳《辨正論》8、《廣弘明集》9。

三洞珠囊 7 卷　北周王延撰　《雲笈七籤》85《王延傳》。亦道經目録。

　　——以上道書類

　　　　原載《四川大學學報叢刊》第 27 輯《古籍整理研究》